普通高等学校省级规划教材
普通高等学校省级一流教材
心理学创新系列教材

大学生心理健康的维护与调适

第5版

主　审　刘新民
主　编　黄　龙　王　欣
副主编　范佳丽　黄慧兰　何苗苗
　　　　丁伶灵
编　委（以姓氏笔画为序）
　　　　凤林谱　刘　畅　许亚军
　　　　李　秀　吴金庭　张　婷
　　　　杭荣华　金　鑫　金明琦
　　　　周　晶　饶婷婷　钱海鹏
　　　　盛　鑫

中国科学技术大学出版社

内 容 简 介

本书是“心理学创新系列教材”之一，是普通高等学校省级一流教材项目，是为满足各类高校大学生心理健康教育与教学活动需要编写而成的。本书体系完整、概念准确、内容适当、适合国情、风格独特；将科学性、专业性、实用性和趣味性相结合；力求做到既回应学生需求，又反映学科进展；章前设置案例导入，章内设有丰富多彩的专栏，章末以二维码的形式呈现该章数字教学内容，读者可通过手机扫码进行线上学习。本书介绍心理健康的概念、标准、意义以及心理问题的解决思路，并分别就自我意识、情绪、人格、道德、恋爱、生活习惯、学习、人际交往、职业生涯发展、生命教育、积极心理以及心理障碍等方面逐一讨论，最后从助人自助的角度介绍心理测评与自我疗愈。

本书可用作普通高校大学生心理健康课程教材，也可供感兴趣的读者阅读。

图书在版编目(CIP)数据

大学生心理健康的维护与调适 / 黄龙，王欣主编. -- 5 版. -- 合肥 ：中国科学技术大学出版社，2025. 8. --（心理学创新系列教材）. -- ISBN 978-7-312-06359-6

Ⅰ. G444

中国国家版本馆 CIP 数据核字第 2025AM7270 号

大学生心理健康的维护与调适

DAXUESHENG XINLI JIANKANG DE WEIHU YU TIAOSHI

出版 中国科学技术大学出版社
安徽省合肥市金寨路 96 号，230026
http://www.press.ustc.edu.cn
https://zgkxjsdxcbs.tmall.com

印刷 安徽省瑞隆印务有限公司

发行 中国科学技术大学出版社

开本 787 mm×1092 mm 1/16

印张 20.5

字数 486 千

版次 2009 年 8 月第 1 版 2025 年 8 月第 5 版

印次 2025 年 8 月第 16 次印刷

定价 52.00 元

前　言

本书是普通高等学校省级一流教材项目，是为满足各类高校大学生心理健康教育与教学活动需要而编写的，是普通高等学校“十一五”“十二五”“十三五”省级规划教材的延续，自出版以来，发行数万册，受到师生广泛好评并获多项荣誉。

皖南医学院的心理学教学、科研和应用始于20世纪80年代，1985年开展大学生心理咨询活动，1988年开设大学生心理学课程，2011年设立心理学必修课程。多年来，大学生心理健康教育活动不断发展，皖南医学院现有应用心理学本科专业（安徽省首批一流专业）、辅修专业以及应用心理学硕士点，并拥有安徽省高校人文社科重点研究基地“大学生心理健康教育研究中心”、安徽省心理学拔尖人才培养基地和应用心理学创新团队等，实践服务机构有皖南医学院大学生心理咨询中心（1987年成立）、皖南医学院心理门诊（1992年成立）和附属弋矶山医院心理门诊（1992年成立）。本书是“心理学创新系列教材”之一，该系列教材共8本，是皖南医学院应用心理学专业30多年建设实践成果的结晶，包括《大学生心理健康的维护与调适》《医学心理学》《护理心理学》《管理心理学》《发展心理学》《普通心理学》《行为医学与健康》和《组织行为学》，其编撰目标是反映国内外研究最新进展、体现中国特色和皖南医学院心理教育特长。

本书在内容上力争达到体系完整、概念准确、内容适当、适合国情、风格独特，实现科学性、专业性、实用性和趣味性的结合，力求既回应学生需求，又反映学科进展。其次，本书在形式上力求版式新颖，广泛汲取国内外优秀教科书的优点并形成自己的特色，通过丰富多彩的形式呈现内容，章前设置案例导入，章内设有丰富多彩的专栏，如经典事例、研究进展、课堂活动、心理训练、心理测评等，以服务学生为宗旨，致力于提高学生的自知力、自愈力、自我调节力、自我成长力。再次，我们在书中融入了更多的思政元素，体现课堂思政的育人理念，如增设了时代寄语等专栏。最后，全书各章结束处以二维码的形式呈现该章的精编自测题及配套教学课件，读者可通过手机扫码访问在线自测题库及多媒体课件。

本书内容共分为16章：第一章为绪论，主要阐述心理健康的概念、标准、意义以及心理问题的解决思路；第二章至第十四章分别就自我意识、情绪、人格、道德、生活习惯、学习、人际交往、压力挫折、恋爱、职业生涯发展、生命教育、积极心理以及心理障碍等方面逐一讨论，其中生命教育与积极心理是新增内容，旨在引导学生从生命意义和积极心理的角度思考和解决问题；第十五、十六章主要从助人自助的角度介绍心理测评与自我疗愈。本书的编写人员除了皖南医学院及其附属医院的心理学教师外，还有刘畅（新民心理咨询工作室）和钱海鹏（安徽中医药高等专科学校）。

本书原主编为我国著名心理学家刘新民教授，现受其委托负责本书的再版工作，我深感荣幸，更觉压力与责任重大，唯有全力以赴，以求不负重托。但由于心理健康问题的多元性和复杂性，更限于编者的水平与能力，书中难免存在一些不足，我们衷心希望广大读者不吝赐教，以便我们进一步改进。此书在出版的过程中，一直得到中国科学技术大学出版社的支持和帮助，在此深表谢意。

黄　龙

2025 年 5 月

目　录

第一章 绪　论

案例 1-1　心理健康大调查

2025 年 4 月，中国科学院心理研究所发布 2024 版"心理健康蓝皮书"《中国国民心理健康发展报告(2023—2024)》(以下简称"蓝皮书")。报告显示：18～24 岁的青年人抑郁风险水平最高，抑郁风险水平随年龄增长而降低，而女性抑郁风险水平的降低更为明显。在男性人群中，从 18～24 岁组到 55 岁及以上组，抑郁风险比例降低了 25%；在女性人群中，从 18～24 岁组到 55 岁及以上组，抑郁风险比例降低了 54%。焦虑风险水平与抑郁风险水平一样呈现随年龄增长而下降的趋势(图 1.1)。

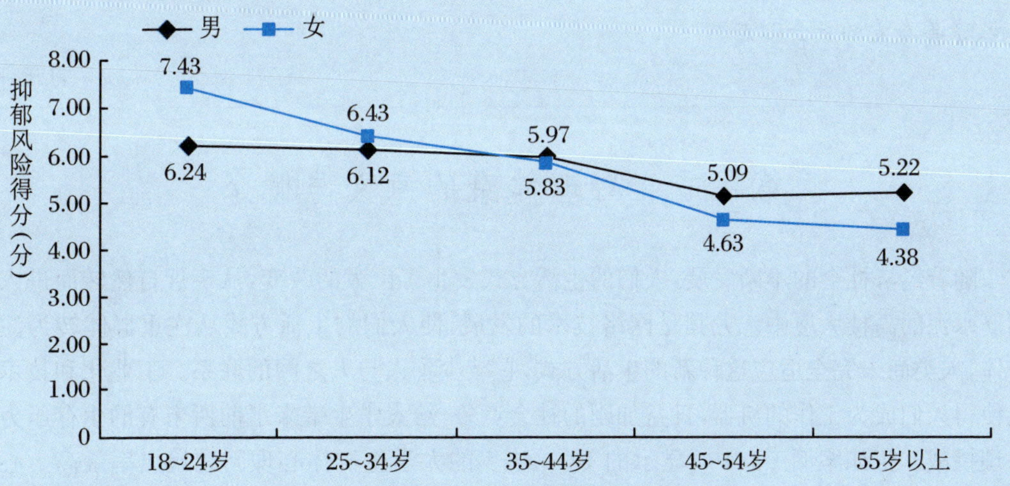

图 1.1　关于各年龄阶段心理健康问题的统计图

不同性别、户口、学段、家庭排行、父母婚姻状况和家庭经济状况的大学生之间的心理健康状况有显著差异。其中，男生抑郁风险比例显著高于女生，但轻度焦虑风险比例显著低于女生；城镇户口的大学生抑郁和焦虑风险均显著高于农村户口；大一和大二学生抑郁和焦虑风险比例均显著高于大三和大四学生；独生子女抑郁和焦虑风险比例均显著高于非独生子女；父母离异大学生抑郁和焦虑风险比例均显著高于父母在婚大学生；家庭经济困难大学生抑郁和焦虑风险比例显著高于家庭经济中下、中等和很宽裕的大学生。

睡眠质量、社会支持、恋爱状况、运动频率皆是影响大学生心理健康的风险因素。睡眠质量较好的学生的抑郁和焦虑风险均显著低于睡眠质量较差的大学生；大学生抑郁风险和焦虑风险均随室友情感、工具性支持的降低而降低，同学关系满意度对大学生抑郁风险得分的影响最大，家人关系满意度次之，室友关系满意度影响最小，焦虑风险得分亦呈相同趋势；健康良好的恋爱关系可能是大学生心理健康的一剂良药，恋爱中的大学生抑郁得分最低，焦虑得分也较低，但单身非常想脱单大学生的抑郁和焦虑得分更高；运动也可能是大学生心理健康的保护因素，抑郁风险和焦虑风险比例随大学生运动次数增加而下降；体质指数在大学生心理健康中也发挥着重要作用，体质指数正常的大学生，抑郁和焦虑风险比例均最低；心理咨询服务是大学生心理健康支持体系的重要组成部分，尽管80%学生知道学校提供心理咨询服务，但实际使用率仅为2.8%，其中，男生使用过学校心理咨询服务的比例显著高于女生。

思考题

1. 为什么18～24岁青年人群的抑郁风险水平最高？
2. 大学生焦虑和抑郁的风险因素有哪些？
3. 结合自己的实际，说一说哪项风险因素对自己的心理健康影响最大？

时代寄语：要健全社会心理服务体系和疏导机制、危机干预机制，塑造自尊自信、理性平和、亲善友爱的社会心态。

——习近平

第一节　心理健康的意义与概念

随着经济社会的不断发展，人们的生活方式发生了巨大的改变，从亲近自然转而进入到钢筋水泥的高楼大厦中。尤其是网络技术的发展，使人们的生活方式从注重群体转为注重个体，人类尚未完全适应这种新的生活方式，它减少了人与人之间的联系。工业化和技术化也使得人们成为工作的机器，日益加剧的社会竞争，给大学生带来了前所未有的生存压力和心理挑战。正如案例1-1中所显示的18～24岁的大学生群体心理问题检出率最高。心理问题如果不进行自我调适或心理辅导，有可能进一步恶化，甚至发展成为心理障碍和心理疾病。近年来，大学生中因心理问题导致的恶性事件也时有发生。如，2004年的云南大学马某某事件、2013年的复旦大学投毒案、2015年吴某某弑母案等。这些典型案件的行凶者都存在心理缺陷，分别体现在认知、情绪、意志、个性、人际关系、理想和人生观等方面。那么，这些行凶者到底有哪些具体的心理问题呢？这些问题又是如何形成的？它们怎样影响着行凶者的成长？我们怎样才能及时地识别它们？如何才能改变这些心理缺陷？怎样防止此类悲剧的发生？诸如此类，都是我们应该关注的问题。本书将围绕这些主题引领读者进入一个健康心理学的学习旅行，试图帮助读者获得一些知识和能力，能够比较全面、客观和深入地审视自己的心灵，找出自己的问题，发现自己的优势，完善自己的人格，塑造自尊自信、理性平和的积极心态，高效率地完成学业，为人生更好地发展奠定强大的心理基础。

英国诗人约翰·弥尔顿说过："心灵是自己的地方，在那里可以把地狱变成天堂，也可以把天堂变成地狱。"人的心理对一个人的行为有着重大的影响。近几十年来的统计数据和调查研究表明，因各种心理疾患使大学生辍学人数占辍学总人数的50%左右，违纪大学生多数存在心理问题，学业不佳者绝大多数也存在心理问题，而违法者往往有严重的心理缺陷。大学生的心理困惑和心理问题是一个比较普遍存在的问题，大学生的心理健康问题已经成为影响大学生顺利完成学业和健康成长的重要因素。

专栏 1-1　大学生心理健康——世界性的问题

自杀是位居美国 15～24 岁年轻人死亡第三位的原因，同时也是美国大学生死亡的第二位原因。

据估算，近些年来美国每年都有超过 1100 名大学生自杀，而受到精神疾病折磨的学生更多。美国大学健康协会 2003 年的一项问卷调查显示，40%以上的美国大学生表示，自己每年至少有一次"感到沮丧，以至无法维持正常的学习和生活"，30%的学生认为自己已经患有焦虑症或抑郁症。美国的另一项研究表明，有 15%的大学生需要心理治疗。

在英国剑桥大学 20～24 岁的男大学生中，自杀率为 22/100000，而一般同龄男青年只有 6/100000。

无数的事实说明，健康心理对于一个人的发展非常重要。如果你仔细地观察和了解，就会发现决定一个学生学业与事业成功的关键因素是心理状态，而很少是因为身体、家庭或经济状况等外在因素。美国心理学家马斯洛(Abraham H. Maslow)在大学生时代对成功者进行了一项研究，研究对象包括大量杰出的历史人物，发现他们的"创造性人格"是其成功的关键因素。国内学者刘新民等曾经运用卡特尔十六种个性因素测试(16PF)对大学生中的"三好学生"和"优秀学生干部"进行研究，发现这些学生在心理健康水平与行为方式上具有诸多良性的特征。如"三好学生"的特点是：心情轻松兴奋、随遇而安、活泼、愉快、信赖随和、怀疑性低、不斤斤计较、更多地考虑别人的利益、烦恼忧虑少；"优秀学生干部"更突出的心理特性是乐群外向、热情合作、适应能力强、情绪稳定和成熟、能以沉着的态度面对现实、自律严谨、言行一致、有自尊心、能赢得别人的尊重、心平气和等。进一步的分析(二元人格因素)发现，"三好学生"和"优秀学生干部"的大学适应能力更好，并以"优秀学生干部"更为明显。

总之，一个人的心理健康是非常重要的。无数正反两方面的事实都说明，心理健康水平对一个人的生活、学习、工作、事业成功、家庭幸福和一生的发展都有决定性作用，在个体的所有身体和心理特性的发展方面，良好的心理状态是最重要的。从这个意义上可以说：心态决定未来！

专栏 1-2　全国大学生心理健康日

为引导大学生关注自身的心理健康，2000 年，“5.25 全国大学生心理健康节”在北京师范大学拉开帷幕，健康节取“5.25”的谐音“我爱我”，意为关爱自我的心理成长和健康。活动的主题是大学生人际交往和互助问题，口号为“我爱我——走出心灵的孤岛”。2004 年，教育部联合相关部门向全国大学生发出倡议，将每年的 5 月 25 日确定为全国大学生心理健康日。

“5.25”的谐音是“我爱我”，发起人的解释是爱自己才能更好地爱他人。认识自我，接纳自我，能体验到自己存在的价值、乐观自信，这样的人才能用信任、友爱、宽容、尊重的态度与人相处，能分享、接受、给予爱和友谊，能与他人同心协力。

如今，“5.25 全国大学生心理健康日”在全国高校得到认同，全国高校都利用这一天开展多种形式的心理健康教育活动。“5.25 全国大学生心理健康日”活动已遍及全国各地，成为全国大学生活动的一个著名品牌，其影响力越来越大。

思考题

请结合你的心理状况，谈谈你认为心理健康重要吗？保持心理健康的意义是什么？

一、什么是“健康”

健康(health)，是个人的基本追求，是人的生命非常重要的课题。在一般情况下，当一个人在健康与某些事物不能兼得时，应该首选健康，因为只有“留得青山在”，才能“不怕没柴烧”。健康是人类生存的基础，没有健康，就没有一切。但是，随着社会的进步和发展，人们对健康的认识和要求也在不断进步和深入。因此，健康是一个不断发展的概念。

在传统观念里，人们是将健康作为与疾病相对的术语来理解的，即健康等于没有疾病，没有疾病就等于健康。20 世纪初的《简明不列颠百科全书》对健康的定义为“没有疾病和营养不良以及虚弱状态”。在我国 1989 年出版的《辞海》中，将健康的概念解释为“人体各器官系统发育良好、功能正常、体质健壮、精力充沛并具有良好劳动效能的状态。通常用人体测量、体格检查和各种生理指标来衡量”。可见，这类定义主要是将健康局限于身体或生理的范围。

1948 年，世界卫生组织(WHO)在成立时的《世界卫生组织宪章》中指出：“健康乃是一种身体上、心智上和社会上的完满状态，而不仅仅是没有疾病和虚弱的现象。”WHO 对健康的定义，是现代社会对健康概念的全面总结与更新，健康不再仅仅是躯体状况的反映，同时还必须是心理活动正常和社会功能完满的综合体现。这一定义不仅强调个体心理上的安宁，还要求具有良好的社会功能状态。1986 年，WHO 更加强调了健康的作用、目的和意义为“人人能够实现愿望，满足需要，改变和适应环境。健康是每天生活的资源，并非生活的目的。健康是社会和个人的资源，是个人能力的体现”。同年，世界卫生协会年会发出“健康还要包括良好的道德品质”的宣言，进一步丰富了健康的内涵，使健康包含了道德健康部分。到了 20 世纪 90 年代，一些学者进一步强调了环境健康问题。

专栏 1-3 健康的定义

1948 年 WHO 成立时，其宪章对健康的定义为："Health is a state of complete physical, mental and social well-being and not merely the absence of disease or infirmity."

1998 年，WHO 在其总会创建 50 周年纪念会上，对健康定义又作了进一步强调："Health is a dynamic state of complete physical, mental, spiritual and social well-being and not merely the absence of disease and infirmity."

可见，"健康"的概念在科学进步和社会发展中是有更新的，它由早期单一的生理健康的一维结构，进化到心理健康的二维，再进化到社会适应的三维，然后发展到道德完善的四维，再扩展到环境健康的五维等，健康是生理、心理、社会、道德和环境五个方面的和谐统一（图 1-2）。多维度的健康概念对于人们全面理解和认识人类健康很有意义。

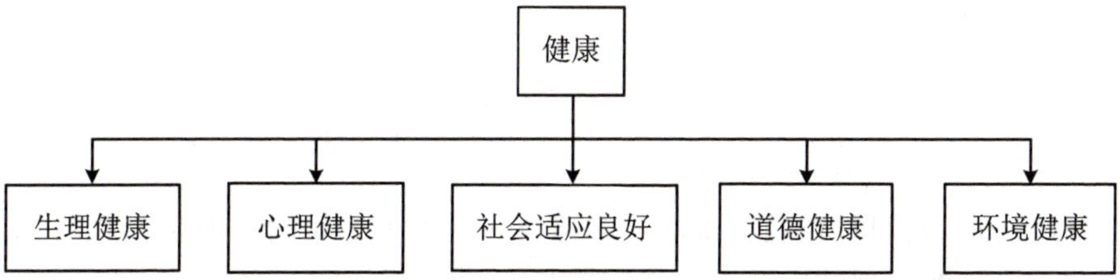

图 1-2 健康的五维结构

二、什么是"心理健康"

心理健康（mental health）又称之为精神健康，是相对于躯体健康的概念，一般来说对其理解并不存在多大的困难。但是，如果要从科学的角度给予一个简明的定义和完整的标准绝非易事。这里，我们来讨论心理健康的定义与标准问题。

由于心理健康所包括内容的广泛性和复杂性以及对心理健康量化的困难，关于心理健康至今尚没有一个简明、公认或统一的说法，有很多因素影响人们对其概念和标准的认识。例如，在心理健康问题上应采用多宽的概念和范围？是采用完美的标准还是尽其所能的标准？应采用理想的标准还是操作性标准？是考虑全体还是考虑个体？是自我评价还是他人评价？这里讨论心理健康概念的一般性问题。

心理健康是健康的重要组成部分。我们可以将身体健康作为基础，而将心理健康作为核心。因为心理健康问题在日常生活中有更多体现，也更加难以维护。近几十年来，现代科技的飞速进步与社会文化的迅猛发展，使人类面临着激烈的竞争。频繁的应激、快速的节奏，前所未有的压力使人们在精神上不堪重负，并对身体健康产生深远的影响。人们逐渐认识到心理健康对人生的意义，认识到心理因素对躯体健康的影响，认识到心理社会因素在健康与疾病相互转化中的作用。不同组织和学者对心理健康的若干定义见专栏 1-4。

专栏 1-4 心理健康的定义

- 1946 年的第三届国际心理卫生大会将心理健康定义为："在身体、智能及情感上与他人的心理健康不相矛盾的范围内，将个人的心境发展成最佳的状态。"
- 世界心理卫生联合会将心理健康定义为："身体、智力、情绪十分调和；适应环境，人际关系中彼此能谦让；有幸福感；在工作和职业中，能充分发挥自己的能力，过着有效率的生活。"
- 精神病学家门格(K. Menninger)认为："心理健康是指人们对于环境及相互间具有最高效率及快乐的适应情况。不仅要有效率，也不只是要有满足感，或是愉快地接受生活的规范，而是需要三者兼备。心理健康的人应能保持平静的情绪，敏锐的智能，适于社会环境的行为和愉快的气质。"
- 英格利希(B. English)提出："心理健康是一种持续的心理状况，当事者在那种状况下能作良好适应，具有生命的活力，并能充分发展其身心的潜能，这乃是一种积极的丰富的生活，不仅仅是免于心理疾病而已。"
- 《简明不列颠百科全书》认为，心理健康是指个体心理活动在自身环境条件许可范围内所能达到的最佳状态，而不是指一种绝对的十全十美的状态。

我们可以发现，人们对心理健康概念的理解与概括不尽相同。但是，它们也有许多共同之处。我们在理解心理健康时要注意以下几个方面的要点：

第一，心理健康是要求一个人在生存与发展方面的最佳状态，而不一定是永恒的完美无缺状态，具有身心缺陷的人也可以追而求之，其目的是尽可能达到的良好状态。

第二，心理健康绝不仅限于没有心理疾病或是心理上的安宁，它还要求良好的社会适应能力，具有追求更高境界和最大发展的动力。

第三，心理健康是一个相对的状态。人的心理随着环境的变化有相应的改变是正常现象，但是这种变化应该是适度、适时和良性的反应。

第四，心理健康是一个动态的变化和发展过程，因此它与躯体健康一样需要终身维护。

三、心理健康的标准

在了解了心理健康的概念以后，我们大体知晓了心理健康是什么。下一步要做的是对自己心理是否健康进行具体的评价和判别，即讨论心理与行为健康的具体标准问题。心理健康的标准是心理健康定义的拓展，是衡量心理是否健康的指标。如同心理健康的定义一样，有关心理健康的标准很多，其差别是侧重点和描述方法的不同，这里讨论几个常用标准：

1. 正常的标准　此标准要求一个人在心理的各个方面都能达到完美无缺的理想状态，常被称为完美的标准。此类标准作为个人的努力目标是有用的，但很难完全达到（见专栏1-5）。

专栏 1-5 心理健康的标准

- 《简明不列颠百科全书》的标准：① 认知过程正常，智力正常；② 情绪稳定、乐观，心情舒畅；③ 意志坚强，做事有目的；④ 人格健全，性格、能力、价值观等均正常；⑤ 养成健康习惯和行为，无不良嗜好；⑥ 精力充沛地适应社会，人际关系良好。
- 马斯洛的标准：① 有充分的自我安全感；② 能充分了解自己，并有恰当评估自己的能力；③ 生活理想切合实际；④ 不脱离周围现实环境；⑤ 能保持人格的完整与和谐；⑥ 善于从经验中学习；⑦ 能保持良好的人际关系；⑧ 能适度地宣泄和控制情绪；⑨ 在符合社会规范的前提下，能有限度地发挥个性；⑩在不违背社会规范的前提下，能适当地满足个人的基本需求。马斯洛的标准主要是创造性人格的标准。
- 王效道和徐斌的标准：包括适应能力、耐受力、控制力、意识水平、社会交往能力、康复力、道德愉快胜于道德痛苦七个方面。

上述各种心理健康的标准均适用于所有人，它在教育模式或发展模式的心理健康工作中最为实用。但是如果将其作为判断人有无心理问题或障碍的标准，就会发现多数人很难做到。

2. 异常的标准 此标准主要用于判断一个人的心理是否存在着异常或疾病。例如，是否存在着伤害自己的异常心理，如焦虑、恐惧、强迫，抑郁等。这里除了自我评价外，还常常需要他人评价，包括专家的评价。

异常心理与行为是变态心理学和精神医学的研究对象，已有多种诊断标准和方法。如 WHO 的《国际疾病分类》第 11 版（ICD-11）、美国的《精神障碍诊断和统计手册》第 6 版（DSM-6）以及我国的《精神障碍分类与诊断标准》第 4 版（CCMD-4）等，都包含目前通用的心理疾病的分类和诊断工具。这些具有诊断意义的判定，需要由训练有素的专业人员完成。

3. 社会的标准 由于人具有社会性，是群居生物，心理健康的社会标准显得格外重要。个体的身体健康多为自身的问题，而个体的心理健康却更多地影响他人与社会，也受到他人与社会的影响。这说明一个人仅仅自我感觉良好是远远不够的，每个人都必须具有接受其所处的基本社会规范、习俗、文化和法律的要求，将其内化并得到社会的认可。一个人体格再健壮，自我感觉再好，如果总是与别人过不去，无法顺应社会对个人的要求，或总是为此深感痛苦，就不能认为其心理是健康的。

4. 操作性标准 操作性标准是一种简便易行且好用的标准。这里，作者在综合前述资料的基础上提出心理健康的最低标准和最高标准。

最低标准由两个部分组成：

(1) 你的心理与行为对你自己有没有伤害？它主要强调的是个体的主观感觉或内心体验，要求个体不存在明显自我伤害的心态，精神上感到安宁、平和与乐观。

(2) 你的心理与行为对别人有没有伤害？它要求个体不存在损害别人的心理倾向，如迁怒、报复、敌对、霸凌他人等。

一个人既没有伤害自己也没有伤害他人的心理或行为倾向，就可以认为他的心理健康是合格的。

5. 双因素标准 传统心理健康的标准主要采用消极的精神病理学指标，主要涉及内化心理障碍（如抑郁、焦虑）和外化心理障碍（如行为障碍）两方面。近年来，学者结合积极心理学角度提出了心理健康的双因素模型（the Dual-Factor Model of Mental Health）。该模型认为心理健康不仅仅是心理疾病的缺失，也不仅仅是拥有较高的主观幸福感，而是两者结合得更完全的状态。心理健康的积极指标（如生活满意度、主观幸福感）和消极指标（如抑郁、焦虑等精神病理学症状）作为相互独立并相互关联的结构，是一对统一体。如图 1-3 所示，双因素模型将人群分成 4 类：

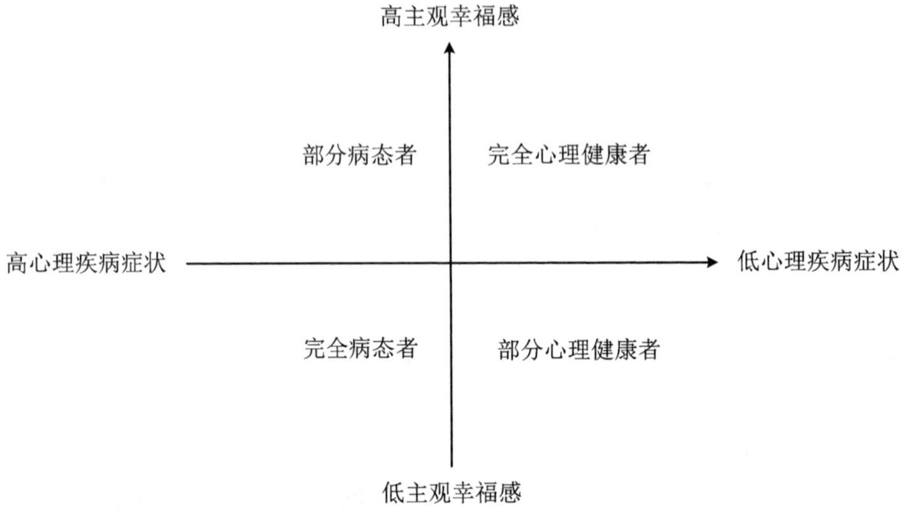

图 1-3 心理健康的双因素模型

（1）完全心理健康者。完全心理健康者具有低心理疾病症状和高主观幸福感。完全心理健康是一种高水平的主观幸福感以及近期无心理疾病的综合状态，是个体最佳的健康状态。

（2）部分心理健康者。部分心理健康者具有低心理疾病症状和低主观幸福感，他们在未来的生活中可能会出现问题。曾经有学者做过一些纵向的追踪研究，发现两年左右这类人群里面 40%的人由部分的心理健康者变成了完全的病态者。

（3）部分病态者。部分病态者具有高心理疾病症状和高主观幸福感，由于个体拥有积极认知及积极情绪，其心理问题可能会容易自动康复。在生活中，你可能会发现有些患有心理疾病的人，幸福感并不低。有一些人处于短期的抑郁状态，例如，因产后激素变化、失恋或者亲人的离世，导致出现症状，但是如果他原来的生活幸福感比较高，就很容易回到正常的状态，由部分病态者恢复成完全的心理健康者，我们把这种恢复能力叫作复原力（resilience）。

（4）完全病态者。完全病态者具有高心理疾病症状和低主观幸福感，完全病态的人不仅会表现出抑郁等症状，而且会感觉到对生活的不满，并表现为心理功能和社会功能受损。

从上面的分类我们可以看到，幸福感在心理健康中起到非常重要的作用，低幸福感的人,很容易出现心理症状,成为完全病态者;而高幸福感的人,即使出现心理症状,也较容易痊愈,成为完全心理健康者。

思考题

如果用上述的几种标准衡量你自己,你处于何种状态?你如何才能到达理想的状态?

四、心理健康的评价方法与途径

你是否想对自己的心理健康状况作一个比较客观的判断?这种判断是如何进行的呢?研究心理评估和诊断是一门学科,它涉及很多理论和技术性问题。这里主要和大家讨论有关心理健康评价的一般性问题,目的是使大家了解心理健康的主要评价途径。

1. 自我评价　自我评价是根据自己的感觉,即自我体验标准分析和判断自己心理健康状况的过程,是心理健康的基本的评价途径和方法。试想,一个自我感觉十分痛苦的人能否谈得上心理健康?一个正常人都应该具有认识、反省、检查和判断自己内在身心状况的能力,并具有一定的改变自己不尽如人意之处的能力。关于心理健康,无论是采用完美的标准还是异常的标准,都可以通过自我反思和对照进行判断。运用异常的标准,我们可以发现自身存在的问题;使用完美的标准或马斯洛创造性人格标准,我们可以了解发展方面的不足等。如果存在明显的问题,你就需要认真对待并尽早解决。

但是,由于自我评价的局限性,还因为个人自我评价能力的高低不同,我们不能将其作为心理健康唯一的判断方法。因为自我感觉良好的人并不一定都是心理健康者,有时甚至可能是心理疾病严重状态的表现。

2. 他人评价　这是通过熟悉自己的人进行评价的过程,是弥补自我评价不足的重要方式。大学生适当地了解同学、老师、朋友等他人对自己的看法,会有利于自己全面和客观地认识自我,促进自我意识的健康发展。但是,对于一般的“他人”,因受知识、能力、价值观和世界观以及情感和动机的影响,其评价也有可能有些偏差,需要进行二次鉴别与判断。

3. 专家评价　这是一种专业形式的他人评价。是指通过训练有素的专业人员,运用心理学的理论与方法,包括心理检查、心理测量和心理障碍诊断等方法,对自己的心理与行为若干方面或广泛方面进行评估的过程。一般来说,这是心理健康最为可靠和准确的评价途径。但不同的专业人员的知识、能力、经验和专业背景有所不同,这也需要根据目的进行选择。

思考题

你能运用上述标准和方法综合评价一下自己的心理健康状况吗?

第二节 大学生心理健康的标准与常见问题

一、大学生心理健康标准

前述心理健康标准是对各类人群都适用的具有普遍性的一般标准。对大学生这一特殊群体，由于有其自身的年龄、文化、心理、氛围和社会角色诸方面的不同特点，必然具有一些特殊性。而且，大学生的心理健康不能仅限于个体的生存方面，还必须考虑他的未来发展问题。因此，心理健康标准在大学生群体中应有侧重点。这里，我们主要讨论大学生活中具有较为普遍意义和重要意义的关键问题。

1. 浓厚的学习兴趣和较高的效率　大学生的主要任务是完成专业训练，培养能力和提高素质。学习是大学生活的主要内容，也是评价一个大学生表现优劣的重要指标。大学生的学习效果很少取决于智力因素，而主要体现在非智力因素中，如学习兴趣及其学习动机等。心理健康的大学生，应该具有浓厚的学习兴趣，强烈的求知欲，珍惜学习机会，克服学习困难，且有较高的学习效率，并能从创造性地学习中体验到满足与快乐，从而形成良性循环。

案例 1-2　执着地追求

小奇同学来自农村，中学时的英语基础较差。进入某医科大学后，他接触到了前所未有的英文资料。他利用起床前，上床后等空闲时间收听英文广播来辅助课堂学习，达到了“如饥似渴”和“如醉如痴”的地步，同学们经常看到他边走边喃喃自语，并处于兴奋状态。

从大学三年级开始，他连续3年获得该校英语竞赛第一名，而参赛者多是硕士研究生和英语教师。第五年，他以优异的成绩考取了北京某著名医学院校硕士研究生，英语成绩更是名列第一，被允许免修。若干年后他到了美国。“他的英语水平已经达到以英语为母语者的程度”——一位美籍华人教授这样评价他。

2. 正确的自我意识并悦纳自我　苏格拉底说过：“去认识你自己吧。”自我意识是指人对自己以及自己与周围世界关系的认识和体验。心理健康的学生应该能正确地了解并接受自己。对自我有客观的评价，既不妄自尊大也不妄自菲薄，能够体验到自己存在的价值，自信乐观。对自己的能力、性格和优缺点能够做出恰当、客观的评价，不会设置苛刻或非分的要求，生活目标和理想比较切合实际，能够充分发挥自己的才干与潜能。

3. 正确的社会认知而不歪曲　每一个人在特定的家庭和社会环境下，通过主观和客观的交互作用，形成的一种对事物倾向性的认知方式称为认知模式。这种模式成为个体应答各种生活事件的思维评价方式。不良认知是指歪曲的、不合理的、消极的信念或思想，它们往往会导致情绪障碍和非适应性行为。因此，对各种事物进行正确判断而不产生歪曲，是大学生保持心理健康和适应社会的重要方面。

4. 良好的心境并能控制情绪　情绪是影响人的心理健康和工作效率的重要因素。心理健康的学生能经常保持愉快、开朗、乐观和满足的心情，对生活和未来充满希望，能适度地表达和控制情感。热爱生活，能在生活中尽情享受人生的乐趣。面对具体的悲、忧、愁、怒等消极情绪，能够对其强度和时间加以控制，做到喜不狂、忧不绝、胜不骄、败不馁、谦而不卑和自尊自重，对于无法得到的东西不过于贪求，能在社会允许范围内满足自己的各种需要。

5. 善于交往并保持和谐的人际关系 心理健康的大学生应乐于交往也善于交往，在接受自我的同时也能容忍他人，日常生活中能用尊重、信任、友爱、宽容和理解的态度与人相处，能接受和给予别人爱与友谊，能与他人同心协力、合作共事，积极的态度总是多于消极的态度，为他人喜欢并容易被集体接受。

6. 能保持完整统一的人格结构 人格指人的整体精神面貌，人格和谐是指人格构成要素的气质、能力、性格和理想、信念、人生观等平衡发展。心理健康大学生具有积极进取的人生观，思、言、行协调一致，并以此为中心把自己的需要、愿望、目标和行为统一起来。

7. 具有良好的社会适应能力 社会适应能力包括正确认识以及处理个人与社会关系的能力。心理健康的大学生在社会环境改变时能面对现实，对环境作出客观的认识和评价，使个人行为符合新环境的要求；能和社会保持良好的接触，及时修正自己的需要和愿望，使自己的思想、行为与社会协调一致。良好的适应能力表现为积极主动地适应。

8. 少有心理障碍和不良习惯 一个人面临挫折或失败而产生相应的心理反应多是正常现象，苦恼、愤怒、焦虑、抑郁、强迫与恐惧极端化则可能发展为心理障碍或心理疾病。前述调查资料已经说明心理障碍是休学和退学的重要原因，也是影响学习和发展的重要因素。因此，有效地防治心理障碍是所有大学生都应该重视的问题。另外，不良的行为习惯也是影响大学生心理健康的重要因素，如酗酒、烟瘾、网络成瘾、生活规律紊乱等，大学生应努力克服。

二、正确理解大学生心理健康标准

根据以上的大学生心理健康标准，同学们可能对自己的心理健康状况已经有一个自我评价，结果可能令人欣慰，也可能让人有些沮丧甚至焦虑。因此，如何正确理解大学生心理健康的标准就非常必要。大学生心理健康标准有以下几个特性：

1. 相对性 心理健康与不健康并非绝对，而是一个连续体，只存在相对程度的差异。人类的心理健康状态呈现（或趋近于）正态分布曲线（图 1-4），当心理健康的指标（通常是心理健康测量分数）偏离统计学上的常态（也叫常模，可以理解为同龄人心理健康的平均水平，正态分布的中间区域），出现在正态分布极左端的区域，表明心理健康状况可能出现了问题。

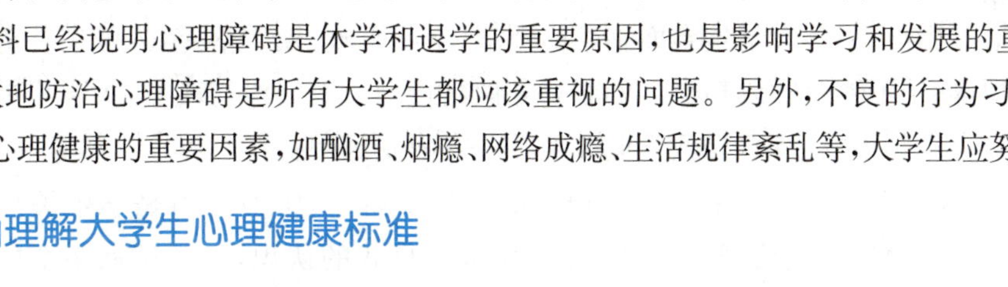

图 1-4 心理健康水平的正态分布图

2. 发展性 从发展的角度看，心理健康水平是在一定范围内不断上下波动的过程，处于一种动态平衡的状态。一些看似不健康的心理状态可能是大学生成长过程中不可避免的问题，比如新生适应、升学就业、人际相处、恋爱婚姻等问题。在人生发展的过程中遇到各种各样的心理问题都是正常的，就如同“感冒”，随着时间的推移、身心的发展，并在积极调整或治疗后，症状会得到缓解或消失。

3. 整体性　从心理过程来看，心理健康的人心理活动是完整的统一的协调的整体，个体的认知、意志和情感是协调一致的。如果心理过程的这三个方面出现失衡，个体就难以控制可能产生的一系列心理困扰或问题。另外，每个人都有长期形成的稳定的个性心理，个性心理在没有明显、剧烈的外部因素影响下不会轻易发生变化，否则说明其心理健康状况发生了变化。

三、大学生常见心理健康问题

大学生的心理健康状况总体较好，但生活在社会环境中的大学生也不可避免地面临着各种生活事件，即应激源（stressor）。有些应激源会给当代大学生的学习、生活和发展带来严重影响，导致大学生出现一些成长与发展中的问题。在这里我们简要介绍几种主要的心理问题，具体内容将在后面章节中详细探讨。

1. 适应问题　适应问题多出现在大一新生阶段。他们初次离家，独立面对全新的环境。在这个过程中，很多大学生会面临生活环境、学习模式、期望落差、人际交往等方面的各种适应问题，如果不能及时调整自己的心态并做出行动上的应对与改变，大学生就容易出现焦虑、抑郁、自卑等不良心理，导致学业和生活等方面受到困扰。

2. 自我意识问题　大学是自我意识发展的重要阶段，学习不再是学生关注的唯一重点。学生们开始通过自我反思与自我评价，加深对自我的认识，并尝试从多个方面提升自我，自我意识不断增强。不过，在此过程中也可能会遇到一些问题，如部分学生可能过于关注自我，陷入自我中心主义的泥潭；一些大学生可能缺乏客观的自我认知，在面对选择时感到迷茫和困惑。此外，自卑和自负也是大学生自我意识问题中常见的两种极端情绪。

3. 学习问题　由于大学的学习目的、方法和内容都与中学有很大区别，因此容易出现“水土不服”的状况。部分大学生可能缺乏明确的学习目标和计划，学习方法不当、时间管理不善、学业拖延、考试焦虑等问题，进而出现紧张、焦虑、挫败、厌学等不良情绪反应，无法有效应对考试和学业挑战，在学业上的失败又会进一步对学生的身心健康造成负面影响。

4. 人际关系问题　人际关系问题是大学生最常出现的心理问题。大学生来自不同的背景和家庭，拥有各异的性格和习惯，这可能导致在相互理解和适应上存在一定的困难。而且，随着社交媒体的普及，虚拟社交与现实生活的界限变得模糊，部分学生可能过度依赖线上交流，而忽视了面对面沟通的重要性，从而影响其现实社交能力的发展。

5. 网络成瘾问题　随着互联网的普及和科技的飞速发展，网络已成为大学生生活中不可或缺的一部分。网络成瘾的大学生往往表现出对网络的极度渴望和无法自控的行为，会牺牲学习时间，沉迷于社交媒体、网络游戏和短视频等，在课堂上无法集中注意力。这种行为模式不仅导致学业成绩下滑，还可能引发睡眠障碍、焦虑、抑郁等一系列心理问题。

6. 恋爱与性问题 大学生正处于性心理和情感发展的关键时期，他们渴望探索恋爱关系，同时也对性充满好奇。然而，由于他们思想尚未发展成熟，缺乏足够的经验和认识，他们往往容易出现沟通不畅、情感依赖、价值观冲突等问题，从而陷入困惑和迷茫之中。而且缺乏足够的性教育和自我保护意识，也可能导致意外怀孕、性疾病传播等问题。

7. 择业与生涯规划问题 择业与生涯规划问题容易出现在高年级学生群体中。许多大学生对自己的兴趣、优势以及未来职业方向缺乏清晰的认识，导致在择业时犹豫不决，难以做出适合自己的选择。这种迷茫状态不仅影响他们的学业和就业准备，还可能引发自我认同和自信心的危机。而且，随着社会竞争的加剧和就业市场的不确定性，大学生在面临择业和生涯规划时容易出现自卑、迷茫、逃避、焦虑等不良情绪。

8. 生命意义问题 大学生正处于青春年华，他们开始深入思考生命的价值、目的和意义，这是一个自然且关键的成长阶段。然而，许多大学生在探索生命意义的过程中可能会遇到困惑和挣扎。不知道自己的生活目标是什么，缺乏明确的方向和动力。他们可能对所学专业、未来职业以及个人价值产生怀疑，导致焦虑、抑郁等心理问题。此外，也有学生可能过于追求外在成就，如学业成绩、社会地位等，而忽视了内在的成长和心灵的满足，这也可能导致他们感到空虚和不满。

专栏 1-6 目标对人生的影响

哈佛大学有一个关于目标对人生影响的跟踪调查。对象是一群智力、学历、成长环境等条件差不多的年轻人，调查结果发现：27%的人没有目标；60%的人目标模糊；10%的人有清晰但比较短期的目标；3%的人有清晰且长期的目标。

25 年的研究结果表明：

那 3%有清晰长期目标者，25 年来几乎都不曾更改过自己的人生目标，一直都朝着同一方向不懈地努力；25 年后，他们几乎都成了社会各界的顶尖成功人士，他们中不乏白手创业者、行业领袖、社会精英。

那 10%有清晰短期目标者大都生活在社会的中上层。他们的共同特点是，短期目标不断被实现，生活状态稳步上升，成为各行各业不可缺少的专业人士，如医生、律师、工程师、高级主管等。

那 60%的模糊目标者几乎都生活在社会的中下层，他们能安稳地生活与工作，但通常没有什么特别的成绩。

剩下的 27%没有目标的人群，他们几乎都生活在社会的最底层。他们常常失业，靠社会救济，并且常常都在抱怨他人、抱怨社会、抱怨世界。

第三节 心理健康的维护与调适方法

你是否因为学习成绩总是达不到预期效果而烦躁不安？你是否因为与某位同学关系紧张又必须生活在一起而陷于痛苦之中？你是否因为家境困难不能拥有高档手机、笔记本电脑而深感低人一等？你是否因长得太胖或太矮而感到自卑？你是否因为你特别爱慕的那位异性同学与别人亲亲热热却对你不屑一顾而陷入单相思之中？诸如此类的问题往往是影响心理健康和导致心理障碍的诱因。当面对诸如此类的心理问题时，应如何选择心理健康的调适措施和方法呢？

一、一般措施

通过一般性措施改善心理状态是间接解决心理问题的方法。在多数情况下，采取下列综合性措施无论是对治疗还是预防都是有效的。

1. 去除原因　消除引起心理问题的直接的影响因素是从源头上解决心理问题的方法，在可能的情况下，应仔细查找并努力消除。

2. 减压放松　压力又称之为应激(stress)，当压力过大超过了人的心理承受能力时，往往导致心理障碍的发生。因此，在生活中减轻不必要的压力，或将压力控制在一定的范围，是防治心理问题和预防心理疾病发生的重要措施。

3. 生活调整　生活调整要求大学生按照环境要求，结合自己的特点处理好学习、工作、交友、娱乐、锻炼、休息和睡眠的关系，让自己的生活有张有弛又丰富多彩，保持旺盛的体力、精力和活力。

4. 文体活动　文体活动是放松大脑、调节神经心理机能的必要手段。一个人应该根据自己的爱好和特点，选择适当的娱乐和体育锻炼方式，每天保持一定时间的活动，以消除紧张、疲劳和烦恼。

5. 积极进取　培育积极心理品质，塑造乐观向上的心态，不断设置新的目标，是抵御心理消沉的有效方法。例如把某一知识、能力或技术作为新的方向与追求，往往能使自己的生活变得非常充实。

二、改善认知

生活是一面镜子，你哭它就哭，你笑它就笑。

所谓认知是指认识活动或认识过程，包括信念和信念体系、思维和想象等。每一个人在特定的家庭和社会环境下，通过主观和客观的交互作用，形成的一种对事物倾向性的认知方式或认知模式。这种模式一旦形成，就成为个体应答各种生活事件的习惯性思维。对生活事件的认知评价是影响个体心理健康的重要因素，也是异常心理形成的常见的内在原因。不良认知是指歪曲的、不合理的、消极的信念或思想，它们往往会导致情绪障碍和非适应性行为。良好的认知方式是指那种积极的、善解人意的、宽容的、合理的、识时务的认识和真实评价事物的方法。实践表明，改善认知是调整心理状态和解决心理问题的重要方法。

课堂活动 1-1　五步脱困法

心理学研究表明，人可以通过改变说话方式来改善绝对化的思维方式和错误认知，明确行动目标和途径。你也试试吧！NLP 五步脱困法如图 1-5 所示。

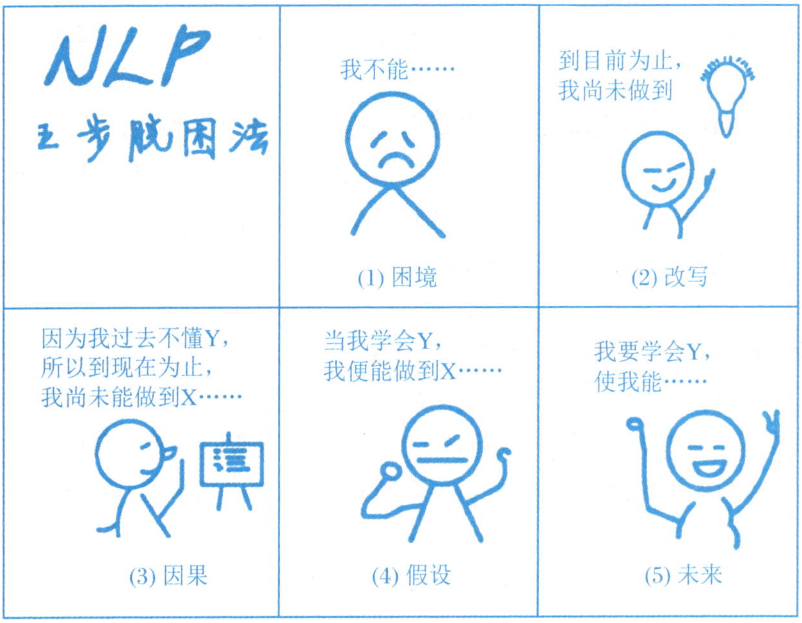

图 1-5 NLP 五步脱困法

(1) 困境：我不能做到 X。例如，我不能做到主动结识新同学。

(2) 改写：到目前为止，我尚未做到 X。例如，到目前为止，我尚未做到主动结识新同学。

(3) 因果：因为过去我不懂 Y，所以到现在为止，我尚未做到 X。例如，因为过去我不知道人际交往技巧，所以到现在为止，我尚未做到主动结识新同学(注意："因"必须是某些本人能控制或有所行动的事)。

(4) 假设：当我学会 Y，我便能做到 X。例如，当我学会人际交往技巧，我便能做到主动结识新同学。

(5) 未来：我要学会 Y，使我能做到 X。例如，我要学会人际交往技巧，使我能做到主动结识新同学。

思考题

请谈谈你曾"想"出来的心理烦恼，你能通过变换"想"的方法消除它们吗？

三、心理防御

心理防御机制(defense mechanism)源于精神分析理论，是指个体处在挫折与冲突的紧张情境时，在其内部心理活动中所具有的自觉或不自觉地解脱烦恼、减轻内心不安，以恢复情绪平衡与稳定的一种适应性过程。其中的"防御"之说最早源于弗洛伊德(Sigmund Freud)的《防御性神经精神病》一书。1936 年他的女儿安娜·弗洛伊德在《自我与防御机制》中发展了防御机制的理论。如今已有数十种防御机制被提出。常见的心理防御机制有以下类别：

1. 压抑(repression) 把不能允许的念头、情感和冲动在不知不觉中压抑到无意识中去。

2. 幻想(fantasy) 以脱离实际的空想来满足自己的愿望，常见形式是“做白日梦”。

3. 转移(displacement) 对无法直接发泄情感时，转移到其他对象身上，如“迁怒”等。

4. 合理化(rationalization) 是指个体在遭受挫折或无法达到所追求的目标时，为了减轻自己的焦虑不安，维护自尊，自圆其说地寻找一些牵强附会的缘由进行辩解，包括“酸葡萄心理”和“甜柠檬心理”。

5. 反向(reaction) 指表现出来的外在行为与内在动机截然不同的防卫方式。

6. 补偿(compensation) 个人所追求的目标或理想受挫，或因自己的某些缺陷而失败时，选择其他能获得成功的活动来代替，以弥补因失败而丧失的自尊与自信。

7. 幽默(humor) 是指通过幽默的语言或行为来应对紧张尴尬的局面或间接表达潜意识欲望的防卫机制。

8. 升华(sublimation) 是指将各种不为社会和意识所接受的冲动、欲望进行改变，导向比较高尚的目标和方向。这样，既能使自己的欲望获得满足，又有利于他人，从而被社会所接受。

9. 理智化(intellectualization) 是指以理智的方式对待紧张的情境，以将自己超然于情绪烦忧之外。

心理防御机制的运用有两种作用：一种是积极的作用，它能暂时减轻焦虑的心理症状，使个体有更多时机寻找解决挫折的更为有效的方法。另一种是消极作用，它使个体依赖于防御机制，逃避现实问题，而不能学会更有效地去解决问题。心理防御机制的过分运用甚至会表现为某种病态。因此，每一个人在运用防御机制时都要把握好分寸。

四、面对现实

在日常生活中，解决重大问题的主要方法是面对现实。即真实地面对困难、合理地解释和妥善地处理。面对现实与心理防御机制不同，它发生在人的意识层面，采用的是实际方法，解决的是现实问题，主要包括真实面对与妥善处理两个环节：

1. 真实地面对 即以客观、真实和理性的眼光对待人和事。例如，考试失败，勇敢面对，承认挫折，认真查找原因：或学习不努力，或方法不当，或考试发挥失常等。

2. 妥善地处理 以现实的方法应对。针对客观原因采取措施，如增加学习时间，改进学习方法，提高应试技能等。

五、利用资源

社会支持(social support)是指个体获得同学、老师、朋友、亲友、同乡、心理咨询师以及家庭、单位和社团组织等给予的精神和物质上的慰藉、关怀尊重和帮助。社会支持的利用程度与个体的利用能力有很大的关系。善于运用各种社会资源的支持作用，不仅有利于自己心理问题的解决，也有益于心理健康的保持，防止心理障碍的发生。

1. 寻求他人帮助 他人帮助是借助于别人来解决自己心理健康方面的问题，包括同学、老师、朋友、亲友、同乡和领导等。我们可以把自己的问题向他们倾诉，征求他们的看法、意见或建议，听听他们的劝告和安慰，接受他们的心理支持。这是困境中自我调适有困难时，应该采取的第二个步骤，也是维护心理健康的重要途径。通常，心理学将个体以外可以利用来帮助自己的事物统称为社会资源。能否及时、合理地运用社会资源为自己服务，是衡量一个人的社会适应能力高低的重要方面。我们应该相信，世界上总是好人占多数，在有求于人时不能有过多的顾虑。

2. 寻求专家解决 在心理的社会支持系统中，心理医生是维护人们心理健康的专门的社会资源，当运用其他途径尚不能解决问题时，向专家求助是明智的选择，也是深入解决心理问题的最有效的途径。这里的专家是指训练有素的心理健康专业人员，包括心理咨询师、心理治疗师、心理保健师和心理辅导员等，他们可统称为心理师。解决心理问题求助于专家是最有效、最可靠的方法，对心理障碍更是如此。合格的心理医生应受过严格的专业训练，具有职业心理学家应有的知识、能力和经验，有完善的心理评估和诊断学方法及经验，有专门的心理咨询和治疗的技能。更重要的是他们能遵循职业道德和行业规范，尊重服务对象隐私并保守秘密。专家帮助有电话咨询、门诊咨询和信函咨询、个别咨询和团体咨询等多种形式，每一种形式都有其特点。一般来说，门诊个别咨询因为是和心理医生直接接触，因此是最仔细、最全面和最有效的形式。

心理训练营 1-1 幸福感体验

活动目的：以往的心理健康更多关注心理问题层面，而积极心理学则从新的角度来解读心理健康。本活动请同学们去体验幸福的感觉，并能认真思考“我”的幸福感来自哪里？

活动内容：列出你心目中认为幸福的是什么。

活动步骤：每个同学可以写出 3 条，并就你心目中的幸福做出排序。完成后，请若干志愿者同学分享自己的经验。

参考答案：列出几个在活动中的最常见答案以供参考。

(1) 幸福不是你房子有多大，而是房子里的笑声有多甜。

(2) 幸福不是你开多豪华的车，而是你可以开着车平安到家。

(3) 幸福不是你存了多少钱，而是你能身心自由，做自己喜欢的事情。

(4) 幸福不是你的爱人有多漂亮(帅气)，而是你爱人的笑容有多灿烂。

(5) 幸福不是你当了多大的官，而是无论你走到哪里，人们都说你是个好人。

(6) 幸福不是大鱼大肉、锦衣玉食，而是无病无灾、身心放松。

(7) 幸福不是你成功时周围的喝彩多热烈，而是当你失意时有人对你说：朋友，加油！

(8) 幸福不是你听过多少甜言蜜语，而是当你伤心落泪时有人对你说：没事，有我。

思考题

(1) 当你有心理问题时,你将采用什么策略和方式去解决?还有别的方法吗?

(2) 为什么有的人即使存在着较严重的心理问题也不愿看心理医生?

(黄　龙)

本章习题

本章课件

第二章
自我意识与心理健康

案例 2-1　小雨的“双重”生活

小雨，大二男生，成绩中上，平时话不多。但一回到宿舍，他就像变了个人似的。在游戏的世界里，他是无人不知、无人不晓的“战神”，带领着庞大的“公会”，每次发言都能引来无数粉丝的追捧。

在现实生活中，小雨总是觉得自己有点格格不入。他更愿意在晚上花时间更新自己的游戏攻略，回复粉丝的留言，而不是和室友们一起去打球或参加社团活动。他发现自己越来越难和周围的人找到共同话题，课堂上也常常走神，总想着晚上要更新的游戏内容。

最近，小雨几门课程考试挂科，这让他有些焦虑。他开始意识到，虽然在虚拟世界里他能有收获满满的成就感，但在现实中却是如此地失败。他开始思考，他到底是一个怎样的人？未来的生活该怎么规划，自己能否在游戏和现实生活之间找到一个平衡点。

思考题

(1) 你有没有过类似的经历，感觉自己在网络和现实中像是两个人？

(2) 我们在生活中是通过哪些方面来认知自己和评价自己的？

(3) 如果你是小雨，你会怎么调整自己的网络和现实生活？

读完小雨的故事，你可能会思考，为什么他要在游戏世界里寻找成就感，而不是在现实生活中？也许，你会觉得小雨在游戏中投入太多时间有些不值得，或者你认为他应该在虚拟世界和现实生活中找到更好的平衡。事实上，许多同学都面临着和小雨类似的挑战，他们可能在社交媒体上花费大量时间，追求点赞和关注，却忽视了现实生活中的学习和人际交往。

对于刚迈入大学校门的同学们来说，心中充满了对未来的憧憬和期待，渴望在大学这个新舞台上大展拳脚，展现出更加出色的自己。但同时，同学们也可能会感到迷茫和不确定，不知道如何在这个多元化的环境中找到自己的位置。现在，同学们最关键的任务是正确地认识自己，找到自己未来发展的方向，合理地规划好大学生活，实现个人的成长和发展。

时代寄语：(要)正确认识远大抱负和脚踏实地，珍惜韶华、脚踏实地，把远大抱负落实到实际行动中，让勤奋学习成为青春飞扬的动力，让增长本领成为青春搏击的能量。

——习近平

第一节 自我意识概述

自古至今，思想家和哲学家们都不断地追寻着人类的基本问题——即“我是谁”。不知道在你的生命历程中，有思考过一些这样的问题吗？如“我是谁?”“我是否有价值?”“我为什么要活着?”“我努力奋斗为的是什么?”“生命的意义是什么?”“人生的目的是什么?”等。也许你曾经思考过，也许你暂时还没寻找到属于你的答案，但相信在今后的生活中你会越来越多地思考这些问题。个体心理健康最重要的标志就是对自己的接受和认可，即具有良好而健全的自我意识。从某种意义上讲，人的一生就是围绕自我意识、自我实现这个问题展开的，而大学生正处于自我意识的发展与完善的重要阶段。如何认识自我、调整自我和实现自我，不仅仅影响着我们的心理健康，更决定了我们的未来。

专栏 2-1 名家名言——自我认知

知人者智，自知者明。胜人者有力，自胜者强。

——老子

在人类一切知识中，对我们最有用而知之最少的是关于人类自身的知识。

——让·雅克·卢梭

世界上最重要的事情就是认识自我。

——米歇尔·德·蒙田

大多数人想改造这个世界，但极少有人想改造自己。

——列夫·托尔斯泰

最困难的事情就是认识自己。

——希腊谚语

最灵繁的人也看不见自己的背脊。

——非洲谚语

自知之明是最难得的知识。

——西班牙谚语

一、什么是自我意识

自我意识是人对自己以及自己与周围环境关系的认识。这种认识是个体通过社会比较，观察和分析外部活动与情境等途径获得的，是一个多维度、多层次的心理系统。它是个体关于自我全部的思想、情感和态度的总和。

自我意识中包括两个部分，一个是“主观自我”，即主观的“我”，是对自己活动的觉察者；另一个是“客观自我”，即客观的“我”，是被觉察到的自己的身心活动。人类学家米德把前者称为“I”，把后者称为“me”。“主观自我”与“客观自我”的分化是自我意识得以形成和发展的基础和前提。

（一）自我意识的内涵

从内容上看，自我意识从不同的角度可以包含不同的内容，概括起来有以下两种：

1. *生理自我、心理自我和社会自我*　生理自我是个体对自身生理状态的认识和评价，包括对自己的身高、体重、容貌、身材、性别等的认识以及生理病痛、温饱饥饿、劳累疲乏的感受等。有时也将个体对某些与身体特质密切相关的衣着、打扮以及外部物质世界中与个体紧密联系的人和物（如家属和所有物）的意识和生理自我一起统称为物质自我。生理自我在情感体验上表现为自豪或自卑，一般表现为对身体健康、外貌美的追求，物质欲望的满足，对自己所有物的维护等。心理自我是个体对自身心理状态的认识和评价，包括对自己知识、能力、情绪、兴趣、爱好、性格、气质等的认识和体验。在情感体验上表现为自豪、自尊或自卑。在行为倾向上表现为追求智慧和能力的发展，追求理想、信仰，注意行为符合社会规范等。社会自我是个体对自己与周围关系的认识和评价，包括对自己属于某一时代、国家、民族和在群体中的地位、作用，受人尊敬、欣赏的程度，在情感体验上也表现为自豪感和（或）自卑感。行为意向上表现为追求名誉地位，与人交往，与人竞争，争取得到他人的认可等。生理自我、心理自我和社会自我既相互区别又相互联系，是个体自我意识的有机组成部分。

2. *现实自我、投射自我和理想自我*　现实自我也称现实我，是个体从自己的立场和观点出发，对自己目前的实际状况的评价和看法。比如，认为自己的人际交往能力很好或者自己的学习成绩不如别人等。投射自我也称镜中自我，是个人想象中他人对自己的看法和评价，以及由此而产生的自我感。比如，认为别人觉得自己很有才华或者认为别人看不起自己等。理想自我也称理想我，是指个体要实现的比较完善的一种自我境界或形象，是个人追求的目标，比如自己的生活有何目标、对将来的期待和成就水平以及自己想成为一个怎样的人。理想自我和现实自我往往是有差距的，正是理想自我与现实自我不一致，它却对人的认知和行为有很大影响，往往推动人的发展，是人前进的动力和方向。

（二）自我意识的结构

自我意识的结构从不同的角度分析具有不同的形式，一般可以分为自我认知、自我体验和自我调控。

1. *自我认知*　自我认知是自我意识的认知成分，是我们对生理、心理和社会自我的认识。它包括自我感觉、自我观察、自我观念、自我分析和自我评价等层次。自我观念和自我评价是自我认知中最主要的方面，集中反映了自我认知乃至自我意识的发展水平，也是自我体验和自我调控的前提。

自我认知回答的问题是：“我是谁?”“我是个什么样的人?”等。

2. *自我体验*　自我体验是主观自我对客观自我产生的情绪体验，在自我认知的基础上产生，反映我们对自己所持的态度，是自我意识的情感成分。自我认知决定自我体验，而自我体验又强化着自我认知，要回答的问题是："我是否喜欢自己？""我是否满意自己？"等。

3. 自我调控　自我调控是自我意识的意志成分，是我们对自己行为和思想、言语的控制，以达到自我期望的目标。自我调控对我们的学习、工作具有推动作用，使我们为了获得优秀成绩、社会赞誉，达到自己的目标而作出不懈的努力。回答的问题是"我将如何规划自己的人生？""我应该做什么？""我应该成为什么样的人？""我可以选择如何做？"等。

思考题

(1) 谈谈在生活中你喜欢自己吗？

(2) 你的理想自我是什么样的？你的现实自我与理想自我之间有哪些差距？你为缩小这些差距做了哪些努力？

自我认知、自我体验和自我调控三者相互联系，它们有机地组合成统一的整体，成为一个人个性中的核心内容。自我意识的结构如图 2-1 所示。

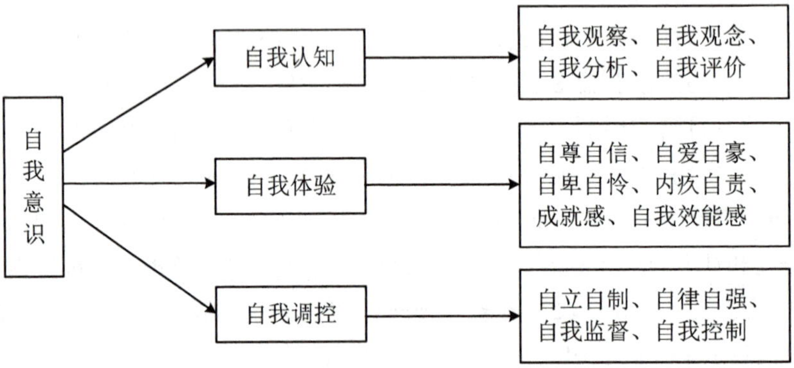

图 2-1　自我意识的结构

二、自我意识的发展

人的自我意识是随着人生每一阶段的成长而逐渐发展的，也是我们人格成长和社会化的过程，忽视了每一阶段的健康成长，可能会给我们带来困惑。个体的自我意识从发生发展到相对稳定要经过 20 多年的时间，它在社会交往过程中，随着言语和思维的发展而发展，起始于婴幼儿时期，萌芽于少年童年期，形成于青春期，发展于青年期，完善于成年期。

大学生大多数处于青年期初期，是个体自我意识发展和确立的关键时期，随着个体心理和意识的不断成熟，自我意识得到了迅速的发展，表现出与之前阶段不同的规律和特点。

专栏 2-2　自我意识发展的三阶段模式

心理学研究表明，个体自我意识从发生、发展到相对稳定和成熟，需要 20 多年的时间。我国心理学家提出了自我意识发展的三阶段模式，即一个人的自我意识经历了生理自我、社会自我和心理自我发展时期。

1. 自我中心期　在生命降生之初，新生儿是没有自我意识的，他们一般不能意识到自己和外界事物的区别，还处于主体与客体尚未分化的状态之中，比如他们经常吸吮自己的手指头，就像吸吮母亲的乳头一样津津有味。婴儿8个月左右，生理自我开始萌生，这就是自我意识的最初形态。

到1岁左右，儿童开始能把自己的动作和动作对象区别开来，初步意识到自己是动作的主体。例如，当他们手里抓着玩具的时候，他们不再把玩具当作自己身体的一部分了。1岁以后，儿童逐步认识自己的身体，也开始能意识到自己身体的感觉。不过，他们只是把自己作为客体来认识，他们从成人那里学会使用自己的名字，并且像称呼其他东西一样地称呼自己。

到2岁左右，儿童逐渐学会用代词“我”来代表自己。

3岁左右的儿童，自我意识有了新的发展。主要表现在：

(1) 出现了羞愧感与疑虑感，当做错事时儿童会感到羞愧，当碰到矛盾时儿童会感到疑虑；

(2) 出现了占有欲和嫉妒感，儿童看到自己喜欢的东西就想独自占有而不愿与人共享，如果母亲对其他儿童表现出关心和喜爱他会产生强烈的嫉妒感；

(3) 第一人称“我”的使用频率提高，许多事情都要求“我自己来”，开始有了自立的要求。

应该说，3岁儿童的自我意识已经有了一定发展，但其行为是以自我为中心的，即以自己的想法解释外部世界，并把自己的想法和情感投射到外界事物上去。

2. **客观化时期**　从3岁到青春期，是个体接受社会文化影响最深的时期，也是学习角色的时期。个体在家庭、幼儿园、学校中学习、游戏、劳动，通过模仿、认同、练习等方式，逐渐形成各种角色观念，如性别角色、家庭角色、伙伴角色、学生角色等。这一时期，也是获得社会自我的时期，他们开始能意识到自己在人际关系、社会关系中的作用和地位，能意识到自己所承担的社会义务和享有的社会权利等。

青春期以前，个体的眼光是向外的，引起他们兴趣和注意的是外部世界，他们对自己的内心世界关注不多。他们虽然已经意识到自己是一个主体，可以充分认识到自己的行为，但却不了解自己的心理状态，他们常常把自己的情绪视为某种客观上伴随行为而产生的东西，而不懂得情绪是自己的主观感受；他们还不善于运用自己的眼光去认识世界，而只是照搬成人的观点作为自己对外部世界的认识。

3. **主观化时期**　从青春期到成年的大约10年时间，个体的自我意识趋于成熟，并逐步获得了心理自我。此时，个体的自我意识表现出4个方面的特点：

(1) 用自己的观点来认识与评价事物，使自我意识成为个体认识外部世界的中介因素，从而使个体的思想和行为带有浓厚的个人色彩；

(2) 个体会从自己所见到的人格和身体特征出发，强调相应事物的重要性，形成特有的价值体系，以指导自己的言行，提高自己的社会地位；

(3) 追求生活目标，出现与价值观相一致的理想自我；

(4) 抽象思维能力大大提高，使自我意识能超越具体的情境，进入精神领域。

(一) 大学生自我意识的发展规律

大学阶段是自我意识稳步发展的阶段，自我认知、自我体验和自我调控逐步协调一致。研究表明，大学生的自我意识发展遵循的基本规律为分化→矛盾→统一→成熟。

1. 自我意识的分化　自我意识会逐步分化出几个“自我”，如主观我和客观我、理想我和现实我。随着自我意识明显的分化，大学生开始主动并迅速地关注自己的内心世界及行为表现，自我反省能力逐渐增强，通过对生理自我、心理自我和社会自我的变化产生新的认识和体验，自我形象的再认识更加丰富、完整和深刻，由此而来的自我体验也变得更加丰富多彩。自我思考逐渐增多，“我是一个怎样的人”“我应该做些什么”“我应该怎么做”“我能做些什么”“我能怎么做”等，成为大学生经常思考的问题，渴望能够得到理解与关注，能够在大学的舞台上挥洒自我。

2. 自我意识的矛盾　自我意识的分化，使大学生开始注意到自己以往不曾留意的许多方面，同时也意味着自我矛盾的加剧，即主观自我与客观自我的矛盾冲突、理想自我与现实自我的矛盾冲突的加剧。由自我意识的分化带来的矛盾是大学生自我意识发展过程中的正常现象。当然，这也可能会使大学生带来不安、困惑与困扰，甚至可能会影响大学生的心理健康与心理发展。随着自我意识的不断发展，这些矛盾也会促使大学生努力解决矛盾，实现自我意识的统一，从而推动自我意识向着成熟的方向发展。大学生常见的矛盾有以下几种：

(1) 主观自我和客观自我的矛盾。主观自我与客观自我应该是统一的，这种统一是个人对客体的认识与个人愿望的统一，是个人与社会的统一，是“自我同一性”的形成，更是良好的自我意识的标志。但是，由于自我的结构是多种多样的，每个人所处的社会环境存在着很大的差异，主观我与客观我并不总是存在着统一，就会出现后面将会详细介绍的过度的自卑或过度的自我接受等状况。

(2) 理想自我和现实自我的矛盾。在现实生活中，理想自我与现实自我总是存在着一定差距的，合理的差距能够使人不断进步、奋发有为。但是，当现实我距离理想我太过遥远时，大学生会产生各种各样的心理不适甚至自暴自弃，变得平庸无为、无所事事、缺乏动力。所以，当理想我与现实我发生冲突，积极的自我调适是非常必要的。需要我们重新调整和评估自己的理想，直到通过努力可以达到为止。

(3) 独立意向与依附的矛盾。大学生生理与心理的成熟使他们渴望独立，以独立的个体面对生活、学习与工作中遇到的问题，但由于长期的校园生活使他们应有的社会阅历与经验相对匮乏，当应激事件出现时，却又盼望亲人、老师、同学能够替自己分忧。另一方面，大学生心理上的独立与经济上的不独立也形成了明显的反差。在他们迫切希望摆脱约束、追求自立的同时，却又不可能真正摆脱家长、老师的支持和帮助。特别是对于某些独生子女来说，由于长期受到父母的溺爱，这种独立与依赖的矛盾就表现得非常突出。

(4) 渴望交往与心理闭锁的矛盾。没有哪个时期比青少年时期更加渴望友情与爱情的滋养，更加渴望同辈群体的认同与归属感。在这个时期，每个人都渴望着爱与友谊，渴望着交往与分享，渴望着自我价值得到实现，渴望着探讨人生的真谛，寻找人生的知己，希望成为群体中受尊敬与欢迎的人；然而另一方面，大学生的自我表露又受着心灵闭锁的影响，总是不经意地将自己的心灵深藏起来，与同学有意无意保持着一定的距离，存在着戒备心理，不能完全敞开心扉交流与沟通思想。这也是大学生常常感到的“交往不如中学那么自如真诚”的原因所在。

3. 自我意识的统一　自我意识的矛盾冲突，常常会给大学生带来不安或心理痛苦，我们总是力图通过自我探索来摆脱这种不安与痛苦。自我意识的统一有很多形式，既有积极的、和谐的、有利于心理健康发展的统一，也有消极的、不协调的、不利于心理健康发展的统一。自我意识的统一是在自我评价、他人评价（包括群体评价和评价他人）的过程中逐渐实现的。进入到高年级以后，大学生的自我意识逐步走向统一，达到自我同一性。

4. 自我意识的成熟　自我意识的成熟是大学生自我意识发展的最终目标。在这一阶段，大学生能够清晰地认识自己，接纳自己的优点与不足，并在此基础上制定切实可行的目标。同时，他们能够有效地调控自己的行为和情绪，积极应对生活中的挑战，实现自我价值。

（二）大学生自我意识的发展特点

大学生的自我意识特点和同年龄段的青年有相同之处，同时，由于大家所处的教育环境和知识背景不同，自我意识又与一般青年有一些不同。一般来说大学生的自我意识有以下特点：

1. 强烈关心自己的发展　在大学学习期间，大学生会围绕个人发展、个人和社会的关系，主动积极地探索自我。心理学家斯普兰格指出：青年期是开始“自我发现”的新时期。

比如你在大学里有没有思考过这些：

（1）我是个合格的大学生吗？我的行为符合大学生要求吗？

（2）我性格属于内向还是外向？我聪明吗？我温柔吗？我算是一个诚实的人吗？

（3）我有能力吗？我能胜任我现在的学业和业余工作吗？

（4）我受大家欢迎吗？怎样才能让别人喜欢我？

（5）我的目标是什么？人生的价值与意义是什么？我要成为一个怎样的人？

（6）我该做些什么才能达到目标？我该如何成功？

2. 较高的自我评价能力　随着我们各类知识的增多，生活经验扩大，感性与理性趋于成熟，我们对自己的分析、评价逐渐变得客观、全面。大多数同学对自我的认识和评价基本与外界一致，并且自觉地按照社会的要求来评价和规划自己。要想摆脱长辈、教师、朋友的影响进入到独立的自我分析和评价，还有一个艰难的过程。因为成熟的、独立的自我分析和评价必须以同学们对待世界和人生有稳定的态度和评价为前提和依据。相比较而言大学生的自我评价能力较强，但还是需要不断学习成长，促进自我的评价越来越客观、全面。

3. 自我体验丰富复杂　大学阶段可以说是一生中或各种社会群体中“最多愁善感”的一个年龄阶段或群体。大多数同学自我体验的情绪情感是积极、健康而相对稳定的，他们喜欢自己、满意自己，表现出自尊、自信。但也有少部分同学自我体验是消极、悲观的，且有较大的波动性。一般涉及自我的许多事物，都常常引起同学们的情绪、情感反应。有些同学对别人的言行和态度极为敏感，把自己的情感深藏于内心，常常体验着内心的痛苦而不愿和他人沟通，以致消极情绪久久不能释怀。有些同学内心体验起伏较大，取得成绩就积极肯定自我，甚至骄傲自满、忘乎所以；遇到挫折时又迅速消极否定自己，甚至自暴自弃、悲观失望，这是不成熟的表现。另外，有些同学在与异性的接触中更常发生情绪的波动，在行为与自我形象的塑造上往往触景生情，通过想象抒发自己的灵感和生活的体验，因而在思维中经常流露出一些感触和遐想等。

4. 自我控制的能力提高　大学阶段同学们的自我控制能力和自我监督的能力显著提高。有强烈的自我设计和自我规划的愿望，绝大部分同学都奋发向上力争成才，并且根据自我设计目标自觉调节行为。同时，他们强烈要求独立自主，希望摆脱依赖和管束。但也有些同学自我控制的水平还不够，不顾环境的要求，随意性大。常常是刚刚下定了决心或者制订一个很大的计划，坚持几天就撑不下去了。极少数的同学由于情绪冲动、不善于控制而导致打架斗殴、违反校规校纪，结果被处罚或退学。

5. 自我意识水平有年级差异　大学生自我意识水平的发展渐趋稳定。不同年级的同学在自我的发展方面存在明显差异，这种发展变化的趋势与一些心理问题的表现趋势似乎存在某种对应关系。有研究表明大学一、二、四年级的学生自我意识随年级升高而发展，而三年级时大学生自我意识最低，内心矛盾冲突最尖锐、思想斗争最激烈、回顾与展望时间最多的时期。它是大学生自我意识相对稳定阶段中的不稳定时期，但也是一次新的上升时期，因此也有人称之为大学生自我意识发展的转折时期。

自我意识水平自测
——自尊量表

思考题

(1) 在你的成长过程中，有过理想自我和现实自我之间的矛盾吗？它们之间的差距是如何影响你的情绪和行为的？

(2) 你认为自己在自我评价、自我体验和自我调控方面有哪些优点和不足？你计划如何改进？

第二节　大学生常见自我意识问题

一、过度地自卑

案例 2-2　处处不如别人

老师，我现在大二了，回首大一的一整年时光，觉得自己真是一败涂地，一无是处。学习成绩一塌糊涂，都基本在六七十分，没有一门拔尖。想和同学们和谐相处，可是所有的同学都不喜欢我，我觉得别人看我的眼神不对劲，大家都看不起我。于是我走路低着头谁也不想看，不高兴就容易向同学发火，到现在一个朋友都没有交到。宿舍的其他同学喜欢照镜子，可是我特别讨厌照镜子，感觉自己很难看，腿很粗。在男多女少的院校，宿舍其他女生都交到了男朋友，可是我却从来没有男生追！哎，大学的生活根本不是我想象的！我怎么那么失败，处处都不如别人呢？

思考题

(1) 你看了这个故事有哪些想法和感受，对你有什么启发吗？

(2) 你曾有过自卑吗？你是如何看待自卑的？

自卑是一种自我否定，表现为对自己评价过低，对自己不满和否定，有这种心理体验的人总以为自己存在着不足与失误，因而遇事会胆怯、心虚、逃避、退缩。

自卑的人有时候给周围人的印象是悲观失望，缺乏信心，惧怕与人交往，但实际上，在他们的内心深处往往有着强烈的发展愿望。但并不是说人不能有自卑，有时候某些自卑的存在可能促进自我的不断努力走向成功。

奥地利心理学家阿尔弗雷德·阿德勒(Alfred Adler)在《自卑与超越》一书中谈到，每个人都有程度不同的自卑，自卑可以超越。许多因身体缺陷引起自卑感的人，能以超出常人10倍的努力奋发图强。实际上，自卑感是在追求成功的过程中经常出现的，只要不过分纠缠于自己的那些不足，正视现实，超越自我，就会获得稳定的自豪感。

专栏 2-3　阿德勒的自卑与超越

阿尔弗雷德·阿德勒1870年出生于维也纳，在七个孩子的家庭里排行老二。他的一个兄弟早年夭折，他因体弱多病，对死亡的恐惧感非常强烈，所以童年过得很不快乐。在5岁那一年，他差点死于肺炎，后来立志要当个医生。因为幼年时期体弱多病，母亲也就格外照顾他，直到后来妹妹出生，母亲要照顾妹妹，就无暇给予他更多的照顾。“失宠”的他随即转向和父亲建立起信任关系，而不再那么亲近母亲。阿德勒从小就有着深深的自卑感，他一直很嫉妒大哥，从童年到青少年时期和大哥关系相当紧张。

阿德勒在学校也不算个好学生，他的老师向他的父亲建议让他去当鞋匠算了，这使他很受刺激，然后发奋图强，终于在班上的成绩名列前茅。后来，他考上了维也纳大学医学系，起先学眼科专业，后来转往内科专业，最后则专攻精神科和心理治疗，最终成为心理治疗领域自成一派的大师，也被认为是主观心理学的先驱和人本主义学派的先锋。

阿德勒的理论有许多都是从自身的经历中感悟和发展起来的。比如他认为在多子女的家庭中子女的排行以及家庭成员间的相互关系对其人格的形成有巨大的影响。在他的理论中最重要的是“自卑感”这一概念。他认为自卑感是所有人都具有的一种正常的感觉状态，也是所有人奋斗的动力。自卑感非但不是弱点或异常，反而是创造的源泉，因而会促使人们追求精髓优越以及完美，特别是在幼年时代，6岁左右，人生的目标就已经形成。在自卑感的驱动之下，人们的发展能够持续地往更高层次迈进。这些目标是行为的推动力，而这些目标最终是为了追求安全感和摆脱自卑感。

自卑产生的具体原因各不相同，总体来说是自我认知偏差所形成的自我轻视和自我否定的情绪体验。一个人对自己的认知先是来自外界的评价，主要是生命里的重要他人的评价。你把对自己的评语写下来仔细研究，可能会发现很多话可能正是以前你的父母、老师或其他对你重要的人说的。当你长大成人了以后慢慢学会客观全面地分析父母、老师或其他对你重要的人说你的话，会有新的收获，形成独立自主，成熟稳定的自我客观全面认识。如果你还不能走出过去生活中外界对自己的评价，照搬照抄就可能出现自我认知偏差。

大学生常常会因为理想自我与现实自我的差距太大，经过努力仍无法接近目标，或距离虽不大而主观上缺乏自我驾驭能力，心理上呈现一种消极的状态产生自卑感。另外，大学生在成长的过程中可能经历着一些失败，小小的失败会积累起来成为挫折感，挫折感经过积累又会转化为自卑感，就失去了实现理想自我的自信心。他们不是通过积极地改变现实自我去实现理想自我，而是在一定程度上放弃理想自我，屈从现实自我。由于无力改变现状，进而在一定程度上否定现实自我，并最终走向否定自我，在前面案例故事中我们会发现那位同学也许就是这样的。

当然，每个人心中或多或少有些自卑，这并不是问题。《自卑与超越》告诉我们，我们的自卑感正是促进我们不断进步与完善的动力。但有的大学生自卑心理比较严重，这就需要我们正视并去调整。

专栏 2-4 自卑的自我调适方法

(1) 应对其危害有清醒的认识，有勇气和决心改变自己；

(2) 应客观、正确、自觉地认识自己、无条件接受自己，欣赏己长，接纳己短，做到扬长避短；

(3) 正确地表现自己，对自己的经验持开放态度，同化自我但有限度；

(4) 根据经验，调整对自己的期望、确立合适的抱负水平，区分长期目标和近期目标，区分潜能和现实表现；

(5) 对外界影响相对独立，正确对待得失，勇于坚持正确的改正错误的，同时保持一定程度的容忍。

有些自卑的同学总是习惯于看到自己的短处，而忽略了自己的长处，即使看到了自己的优点，也觉得是理所应当或不值一提的，久而久之，不愿相信自己是有优点、有能力的。这种不自信会蒙住自己的眼睛，让人越来越看不到自己的美好。

专栏 2-5 发现自己的“美”

我最欣赏自己的外表是______

我最欣赏自己的性格是______

我最欣赏自己对家人的态度是______

我最欣赏自己对朋友的态度是______

我最欣赏自己对学习的态度是______

我最欣赏自己做事的态度是______

我最欣赏自己的一次成功是______

……

二、过度地自我接受

案例 2-3　我怎么可能会不通过

某高校学生小张，在校期间一直担任班级干部，自认为可以将班级的事务处理得井井有条，能得到班级同学的认可和拥护。因此，他认为自己有领导才能，未来工作中在领导和管理方面可以大展拳脚。然而，在毕业前夕，就在准备发展小张入党而进行班级民主测评时，自认为稳操胜券的小张却看到了意想不到的结果：同意小张入党的同学仅占全班人数的30%，小张没有被发展为预备党员。对于这个结果，小张感到很意外，同时也很难接受，自己在同学心目中的形象竟然与自己想象的相差如此悬殊，难道是自己不适合在领导岗位上工作吗？小张不禁对自己毕业后工作去向的问题产生了困惑。

思考题

(1) 你有没有碰到类似的同学？

(2) 你知道自尊、自爱与自负有什么区别吗？

自我接受是指自己认可自己，肯定自己的价值，对自己的才能和局限、长处和短处都能客观评价、坦然接受，不会过多地抱怨和谴责自己。对自我的接受是心理健康的表现。但在我们身边也存在着一些像小张一样的同学，他们觉得自己很不错，看到的只有自己的优点而看不到自己的缺点，认为自己在别人心中的形象应该很好，而实际情况却并非如此。这种情况的自我接受就有些过度了。

过度的自我接受常常是有些自我扩张的人，他们高估自我，对自己的肯定评价往往不切实际。他们只看到自己的长处，甚至把缺点也视为长处；而用显微镜看他人的短处，把别人细微的短处也要找出来。他们在人际交往中容易产生盲目乐观情绪，自以为是，不易处理好人际关系；而且过高的自我评价会滋生骄傲心理，容易对自身提出过高要求，会因为承担无法完成的任务和义务而导致失败。

过度自我接受的人，缺乏自知之明，往往坚持自己对而别人错，把自己的意志强加在别人身上，不能与人和睦相处。他们往往听不进师长的教诲，听不进同龄人的意见，一意孤行。同时，他们往往缺乏辩证思维，具有非黑即白、非好即坏这样非此即彼的思维模式，没有缓冲带，对自己的观点要么执意坚持，要么全盘放弃；面对新的环境往往感到无所适从；在人际关系中很难与人达成妥协和谅解。

专栏 2-6　过度自我接受的自我调整方法

(1) 要看到自己的不足，承认自己也需要不断完善；

(2) 要看到他人的长处，欣赏他人的独特性；

(3) 多与他人交往，以开放的心态尊重和认真对待来自他人的反馈意见。

三、独立与依附的自我冲突

案例 2-4 温柔地控制

我现在心理很纠结不知道怎么办，我谈恋爱了，男朋友对我很好，他会帮我把饭买好，吃的零食饼干巧克力之类也帮我买好，对我特别关心体贴。可是现在我和他在一起觉得不自由，好像被他控制了一样，他有时候对我说话的语气像命令。

其实他也不是真的控制我，他就是很照顾我，帮我做好多事情，我也很依赖他，室友都挺羡慕我。可是我又觉得像是一种温柔的控制，我总觉得好像欠他的，想分手又不舍得。

想想，就像以前在家里一样，我妈把我照顾得好好的，可是我又烦她教我这样那样，离开家我又想家，我妈妈对我特别关心，到家后，一开始舒服，然后心里就不自在了。我要怎么办才好呢？

思考题

(1) 你有没有过类似的感受呢？你身边有没有同学或朋友在为此而苦恼？

(2) 如果你的朋友在向你倾诉这些，你会怎么帮助他呢？

如前所述，到了大学阶段，同学们一方面渴望独立，而另一方面却又不可能真正摆脱家长、老师的支持和帮助，上述这个案例就是如此。大学生随着自我控制独立性的增强，常表现出力图摆脱社会传统的约束，希望按照自己的意志行事。绝大多数大学生已年满18岁，自认为已达到公民法定选举权的年龄，强烈要求像成年人那样独立自主地行事，“走自己的路”，不愿受父母的约束和教师的训诫。独立意向是大学生自我意识发展中最显著的标志，然而大学生在摆脱依赖、走向独立的过程中，有时会矫枉过正，表现出过分的独立意向，导致产生逆反心理，其表现为不分正确与否，一概排斥，情绪很大，有时只是为了反抗而反抗。

在心理学上有青春期的逆反心理表现，有人叫这段时期为“心理断乳期”。逆反是指个体在生理基本成熟，心理迅速走向成熟而又未真正达到成熟的时候，渴望在思想上、行动上乃至经济上尽快独立，从而具有很强的独立意识和批判精神，大学生正处在这样的时期。此时逆反的对象主要是家长、老师以及社会宣传的观念和典型人物等，但由于在这个时期，他们的智力发展虽已达到成熟，但阅历有限，经验不足，情绪易出现二极性，易感情用事，以至于形成偏见。当这种偏见与现实生活碰撞时，就很容易出现偏激的行为，其结果是阻碍了他们自己获得新的或正确的经验。持这种心理的大学生往往对师长的教育或周围的正常事物持消极、冷漠、反感甚至抗拒的态度。他们常常以“顶牛”或“对着干”来显示自己的“非凡”“个性”；对正面教育和宣传表现出一种怀疑、不认同的抵制态度，对社会、人生和个人前途展显出玩世不恭的态度；在其行为中往往表现出这样的倾向：越是禁止的东西越是感兴趣，越是不让做的事越要做。

当然，独立并不意味着要独来独往，也不意味着不需要任何人的帮助和指导，更不意味着不需要依赖别人，而意味着个人必须对自己的行为负起责任。“一个好汉三个帮”，即使是一个独立性很强的人，也有依靠别人的需要。不同的是，独立的人更多的时候是依靠自己的力量和努力去克服困难或解决问题，而不是完全依靠他人的帮助或依赖于别人；独立的人能够权衡利弊、审时度势，能够勇敢做出决定并能够勇于承担自己的行为责任。

过分的依赖会使大学生缺乏对客观事物的判断能力与决断能力，显得优柔寡断，缺乏主见；而过分的独立又使部分学生陷入“不需要社会支持”及“凡事都要靠自己”的极端心态，采取我行我素、孤傲自立的行为方式，但在遭遇挫折时又会出现不知如何寻求帮助的情况。事实上，任何心理成熟的独立的现代人，都需要他人的帮助，广泛的社会支持是个体心理健康不可或缺的。

四、消极的自我调控

案例 2-5　后悔还来得及吗？

老师，我就要被退学了，回想大学这几年非常后悔。现在要回家了，心里有很多不舍，真的是后悔无奈。我以前一直是在父母、老师关爱和同学羡慕目光中成长，我一直努力学习，小学、初中、高中就读的都是重点学校，我坚信我会考上全国一流大学的。然而，由于高考的失利，我进了这个不理想的学校。开学报到时很多大学新生的脸上洋溢着开心，可我却一点也高兴不起来。刚入校时心想一定要在大学好好学习，考上一流大学的研究生，在学校里要成为最棒的，可是一段时间过后我发现，我很难成为众人瞩目的焦点了。我以前成绩好，到了大学才发现很多同学多才多艺，唱歌、跳舞、打球、辩论演讲等我都不行，我把所有时间都放在学习上，不和同学交往，不参加活动，可是学习效率不高，期末考试只考了个中等成绩。大二开学不久我就不太想学习了，因为学习好像也没多少用处。后来，我渐渐地不愿意去上课，整天就在宿舍里上网，找陌生人聊天、看电影、玩游戏。一开始我什么类型的游戏都尝试着随便玩玩，后来专注于一些较大的网络游戏，认识了一些网友和他们一起玩，在网上我似乎找到了被重视的感觉。后来我几乎课都不想上了，成绩一落千丈，整天窝在宿舍里上网，考试几乎全挂科，老师、同学找我我也不想理。现在我被劝退了，我知道对不起父母和老师。

如果重新来过我想我不会这样只把成绩当成唯一，我要学会和同学相处，积极参加活动，不为了一点虚荣心而放弃自己。

如果遇到了这样的同学你可能会为他感到惋惜；如果你和他有类似的情况，但你还在大学校园，那你要合理调整自己努力的方向，珍惜在大学的生活。对于故事中的同学我们会遗憾他失去大学校园生活，但我们也看到人生的每一次经历都是宝贵的，这个经历会帮助这位同学合理进行自我调控，走向健康发展的人生路！

每个人在成长的过程中都需要不断地自我调控，调整发展方向积极行动。大学生在自我调控上开始有了明显的自觉性、主动性，但在追求上进的同时，由于困难、挫折在所难免，因而常常情绪波动，对困难望而生畏乃至自我放弃。还有一些大学生认为寒窗苦读十余载，如今考上大学，总算解放了，再不愿意埋头苦读，只要求“60 分万岁”，甚至数门功课不及格仍然无动于衷，消极懒惰。有些人一旦进入“网络社会”便容易找到满足感，因为网络的虚拟性可以让人感受到自身价值的极大化和他人对自己的亲切关怀。当他们在网络上获得的快乐比现实多时，就会把更多的时间投入到网络中，只愿意在网络上寻求虚拟的成就感，而更加消极地对待甚至逃避充满矛盾的现实世界。

自我调控是为了实现自我追求。一些人在成长过程中可能不清楚自己到底要追求什么。有些同学一味强调一定要考到“第一名”才行，问他为什么要“第一名”呢？因为老师喜欢，家长高兴，同学羡慕，大家都围着“第一名”转，原来考第一名是给别人看的，希望得到别人的喜欢。我们仔细想想，一个人被大家喜欢仅仅会因为他是第一名吗？那样全世界有几个人会被喜欢呢？事实上不管什么样的人都可能被别人喜欢；也可以反过来说，不管一个人多优秀，他也不可能被所有人喜欢。

所以，我们大学生要学会了解自己真正想要的到底是什么，只是为了别人的要求而去追求会快乐吗？成功不是和别人比出来的，每个人都不同又如何比较呢，成功是自己在不断成长过程中的每一个收获，许许多多的成功成就了今天的自己；只要不放弃自己，不断努力，未来还会有不断的成功来成就最好的自己。努力做好自己，成为那个最成功的自己，才是自我健康的发展。

五、过分追求完美

案例 2-6 “完美”的陷阱

晓雯是一名大学三年级的学生，以优异的成绩考入了理想的大学和专业。她天资聪颖，自小就是家长和老师眼中的骄傲。晓雯对自己的要求非常严格，她相信只有遥遥领先的成绩和表现才能证明自己的价值。

在大学的第一年，晓雯把所有的精力都投入到了学习中，她的目标是门门课程都要拿到优秀，总成绩遥遥领先于第二名。她的努力得到了回报，第一学期她的成绩在全年级排名第一，这让她感到非常自豪。但是，晓雯很快发现，为了维持这种成绩，她不得不牺牲掉所有的业余时间和社交活动。

渐渐地，晓雯开始感到压力越来越大。她不仅要求自己在学业上表现完美，还希望自己在体育、艺术和社团活动上也能出类拔萃。她开始过度规划每一天，不允许自己有任何的松懈和失败。哪怕是一次小测试的失误，也会让她陷入深深的自责和焦虑。

到了大二，晓雯因为过度劳累，身体开始出现问题。她经常失眠，注意力无法集中、心慌、乏力。尽管如此，她仍然不肯放松对自己的要求，害怕失去“完美”的标签。可是她陷入到了恶性循环中，学习成绩不断下降，其他活动也出了差错，这让她深深地绝望，认为自己是一个彻底的失败者，她感到了前所未有的孤独和无助。

在我们的身边是否也有一些同学像案例中的晓雯一样对自己的要求很高，做任何事情都要做到最好。他们往往对自己持过高的要求，期望自己完美无缺，却不顾自己的实际状况。他们不能容忍自己“不完美”的表现，他们对自己十分苛刻，只接受理想中的“完美”的自我，不肯接纳现实中平凡的、或有缺点的自我，其后果往往适得其反，使其对自我的认识和适应更加困难。

有些人不管对人还是对事，都高标准、严要求，力争尽善尽美，即便做得非常出色，仍然不能满意。我们常称这样的人为“完美主义者”。当然，在做事时都力求把事情做到最好的想法无可厚非，甚至很多有这样想法的人确实非常优秀。但是，物极必反，如果我们过分追求完美则会给自己带来很大的痛苦。所以，追求完美和追求优秀是两码事。心理学家指出，过度追求完美是一种病态心理，不利于身心健康。他们建议，完美主义者要降低标准，学会偷懒。

专栏 2-7　过度追求完美的调整方法

(1) 树立正确的认知观念：人不能十全十美，每个人都有优缺点，一个人应该接纳自己的不完美，并肯定自己的价值，不自以为是也不妄自菲薄。

(2) 确立合理的评价参照体系和立足点：人应该选择合适的标准，更重要的是以自己为标准；按照自己的条件评定自己的价值，应该立足自己的长处，明了、接受并尽力改进自己的短处。

(3) 目标合理恰当：在充分了解自己的基础上对自己有恰当的目标和要求，目标符合自己的实际能力，不苛求自己，不被他人的要求所左右。

(4) 接纳自己的不完美：人各有所长，每个人都是独特的，与众不同的，欣赏自己的独特性，不断自我激励。

第三节　良好自我意识的培养

认识自己并不容易，知人难，知己更难。现代德国哲学家卡西尔认为：“认识自我乃是哲学探索的最高目标。”心理学，在研究感知、记忆、思维等方面取得丰硕成果的同时，越来越关注“人是什么”“人，如何认识自己”。经典精神分析理论，客体关系心理学，人本主义心理学以及各种心理治疗学派的关于认识人的论述，都在向我们昭示：“认识自我也是心理学探索的最高目标。”“我是谁？”“谁会是我的知己？”“我如何发展我自己？”大学生自我意识的发展与完善是一个不断自我认知、自我评价、自我控制和自我完善的过程，那么该如何去做呢？

一、科学地认识自我

（一）通过自省来认识自我

大学生已经具备了一定的自我观察和自我评价能力。我们可以不断对自己的心理活动进行反思，在活动当中去体验，了解自己的真实感受。每个人都有优缺点，不完美不是错，心理学认为完美只是一个概念，没有真正完美的人。我们需要深刻全面地认识自我。

专栏 2-8 20 个“我是谁”

问你自己二十次：我是谁？把你头脑里浮现出的答案逐一写出来，想到什么写什么，不必有顾虑，这是自我分析的材料，是可以不给别人看的，也可以是和别人一起分享的。

如果能写出十个以上，你可以继续更好地和自己做朋友，如果只能写出七个或更少，而且你可能说这很无聊，或者你以害羞、时间不够等为借口不去做，有可能是你过分压抑自己了，请你多看看自己好好了解自己。

如果你写完了，可以从下面几个角度分析看看，当然，你还可以从其他角度分析，只要你自己接受并认可：

第一，看看你回答内容的表现形式，是主观评价还是客观评价。

第二，看看你回答的内容是什么？是社会认同还是个人属性或是未来趋势。

第三，客观评价以及主观评价的优缺点是否平衡？是自卑？自恋？还是全面的自我评价？

（二）通过与他人的比较来认识自我

通过与他人，特别是自己的同龄人多方面比较可以直接有效地了解自己。当然，我们需要确立合理的参照系和立足点，不能肆意乱比较。同时，也需要注意以下几点：

（1）和别人比较时选择那些可改变的条件，如只关注样貌、身材、家世等，没有太多实际意义；

（2）和别人比较更多的是看行为后的结果，如比较通过规划好大学学习生活，看大学毕业后取得的成绩；

（3）比较的对象应是与自己条件相类似的人，如和与自己有着相同成长背景的同学比较。

（三）通过了解成长中未完成的事件来认识自我

未完成事件指的是尚未获得圆满解决或彻底弥合的既往情境，尤其是创伤或艰难情境，同时，也包含由当时情景引发出但没有被表达出来的情绪和情感，包括悔恨、愤怒、怨恨、痛苦、焦虑、悲伤、罪恶、遗弃感等。比如一个童年时期常常被忽视和责骂的孩子，会形成一个核心信念“我不值得被爱”，这是多么令人痛苦的想法，于是为了自我保护，一个不具伤害性的合理化想法会出现：“我不需要任何人的爱。”于是他可能会让你觉得这个人很冷漠，不愿意和任何人建立亲密关系。这种想法和行为可能保护一个人尽可能少地受到伤害，却不能令人感到快乐和满意，因为，每个人都是需要别人来爱护的。

专栏 2-9 和小小的自己对话

你可以想一下你印象最深刻的艰难情境，那时你几岁，和那个时候的“你”对话，问“你”发生了什么事情？“你”的感受是什么？“你”最希望得到什么？你要好好对那个年幼的“你”，尊重“你”的感受，理解“你”的期望，好好去关心“你”，告诉“你”那不是“你”的错，你很爱“你”。

这会对你理解你的自我体验有帮助，有些同学常常有悔恨、愤怒、焦虑等情绪，却不知道为什么会这样——找找自己的未完成事件，好好地去理解关心自己。

（四）通过别人的态度和评价来了解自己

通常，别人会对我们的品质、能力、性格等给予清晰的反馈，从而增强我们对自己的了解。当我们被老师鼓励要更加大胆，更加主动，更加勤奋一些时，我们便会从反馈中得知：自己有些害羞，不够主动，学习不够勤奋。特别是当许多人的看法一致时，我们就会相信这种看法是正确的，从而确定自己是这样的人。在生活中，那些在我们的生活中无关紧要的人有时并不会给予我们清晰明确的反馈，但我们可以通过他们的态度与反应来了解自己。符号互动学者库利提出"镜中我"的理论，认为我们感知自己就像别人感知我们一样，镜子中的我或别人眼中的我就是我们感知的对象，我们常常依据别人如何对待我们来了解自己，这一过程称之为反射性评价。

专栏 2-10　他人眼中的我

按照下面这些要求写出你的描述：

父母眼中的我是……

老师眼中的我是……

同学眼中的我是……

朋友眼中的我是……

（五）不断发现未知的自己

认知自己是一个不断探索的过程。美国心理学家乔瑟夫和哈里提出了关于人自我认知的窗口理论，被称为"乔哈里窗"理论。他们将每个人的自我分成了 4 个部分，分别是公开的自我、盲目的自我、秘密的自我和未知的自我。如图 2-2 所示，A 区是关于自我意识中自己知道，别人也知道的部分；B 区是自己知道但别人不知道的部分，一个人不可能把什么都暴露在别人面前，有自己的隐私和秘密是正常的；C 区是别人知道但我们自己却不清楚的部分，所谓"当局者迷，旁观者清"，所以认识自己需要适当听听别人对自己的看法；D 区是个空白，谁都不知道的部分给了我们创造新的自我的无限可能。

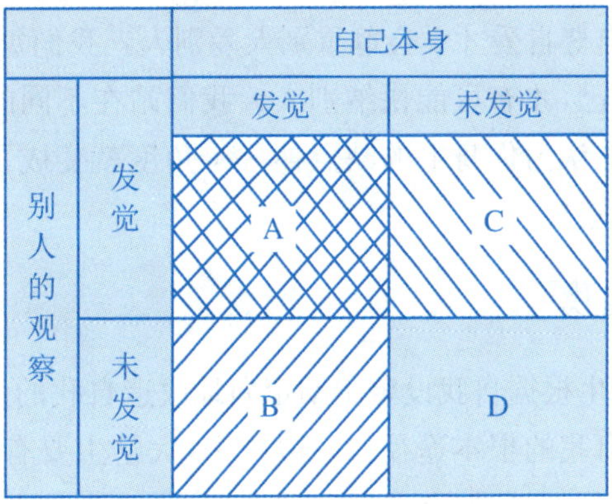

图 2-2　乔哈里窗

所以，自我意识的发展就是一个不断发现未知自我的过程。当然，认识自我不是终极目的，认识自我是为了更好地悦纳自我、超越自我，创造一个更高水平的、更好的自我。

二、积极地悦纳自我

专栏 2-11 鼠小弟与大象哥哥

有一天，鼠小弟和鼠小妹去散步，看见一棵苹果树。鼠小妹看见了苹果树上的一个苹果，她说："鼠小弟，你帮我摘一个苹果好吗？"鼠小弟说："我……我有恐高症呀！"鼠小妹生气了，说："你真没用"。这时，大象哥哥走来了。它问鼠小弟："怎么啦？"鼠小弟回答说："鼠小妹叫我把树上的苹果摘下来，可是我怕高。"大象哥哥说："我来帮你吧。"只见大象哥哥用鼻子一钩，苹果就掉下来了。鼠小弟觉得还是大象哥哥鼻子厉害。鼠小弟看着大象哥哥，再对比自己，心中对大象哥哥充满了羡慕。那么高的地方都能够得到，那么远的地方也能看得到，还是个大力士，一步能迈那么远，什么都不怕！而且刮大风也不怕，还能吃很多东西！成为大象真好！这时大象哥哥已经走远了，鼠小弟发现地上大象哥哥拉的屎那么大！连鼠小弟喜欢的花都踩到了，真拿他没办法！于是，鼠小弟拿起扫把和簸箕将大象哥哥拉的屎扫干净，把被大象哥哥踩倒的花扶起来重新养起来。鼠小弟心想大象哥哥也没有那么好，自己虽然是个胆小鬼、力气小、腿又短，但是……

这是一个非常简单的儿童绘本故事。鼠小弟个子小、力气小、胆子小、本领小，它很羡慕大象，但是最终也发现了自己善良、温和、亲切的优点。无论先天是多么不同和不可改变，每个生命都有存在的价值和追求幸福的愿望。幸福和快乐也是每个人都能通过努力获得的。对于我们来说尊重自身存在的价值，积极地接纳自己，包容自己的缺点与不完美是非常重要的。所以说，悦纳自我是发展健康的自我体验的关键和核心，具体地说，积极悦纳自我就要：

① 接受独一无二的自己并喜欢，有价值感、自豪感、愉快感和满足感；

② 性情开朗，对生活乐观，对未来充满希望；

③ 平静而又理智地看待自己的长处与短处，冷静地对待自己的得与失；

④ 树立远大的理想，并以此激励自己，合理面对消极情绪；

⑤ 积极创造积极情绪。

人是因为接受自己，自尊自爱才学会尊重别人爱别人。我们每个人都不是完美的人，当我们能够悦纳不完美的自己，才有可能悦纳别人。我们站在不同的角度来看自己也会对其有不同的理解，可能你现在认为你身上的缺点换一个角度就变成了你的闪光点呢！我们来试试下面的自我悦纳训练吧！

三、积极有效地控制自我

自我控制是我们大学生根据自我设定主动定向地改造自我的过程。积极有效的自我调控是健全自我意识、完善自我的根本途径。一般说来，大学生要有效调控自我，可以参考以下几点：

专栏 2-12　自我悦纳训练

我的缺点	可以转化为相应的优点
缺乏激情	冷静
易冲动	擅长抓住来之不易的机会
爱面子	自尊心强、有自信
急躁	做事迅速、高效、有激情
太容易相信人	善良、不做作、纯真
有时固执	坚持正确的观点，最后必胜
爱耍性子	常宣泄情绪，不易生病
特别内向	善于思考
好出风头	善于推销自己

(1) 建立合乎自我实际情况的抱负水平，确立合适的理想自我，即面对现实，确定自己的具体奋斗目标，把远大的理想分解成一个个远近高低不同的子目标，由近及远、由低到高，循序渐进，逐步加以实现。关键是每个子目标要适当、合理，经过努力可以达到，在不断实现子目标过程中体验成就感，从而最终促成人生大目标的实现。

(2) 增强自尊与自信，不断地激励自己向自己心中的“理想自我”奋进。

(3) 培养坚强的意志品质，发展坚持性和自制力，增强挫折耐受力，使自己能自觉主动地认清目标，为实现目标而努力排除干扰、克服困难，正确地面对成功与失败。给自己积极地暗示，相信自己可以做到！

专栏 2-13　意志力挑战赛

同学们，本学期可以选择以下任意一项活动，参与意志力挑战赛吧！

1. 挑战选择

学生可以选择一项以下挑战或者自觉提出新的挑战方案进行：

(1) 阅读挑战：每周阅读一本书，并写下读书笔记；

(2) 运动挑战：每周至少进行 3 次运动，每次不少于 30 分钟；

(3) 早起挑战：每天早晨 6 点起床，并进行至少 30 分钟的晨读或锻炼；

(4) 健康饮食挑战：坚持健康饮食习惯，每天记录饮食情况；

(5) 无手机上课/自习挑战：上课/自习期间不使用手机；

(6) 学习效率挑战：每晚自习时间不少于 2 小时，记录学习内容和效果。

2. 挑战实施

(1) 学生根据自己的情况，选择挑战项目，并制订具体的实施计划；

(2) 将学生分成若干组，每组选择相同的挑战项目，以便相互监督和鼓励；

(3) 挑战项目需要持续整个学期。

3. 监督机制

(1) 每组选出一名组长，负责记录组员的挑战执行情况；

(2) 教师定期检查学生的挑战执行情况，并提供必要的支持和指导。

4. 评估方式

(1) 自我评估：学生每周对自己的挑战执行情况进行评估，并记录在挑战日志中；

(2) 小组评估：每两周进行一次小组讨论，分享挑战过程中的经验和困难；

(3) 教师评估：期末时，教师根据学生的挑战日志和小组讨论情况，给出评估意见。

5. 结果展示

期末时，每个小组需要准备一个展示报告，分享挑战过程中的收获和反思。报告可以采取PPT、视频、海报等多种形式展示。

四、不断地超越自我

著名作家、心理治疗师毕淑敏说：人存在永远的不完美，但却是这个世界的绝版珍品。你要知道我们每个人都有成长的力量，无论你经历了什么，你还积极地在看这本书，你就已经在发展自己的路上了！在发展自己的路上，我们正确地认识自己、悦纳自己、有效地控制自己后，我们会不断地发展出新的自己，而这个新的自己就是你一次又一次对自己的挑战与超越！有的同学总是喜欢与别的同学竞争，战胜别人才能证明自己的成功，殊不知真正的成功是自己对自己一次次地战胜和超越。正如前面专栏2-3提到的心理学家阿德勒，正是看到自己的不足，不断地激励自己，勇于挑战和超越自己，最终才成为著名的心理学家。

所以，朝你想要的方向努力走吧！不断地去创造新的自己，相信最终会遇见最好的自己！下面这个是心理学中投射测试的一种活动，可能投射出你内心真正向往，也可能帮你找到你想要发展的方向，试试看吧：

专栏2-14 假如我是……

假如我是一种花儿，我希望是__________ 因为____________________

假如我是一种食物，我希望是__________ 因为____________________

假如我是一种动物，我希望是__________ 因为____________________

假如我是一种乐器，我希望是__________ 因为____________________

假如我是一种颜色，我希望是__________ 因为____________________

假如我是一种家具，我希望是__________ 因为____________________

假如我是一种交通工具，我希望是__________ 因为____________________

……

每天的太阳都是新的，每天的自我都是新的，我们缺少的并不是前进的动力，而是摆脱昨天阴霾的力量，你不能轻装上阵是因为你习惯向后看，请转过身吧，走过去前面又是另一片天，你会发现一个全新的自我！真好！

最后，希望每个同学在自我意识发展的路上都能够有着内心的幸福、温暖陪伴！

专栏 2-15　幸福在哪里？

有一天，各界仙人在天上开会，他们在商量要把地球人的幸福放在哪里？有的说放到火星上，这样人们获得幸福要经历千难万险，就会珍惜了。有的说把人们的幸福放在地心，这样人们也很难找到了……各路神明说得很热闹，但总是没有定论。突然有个小小的声音说："我建议把人们的幸福放在她们的心里，'人'太聪明了，无论多难的事，他们都可以做到，但很少有人愿意直视自己的心。如果有愿意洞察自己内心的人，就把幸福给他吧！"

各路神仙都沉默了……良久，一致通过这个绝妙的提议。后来，人们的幸福就被存放在了他们的内心，在那里沉睡着，等待着……

思考题

你认为你该如何提高自己的自我意识水平？

（王　欣　刘　畅）

本章习题　　本章课件

第三章
情绪管理与心理健康

案例 3-1　小莫的成长

小莫，女，大一新生。她第一次走进咨询室是新生军训刚结束时，她穿着军训的服装，皮肤晒得黝黑，神情沮丧，未曾开口泪先流。她断断续续地描述了自己高考失利的经历以及对新环境的不适应，这些导致她目前每天怎么都开心不起来，对什么都没有兴趣，总是想哭。由于是第一次咨询，咨询师主要和她建立咨访关系、收集相关资料并对她的问题进行概念化。该个案的咨询师是积极心理咨询的取向，所以咨询师在第一次治疗结束时给她布置了一个家庭作业，就是让她发现生活中的“特殊时刻”，即她能体验到积极情绪的瞬间，哪怕是很短的瞬间。第二次咨询中小莫带来了一个精美的笔记本，上面写了几条“特殊时刻”，咨询师根据这些“特殊时刻”找到了她的优势所在，引导她看到一个“不总是那么难过的自己”。随着学习生活的规律化和适应，小莫在本上记录的“特殊时刻”变得已经不再特殊，她渐渐从学习、交友和社团工作等活动中体验到越来越多的满足和快乐。第五次咨询结束时，小莫说她好像明白了“快乐的自己”和“悲伤的自己”都是自己的一部分，她知道怎么去倾听“悲伤或抑郁”背后的声音，也懂得怎么让自己快乐起来了。咨询师震撼于年轻小莫的领悟力和成长，咨询结束后，咨询师思索良久，每个人都有自己成长的潜能，心理咨询是一个助人自助的过程，“咨询师”是一个无比幸福的职业，他/她能陪伴和见证那么多人的成长。

思考题

1. 小莫的不良情绪有哪些表现？
2. 你或周围的人有过类似的情绪体验吗？
3. 你认为该如何听懂这类消极情绪背后的声音呢？
4. 你认为小莫该如何激发自己的积极情绪？

时代寄语：要培育自尊自信、理性平和、积极向上的社会心态。

——习近平

在新时代，心理健康不再仅仅是“没有心理疾病”，而是被赋予了更丰富的内涵。心理健康与幸福感密切相关。本案例中的小莫也和我们每个人一样，她真实而生动，能体验快乐和幸福，也能体验悲伤和抑郁；会因为特殊的成长阶段、应激的事件而陷入不良的情绪中难以自拔，但经过自己的努力、成长和他人的帮助走出情绪的困扰；也会因为美景、亲情、友情、爱情、成功、归属感和国家、集体的荣誉感而体验幸福和满足。积极情绪和消极情绪像矛盾双方的对立和统一，会伴随人的一生，那么怎样去认识我们的情绪、接纳我们的情绪、管理我们的情绪就显得尤为重要。本章就带你走进情绪的世界，去认识我们每时每刻都在体验，却可能不太了解的这熟悉而又陌生的朋友。

第一节 情绪概述

“沾衣欲湿杏花雨，吹面不寒杨柳风”“自在飞花轻似梦，无边丝雨细如愁”，同样是面对下雨的天气，诗人由于心境的不同而看到截然不同的景色。情绪给我们的生活世界涂抹上了不同的颜色，使得生活多姿多彩而有温度。

一、什么是情绪

情绪和情感是指人对客观事物与自身需要之间关系的态度体验，也是人脑对客观现实的主观反映。首先，情绪和情感是以人的需要为中介的一种心理活动，它反映的是客观外界事物与主体需要之间的关系。外界事物符合主体的需要，就会引起积极的情绪体验；否则便会引起消极的情绪体验。其次，情绪和情感是主体的一种主观感受，或者说是一种内心的体验。它不同于认识过程，因为认识过程是以形象或概念的形式来反映外界事物的。再次，情绪和情感有其外部表现形式，即人的表情。表情包括面部表情、身体表情和言语表情。表情既有先天的、不学而会的性质；又有后天模仿学习获得的性质。最后，情绪和情感会产生生理变化，包括心率、血压、呼吸和血管容积上的变化。情绪现象本身是包含多方面的，包括主观体验、行为反应、神经生理系统变化等。

二、情绪的分类

（一）基本情绪

关于基本情绪的种类问题，中国经典著作《黄帝内经》认为人有喜、怒、忧、思、悲、恐、惊七种情绪。现代心理学认为快乐、愤怒、悲哀、恐惧是人最基本的原始情绪。

1. 快乐　快乐是一个人追求并达到盼望的目的时产生的情绪体验。快乐的程度，取决于愿望满足的意外程度和目的的重要性。目的无足轻重，只能引起些微小的满足；目的极重要，并且意外地达到，则会引起异常的快乐。一般把快乐程度分为：满意、愉快、异常的欢乐和狂喜。

2. 愤怒　愤怒是由于他人或他事妨碍目的达到，从而使紧张积累而产生的情绪体验。愤怒的产生和对妨碍物的意识程度有直接关系。如果一个人完全不知道是什么人或事在妨碍、干扰他达到既定目的时，愤怒并不会明显地表现出来，一旦他清楚地意识到是什么东西妨碍他达到目的，并知其不合理或恶意时，愤怒便会发生，并对引起愤怒的对象表现出攻击行为。

3. 悲哀　悲哀是失去所盼望的、所追求或有价值的东西所引起的情绪体验，如考试失败。由悲哀所带来的紧张释放产生哭泣，哭泣一般不超过 15 分钟，在这段时间内完全可以减轻过度的紧张。哭泣会使人精神崩溃甚至导致神志不清，但情绪宣泄后也会使人感到轻松。悲哀的强度取决于所依存于失去的事物的重要性和价值。

4. 恐惧　恐惧是个人企图摆脱、逃避某种情景而又无能为力时所产生的情绪体验。引起恐惧的关键因素往往是由于缺乏处理或缺乏摆脱可怕的情景(事物)的力量和能力。

以上 4 种最基本的情绪，在体验上是单纯的、不复杂的。这 4 种基本情绪可以组合、派生出多种复合情绪。例如，由愤怒、厌恶和轻蔑组合起来的复合情绪可叫作敌意；而悔恨、羞耻这些情绪则包含着不愉快、痛苦、怨恨、悲伤等复杂因素，现实生活中很多情绪体验都属于复合情绪。

(二) 积极情绪和消极情绪

1. 积极情绪　积极情绪是与某种需要的满足相联系，通常伴随愉悦的主观体验，并能提高人的积极性和活动能力。情绪的认知理论则认为“积极情绪就是在目标实现过程中取得进步或得到他人积极评价时所产生的感受”。从分立情绪理论的观点来看，积极情绪包括快乐、满意、兴趣、自豪、感激和爱等。

2. 消极情绪　消极情绪是指当某种需要无法满足时，而产生的不愉快的主观体验，不利于你继续完成工作或者正常地思考。常见的消极情绪包括：忧愁、悲伤、愤怒、紧张、焦虑、痛苦、恐惧、憎恨等。

(三) 情绪状态

按情绪状态来分，即按情绪发生的速度、强度和持续时间的长短，可以把情绪划分为心境、激情和应激。

1. 心境　心境是一种微弱、持久而又具有弥漫性的情绪体验状态，通常叫作心情。心境并不是对某一事件的特定体验，而是以同样的态度对待所有的事件，让所遇到的事件都产生和当时的心境同样的色调。心境所持续的时间短的只有几小时，长的可到几周、几个月甚至更长。

2. 激情　激情是一种强烈的、爆发式的、持续时间较短的情绪状态，这种情绪状态具有明显的生理反应和外部行为表现。激情往往由重大的、突如其来的事件或激烈的意向冲突引起。激情既有积极的，也有消极的。在激情状态下，人能做出平常做不出来的事情，发挥出自己意想不到的潜能。但也能使人的认识范围变得狭窄，分析能力和自我控制能力降低，因而在激情状态下人的行为可能失控，甚至会发生鲁莽的行为。人应该善于控制自己的激情，学会做自己情绪的主人。

3. 应激　应激是在出现意外事件和遇到危险情景的情况下所出现的高度紧张的情绪

状态。个体在应激状态下的反应有积极和消极之分。积极的反应表现为急中生智，及时摆脱危险境地，做出平时几乎不可能做到的事情。消极的反应则表现为惊慌失措、感知狭窄、注意力混乱、思维迟滞、行动呆板，正常处理能力似乎大幅度下降等。

（四）道德感、美感和理智感

人的高级情感包括很多种，主要的有道德感、美感和理智感；此外，还有宗教情感、母爱等等。

1. 道德感　道德感是按照一定的道德标准评价人的思想、观念和行为时所产生的主观体验。包括热爱祖国、热爱人民、热爱社会的情感，集体荣誉感、责任感、同情感等都是同道德评价相联系的情感。

2. 美感　美感是按照一定的审美标准评价自然界、社会生活及文学艺术品时所产生的情感体验。人的审美标准既反映事物的客观属性，又受个人的思想观点和价值观念的影响，所以美既是客观的，又是主观的，是主客观的对立统一。

3. 理智感　理智感是在智力活动过程中所产生的情感体验。例如，对未知事物的好奇心、求知欲和认知的兴趣；在解决问题过程中表现出来的怀疑、自信、惊讶，以及问题解决时的喜悦等都是理智感。理智感不仅产生于智力活动，而且对推动人学习科学知识，探索科学奥秘有积极的作用。

三、情绪的功能

1872年，查尔斯·达尔文在《人与动物的感情表达》一书中阐释了情绪的意义，他认为情绪能够帮助动物们适应环境。情绪是自然选择的产物，具有目的性。为了生存，人类必须探索环境，因此会好奇；必须吐出不小心吃入的异物，所以会恶心；必须建立社会关系，所以有了信任；必须避免伤害，因此会恐惧；必须实现基因的代际传递繁衍后代，因而有了爱；为了保证自己的利益不受侵犯，必须战斗，所以用愤怒来增强自身的威慑力；而为了获得外物的支持与帮助，必须悲伤而后哭泣；对于自己喜欢做的有利的事情，希望再次体验，所以快乐。在人类原始的日常生活中，情绪发挥着指引他们趋利避害的作用，以便于他们做出有利于生存的选择。情绪是感情的先导，出现了什么样的情绪，反映出生活和学习中哪里需要关照。每种情绪都有其价值，不是给我们指明一个方向，便是给我们一份力量，或者两者兼备。

（一）情绪的一般功能

1. 适应功能　情绪和情感是人类适应环境的重要工具。它们能引发生理反应，激活身体能量，帮助我们应对环境变化。例如，面对危险，紧张情绪会促使身体进入战斗或逃跑状态，同时我们可以通过呼救等方式获得他人帮助。在人际交往中，情绪和情感的表达也至关重要。婴儿通过情绪反应与成人交流，以获得抚养；成人则通过情绪表现反映自身处境。用微笑、愤怒等情绪表达方式进行人际沟通，更好地适应社会需求，从而改善生存和发展条件。

2. 动机功能　情绪和情感是重要的动机系统，能驱动有机体活动并提高效率。内驱力是行动的动力，而情绪和情感可以放大和增强内驱力信号，从而激发行动。例如，缺水引发生理需要，但仅此还不足以驱动行为。当意识到缺水的危害，产生紧迫感和恐惧时，情绪和情感就放大了内驱力信号，推动人去取水。此外，情绪和情感还对认识活动有驱动作用。认识对象本身无驱动性，但兴趣可以成为动机，驱动人的认识和探究活动。

3. 组织功能　情绪和情感对其他心理活动具有重要的组织作用。积极情绪能协调和促进活动，而消极情绪则可能瓦解和破坏活动。情绪情感的强度也会影响其作用效果。一般来说，中等强度的愉快情绪有助于提升认知和操作效果，而痛苦、恐惧等负性情绪会降低操作效果，且强度越大，效果越差。在情绪方面，愉快情绪状态下，人们更容易记住和回忆带有愉快色彩的材料。情绪对行为的影响也很明显：积极情绪状态下，人更容易关注美好事物，态度和善，乐于助人，勇于担当；而消极情绪状态下，人容易悲观、懒散，且更易产生攻击性行为。

4. 信号功能　情绪和情感具有传递信息、沟通思想的功能。情绪和情感都有外部的表现，这就是表情。情绪和情感的信号功能是通过表情来实现的，表情包括面部表情、肢体表情和言语表情。例如，狂喜时手舞足蹈，愤怒时摩拳擦掌，说话时的语调及伴随的喜、怒、哀、惧等面部表现都具有交际的功能。笑容常用来表达当事人愉快的情绪，但是礼貌性的微笑，有时候是用来表达当事人对身边人的善意，比如对不太熟悉的邻居仅仅是一个微笑已经将友善之情表达无遗。

（二）不同性质情绪的功能

1. 积极情绪的功能　积极情绪对个体和组织都具有深远的积极影响。它不仅能激活行动，还能促进活动的连续性。在积极情绪状态下，人们会主动探索新事物，与环境建立积极联系。芭芭拉·弗雷德里克森指出，积极情绪与特定行动倾向相关：快乐激发游戏和创新欲望；兴趣推动探索和学习；满意促使维护现有环境并融入新观点；自豪让人渴望分享成功；爱则让人渴望与所爱之人共度时光。

积极情绪还能建设个体资源，它涵盖身体资源（如技能和健康）、智力资源（如知识和心理控制能力）、人际资源（如友谊和社会支持）以及心理资源（如心理韧性、乐观和创造力）。这些资源不仅增强个体的心理和生理恢复力，还能促进社会联系，为社会适应创造有利条件。

此外，积极情绪对健康也有显著益处。它可以消除消极情绪引发的心血管活动，使之恢复到正常水平，并通过提高免疫系统功能促进生理健康。研究表明，主观幸福感强的人免疫系统更有效，身体更健康。在面对压力时，积极情绪还能通过欢笑和幽默言行改善免疫功能。

2. 消极情绪的功能　进化心理学家戴维·巴斯认为，消极情绪在进化中得以保留，是因为它们对人类的生存和繁衍具有重要意义。例如，对陌生人的恐惧源于人类先祖为了防止被外部群体袭击而进化出的自我保护机制；而焦虑则源于人类先祖害怕被群体拒绝的心理，因为能否融入群体对生存至关重要。

消极情绪是精神健康的平衡要素，也是人类与生俱来的特征。科学家指出，抑郁情绪也有其积极的一面。悲伤可以让人变得更加坚强，更有能力应对生命中的挑战。许多伟人，如二战时期的英国首相丘吉尔、美国第十六任总统林肯、英国科学家牛顿以及德国音乐家贝多芬等，都曾患有抑郁症，但他们依然取得了非凡的成就。纽约大学教授韦克菲尔德认为，悲伤如此普遍，一定有其存在的价值。他警告说，过度使用药物消除悲伤可能会扭曲人性。

研究表明，抑郁情绪能促使个体采取更谨慎的决策策略来应对挑战。一些艺术家和作家在经历抑郁后，能够更深入地思考和表达复杂情感，从而创作出更深刻的作品。个体在抑郁时也更倾向于深入思考人生的意义和价值。从群体角度看，个体的抑郁情绪表达可以促进反思。

消极情绪本质上是一种信号，提醒我们关注自身状态。面对消极情绪时，我们不应一味对抗或逃避，而是要学会安静下来，倾听情绪背后的声音。这不仅能给我们带来启示和帮助，还能提升我们的情绪管理能力。这种能力需要在后天有意识地训练和培养，而本章后续内容将深入探讨如何实现这一目标。

心理训练营 3-1　蝴蝶抱法——焦虑时刻找回稳定感的自我安抚技巧

蝴蝶抱法是一种帮助人们在焦虑时找回稳定感的自我安抚技巧，步骤如下：

第一步，想象安全画面：闭上双眼，在脑海中构建让自己愉悦、有安全感的场景，使身心进入平静状态。比如想象自己在阳光明媚的海边漫步，海浪轻柔拍打着沙滩。

第二步，双臂交叉：将双臂交叉放在胸前，如同给自己一个拥抱，营造温暖、被保护的感觉。

第三步，闭眼：可以完全或者半闭双眼，把注意力聚焦在鼻尖上，减少外界干扰，专注于自身内在感受。

第四步，开始轻拍：交替轻拍上臂，先拍左边，再拍右边，算一次；缓慢地重复 4～6 次，轻拍动作要轻柔，节奏平稳。

第五步，深呼吸：进行缓慢的腹式呼吸，也就是吸气时腹部隆起，呼气时腹部回落。在呼吸过程中，用心觉察内心和身体的感受。

第六步，停下深呼吸：停止轻拍动作，再做一次深呼吸，然后放下双手，感受此时身体状态与之前的不同。

第七步，觉察：留意自己当下的感受，如果焦虑感尚未缓解，可重复上述轻拍等步骤，直至感觉情绪平复、内心安定。

第二节　大学生常见情绪困扰

大学生活是个体从学校走向社会的过渡阶段，是人生发展中的重要阶段。由于大学生心理发展不成熟，且大学阶段需面对学习、人际、职业生涯规划等诸多人生问题，其情绪难免出现波动。多数大学生能通过自身调节和他人帮助顺利渡过这一时期，但也有部分大学生被困在情绪问题中难以自拔。大学时期是青年人心理成熟的重要时期，也是情绪丰富多变、相对不稳定的时期。大学生的情绪具有鲜明特征：一是丰富性和复杂性，人类的各种情绪在他们身上都有体现，情绪体验丰富，惧怕的事物多与社会、文化等复杂因素相关。二是稳定性与波动性并存，他们总体能控制情绪，但又比较敏感，外界微小刺激就能引发情绪波动。三是强烈性与冲动性，自我意识发展使他们对外界敏感，易被激发情绪甚至冲动行事，校园暴力事件多因此发生。四是压抑性与敏感性，丰富强烈的情感和压力冲突导致情绪压抑，很多大学生有压抑感。五是外显性与内隐性，他们对外界刺激反应迅速，情绪易表露，但在某些场合又会隐藏真实情感。下文将带大家一起了解大学生常见的几类情绪问题。

一、焦虑

案例 3-2　心中的小怪兽

小凯，男，大三学生。他初进心理咨询室，显得神情慌张，坐立不安，非常着急地问咨询师："我究竟该考研还是就业，考研的话，现在时间还够不够，我应该考哪所学校呢？……"咨询师还没有来得及询问他的情况，一连串问题就被小凯迫不及待地抛出来了。小凯不停地晃着腿，时不时地抠着自己的指甲，接着说道："我觉得自己心里就像住着一个'小怪兽'，让我不得片刻安静，我该怎么办呢？"咨询师没有正面回答小凯的问题，而是给小凯一个隐喻，"如果你想将一批货物运到某个地方，你有 4 匹快马，4 匹马分别跑向东南西北 4 个方向，结果会怎么样？"小凯思索良久，回答可能永远都会停在原地吧。本个案中由于小凯出现了明显的焦虑情绪，而焦虑的背后是在提醒他目前需要明确一个目标。咨询师用隐喻治疗的方法让小凯发现自己的问题并找到解决的方案。

（一）什么是焦虑

焦虑是指一种缺乏明显客观原因的内心不安或无根据的恐惧，是预期即将面临不良处境的一种紧张情绪，表现为持续性精神紧张，如担忧、不安全感等，或者发作惊恐状态，如运动性不安、小动作增多、坐卧不宁或激动哭泣等，常伴有自主神经功能失调表现，如口干、胸闷、心悸、出冷汗、双手震颤、厌食、便秘等。焦虑主要分为两种类型：一种是状态性焦虑，由于某一种情境而引起的焦虑，情境改变时，焦虑随之消失，但有时某种情境很特殊，产生的焦虑十分强烈，甚至可能产生短暂的人格变化；另一种是特质性焦虑，由于一个人的人格特点与众不同，在相同的情境中，其情绪反应的频度和强度也与众不同，例如，在与陌生人相处的时候，有的人就会出现这种特质性焦虑。

焦虑是人们对情境中的一些特殊刺激产生的正常心理反应，适度的焦虑有利于工作和学习效率的提高，但焦虑超过一定的强度，且持续时间过长就会对个体产生不良的影响。焦虑的持续时间及程度均超过一定的范围影响正常的生活、学习、工作时，经有资质的精神科医生的诊断，才可以诊断为焦虑症，此时需要接受正规的治疗。一般情况下的焦虑可以通过自身的调节或者寻求专业帮助而改善。

（二）焦虑的常见原因

1. 适应焦虑　由于生活环境和学习方式的改变，大学新生难以很快适应新环境，因而引起焦虑情绪。一些大学生入学前衣食住行都由父母安排，进入大学后，这也不会那也不会，不知如何生活而产生焦虑。学习上的不适应也促使他们产生焦虑，由高中的被动式学习转变为大学的主动学习，很多学生无所适从，不知如何学习，因此对学习感到不安，担心学业无法完成，进而陷入焦虑状态。

2. 学习焦虑　大学生都有不同程度的学习焦虑，保持适当程度的学习焦虑会促进和提高学习成绩，但过度的学习焦虑就会影响正常的学习和生活。学习焦虑过度主要是由于一些大学生受环境的影响，形成了不恰当的学习目标和抱负，造成很大的心理压力，从而产生严重的学习焦虑。一般来说，个性敏感的大学生更容易出现这类问题。学习焦虑过度，往往使大学生注意力不能集中，大脑反应迟钝，学习效率降低。考试焦虑是指担心自己考试失败有损自尊或渴望得到更好的分数的高度忧虑的一种负性情绪反应，是大学生中较常见的焦虑情绪表现，属于学习焦虑的一种特殊形式。考试焦虑在考试前数天就可表现出来，随着考试日期的临近日益严重。

3. 人际焦虑　大学生来自全国各地，不同的生活习惯、性格、兴趣、脾气、家庭背景等使大学生在人际交往中难免发生冲突。有些大学生由于个性上敏感、多疑、冷漠和敌意，往往担心别人不能接纳自己，甚至对自己造成伤害而把自己封闭起来，造成心理苦恼，产生焦虑。恋爱焦虑是大学人际焦虑中的特殊形式，在追求恋爱对象、暗恋、单恋以及相处过程中都会产生焦虑。

4. 就业焦虑　当前社会激烈的就业竞争让大学生陷入了一种就业焦虑之中。这种焦虑各个年级都有，只是焦虑的程度不同，毕业生尤甚，绝大多数大学生在就业过程中或多或少都存在焦虑。如优秀毕业生为是否能找到理想单位而焦虑；成绩不理想的毕业生为找不到单位而焦虑；来自边远地区的毕业生为有可能被迫回原籍而焦虑；恋人们为未来能不能在一起而焦虑；女同学为用人单位“只要男性”而焦虑；还有一些大学生因不知自己毕业后何去何从而焦虑。

二、抑郁

案例 3-3　不想说再见

小丽，女，大二学生。长长的头发遮住了她的面庞，这是个清瘦的女孩，声音很细弱，语速特别缓慢，需要认真去听才能听清她在说什么。断断续续中她跟咨询师描述了她的异地恋的男朋友跟她提出了分手，分手后她一刻不停地反思自己哪里做得不对，她试图挽回却无果，以至每天以泪洗面，不吃不喝，也不想去上课，失眠多梦。宿舍的同学轮流照顾她，就连咨询也是朋友硬拉她过来的。

（一）什么是抑郁

抑郁是以情感低落、哭泣、悲伤、失望、活动能力减退以及思维、认知功能迟缓等为主要特征的一类情绪。它的常见表现以情绪低落为主要特征，对日常生活丧失兴趣，无愉快感；精力明显减退，无原因的持续疲乏感；自信心下降或自卑，或有内疚感；失眠、早醒或睡眠过多；食欲缺乏，体重明显减轻；注意力集中困难或下降；联想困难，自觉思考能力显著下降。抑郁心境一天中有较大波动，常以早上最重，然后逐渐减轻，到晚上最轻。有时候也伴有身体疼痛、心慌、胸闷等躯体症状。

“人非草木，孰能无情”，喜怒哀乐是人之常情，正常人对周围客观事物和环境变化都有一定的情感反应，情绪低落在正常人的某些时候是完全可能发生的。临床上应鉴别是正常人的抑郁情绪反应还是抑郁症。首先，正常的抑郁情绪与境遇相称，不会平白无故发生抑郁;而抑郁症的症状则与境遇不相称,或者并无可引起抑郁情绪的起因,或微弱刺激就引起了过大的情绪抑郁反应。其次,正常的抑郁有时间限度,严重刺激引起的抑郁情绪可持续较长时间,但总有一定限度,随着时间的推移,时过境迁,抑郁情绪会慢慢减轻或消失,较小的刺激引起正常的抑郁情绪反应更为短暂(还与性格、过去经历等有关),不用多久就会烟消云散;而抑郁症的情绪反应则持续较长时间,抑郁发作的病程标准为至少持续 2 周。第三,正常的抑郁情绪影响社会功能一般较轻,而抑郁症患者则较重,甚至完全丧失自理生活的能力(如抑郁性木僵)。另外,正常人的抑郁不会出现精神病性症状,而抑郁症患者可出现妄想、幻觉等精神病性症状。

作为大学生要正确对待自己的抑郁情绪,积极应对,寻求适当的帮助,不讳疾忌医;也不过分地乱给自己扣疾病的帽子。

(二) 抑郁的常见原因

1. 认知歪曲　有些大学生总是对自己和世界的认识与评价出现偏离或歪曲,他们常常根据某一事件或事情的某一方面进行不严谨的推论,尤其是忽视积极的方面,进而将对某一事件的判断过度推论到对其他事情的判断,特别是低估自己的能力,忽视自己的优点,夸大或高估问题的难度和严重性。有的大学生因高考失利,未能实现上名牌大学或热门专业的宏愿而产生强烈的失望感,对自己和生活都感到灰心,形成理想自我与现实自我的冲突,并由此产生抑郁情绪;大学里强手如林,有些大学生由高中时的尖子生变成平常人,导致心理失衡,如果得不到及时的引导,不能够尽快摆正自己的位置,就会情绪低落。

2. 人际冲突　大学生来自全国的各个区域,不同的社会习惯、性格、兴趣、脾气等使大学生在人际交往中难免发生冲突。有的个性较强以自我为中心,不为别人着想,遭到孤立。性格内向的大学生不合群,孤独寂寞,他们渴望交往但担心被拒绝,造成心理苦恼,产生抑郁情绪。

3. 恋爱失败　现在大学生谈恋爱的越来越多,恋爱动机也比较复杂。由于大多数学生情感比较脆弱、抗挫折的忍耐性差,不能很好地处理失恋后的情感,当受到挫折而感到无能为力时,心情就会低落。

4. 现实压力　就业压力大,越来越成为大学生出现焦虑等负面情绪的重要因素,有调查显示,50%的同学感到就业前途迷茫,没有目标。沉重的经济压力也有可能造成大学生的心情抑郁。许多来自贫困山区和城市贫困家庭的大学生,天天为生活费发愁,生活压力很大。由此这些大学生还产生一些自卑心理,认为自己生来就不如别人,害怕遭到别人的耻笑和拒绝,在这种情况下,部分大学生心情抑郁。

三、恐惧

案例 3-4　令人尴尬的"脸红"

小华,男,大一学生。进入咨询室,他身形拘谨地坐在沙发的边缘,几次欲言又止。咨询师鼓励他进行交谈,他结结巴巴地说怕自己的家乡话老师听不懂。咨询师轻松地用小品中学来的方言和他开玩笑,使他渐渐放松下来,开始用夹杂方言的普通话向咨询师描述自己的情况:他来自农村,入学以来他发现自己不论是在眼界和经济条件等方面都不如身边的同学；同学们经常调侃自己的方言，开始自己觉得有些不好意思，渐渐变得每次和别人一说话就结巴，面红耳赤，心跳加速，词不达意。他很不喜欢自己这样的状态，很担心自己，不知道自己怎么了。

（一）什么是恐惧

恐惧作为一种情绪反应，在某种程度上来讲是正常的，并不一定有害，这是因为它能及时地使人们认识到危险来临，以应付所面临的问题，是人类自我保护的一种本能。这里所指的恐惧是那些非理性的、非现实的情绪状态，即对常人一般不害怕的事物感到恐惧，或者恐惧体验的强度和持续的时间远远超出了常人反应的范围。像前面案例3-4中的小华的情况属于社交恐惧，在大学生中较常见，本节主要介绍社交恐惧。社交恐惧泛指一切害怕与他人交往，对交往特别敏感，不愿与人接触，在不得不与他人交往时，感到紧张，并伴有一些不适的生理反应。

社交恐惧表现：处事胆小谨慎、喜欢安静、常独处，对人对事较敏感等，害怕和人交往，有的还没说话就先脸红；有的一和别人讲话就结巴；有的在公众场合讲话就思路不清，不知道自己到底讲了些什么；还有的人不敢抬头与他人的目光对视等。

（二）恐惧的常见原因

社交恐惧实质上是一种心理未成熟的表现，主要与下列因素有关：

1. 个性因素　社交恐惧的大学生多半是性格内向、不善言辞，有些则具有严重的羞怯心理。社会心理学家的研究认为，有55%的人觉得自己在人际交往中是害羞的，其中女性和青少年尤为严重。由于性格上的特征或缺陷，导致了有些大学生不愿表露自己，常给人以比较孤僻、冷漠，不易接近等感觉。由于缺少正常的、必要的交往，久而久之，造成他们对人际交往的害怕甚至恐惧。

2. 认知歪曲　社交恐惧的大学生往往不能正确地评价和认识自己，部分在认知方面或表现为盲目骄傲自大，自视过高，往往一意孤行而不考虑他人的感受，其结果既挫伤别人自尊心，又给自己带来不良后果。还有部分表现为看不到自己的优势和才能，自暴自弃，缺乏与人交往的勇气和信心。

3. 社交技能缺乏　有些大学生在与不太熟悉的人交往时，往往很害怕，不知道如何与他人交往。由于缺乏人际交往的技巧，不能恰当地表达自己的想法而被他人误解，或由于在交往时受到别人的挑衅而自己又无力用语言还击，从而感到十分懊恼和心里不痛快。由于以往不愉快的经历，害怕在众人面前讲话，常感到自己底气不足、结巴，从而采取了一味地回避，喜欢独处，由此使自己渐渐失去了进行人际交往的勇气，出现社交恐惧。

四、愤怒

案例3-5　别用你的愤怒“控制”我

小娜和小可是一对恋人，大二学生。一名女生生拉硬拽地将一名男同学拉进了心理咨询室，女生气喘吁吁地说：“老师，你给他好好看，他有心理问题。”男生则生气地站起来，说：“你有没有意思啊？”咨询师见状立马安抚两人坐下，并为两人倒上开水，使两人的情绪渐渐平稳下来。女生小娜诉说男生小可是她的男朋友，开始时，她觉得男朋友很有个性，渐渐她发现男友就像一个“火药包”，一碰就炸，当他们两人意见不合时，男朋友经常会用发火和摔东西的方式来让她妥协；不光是对女朋友，他也经常和室友甚至陌生人发生冲突，有时甚至打架。为此，小娜苦恼不已，几次想让他来咨询，但是每次都引发争吵，这次，好不容易软磨硬泡才将男友小可带到咨询室。

（一）什么是愤怒

大学生正处在热情高涨、激情澎湃的青年时期，有时候情绪难以控制。愤怒是由于个体的信念、价值、权利受到侵害或与之相矛盾，从而逐渐积累了紧张的情绪而产生的主观体验。它具有持续性、外显性、情境性和个性化等特点。愤怒是一种消极的情绪状态，常常会给人带来意想不到的麻烦，如同学关系疏远，师生关系紧张，而且长期、持续的愤怒对个体的健康损害也是极大的。

愤怒是当个体的愿望无法实现、目标受到阻碍感受到不公正待遇、被侵犯、被忽视时产生的情绪。它的形式有勃然大怒、沉默不语、敌意情绪、乱摔东西甚至怒目而视。愤怒不仅仅是厌烦或生气，它的核心是惰性。愤怒既是你做出的选择，又是一种习惯。它是你经历挫折的一种后天性反应。你以自己所不欣赏的方式消极地对待与你的愿望不一致的现实。不适当的愤怒情绪会对人的身心产生影响。从病理学角度来看，愤怒可导致高血压、溃疡、皮疹、心悸、失眠甚至心脏病；从心理学角度来看，愤怒可能会破坏情感关系、阻碍情感交流、导致内疚与沮丧情绪。

（二）愤怒的常见原因

当我们感知到愤怒的情绪后，需要冷静下来分析是什么让我们生气。需要寻找的原因并非具体的事件，而是事件下面暗指的触犯到你的底线的细节。是因为他人损害了你的权益、自尊，还是因为事态没有按照你的预期发展而感到挫折，抑或是以愤怒的方式来争取自己的权益？

易怒的大学生一方面是由于性格因素所致，有的以自我为中心，对他人缺少宽容，人稍有一些使自己不满意的地方就表现出愤怒；另一方面是由许多不当认知所致，如认为发怒可以威慑他人，发怒可以抵消责任，发怒可以挽回面子，发怒可以满足愿望等等。事实上，易怒者总是事与愿违，所得到的不是尊严、威信，而是他人的厌恶，更严重的后果是使自己心绪更加不宁。

五、嫉妒

案例 3-6　嫉妒断送了她的前途

女大学生唐某，从小娇生惯养，受到父母溺爱。进入大学后，她处处想拔尖，出人头地，想超过班上所有的同学。班干部竞选时，因为她没被选上，所以心里很不自在。从此，对老师和被选上的班干部怀恨在心。一次，班上有两位女同学考试分数比她高，她妒意大发，令人吃惊的是她利用下课的空闲，竟把人家的课本、作业本以及其他学习用品全偷了，使人学习不成。后来，此事被老师和同学们发现，她理所当然受到了批评，但她不仅不悔改，竟趁别人上课时溜回宿舍，把一位同学价值500多元的衣物、被褥统统烧光。最后她因此触犯了法律，成了纵火犯，断送了原本美好的人生。

（一）什么是嫉妒

嫉妒是一种难以公开的阴暗心理，是人们普遍存在的人性弱点。在日常工作和社会交往中，嫉妒心理常发生在一些与自己旗鼓相当、能够形成竞争的人身上，比如：当对方成功时，人们都过去称赞和表示祝贺，自己却木呆呆坐在那里一言不发，由于心存芥蒂，甚至对对方其他事情的“破绽”大力攻击一番。若对方以牙还牙，再如法炮制，双方恶性循环，必然影响各自的事业发展和身心健康。由此，我们可以看出嫉妒对一个人的伤害特别大，是妨碍一个人取得成功的重要阻力。

（二）嫉妒的常见原因

嫉妒产生的主要原因是虚荣心作怪，生活中的嫉妒通常发生在同一环境、同一领域中的人之间。认为别人的成功和有所建树会妨碍自己，不想着通过奋斗，不断提高自己的能力和竞争的心理素质，通过真才实绩赶上和超过别人，而是想通过压低别人来抬高自己。嫉妒这个弱点是阻止人们前进的拦路虎。当你全心全意地去为自己的学业奋斗时，就不会有时间去嫉妒别人了，因为“嫉妒是一种四处游荡的东西，能享用它的只能是闲人。”另外，不能正确认识自己，自卑感强的人容易嫉妒，因为他们想逃避现实而故意虚张声势，因为惧怕失败而采取嫉妒的手法。所以，首先要对自己的能力、潜力有一个客观的认识，不自我夸大，亦不自我贬低。只有在自我感觉好、自我意识能力强的前提下，才能变消极嫉妒为积极嫉妒，也才能在积极嫉妒心理中获取能力、接受竞争意识的刺激。当然，当一个人反问几个为什么之后，可能会觉得自己的天赋、客观条件、知识、能力都不如他人。这也无妨，不要自卑、更不要嫉妒，不妨再找找自己的优势，在优势方面有所作为，在竞争中发挥自己的聪明才智，从而找到自己的心理位置，得到生活的乐趣。

总之，对于他人的成功，既要嫉妒，又要不嫉妒；嫉妒，就是积蓄自己大量的精力、时间、智慧去激发应该属于你能力范围内的积极嫉妒心理，将此转化为自己进步的动力；不嫉妒，就是要洒脱，树立对别人的成功的正确认识，看到别人背后的努力和付出；同时，对自己建立信心，学习别人的优点，不断完善自己，建立有利于自身长期成长和发展的良好心态。

第三节　大学生情绪管理

从前文中我们知道积极情绪和消极情绪都有其意义，那么对待情绪就不是简单地消除或者减少消极情绪，而是要学会管理自己的情绪，使其适应周围环境变化或者为实现某一目标而服务，情绪管理能力是健康生活、学习的重要保障，大学生需要有意识地学习，提高自己的情绪管理能力。下面带大家一起了解什么是情绪管理和情绪管理的具体方法。

一、什么是情绪管理

1. 情绪管理的内涵　在生活中，我们常常发现，一些智商很高的人并没有取得成功，而一些智力平平的人却能取得显著的成就。这种现象背后的原因很多时候在于情商的差异。情商低的人往往具备良好的判断力，知道事情该怎么做，但难以较好控制自己的情绪，导致机会落空。相反，情商高的人善于了解自己、认识他人、协调人际关系，并且常具有不屈不挠的精神，从而更容易取得成功。

情绪管理是个体对情绪的发生、体验与表现施加影响的过程，是一个动态的调节过程。通过情绪管理，个体能够迅速有效地适应变化的社会情境，实现个人目标。情绪管理不仅包括降低负性情绪，还涉及增强、维持正性情绪等多个方面。情绪管理可以是显意识的，也可以是无意识的，且没有绝对的好与坏，其适宜性取决于具体情境。

美国耶鲁大学的沙洛维和新罕布什尔大学的梅耶于 1990 年提出，情商是一个与情绪管理密切相关的重要概念。他将情商定义为由三种能力组成的结构：准确评价和表达情绪的能力、有效地调节情绪的能力以及将情绪体验运用于动机和意志行动过程的能力。具体表现为：一是认识自己的情绪，包括了解自己的感觉、情绪、动机和价值观，并以此作为行动的依据；二是认知他人的情绪，能够快速地“设身处地”进行直觉判断，了解他人的感受、动机，并做出适度反应；三是管理自己的情绪，能够自我认识和协调自己的情绪体验；四是激励自我，面对目标时保持高度的热情、专注和自制力。这些能力共同构成了情商的核心，帮助个体在复杂的社会环境中更好地应对挑战，实现个人目标。

2. 情绪管理的过程　情绪管理的过程包括：情境选择、情境修正、注意分配、认知改变、反应调整。

情境选择是一种前瞻性的策略，人们为获得预期情绪体验，会选择契合该情绪特征的情境。比如，敏感害羞的人往往避开嘈杂派对，选择安静的图书馆或宿舍。然而，这种选择的影响分短期和长期，长期回避社交虽能暂时躲开不愉快，却可能导致与社会的疏离。所以，做情境选择时，最好能听取父母、师长或优秀同伴的建议。

情境修正聚焦于个体外部物理情境。当所处环境可能激发不良情绪时，我们可人为调整。像羞涩内向的同学参加集体活动时带上外向朋友，或者请教问题时选择和善熟悉的老师，都能减轻心理压力。

当外部情境难以改变，就需要调整内部情境，即注意分配。注意分配形式多样，包括集中、分散、回避和转向。注意集中是沉浸在情境的情绪中，如陶醉于音乐或沉浸在失恋的悲伤中；注意分散是把注意力分散到情境的不同方面；注意回避是堵塞刺激输入通道，如闭眼捂耳；注意转向则是将注意力转移到其他事物上。

认知改变是在情境未变时，通过改变对情境的评价来调节情绪。这不是自我欺骗，而是关注积极面，比如丢饭卡时，想到重要证件没丢就能减少郁闷；打电话没人接，换个角度考虑可能对方正忙，避免陷入消极情绪。

反应调整是在情绪产生后的应对手段。一方面，可通过运动、放松或食疗缓解负性情绪带来的生理反应和不良体验；另一方面，要用恰当方式表达情绪。同样是哭泣，儿童不合理要求被拒时哭闹可能不好，但受欺负时哭泣寻求帮助则是适应性行为。

二、情绪管理的方法

（一）生理方面

1. *运动宣泄*　运动不仅能锻炼身体，还能改善心理状态。研究表明，运动可振奋情绪，提升体内“内啡肽”水平。意大利学者1980年发现，剧烈运动后，“内啡肽”水平可升至安静时的8倍。心情不好时，运动能让人快乐起来。例如，跑步、游泳后冲个热水澡，烦恼会减少，这正是“内啡肽”的作用。养成运动习惯后，若突然停止，身体会因缺乏“内啡肽”而不适。但需注意，并非所有运动都能提升“内啡肽”，有氧运动如慢跑、游泳、爬山等需持续30分钟以上才有效。运动生成的“快乐激素”不仅能让人快乐，还能减少不良情绪对身体的伤害。

2. *享受美食*　很多证据支持饮食营养对保持良好的心理健康的重要性，研究表明不饱和脂肪酸、氨基酸、维生素B族都和抑郁情绪密切相关；地中海式饮食（富含水果、蔬菜、鱼和豆类，少肉类及奶制品）这种健康的饮食模式可以降低抑郁症发展的风险。例如，奶制品、香菇、葵花籽、海蟹、黑芝麻、黄豆、南瓜子、肉松、油豆腐、鸡蛋、鱼片等含有丰富的色氨酸与酪氨酸。

3. *芬芳味道*　不同的气味能引起人的不同情绪反应，其中，芳香疗法就是应用芳香植物蒸馏萃取出的精油，通过直接吸入、沐浴或者按摩等途径以获得身心调整的一种辅助疗法。已有不少研究表明芳香疗法对焦虑、抑郁和职业倦怠等都有一定的效果，大学生在日常的生活中也可以借鉴使用一些常用的香味来调整自己的情绪，例如，出现焦虑和不安时可以使用薰衣草或檀香来安定自己的情绪；无法集中注意和心烦意乱时，可以使用甜橙、葡萄柚、柠檬等精油来辅助调整。

4. *美妙音乐*　音乐不仅能陶冶情操，还能调节情绪。现代医学表明，音乐可调整神经系统机能，改善注意力、增强记忆力，消除抑郁、焦虑等不良情绪，解除肌肉紧张，激发精神和体力，提高工作效率。不同旋律有不同“性格”，能引发不同情绪感受。因此，选择音乐应因人、因时、因地、因心情而异。例如，忧郁时可听《忧郁圆舞曲》《蓝色狂想曲》等，这些乐曲的美感能自然消除心中的忧郁；性情急躁的人适合听节奏慢、让人思考的乐曲，如古典交响乐的慢板部分或巴赫的《半音阶幻想曲与赋格》，有助于调整心绪，克服急躁情绪。

5. *放松训练*　焦虑和放松是两种对立的身心状态，同一时刻只能存在一种。要驱逐焦虑，最有效的方法是全身心放松。情绪心理学中的放松是通过暗示、表象等媒介集中注意力、调节呼吸，使肌肉放松，进而调节中枢神经系统兴奋性的方法。渐进式放松的步骤包括：先放松局部肌肉群，再按顺序扩展到全身；进入新的肌肉群练习时，已练习过的肌肉群可再次放松复习；重复此过程，直到放松状态和安静感持续出现。想象放松法则通过意念想象达到放松，比先绷紧再放松的方法更易操作。

（二）情绪方面

1. *激发积极情绪体验*　什么事会让我心情好呢？愿望的满足、美好的景色、良好的人际交往、努力后的成功，还有各种琐碎的乐趣和愉悦。那么积极心理学认为什么能够长久提升我们的积极情绪呢？

首先，积极情绪的一个最重要的来源，就是自己的能力得以发挥。积极心理学重要的早期贡献之一是设计了一项有24种个性优势的分类调查，归纳为从好奇、正直到善良、公正、谦逊和乐观的六个维度。了解到自己的优势，从中提取出很多关于自己的高峰的关键信息，然后以一种自己能够频繁应用于自身的优势的方法，来重塑自我的学习或日常生活，这种应用优势的新方法所产生的积极情绪提升，是既明显又持久的。其次，感恩，当你用语言或行动表达自己的感激时，你不仅提高了自己的积极情绪，而且也提高了对方的。在这一过程中，你加强了他们的善意，也巩固了彼此之间的关系。当你感受对方的善意时，你常常会赞赏别人对你是如此的友善，这引起了你的感激之情。善意和积极情绪相辅相成。只要认识到自己的善意举动，就能够启动这种良性循环。发展一种眼光来欣赏你自己的善意只是一种心理转变，你会注意到它更多的方面。你能够通过增加你的善意举动，使你的积极情绪大幅提升。有意识地增加你的善意可以提升你的积极情绪。最后，发现生活中困境的积极方面和意义。

2. *疏泄消极情绪体验* 亚里士多德说："适时适所表达情绪，不要当众表达自己的不满情绪，在适当的场所以不伤人的方式适度表达内心的不满。"

眼泪宣泄——这是一种自我心理保护的措施。哭可以为你解除情绪的紧张、内心的抑郁与烦恼，还可以促进生理上的新陈代谢。美国生物学博士费雷认为，人在悲伤时不哭是有害健康的。人在流泪时可把体内因紧张而产生的化学物质排出体外，可以缓解人的忧愁和悲伤。

找人倾诉——俗话说："快乐有人分享，是更大的快乐；痛苦有人分担，可以减轻痛苦。"找人倾吐烦恼，把内心的苦恼告诉你的朋友、师长、心理咨询师，心情就会顿感舒畅；也可以写日记、给自己写信，把自己的感受描述出来。

幽默——高尚的幽默是精神的消毒剂。当一个人发现一种不调和的或对自己不利的现象时，为了不使自己陷入激动状态或被动局面，最好的办法是以超然洒脱的态度去应对。此时，一个得体的幽默往往可以使一个本来紧张的情况，变得比较轻松；使窘迫气氛在欢声笑语中消逝，使愤怒、不安的情绪得以缓解。

升华——升华是将情绪激起的能量引导到对人、对自己、对社会都有利的方面去。例如，将考试失利而产生的不良情绪升华为激励自己刻苦努力学习的动力；把对大学生活不适应而产生的焦虑情绪升华为提高自己对新环境的适应力，尽快完成从中学到大学的转变的内在积极性；把对自己外貌的不满意升华为全面发展自己、增长才能、增长知识水平等方面来，促使自己品学兼优，成为出色的人才；把失恋而产生的不良情绪升华为更加刻苦努力地学习，以自己的博学多识去寻求自己真正的爱情。

3. *情志相胜* 古代中医情志相胜疗法是用五行相克理论来表述情绪之间相互制约关系的经典提法，其基本原理是脏腑情志论和五行相克论的结合，将人体归纳为5个体系并按五行配五脏、五志，然后利用情志之间这种相互制约的关系来进行治疗的心理疗法，即运用一种情志纠正相应所胜的另一种失常情志。《内经》具体论述了情志相胜疗法的基本程序：喜伤心，恐胜喜；怒伤肝，悲胜怒；思伤脾，怒胜思；忧伤肺，喜胜忧；恐伤肾，思胜恐。情志相胜疗法是利用情志之间以及情志与五脏之间的相互影响、相互制约的关系，通过一种正常情志活动来调节另一种不正常情志活动，使其恢复正常，有效治疗情志与躯体疾病的心理治疗方法。

（三）认知方面

1. *认知训练法* 认知训练是一种行之有效的情绪调节方法，它无论是对短时的消极情绪，还是习惯性的消极情绪，都有较好的调节作用。认知训练法就是通过对认知调节和控制，纠正不良的认知习惯，形成积极的思维方式，从而消除消极的情绪，使人们对生活、学习和工作充满自信和活力。认知训练主要有两种，一种是"合理情绪疗法"，另一种是"归因训练法"。合理情绪疗法就是要找出认知过程中的非理性思维，并努力加以纠正最终达到消除不良情绪的目的。我们常见的非理性思维有以下三个特征：非此即彼的思维方式，在这类人的思维中，要么是成功、完美无缺，要么是失败、一无是处；以偏概全的思维方式，得到表扬时，会觉得自己十全十美，受到批评时，便觉得自己面临"四面楚歌"的绝境；糟糕至极的思维方式，这样的思维方式会夸大某些事情的重要性，比如将自己的小失误看作是不可救药的，整个人生都将被毁了。这些思维方式通常不为个体觉察，但却会时时左右自己的行动。

"合理情绪疗法"包括 4 个关键步骤：

第一步，找到那些引起不良情绪的诱发事件，例如，高考落榜，受到批评。

第二步，将这些事件所引起的消极的思维或想法从头脑中剥离出来，让它明确地反映到人的头脑，如高考落榜后，会感到前途渺茫，愧对老师和家长，从而引发不良情绪。

第三步，对照非理性思维的特征，看自己的思维方式是否有偏颇。

第四次，与自己辩论，以客观、正确的理性思维来代替非理性思维。如高考落榜远不如想象的那么可怕，失败了可以从头再来，即使无缘大学课堂，仍有无数条通向成功的道路。

2. *归因训练法* 归因训练是另一种行之有效的认知训练法，是指人们对行为结果成功或失败的原因进行探究、寻求解释的方法。它试图在情绪产生之前，对导致情绪发生的事件或结果进行理性分析，进而影响后继的情绪和行为。事实证明，不同的归因方法，的确能导致不同的情绪反应。例如，宿舍矛盾的产生，如果个体归因为对方性格问题，并且是针对自己恒常不变的敌意行为，那么矛盾将不可调和，引起长期的隔阂；反之，归因为偶然的不满和特殊的事件，那么虽然有过冲突，也会彼此谅解，甚至因为冲突的磨合而更加融洽。

人类从三个维度对事件进行归因，即外部归因和内部归因；稳定归因和非稳定归因；可控归因和不可控归因，并发现人们通常把行为结果的原因归为 4 个方面：能力、努力、任务难度和运气（表 3-1）。6 种不同类型的人，在成功或失败后引起的情绪反应有着极大的差别。把成功归于稳定的、内部的、可控制的原因，这就是积极、正确、科学的归因。而经常体验失败的人应选择不稳定的、内部的、可控的归因，它使人认识到失败不是不可避免的，并会知耻而后勇。不难发现，归因方式有正确和错误之分，有积极和消极之别，我们要想提高学习和工作效率，形成积极稳定的情绪，就必须化消极归因为积极归因，变错误归因方式为正确的归因方式。这种变化过程并非一蹴而就的，必须有意地培养并经过长期的训练，才能形成正确的归因方式。归因训练一般有如下几个步骤：首先，要明确区分影响成败因素的性质，哪些是内部因素，哪些是外部因素，哪些是可控的，哪些是不可控的。要相信，你只能改变和控制内部的可控因素，而不能改变和控制外部的不可控因素，对于外部的不可控因素，最多只能影响它。要明白你能控制和改变的你一定能做到，而你不能控制和改变的东西，不要勉强自己,也不要强人所难,否则会碰得头破血流以失败而告终。以考试为例,考试过程是自己能够影响的,你可以认真作答,努力克服每一道难题;然而考试结果却在你的“掌控”之外,阅卷者的主观态度、题目的难易都会影响你的考试成绩,这些是你无法控制的。其次,要分清楚积极归因的特点和作用。积极正确的归因,会激励自己积极主动地学习、不断进步,反之则会影响自己的自信心、进取心。

表 3-1 常见的归因维度及要素简表

稳定性		内外源维度	
		内部的	外部的
稳定性维度	稳定的	能力	任务难度
	不稳定的	努力	运气

思考题

(1) 谈谈在生活中如何给自己的失败和成功归因的?

(2) 你常用的归因方式给你情绪上带来的影响是什么?

(四) 综合方面

当你处于情绪的低谷,通过前面的生理、情绪和认知的方法都没有办法进行改善时,还可以尝试一种古老而又现代的方法:即保持“正念”。这一方法起源于中国古代的佛教禅宗,近年国外学者开发出了“正念”疗法,广泛应用于临床和健康培训领域。正念(mindfulness),是意识的一种状态,是一种对于处于当下此刻刺激的更高的注意。这种意识是对自己的思维、情感的接受以及对于视觉、感觉、行为、他人、外部物体的接受,而不是对于这一切的排斥、怀疑或者仇恨和反感。正念这种意识状态的特点是对当下体验和功能的清晰和鲜明的感受,与人们通常惯有的自动行为与半无意识状态相反。正念疗法帮助个体在出现抑郁时停止行动模式,而代之以思维的存在模式。这种模式将关注思维的内容转移到关注其过程,因而个体不必再努力去改变消极的思维内容,转向注意所有体验的加工过程。在存在模式的状态下,个体跳出思维的局限性,摒除不必要的思考,直接而经验性地感受世界和自己。

(五) 人际方面

俗话说:“快乐有人分享,是更大的快乐;痛苦有人分担,可以减轻痛苦。”找人倾吐烦恼,把内心的苦恼告诉你的朋友、师长、心理咨询师,心情就会顿感舒畅。也可以写日记、给自己写信,把自己的感受描述出来。哈佛大学从 1938 年开始开展了一项历时 70 多年的研究,他们研究了 724 名男性,从少年到老年,年复一年地询问和记载他们的工作、生活和健康状况等,从这些人海量的信息中提取出什么才是真正影响幸福的因素。结果发现良好的关系让人们更快乐、更健康。并且对快乐与否起决定性作用的不是朋友的数量,不是人们是否处在一段稳定的亲密关系中,而是人们的亲密关系的质量。亲密关系不仅保护个体的心理健康,也保护了个体的大脑,在关系中真的感到能在需要时依赖另一个人,这些人保持清晰记忆力的时间更长。因此,对爱的能力的培养和对知识的获得一样重要,大学生在努力发展自我的同时，不能忽略对爱的能力培养，这样才能建立稳定的人际关系，并获得幸福的保障。

心理训练营 3-2　正念放松引导

引导词：

亲爱的朋友们，欢迎来到这段放松之旅。现在，给自己几分钟的时间，跟随我的引导，开启一段宁静的正念之旅。

1. **调身**　请大家选择一个舒适的坐姿，盘坐在垫子上。双手轻轻拨动臀部肌肉，使其向上、向后，确保臀部稳稳地压实在垫子上。接着，将双手掌心向上，轻轻放在双膝上。调整好坐姿后，缓慢地闭上双眼，逐渐放慢呼吸，感受身体与垫子的接触，为接下来的练习做好准备。

2. **调息**　现在，让我们放松面部表情，舒展紧皱的眉心，让眉间变得平和。嘴角微微上扬，带着一丝淡淡的微笑。接着，放松双肩，让它们自然下垂。双臂也跟着放松，手肘微微向内收。吸气时，感受脊柱向上无限延伸，仿佛身体在被轻轻拉长，抛开所有的烦恼、紧张和不安，让心灵变得平静而祥和。吸气有多长，呼气就有多缓慢，深深地吸气，缓缓地呼气，感受气息在身体内的流动。

3. **调心**　现在，请抛开外界所有的干扰，我们一起做身心的放松。慢慢地让身体变轻、变软，感受身体的重量逐渐消失。此时，你的呼吸变得均匀、顺畅而又自然，心无杂念。心里默念“安静、静止、放松”，让这些词语引导你进入更深层次的放松状态。

4. **情景引入**　想象自己漫步在春日的花园中，周围鲜花盛开，色彩斑斓。抬头看去，白鸥时而飞翔，时而停歇，姿态优雅。在这个美丽的花园里，你忘记了生活和工作中的压力与烦恼。此刻，你置身于这片美丽的胜地，内心的宁静和温暖的能量滋润着身体的每一个细胞，感受着大自然的美好与和谐。

5. **停留**　保持这种放松的状态，停留 1～2 分钟，让自己完全沉浸在当下的感受中，享受这份宁静与放松。

6. **唤回**　现在，我们将意识慢慢收回。请大家用双手相互摩擦，直到双手发热。然后，将双手轻轻放在双眼上，保持 5 秒。感受双手的温暖，让身体逐渐回归现实。最后，缓慢地睁开双眼，感受周围的光度，带着这份放松与宁静回到现实生活中。

希望这段引导能帮助你找到内心的平静与安宁。

（何苗苗）

本章习题　　本章课件

第四章 人格与心理健康

案例 4-1　警校生公交车上霸气抓小偷

2021 年 7 月 5 日上午 10 点左右，中国人民公安大学在校生程昕放暑假返回湖北黄冈老家。在黄冈下火车转乘公交车后不久，他就听到有位阿姨喊钱包不见了。恰巧他拿着行李站在车后门处，看到一名男子慌慌张张地朝后门走去，便拦下了他："事情没查清楚前，谁都不能下车。"

监控视频显示，被拦下的小偷嫌疑人挣扎着要出逃，程昕立刻奋力与其搏斗，随后将其反手紧紧控制住，并且大喊周边群众报警，司机也迅速关闭后车门。在制服嫌疑人的过程中，程昕大声表明身份，"警察，别动""我是中华人民共和国预备警官"。但谁料对方被抓后依然猖狂，竟口出狂言威胁道："不怕警察，报复的就是警察。""公安大学的，我记着你了。"

而程昕不光丝毫不惧，反而用更响亮的声音回应他："没事，你记着我，我是警察不怕你记！"在等待民警的过程中，程昕一直没有松手。司机将公交车就近开到了黄冈市公安局黄州分局路口派出所，程昕将嫌疑人移交给车下等候的民警，随后离开。

事后，程昕表示："虽然我还是一名在校学生，但我始终以一名正式人民警察的标准要求自己……任何一个警校生，都会这么做的。"

程昕作为中国人民公安大学国家安全学院 2019 级警务指挥与战术专业一区队的学生，面对气焰嚣张的扒窃嫌疑人，临危不惧、见义勇为，敢于斗争、善于斗争，积极配合当地警方将嫌疑人成功控制，有效保护了人民群众的生命财产安全，用实际行动践行了大学生的使命担当，充分彰显了共和国预备警官的良好精神风貌。

思考题

(1) 程昕为什么会有这样的行为？

(2) 他有什么样的人格特点呢？

时代寄语：青年人应志存高远，坚定理想信念，锻炼高尚品格，保持初生牛犊不怕虎的劲头，勇做时代的弄潮儿。

——习近平

第一节　人格概述

人格是人的心理面貌的集中反映，也是人的心理活动和行为的基础，它决定了人在面对外界刺激时的反应以及反应的性质、速度和程度。美国心理学家华生（Watson）说过："人格是习惯系统的产物，环境改变越大，人格改变也越大。"因此，人格是一个丰富而复杂的心理成分，它体现着社会、文化、家庭、教育与遗传等因素对个体的影响。人格有着鲜明的个性特征，人格的差异铸就了个体千差万别、千姿百态的心理面貌，成就了每个人的个人魅力。如今，人类健康而幸福的生活越来越多地取决于人类自身的人格健康状况，而且人格的健康发展也是促进社会健康发展的一种力量。只有每个人的人格是健康和谐的，社会才能够和谐稳定。

一、人格的概念

"人格"是我们日常生活中经常使用的词汇，它涵盖了法律、道德、社会、哲学等领域。人格"personality"一词，源于古希腊语"persona"，原意是指希腊戏剧中演员戴的面具。面具体现出角色的特点和人物性格，因人物角色区分而不同。心理学沿用面具的含义，转意为人格。"人格"是指一个人整体的精神面貌，即具有一定倾向性的、相对稳定的和独特的心理行为模式。它是个体在遗传素质的基础上，通过与后天环境的相互作用而形成的。

与其他心理过程和心理特征相比，人格具有以下特点：

1. 人格的独特性　个人对环境和个体本身作出的行为反应具有特殊性和个别性，即人格体现了个体人格倾向性和人格心理特征区别于他人的独特性特点。所谓"人心不同，各有其面"，这就是人格的独特性。

2. 人格的稳定性　人格的稳定性，包括三层含义：

（1）行为模式是成长和经验积累的产物，所谓"冰冻三尺，非一日之寒"；

（2）行为模式一旦形成，就会相对稳定地持续一段时间，轻易不会发生改变，所谓"冰消雪融，非一日之功"；

（3）人格是个体成长、经验积累和生活环境影响的结果，所谓"江山易改，禀性难移"，但这并不等于人格绝对不会发生变化，人格还具有可塑性。

3. 人格的整体性　人格的各组成成分具有内在的一致性，在不同情境中会表现出同样的行为模式。换言之，人们经常是在以不变应万变的方式用自己特有的行为模式去应对周围变化的环境。

4. 人格的功能性　人格在一定程度上决定一个人的生活方式，甚至决定了一个人的命运，因而是人生成败的根源之一。当面对挫折与失败时，坚强者能发奋拼搏，懦弱者会一蹶不振，这就是人格功能的表现。

二、人格的心理结构

人格是一个多层次、多水平的复杂统一体。一般认为，人格的心理结构由个性倾向性、个性心理特征和自我意识三部分组成(图 4-1)。个性倾向性是推动个性发展的动力因素，决定着一个人的活动倾向和积极性，集中地表现了人格的社会实质；个性心理特征是个体独特性的集中表现；自我意识是自我完善的能动结构，充分反映了个性对社会生活的反作用，是人的心理能动作用的体现。

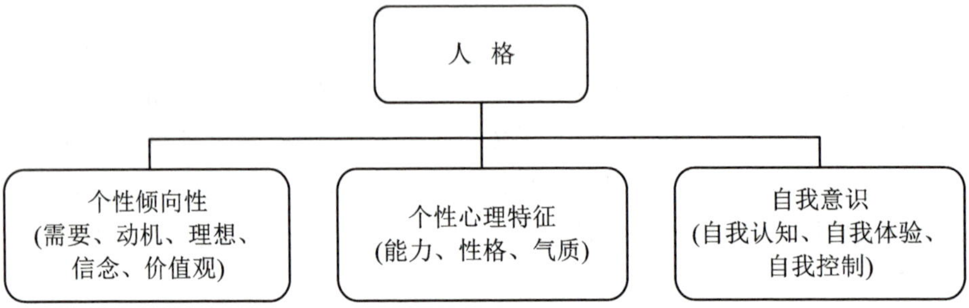

图 4-1 人格心理结构示意图

(一) 气质

1. 什么是气质　气质是个体典型的、稳定的心理活动的动力特征，它是人的心理活动的强度、速度、灵活性和指向性等全部动力特征的总和。大学生的气质是大学生心理活动的稳定的动力特征。这些相对稳定的心理动力特征的相互联系和相互作用，使大学生日常活动带有一定的个性色彩，形成独特的个性风貌。人的气质是先天形成的，受神经活动过程的特征所制约。比如有的大学生对外界的反应快，有的则反应慢；有的人情绪反应强烈，有的人情绪反应平和；有的人性子急，有的人性子慢。

专栏 4-1 巴甫洛夫的高级神经活动类型说

巴甫洛夫(Pavlov)认为有 4 种典型的高级神经活动类型，即活泼的、安静的、不可抑制的和弱的，分别与希波克拉底的 4 种气质类型相对应，4 种气质类型即 4 种典型的高级神经活动类型的行为表现。除这 4 种典型的类型外，还有许多中间类型。巴甫洛夫学派的观点被后继者进一步发展，如捷普洛夫和涅贝利岑等主张研究神经系统的各种特性及其判定指标；梅尔林主张探讨神经系统特性与气质的关系，强调神经系统的几种特性的组织是气质产生的基础。还有人将气质归因于体质、内分泌或血型的差异，但气质的生理基础仍无法确定。

2. 气质的类型　气质可以划分为多种不同类型。根据高级神经系统的兴奋性和抑制性的强度、平衡性、灵活性，将气质分为 4 种类型，即胆汁质、多血质、黏液质和抑郁质。我们可以依据不同气质类型的特点，有意识地施加影响，塑造大学生的优良品质(表 4-1)。

气质类型没有好坏之分，因为一种气质类型在某种情况下可能具有积极意义，而在另一种情况下则可能具有消极意义。要注意发扬不同气质类型的积极面,克服消极面,做到"扬长避短",任何气质类型的人都能在事业上获得成功。

表 4-1　气质类型特点与大学生优良品质的塑造

气质类型	胆汁质	多血质	黏液质	抑郁质
心理倾向	外倾明显	外倾	内倾明显	内倾
易形成的优良品质	热情、勇敢爽朗、有进取心、不怕困难	机敏、亲切、有同情心、兴趣广泛	稳重、坚定、踏实、有毅力、有耐心	细心、谨慎、守纪律、富有想象力
易形成的不良品质	任性、粗心、性急、暴躁	轻浮、散漫、不踏实、不诚恳、不专一	固执、冷淡、拖拉、缺乏生气	狭隘、多疑、优柔寡断、怯懦、缺乏自信心、自卑
教育要点	不要轻易被激怒,培养自制力和坚持到底的精神,可进行有说服力的严厉批评	养成扎实、专一、克服困难的精神,防止见异思迁,多给活动机会,可严厉批评	要耐心,给予考虑与作出反应的足够时间	多关心爱护,不在公开场合指责,不能严厉批评,鼓励参加集体活动增强自信心
代表人物形象	张飞、李逵、晴雯	韦小宝、孙悟空、王熙凤	鲁迅、薛宝钗	林黛玉

(二) 性格

1. 什么是性格　性格是一种与社会相关最密切的人格特征,它包含了许多社会道德含义,是个体比较稳定的心理特征,主要是指个体对现实的较稳定的态度以及与之相适应的习惯化的行为方式。性格是在后天环境中逐渐形成的,是人的最核心的人格特征。性格有好坏之分,表现了一个人的品德。

专栏 4-2　性格的生物学影响因素

> 有研究发现,脑损伤或病变对人的性格有影响。一个额叶受伤的人,性格会发生明显的变化,病人变得动静无常,有时爱说粗俗的下流话,对伙伴缺少尊重,不能容忍约束或劝告,时而极端顽固,时而反复无常,时而犹豫不决。这一研究说明,大脑皮层的额叶与人的性格有关。

2. 大学生的性格类型　当代大学生性格有多种不同的分型方法,常见的有以下几种:

(1) 内、外向型性格:典型内向者的兴趣和注意指向自身及其主观世界,内心活动丰富,敏感、细心、喜欢独处、不善交往、含蓄、安静,常与人保持一定距离,幻想较多而缺乏行动,常深思熟虑,耐受性强,较少冒失行动,稳重而少冲动性。典型外向型性格者的兴趣和注意指向外部和外界环境,喜欢也善于交往,热情、活跃、进取、敢说敢做,但缺乏周密思考,冲动性强,不够稳重,耐受性差,易变化,粗心。

专栏 4-3 内、外向型性格与快乐

在一项研究中，要求外向型的人和内向型的人报告他们连续 84 天里的情绪状况。研究者把被试者在一周中每天的情绪进行比较时，发现了一个有趣的现象：学生们最不喜欢的是星期一，但随着星期六的到来，情绪变得好起来。同时也发现，不管是一星期中的哪一天，外向型性格的人所报告的积极情绪水平都比内向型的人高。

如果说外向型性格的人比内向型性格的人更快乐，那是什么原因造成的呢？研究者发现，这里至少有两个原因。首先，外向型的人比内向型的人更喜欢社交，而社会交往与幸福感有密切联系。与朋友来往通常是愉快的，如跳舞、聚会和参加橄榄球赛。人的许多基本需求，如胜任感和价值感，都是在社会背景下获得满足的。同时，朋友还可以充当情绪缓冲器。另一个原因是，外向型性格的人对奖赏比内向型性格的人更敏感；外向型性格者对积极反馈的情绪反应更显著；而当得到消极反馈时，外向型性格的人和内向型性格的人则表现出同样的失望。

这能说明外向型性格的人总是比内向型性格的人快乐吗？不一定。这是因为外向型的人不只是比内向型的人爱社交，而且也更容易冲动。不考虑后果而只做在某一刻感觉好的事情是危险的。外向型就好比一把双刃剑。外向型的人可能比内向型的人容易结交朋友并有很多乐趣，但他们也可能会因不假思索地行动给自己惹上麻烦。内向型的人可能不大容易从社会交往中得到好处，但是他们也避免了因冒失的行动而受到损失。

（2）A、B 型性格：20 世纪 50 年代，美国心理学家弗雷德曼和罗斯曼根据人们在时间上的匆忙感、紧迫感、好胜心等特点，把人的性格分为 A 型与 B 型性格。A 型性格的人具有强烈的进取心和成功意识，时间紧迫感强，生活节奏较快；B 型性格的人则表现平静，与世无争。有研究表明：A 型性格的人容易得心脑血管疾病，其发病率是 B 型性格的两倍。

内、外控制点性格测试

（3）内、外控制点性格：有内控制点特征的人认为自己有能力控制生活中的事件，他们积极主动、乐观、进取、努力、发奋。有外控制点特征的人认为生活中的事件全部由外部因素来决定，如运气和机会，自己则无法控制，往往较消极悲观，焦虑水平高。

（三）大学生的自我意识

大学生自我意识详见第二章。

三、大学生人格发展的特点

大学生处在成年早期（18～25 岁），身心急剧发展，自我意识由分化、矛盾逐渐走向统一，这一阶段的主要发展任务是获得亲密感，避免孤独感。大学阶段仍然是人格不断发展的重要时期。根据国内外心理学家对人格结构的研究，结合我国当代社会发展的现状和实际表现，目前认为大学生人格发展中呈现出如下几个方面的特点：

1. *认知自我能力加强但自我控制能力弱* 首先是自我认可，基本上能接受一切属于自己的东西，从而形成对自己积极的看法；其次是自我客体化，对自己的优点和缺点都比较清楚和明确，理解现实自我与理想自我之间的差别；再次，大多数人有明确的奋斗目标和愿望，并为之付出努力。

2. 智能结构健全而合理　大学生具有良好的观察力、记忆力、思维力、注意力和想象力，少有认知障碍，各种认知能力能有机结合并发挥其应有的作用。大学生思维敏捷，但是在知识结构、生活技能等方面存在不足，具体表现为对实际问题的分析和解决能力不足。

3. 社会适应能力较强　大学生对外部世界有着浓厚的兴趣，有着广泛的活动范围和爱好，人际交往范围扩大，积极参与各种形式的社会实践活动。同时，能接受别人与自己在价值观与信念上存在的差别，能根据实际情况而不是自己的主观愿望来看待事物。

4. 创造性和竞争意识兼备　大学生能把事业看成生活的重要组成部分，在事业上有较强的进取心和责任感；具有竞争意识，具有开放性的思想观念，少有保守思想；乐于创造，勇于创新，甘愿冒险，独立性强，富有幽默感，态度务实。

5. 情绪情感强烈丰富但不稳定　大学生在情绪上，稳定性与波动性、外显性与内隐性并存，情感丰富，对学习、生活有着积极的情绪、情感体验。大学生情感丰富强烈，同时也具有不稳定的特点。

四、大学生人格发展的影响因素

人格是在个体生物遗传的基础上，在一定的社会环境的影响下，通过实践活动逐步形成和发展起来的。在遗传和环境的相互作用过程中，遗传为人格发展提供了可能性和发展方向，环境（主要是社会环境，包括家庭、社会文化等）把这种可能性转化为现实。大学生的人格也是通过实践活动，在人和环境的相互作用过程中形成和发展起来的。

（一）遗传因素

遗传因素是人格形成和发展的生物学基础。在心理学研究中，双生子研究是用来研究人格形成和发展中遗传因素作用的方法。同卵双生子的遗传因素是相同的，异卵双生子则如同一般的兄弟姐妹。比较同卵双生子和异卵双生子的人格特征，就能大致看出遗传因素在人格形成和发展过程中的作用。

专栏 4-4　双生子的人格特征研究

我国发展心理学家林崇德教授研究了人格特征各个方面的遗传作用，结果表明：同卵双生子对社会、集体和他人的态度方面的相关系数是0.61，异卵双生子的相关系数是0.54，两者差异是显著的；同卵双生子在对自己的态度方面的相关系数是0.71，异卵双生子在对自己的态度方面的相关系数是0.60，两者的差异也是显著的；同卵双生子在人格的情绪特征方面的相关系数是0.72，异卵双生子的相关系数是0.57，两者存在着非常显著的差异；同卵双生子在人格的意志特征方面的相关系数是0.67，异卵双生子则为0.61，两者没有显著的差异；同卵双生子和异卵双生子在品德方面也不存在显著差异，并没有发现品德不良与遗传因素有关。由此可见，遗传因素对人格特征各个方面的影响程度是不同的。

（二）家庭因素

家庭对一个人的人格的形成和发展具有重要而深远的影响。从出生到五六岁，是人格形成的最主要阶段。在这个阶段，绝大多数儿童在家庭中生活，在父母抚养中长大。因此，父母的教养态度对于一个人人格的形成和今后的发展起着重要作用。

美国心理学家包德温分别研究了父母教养态度与子女人格特征之间的关系，结果发现：支配、干涉、娇宠、拒绝、不关心、专制、严厉等教养态度，会导致子女形成不良的人格特征；而信任、民主、容忍等教养态度，会培养子女良好的人格特征，详见表 4-2。

表 4-2　母亲的教养态度和孩子性格的关系

母亲的态度	孩子的性格
支配	消极、缺乏主动性、依赖、顺从
干涉	幼稚、胆小、神经质、被动
娇宠	任性、幼稚、神经质、温和
拒绝	反抗、冷漠、自高自大
不关心	攻击、情绪不稳定、冷酷、自立
专制	反抗、情绪不稳定、依赖、服从
民主	合作、独立、温顺、社交

（三）社会文化因素

人格也可以理解为人们在长期认识世界和改造世界的过程中，将社会关系和文化特质内化到主体文化心理结构中所形成的相对稳定的价值观念、心理特质和行为方式。同样，大学生人格的表现方式、成熟的速度，不仅由生物性的因素决定，而且也受到特定社会的规范、价值观及对青年期人格成熟的期待等各种各样的社会、文化因素的影响。大学生作为社会中知识层次较高的人群，思想敏锐，接受新文化的速度较快，因此，不同的社会、文化背景，常常给大学生的人格发展添上特殊的和具体的时代色彩。

（四）实践活动

个人从事的实践活动是制约人格形成和发展又一要素。登山活动可锻炼人的顽强性；救护活动可锻炼人的机敏性；常年在田间劳作，使人懂得勤俭；某一特定的实践活动，要求人反复地扮演某种与这一活动相适应的角色，久而久之，便形成和发展了这一活动所必需的人格特点。不同的实践活动造就和发展不同的人格，这就要求大学生积极参加各种实践活动，积累人生的经验，促进自我的成长和完善。

思考题

（1）试结合人格类型和大学生人格特点，分析自己的性格特点。

（2）大学生如何在实践中健全人格？

第二节　大学生常见人格问题

人格发展缺陷是介于健康人格与人格障碍之间的一种人格状态，表现为人格发展的不良倾向。对于一个人来说，人格是影响心理状态的最重要的因素，也是最复杂因素。可以肯定地说，几乎所有的人在其人格核心（即性格）的某些方面都或多或少存在着某些缺陷或问题，但这不属于人格障碍。需要强调的是，由于性格是人格的核心，人格发展缺陷绝大多数都表现在性格的偏移上。这里介绍的人格发展缺陷的类型也是以性格的偏移为代表的，通过了解和掌握相关知识，学会运用自我调适的方法，对于完善大学生的人格、提高其心理健康水平有着极其重要的意义。

一、自卑

案例 4-2　自卑的感觉

张某，男，22岁，工科大学四年级学生。其诉说自己情绪变化很大，时好时坏，好的时候干什么都还可以，坏的时候感觉什么都没有意思，不能控制情绪。比如，今天早晨起来就很难受，想到"自己的存在没有什么意义。"压抑、恐怖、厌学等一些说不清楚的、莫名其妙的感觉常常困扰着他。这种感觉他在中学时也有过，上大学后越来越严重，致使听课安不下心，作业懒得完成，好几门功课不及格，学位怕是拿不到了。近来情绪特别不好，有时心里空荡荡的，有时又乱糟糟的，感觉自己好像不是自己。毕业后能干什么？经商？自己拿得起来吗？学点手艺挣钱？自己又有多大能力？就是这样，想一个问题，干一件事情，总是犹犹豫豫，问号太多，拿不定主意，而且没有把一件事坚持做到底的信心。张同学一想到快毕业了，看着同学都忙忙碌碌、风风火火地准备毕业前要完成的工作，自己却六神无主。

自卑是指当心里期待的目标实现不了时，产生的对自己的能力和品质评价过低的心理现象。每个人都有一定程度的自卑感，因为追求理想是人类的一种天性。自卑感严重的大学生，性格和行为中通常有以下的特点：① 性格内向、情感脆弱、体验深刻、多愁善感；② 常常自惭形秽，觉得自己处处不如别人；③ 总是感到别人看不起自己，又怕受到别人的伤害；④ 处事敏感，且比常人感受强烈，经受不起刺激；⑤ 处事多回避，处处退缩，不愿抛头露面，害怕当众出丑。

自卑感产生的原因多种多样，主要包括自我认识不足、家庭经济困难、社会文化因素、成长经历、个人性格等。自卑感严重的话会对自身的生活、学习和人际交往产生巨大的负面影响。自卑感在心理学上可从以下几个方面进行调适：

1. 正确认识自己，提高自我评价　自卑的人往往倾向于注重接受别人对他的低估评价，而不愿接受高估评价。在与他人比较时，也多半喜欢拿自己的短处与他人的长处相比，越比越觉得自己不如别人，越比越泄气，自然产生自卑感。其实，我们每个人都有自己的优点和缺点。因此，有自卑心理的人，首先要正确认识自己，提高自我评价，要经常回忆自己的长处和经过努力获得成功的事例；要善于发现自己的优点，肯定自己，以此激发自己的自信心，不要因为自己某些缺点的存在而把自己看得一无是处，不能因为一次失败而以偏概全，认为自己什么都干不了。

2. 善于自我满足，消除自卑心理　自卑的人一般都比较敏感脆弱，经不起挫折打击。一旦遭受挫折，就很容易意志消沉，增强自卑感。因此，凡事应不怀奢望，要善于自我满足，知足常乐，无论生活、工作或学习，目标都不要定得过高，这样，就容易达到目标，避免挫折的发生。同时必须明白和做到：努力的目的是完成自己的既定目标，而不是为了打败别人。而每次取得的成功体验，都是对自己的一种激励，是十分有利于恢复自信心的。

3. 坦然面对挫折，加强心理平衡　自卑的人心理防御机制多数是不健全的，自我评价多数偏低。因此，在遭受挫折与失败的时候，不怨天尤人，也不要轻视自我，应客观地分析环境与自身条件，这样才可以找到心理平衡，才会发现人生处处是机会。

4. 广泛社会交往，增强生活勇气　自卑的人多数比较孤僻、内向、不合群，常把自己孤立起来，少与周围人群交往，由于缺少心理沟通，易使心理活动走向片面。自卑者应多参与社会交往，以感受他人的喜、怒、哀、乐，丰富生活体验；通过交往，可以抒发被压抑的情感，增强生活勇气，走出自卑的泥潭；通过交往，可以增进相互间的友谊、情感，使自己的心情变得开朗，恢复自信。

二、极端内向

案例 4-3　极端内向者的自白

李某，女，21 岁，大二学生，极端内向。她说："我并不是厌世，但我确实不知道生存在世上的意义。我对人、对事都没有特殊的眷恋，我希望可以躲起来不必面对这个世界。我每天早上都赖在床上不肯起来，外面的世界对我来说太难应付了，每天由教室回到家里的时候，我都有如释重负的感觉。放假的日子，除非迫不得已，否则我一定要留在家里，无论如何也不肯出去。我最怕的是人，我觉得自己什么都比不上别人，所以为了逃避与别人的比较，我尽可能地避免与别人接触。我很怕向别人提出问题，我怕别人骂我笨，所以在学习及生活上有许多事一知半解、得过且过。可是我又怕别人识破我的无知，因此我加倍谨慎，避免与人接触。虽然我躲在自己的'一人世界'里觉得安全，但同时我也感到孤独。我向往多交几个好朋友，我希望自己不要那么怕与人接触，我希望可以仔细地去了解自己学习和生活的环境，我希望可以真正地享受人生。"

极端内向是指内向的程度超过了一定的限度形成的心理现象，一般视为正常人格的偏移。这种偏移产生的原因是复杂的，既有主观上的原因，也有外界客观世界的影响，是多种因素综合影响的结果。大学生极端内向的行为主要表现为以下几个方面：① 沉默寡言，消极悲观，难以适应新的生活环境；② 敏感多疑，不喜欢参加集体活动；③ 情感脆弱，自卑感强，不能面对挫折、困难和失败；④ 紧张抑郁，不善言辞。

大学生应以积极的态度来改变或调整自己的极端内向心理。具体可尝试以下的措施：

1. 循序渐进，逐渐调整　首先要正视这种人格偏移，要敢于面对，要明白"冰冻三尺，非一日之寒”的道理。其次要认识到，不改变会给自己带来痛苦，然后下决心一点一滴地做。要多与周边的同学来往和沟通，多参加社会实践，扩大交往接触的范围，在集体环境中体验温暖和友情。

2. 正视自身不足　遇到问题要敢于剖析自己、分析自己的不足，能够跳到圈外去看事情（即客观看待事情），在人际交往中取长补短，形成健康的交往习惯。

3. 积极培养兴趣　通过兴趣丰富自己的生活，在这个过程中逐渐了解自己，从而增加纠正偏移人格的途径和方法，以便更好地完善自我。

三、嫉妒

详见第三章。

四、自我中心

案例 4-4　为什么大家不理我？

珊珊是一个大二的女生，在家是独生女，漂亮聪明，学习优秀，堂、表兄弟姐妹中数她最出色，集父母、长辈万千宠爱于一身，家庭经济条件好，很早就有自己独立的卧室。到学校后，四人一间宿舍，她感到委屈和不适应，经常抱怨寝室同学，还耍娇小姐脾气，支使别人干这干那，好像是理所当然的。这样，其他三位同学开始逐渐疏远她，她感到十分孤单，却又不知道别人为什么远离她。

自我中心是指在思考问题时从自我的观点出发，不能从他人的立场考虑问题，而且错误地以为自己的观点就是别人的观点。具有自我中心特点的人对问题的看法、判断往往是绝对化的，只注意事物的突出特点，而不能全面观察事物，属于正常人格的一种偏移。

在大学生中，自我中心的心理通常有以下几个方面的表现：① 固执己见、唯我独尊；② 很少关心别人，与他人关系疏远；③ 自尊心过强，过度防卫，有明显的嫉妒心理。

自我中心是现在大学生中常表现出的一种人格发展缺陷，我们可以采取以下的方法加以调适：① 树立健康的人生观，自觉地将自己、他人和集体结合起来，走出自己的小天地；② 恰当地评价自己，既不低估也不高估，既不妄自菲薄，也不自高自大；③ 尊重他人，获得友谊；④ 设身处地地从他人的角度思考问题，将心比心，真诚地关爱他人，从而做到“我爱人人，人人爱我”。

五、冷漠

案例 4-5　如此冷漠

2010 年 10 月 20 日 23 时许，大三学生药某送完女朋友驾驶红色雪佛兰小轿车返回西安，当行驶至西北大学长安校区外西北角学府大道时，撞上前方同向骑电动车行驶的张某。药某下车查看，发现张某倒地呻吟，因怕张某看到其车牌号找他的麻烦，便产生杀人灭口之恶念，遂从随身携带的包内取出一把尖刀，上前对倒地的被害人张某连捅数刀，致张某当场死亡。杀人后，被告人药某驾车逃离现场，并再次将两情侣撞伤，最终被附近群众抓获。当被问及杀人理由时，他竟然说：“被撞者是农村人，农村人很难缠！”在他的思维中丝毫没有对于人生命的尊重，情感之冷漠令人发指。

冷漠是指在学习和生活过程中，对引起挫折的对象无法加以攻击，又无适当的替代对象可攻击时，强压愤怒情绪，表现出表面的冷漠、失去喜怒哀乐的表情以及对事物无动于衷的态度。在大学生中，冷漠心理通常表现为冷淡、消沉、怠惰、萎靡、不在乎、无所谓等情绪和消极态度。冷漠心理的形成原因同样有很多，归纳起来主要有适应能力、学校教育、家庭教育三个方面因素，因此切不可把造成冷漠心理的原因归结于某一个方面。对于冷漠，我们可以从以下几个方面进行调适：

1. 重塑理想信念，促进自我转化　形成冷漠的一个症结就是理想和信念的丧失，只有对理想信念进行重塑，扬长避短，“失之东隅，收之桑榆”，最终促成自我成功转化。

2. 认清形成过程，确立科学态度　要清醒地认识到，冷漠心理并非一朝一夕形成的，从而确立科学的态度，制定详细的调适计划。

3. 摸清“心理禁区”，激发积极情感　研究表明，存在这种现象的人的心里都存在着一个非常明显的“心理禁区”，最怕被人触及。而积极的情感往往会产生理解、接纳、合作的行为效果。我们可以通过激发积极情感对其进行有效的心理补偿，克服“内心的冷漠”。

六、猜疑

案例 4-6　不相知，便相疑

武汉某高校一女大学生张某无意之中丢失了生活费，怀疑是一名同学所为，顿生报复之心，伙同两名同学将该同学先灌酒、后喂毒品、再抢劫。武汉市江岸区人民法院以抢劫罪，判处张某等 3 名女大学生有期徒刑 3 年，缓刑 3 年，并各处罚金 1 万元。

张某、李某和王某今年均 23 岁，都是某高校在校大学生，且关系不错。去年，张某丢失了几百元生活费，一直怀疑是同学敏敏所为。随后张某将此事告诉了李某和王某，提出“想教训下敏敏，让她吃点亏”。

2006 年 7 月 22 日，张某过生日，和李某等人合谋后，遂邀请敏敏于当天下午 5 时参加生日宴会。酒桌上，张某等三人轮番和敏敏“碰杯”。饭后，张某又提议去汉口三阳路一家卡拉 OK 厅唱歌。在包房内，三人互使眼色后，张某拿出事先花几百元购买的“K 粉”放入饮料中，让敏敏边唱边喝。敏敏昏睡不醒后，三人从敏敏身上摸走 70 元钱、一部手机和一枚铂金戒指。

等敏敏数小时后醒来，包房内已空无一人，茶几上放着十元钱，老板告诉她：“你的朋友结账走了。”回家后，敏敏将遭遇告诉家人，家人报警。案发后，张某向警方投案自首。

猜疑心理是由主观推测而产生不信任感的一种复杂的不良心理。猜疑心理严重的人常常疑心重重，总觉着别人在背后议论自己，看不起自己，算计自己。这种人不但在社交中不信任他人，严重的还会产生心理疾病。猜疑心理往往是心胸狭窄、患得患失者易产生的不良心理。另外，也有一些人产生猜疑心理是由于社交中发生误会或听信流言蜚语，而自己又缺

乏相关证据。针对猜疑心理,我们可以采取以下方式进行调适:

1. *开阔胸襟*　猜疑心理重的人首先应当改变自己为人处事的准则,逐渐开阔自己的胸襟,坦坦荡荡,不过于拘泥小事,不斤斤计较个人得失。社交中以诚信为基础,诚以待人,宽以待人。

2. *在社会交往中不轻信流言*　问题的原因不明时,应能冷静地以合理的方法去调查了解,以找到真实的证据,促成正确的分析判断。已证实是误会的,应及时矫正自己的猜疑心理,避免形成成见。

3. *加强沟通*　猜疑心理的产生往往是相互间缺少交流、沟通造成的,所以出现猜疑时,应暗示或督促自己加强交流与沟通,去了解、理解他人。

七、害羞

一般说来,自我保护心理过强的大学生容易出现害羞心理,他(她)们往往有以下的人格特点:与人交往过于谨小慎微;过于自我关注,自尊心过强;自信心不足。害羞心理的产生和一个人的气质类型有关系,黏液质与抑郁质气质类型的人容易出现此种心态,但更多的是受后天因素的影响,如家庭要求过严、受过贬低等。害羞之心人皆有之,但过分的害羞,在不该害羞时害羞,尤其当害羞成了一种习惯时,则是有害的,它会导致压抑、孤独、焦虑等负面情绪,还会阻碍人际交往,影响个人才能的发挥。要改善害羞的心理发展缺陷,我们可以从以下几方面努力:

1. *增强自信心*　许多害羞者在知识才能和仪表方面并不比别人差。美国心理学家 J. 可奇和 W. 利布曼的一项研究表明,怕羞的女大学生自觉长得不美,但陌生的男生凭照片通常认为她们与那些社交活跃的女生一样动人。因此要正确评价自己,多看到自己的长处和优势。

2. *不过分在意他人评价*　每个人都会说错话、做错事,没有完美的人和事,被人议论也属正常,俗话说,“哪个人后无人说”,没必要过分注重别人的议论。“走自己的路,让别人去说吧!”反而会使自己变得更洒脱。

3. *有意识地锻炼自己*　胆量和能力都是锻炼出来的,要敢于说出第一句话,敢于迈出第一步,上课、开会时尽量选择坐到前排;走路时抬头挺胸,把速度提高四分之一;主动大胆地和别人尤其是陌生人、异性、老师等讲话;与人说话时,正视对方的眼睛;在高兴时,开怀大笑等。

4. *客观看待优势及不足*　做到发挥优势,客观看待自己的不足,特别是接受自己那些不能改变的缺点。

专栏 4-5　害羞与人际交往

津巴多等指出害羞的人有以下 7 种人际交往方面的困难:

(1) 社交问题:不容易与人相识、结交新朋友、享受新的或不同的经验。

(2) 负面的情绪:如焦虑、沮丧和寂寞。

(3) 难以自我肯定和表达自己的意见。

(4) 由于过度的沉默,致使他人无法认识自己真正的特质和才华。

(5) 不良的自我投射，给他人一种不友善、势利以及不愿与人交往的印象。
(6) 在他人尤其是陌生人或团体面前存在沟通和思考的困难。
(7) 过度的自我意识或过分在意自己的一举一动。

八、怯懦

案例 4-7 懦弱的他

大学生陈某，性格内向、软弱，经常受到同学的欺负。有的同学让他去干某件事情，明明心里非常不情愿，可总是不能拒绝；与同学发生了矛盾和纠纷，明明是对方的错误，却不敢据理力争，而是听凭对方的指责；有的同学打他，他也只是逆来顺受，不反抗，久之便成了孤独的人。为了改变这种懦弱的性格，他看到电视上有性格的男人都会抽烟，他想："如果我学会了抽烟，在人们面前表现得很酷，也许同学们就不会欺负我了。"他后来烟抽得不少，可是性格依旧，同学们照样欺负他。

怯懦主要表现为缺乏勇气和信心，害怕可能面临的困难和挫折，习惯于在挫折、困难面前退缩，不战而败。有些大学生，过去一帆风顺，因而特别担心失败。有些大学生由于胆怯，不敢与人讲话，不敢出头露面，也不敢表明自己的态度，甚至不敢向老师提问题。有些大学生由于软弱而不敢冒风险，不敢担重任，不敢与坏人坏事作斗争，不敢坚持自己正确的观点。"只能成功，不能失败"的非理性信念是造成一些大学生怯懦的认知因素。但越是这样回避矛盾、担心失败，越是容易体验到强烈的挫折感。在挑战与机遇并存的现代社会，怯懦会失去很多成功的机会，并可能成为落伍者。积极迎接挑战，争做生活的强者才是明智的选择。改变怯懦的最好办法是要敢于抓住机遇，积极锻炼，不怕失败，不怕丢面子，不怕担子重，多给自己鼓励和加压。

九、懒惰

案例 4-8 60 分万岁

星期天上午 10 时，"我"去某大学找学生小陈。一进宿舍门，呵，6 个学生都在睡大觉！"我"拍了小陈一下，他才爬了起来，说昨晚他们玩到深夜——难怪要睡到"日上三竿"了。"我"问："不是要考试了吗？"他说："到时拿 60 分没问题！"原来是个"60 分主义者"。"我"说："你们对学习就是这个劲头？"他反问我："60 分和 100 分有什么区别？""我"的心不禁往下沉：一个大学生不看重这种区别，他又怎能认真读书呢！曾听小陈说过，他班里有个同学开商店了，我问他情况怎样。小陈说，可惨了，店关门了，欠了一屁股债。我问他怎么看待这件事，他倒轻松："做一场发财梦也好嘛！"我问学习上的损失就不算了？他说："多读一年就是了。"我明白他说那同学留级了。留级也不要紧？这又使我吃了一惊。

大学校园内曾经流行着这样的打油诗："人生本该 HAPPY，何必整天 STUDY，只要考试 PASS，拿到文凭 GO AWAY。"这从一个侧面反映了某些大学生拖沓、得过且过、做一天和尚撞一天钟、缺乏进取精神的懒惰心理。

懒惰是不少大学生为之苦恼又难以克服的一种人格发展缺陷，是意志活动无力的表现；懒惰是大学生积极进取、张扬青春活力的天敌，尤其在国家改革开放、社会日新月异的今天，它与时代格格不入，必须予以改变，否则会有被时代淘汰的危险。处于懒惰状态的大学生也常因此感到内疚、自责、后悔，但又无力自拔，想要改变却心有余而力不足。这主要是因为他们往往想得多而做得少，缺乏毅力。要克服懒惰，应充分认识到其危害性，振作精神，“起而行之”，从日常小事做起，并努力做到不给自己找借口，不原谅自己的偷懒，力争今日事今日毕，多与人交往，多关心外部世界，多参加有益身心的社会活动。要想做到这一切，树立一个坚定而有价值的理想是非常重要的。

思考题

你是否存在一定的人格困扰？你会如何完善自己的人格？

第三节　大学生健康人格的培养

一、健康人格概述

健康人格是各种良好人格特征在个体身上的集中体现，一个人的人格是否健康会影响自身的行为和认知，当人格不健全时，他的行为和认知会出现偏差，大学生健康人格的培养具有重要意义。那么，何谓健康人格呢？根据国内外的研究，可以从以下几个方面概括健康人格的内涵：

(1) 能有意识地控制自己的生活，控制自己的行为，把握自己的命运，而不被意外的、不能控制的、无意识的力量所驱使。

(2) 能正确认识自我，了解自己的实际情况，能意识到自己的优点和缺点，并正确看待。

(3) 能立足于现实，而不是沉溺于过去的生活之中，在遇到失败和挫折时，能较快地摆脱其带来的阴影，在现实中找到解决问题的方法并付诸行动。

(4) 具有充实而有规律的工作和生活，不满足于平平淡淡的工作和生活，渴望挑战和激情，渴望新的目标和新的经历，不断丰富自己的人生阅历。

(5) 能给予爱也能接受爱，热爱学习和工作，并乐于承担责任，情绪成熟健全，经常保持愉快的心态，充满激情和活力。

(6) 有独立和自主的需要，不依赖于别人来求得安全感和满足感，乐于自己去思考和解决问题，有自己的主张和见解，不过分顾虑他人的态度。

(7) 有良好的人际关系和社会适应能力，既肯定自己，又尊重别人，能体谅他人的痛苦，并用各种办法来帮助他人，具有同他人共祸福的意识。

综上所述，健康人格是指各种人格特征的完美结合，是个体实现人生梦想必备的人格品质。

二、大学生健康人格的标准

根据国内外的研究，可以从三方面概括大学生健康人格的特点（高玉祥，1997）：① 内部心理和谐发展；② 能正确处理人际关系，发展友谊；③ 能把自己的智慧和能力有效地运用到能获得成功的工作和事业上。大学生健康人格的特征有以下标准：

1. 具有远大而稳定的奋斗目标　有坚定的社会主义信念和远大的共产主义理想，有科学的世界观和人生观。

2. 具有强烈的道德责任感　能以社会主义、集体主义道德观为核心，正确处理生活和工作中的各种关系，具有正直诚实、谦虚谨慎、尊老爱幼等良好品质。

3. 具有正确的自我意识　能够正确地认识自己，客观地评价自己，自尊、自信、悦纳自我；能够自我监督，自我调节，努力发展身心潜能，能够与环境保持平衡。

4. 具有良好的情绪调节能力　经常保持愉快、开朗、乐观的心境，能合理地宣泄、排解消极情绪，富有幽默感。

5. 具有良好的社会适应能力　能够正确观察和了解社会现象，关心社会发展变化，使自己的理想行为跟上社会发展的主流，对新环境具有较强的适应能力。

6. 具有和谐的人际关系　在人际关系中能够相互沟通理解，尊重信任多于嫉妒怀疑他人，同时也能受到他人的尊重和接纳。

7. 具有乐观向上的生活态度　对前途和生活充满希望和信心；对学习和工作抱有浓厚的兴趣，并充分发挥自身潜能；勇于面对困难和挫折，并设法克服困难，振作精神。

8. 具有健康、崇高的审美情趣　有正确的审美理想、审美态度和对美的追求；抵制低级趣味和各种腐朽思想的侵蚀。

专栏 4-6　积极人格的标准

1. 阿尔波特"成熟、健全人"的标准　① 专注于某些活动，在这些活动中是一个真正的参与者；② 对父母、朋友等具有显示爱的能力；③ 有安全感；④ 能够客观地看待世界；⑤ 能够胜任自己所承担的工作；⑥ 客观地认识自己；⑦ 有坚定的价值观和道德心。

2. 罗杰斯"机能健全人"的标准　① 情感和态度上是无拘无束的、开放性的，没有任何东西需要防备；② 对新的经验有很强的适应性，能够自由地分享这些经验；③ 信任自己的感觉；④ 有自由感；⑤ 具有极高的创造力。

3. 马斯洛"自我实现人"的标准　① 良好的现实知觉；② 对人、对己、对大自然表现出最大的认可；③ 自发、单纯和自然；④ 以问题为中心，不是以自我为中心；⑤ 有独处和自立的需要；⑥ 不受环境和文化的支配；⑦ 对生活经验有永不衰退的欣赏力；⑧ 神秘或高峰体验；⑨ 关心社会；⑩ 深刻的人际关系；⑪ 深厚的民主性格；⑫ 明确的伦理道德标准；⑬ 富有哲理的幽默感；⑭ 富有创造性；⑮ 不受现存文化规范的束缚。

三、大学生健康人格的培养和塑造

现代社会是一个高淘汰率、高选择率的时代，作为一名成功者需要具备丰富的学识、适应变化的个性和坚韧不拔的意志。而其中的关键就是要有良好的性格。如何让我们的“心灵”足够强大，足以直面人生的风风雨雨？我们可以从以下几个方面找到方法：

（一）从小事做起，树立良好习惯

案例 4-9　大学生退票救人 景区赠票点赞

2023 年国庆期间，一则大学生救人的故事受到许多人的关注。据人民日报微信公众号报道，今年 20 岁的朱伟，是湖北襄阳汽车职业技术学院的一名大一新生。国庆假期期间，他原本计划爬遍“五岳”，看看祖国的大好河山。为完成这趟行程紧凑的旅程，出发之前，朱伟制定了详细计划，提前购买了到陕西渭南、山西大同等地的 15 张火车票。

10 月 1 日早上，朱伟到达自己旅途的第一站华山。没想到，朱伟在与新结识的旅伴李寒一同登山的过程中，李寒突然倒在地上，意识模糊。“当时，他佩戴的手表心率监测器发出警报，显示心率已飙升到每分钟 210 次。”朱伟回忆说，自己看见李寒嘴唇发紫、呼吸困难，立刻给他喂下了速效救心丸。因为担心李寒的身体状况，朱伟主动留在他身边照看。没过多久，李寒又突然倒地，并全身抽搐。朱伟立即打电话联系李寒的家人，告知情况，并与景区工作人员一起将李寒抬到山上的缆车车站，乘坐缆车迅速下山，并一路护送他坐上救护车前往医院。

救人的过程，耽搁了朱伟赶往下一站的时间。错过火车后，朱伟索性主动退掉了剩下的火车票，提前结束了自己的“五岳之旅”。当天下午，朱伟全程陪伴李寒治疗，并为其垫付了 1500 元医药费。直到李寒的家属赶到，朱伟才放心离开。

事后，李寒的哥哥专程赶到朱伟就读的学校，向朱伟赠送了一面写着“危难时刻施援手 救命之恩永铭记”的锦旗，以表谢意。“虽然爬‘五岳’的计划泡汤了，但救了人，我觉得特别值，自己做了一件应该做的事情，心里特别安稳！”朱伟说。

此事经媒体报道后，许多网友为朱伟的义举点赞，也有很多网友留言建议“‘五岳’景区给朱伟免门票”。令人高兴的是，这一建议果真在几天后被景区采纳了。

“这样的‘五岳之旅’不该泡汤！”10 月 19 日，湖南衡阳南岳区旅游局微信公众号发文称，为传递社会正能量，决定向“退票救人”的大学生朱伟赠送南岳衡山景区门票，邀请他免费游衡山，圆梦“五岳之旅”。恒山、嵩山、泰山景区也回应称，将向朱伟提供免费门票，助力他早日完成“五岳”打卡挑战。

生活中的一些小事，也同样能体现我们的人格魅力。因此培养健康的人格，需要从小事做起，养成良好的习惯。

（1）在公众场合、开会、上课的时候坐前面的位子，在显眼的地方坐下。

（2）在讨论中，尝试第一个打破沉默，当众表达自己的意见或看法。开始时候你可能觉得困难，但只要鼓起勇气开口，你会发现情况并不像想象的那样难，同学们一样会认真倾听，而这种被人重视的鼓励会使你狂跳的心平静下来，你对自己的表达能力将会有一个全新的认识。

（3）主动找那些学历或级别比自己高，阅历、资力比自己丰富的人进行交谈、讨论，并尝试提出与他们不同的见解。

（4）大胆地在众人面前适当地展示自己的成绩。

（5）走路时挺胸抬头，加快步伐，加强自己与同学、朋友的交往。

（6）如果你见到同学、老师，不敢看他的眼睛的话，就试着直视他的鼻子，主动和他打招呼。开始你可能怕别人不理你，拒绝你，但如果你这样做，你会发现对方一样会报以微笑，回应你的招呼，久而久之，你不再是一个没人注意的、不被重视的人。

（7）尝试做一些自己以前不喜欢做的事情，缺乏自信者往往屈从于他人意愿和一些刻板的清规戒律，以至于他们误认为自己生来就喜欢某些东西而不喜欢另一些东西，如“我喜欢独处”。应该认识到，你之所以每天都在重复这些，是由于你的懦弱和没有主见养成的习惯。如果你尝试做一些原来不喜欢的事，将会品尝到一种全新的乐趣，从而慢慢地从老习惯中摆脱出来。

（二）培养自信心

自信，历来被人们认为是成功人士所必备的性格品质。但丁说：“走自己的路，让别人去说吧。”这尤其要求我们有自信心！生活中美好的事物从来只和敢于正视现实、迎接挑战、战胜危机的人结伴而行。自信绝非生来就有，它需要人们去培养。如何培育自信呢？

1. 悦纳自我，发挥优势　每个人都有自己的优势，也有自己的弱点，让优势充分发挥出来，就能成为不可战胜的人。在天赋、才能方面，人与人之间存在差异是极其自然的事，但每个人都是独特的，每个人都有别人无法取代的价值，每个人都可以在这色彩纷呈的大千世界里创造出美好的东西，只要你相信自己。

2. 正视自身价值　正确评价自我。

3. 记住过去的成功，忘却往昔的失败　查尔斯·凯特林说过，任何一个年轻人如果想要成为一个科学家，都必须准备在获得一次成功之前失败九十九次，而且不因为这些失败而损伤自我。我们可以看到，在体育运动、推销商品等活动中，可以通过训练改进技巧而获得成功，其价值并不在于动作的“重复”，否则，我们学到的将是失误而不是命中，因为在学会之前，你练习最多的是失误。不过，即使失误与命中的比例是十比一，只要经过练习，失误的次数就会逐渐减少，命中次数就会越来越多，这是因为脑子记住并强化了成功的尝试而忘掉了失误。过去失败过多少次无关紧要，重要的是记住、强化和专注于成功的尝试，将错误和过失作为一种学习的方式，然后将其抛在脑后，同时有意识地记住并向自己描绘曾经的成功。生动地回忆过去的成功和勇敢的时刻，是在自信动摇时重新坚定起来的极有益的训练。自信，很大程度上是在成功经验的基础上垒筑起来的。常常想想自己的优势，常常记起往昔成功的体验，当陷入困境时，便不会止步不前。

案例 4-10　珍爱自我

有这样一个故事：一个在孤儿院生活的男孩，觉得自己是个多余的人，没有人喜欢自己，因为连自己的亲生父母都不要自己了，活着一点意义都没有。院长知道了这件事，没有说什么，给了他一块石头，让他拿到集市上去卖，不过告诉他：无论对方给多少钱，都不要卖掉。小男孩拿着石头蹲在集市上卖了一天，开始无人问津，后来开始有人出钱买这块石头，可是小男孩坚决不卖，又有一些人出钱买这块石头，价钱越出越高，小男孩仍坚持不卖。回到孤儿院，小男孩将这件事告诉了院长。第二天，院长让他拿着这块石头到珠宝市场去卖，有人出价比头一天高出十倍，并且越出越高，小男孩依然不卖。第三天，院长让他拿着这块石头到宝石市场去卖，价格又高出许多，小男孩就是不卖。人们纷纷在猜测着、传说着，认为这是一件传世珍宝，有人不惜以重金购买。小男孩不明白为什么会出现这样的状况，院长说："石头还是那块普通的石头，为什么会身价百倍呢？是因为你的珍惜！因为你珍惜它，才赋予了它价值，人也是这样，只有你珍爱自己，相信自己，才会使人们珍爱你，重视你。"

这个故事是不是给了你一定的启示？

（三）锻炼坚韧的意志

韧性，是一种心理的耐力。美国性格心理学测试专家罗森茨威格最初使用"耐力"这一概念，并将它定义为："能够战胜、驾驭心理适应。也就是说，可以抵抗挫折而没有什么不良适应反应的能力。"可见，韧性就是一种应对困难和挫折时的巨大心理承受能力。这无疑是完善人格的又一闪光处。

提高韧性可以从以下几个方面进行：

1. 要有明确的目的性　大学生需要树立积极向上的人生观，建立符合自身能力的奋斗目标。在采取行动之前，为了强化其目的性，有必要反复地扪心自问："我将要做什么？""我的选择有足以说服自己的根据吗？""我预期的目的是什么？""我有为达到目的而不懈努力的心理准备吗？"

2. 要在日常生活中锻炼韧性　韧性的锻炼还需在日常的行为中进行，一个人如果做什么事都有头无尾，不能善始善终，就说明他的性格中缺少韧性的品质。为了培养自己的韧性，我们可以尝试一些具体的方法：

（1）要求自己每天早上跑 500 米或每天睡觉前做 10 个仰卧起坐，坚持半年；

（2）找一本自己喜欢的字帖，制定一个每天 5 个字，每个字写 20 遍的计划，或者要求自己每天记 5 个外语单词，坚持半年。

上述的这些锻炼计划、学习计划，看起来不难落实，但真的做起来，却不一定能坚持到底。如果这些计划被落实了，还可以在原来的基础上提高要求、加大难度继续锻炼，你会逐渐发现这种练习对性格改变的作用。

3. 要灵活变通　除了锻炼韧性，人们还需要锻炼自己在不轻易改变志向和原则的前提下，通过灵活调整具体目标和行为方式来达到目的的能力。

（四）培养稳定的情绪

在现代社会心理学研究上，青年期被称为"疾风暴雨"的时期，足见青年情绪变化的剧烈。对于大学生来说，良好心境的酝酿是其大学生活快乐与否的关键，同时也是大学生是否拥有完善人格的标志之一。当我们无法摆脱恶劣情境困扰时，一张纸、一支笔也可以帮助你进行"自我治疗"：

1. 第一步　用纸和笔记录下你的消极思想。可以随意地写，不必写得很有条理。因为在一张纸上胡言乱语比自我封闭的情感压抑要好得多。如果确实不快乐，那么你就如实写下为什么不快乐，同时也不妨写一些闷头生气时令人捧腹的荒诞言语，不要写太多，要精彩的。有时用一个词来提示自己，只要能激发你的联想就行。

2. 第二步　思考你写下的使自己闷闷不乐的事，找出更真实、更符合逻辑的解释。不要用自己习惯的思维方式去想，这时也许会发现你的思想是歪曲了事实真相的产物，是上了自己当的结果。你也许还会想到，人的脑力是有限的，又何必要为这种愚蠢的想法而闷闷不乐呢？

3. 最后　你可以松一口气了。你已经把让你深深困扰的抑郁困在纸上了，你完全可以把你写的那几张纸扔到废纸篓里去——它已经完成了使命，而你也感到一种超脱。就此时的情况而言，你已经迈出了克服性格中抑郁倾向的第一步。

（五）建立良好的人际关系，融入集体

我们知道人格发展的过程也是个人社会化的过程。人格在集体中形成，也在集体中展现。集体是个人展现人格的平台，也是认识自我的一面镜子。

首先，大学生应该接近他人、关心他人，与他人建立和谐的人际关系，了解他人需求，解决他人的困难，体察他人的喜怒。通过关心他人，培养助人为乐的好品格。

其次，大学生应真诚与他人交流。真诚友好而适度地开放自己，达到与他人心灵的沟通，是建立良好人际关系的基础。

（六）行为的训练

德国诗人歌德曾说过："无论你能做什么，或者希望能够做什么，动手去做莫迟疑。"生活中从来就没有平坦的大道，逆境、挫折总是伴随左右，一些人在生活的挑战面前无精打采、自怨自艾、愤愤不平，让泪水、悔恨和懊丧伴随着度过一生，在空虚的等待中让岁月和青春流水般匆匆逝去。在人格完善的过程中只有及时行动才能真正实现美好的结果。

1. 果敢　空谈理想而不行动，只能在梦里获得收获。有人总是埋怨世上"伯乐"太少，自己这匹"千里马"总也不被赏识。这种埋怨虽有道理，但不全面，"千里马"如果不仰头长嘶，"伯乐"怎么能发现他呢？只有果敢地行动、勇敢地拼搏才能迎来成功。

2. 学会选择　性格优柔寡断的人，在面临选择的时候，总是瞻前顾后，难以割舍。选择就是一种放弃。古人告诉我们"舍鱼而取熊掌"，但对我们来说关键在于哪一个是"熊掌"。当局者往往迷茫。如何决断呢？不妨仔细分析一下这两个选择各自的优劣和自己的需求，尽量找到最有利的方案。一经决定，要说服自己无论遇到任何艰难险阻都不要退却，坦然正视挫折，勇往直前。

专栏 4-7　马斯洛提出的成为自我实现人的 7 条建议

成为自我实现人的 7 条建议：

(1) 放宽自己的感情出口，莫使心胸像个瓶颈。

(2) 在任何情境中，都尝试从积极乐观的角度看问题，根据长远的利害做决定。

(3) 对生活环境中的一切，多欣赏、少抱怨；有不如意之处，设法改善；坐而空谈，不如起而实行。

(4) 设定积极而有可行性的生活目标，然后全力以赴去实现；但不能期望未来的结果一定合乎心意。

(5) 对是非之争，只要认清真理正义之所在，纵使违反众议，也应挺身而出，站在正义的一边，坚持到底。

(6) 莫使自己的生活僵化，为自己在思想与行动上留一点弹性空间，偶尔放松一下身心，将有助于自己潜力的发挥。

(7) 与人坦率相处，让别人看见你的长处和缺点，也让别人分享你的快乐与痛苦。

人格的健全是心理健康的根本标志，重视健康人格的培养既是健康的需要，也是发展的需要；既是现实的需要，又是未来的需要。大学生要充分认识到健康人格对自身发展的必要性，既要充分发现自己的长处，又要寻找和承认自己的不足，勇敢地面对挑战，不断地发展自己，促使自身人格的完善。

案例 4-11　狐狸与葡萄的故事

在一位农夫的果园里，紫红色的葡萄挂满了枝头，令人垂涎欲滴。当然，这种美味也逃不过安营扎寨在附近的狐狸们的眼睛，它们早就想享受一下了。

第一只狐狸来到了葡萄架下，它发现葡萄架要远远高出它的身高。它站在下面想了想，不愿就此放弃，机会难得啊！想了一会儿，它发现了葡萄架旁边的梯子，回想农夫曾经用过它。因此，它也学着农夫的样子爬上去，顺利地摘到了葡萄。

第二只狐狸来到了葡萄架下，它也发现以它的个头这辈子是没法吃到葡萄了。因此，它心里想：这个葡萄肯定是酸的，吃到了也很难受，还不如不吃。于是，它心情愉快地离开了。

第三只狐狸来到了葡萄架下，它看到高高的葡萄架并没有气馁，它想：我可以向上跳，只要我努力，我就一定能够得到。“有志者，事竟成”的信念支撑着它，可是事与愿违，它跳得越来越低，最后累死在了葡萄架下，献身做了肥料。

第四只狐狸来到了葡萄架下，一看到葡萄架比自己高，愿望落空了，便破口大骂，撕咬下部的葡萄藤，正巧被农夫发现，一铁锹把它拍死了。

第五只狐狸来到了葡萄架下，它站在高高的葡萄架下，心情非常不好。它在想：为什么我吃不到呢，我的命运怎么这么悲惨啊，想吃个葡萄的愿望都满足不了，我的运气怎么这么差啊！越想它越郁闷，最后郁郁而终。

第六只狐狸有艺术气质，葡萄唤醒了它心中的爱情。它凝望着葡萄架，日复一日，秋叶黄了，葡萄腐落了，它也疯了。从此，人们常看见一只狐狸，蓬头垢面，走街串巷，边走边念念有词：“吃葡萄不吐葡萄皮，不吃葡萄倒吐葡萄皮……”

第七只狐狸来到了葡萄架下，同样是够不到葡萄。它心想，听别的狐狸说，柠檬的味道似乎和葡萄差不多，既然我吃不到葡萄，何不尝一尝柠檬呢，总不能在一棵树上吊死吧！因此，它心满意足地离开，去寻找柠檬了。

第八只狐狸来到了葡萄架下，它尝试着跳起来去够葡萄没有成功，它试图让自己不再去想葡萄，可是它抵抗不了，它还试了一些其他的办法也没有见效。它听说有别的狐狸吃到了葡萄，心情更加不好，最后它一头撞死在葡萄架下。

第九只狐狸来到了葡萄架下，它同样也面临着相同的问题。它转了一下眼睛，把几个同伴骗了来。然后趁它们不注意，用铁锹将它们拍昏，将同伴摞起来，踩着同伴的身体，如愿以偿地吃到了葡萄。

第十只狐狸来到了葡萄架下，它心想，我自己吃不到葡萄，别的狐狸来了也吃不到葡萄，为什么我们不学习猴子捞月的合作精神呢？它们有猴子捞月，我们有狐狸摘葡萄，说不定也会成为千古佳话呢！于是它动员所有想吃葡萄的狐狸合作，搭成狐狸梯，这样大家都吃到了甜甜的葡萄。

思考题

有智慧的同学，你愿意做哪一个狐狸？

（金　鑫）

本章习题　　本章课件

第五章 道德与心理健康

案例 5-1　感动中国的女孩

走在大学校园里，20 岁的孟佩杰和别的大学生没什么两样，一样的装束，一样青涩的脸庞，但这个女孩却承受了远超过这个年龄的东西。5 岁生父去世，生母重病将她送人领养，8 岁养母重病，养父离家出走。她承担起照顾养母的重任。考到山西师范大学临汾学院后，她背起养母去读书，她的孝行不仅感动了养母，也感动了中国。为了就近照顾母亲，她在学校附近租了房子并向学校申请外宿走读。如果不是经过报道，人们不知道这样的生活孟佩杰已经坚持了 12 年。12 年来，生火、买菜、做饭、洗衣服，给失去自理能力的养母洗脸、梳头、喂饭、擦洗身子、端屎端尿，敷药按摩已经成了她生活的全部。“这么多年，女儿的乐观，让我找到了生活下去的勇气。刚瘫痪那几年我心情不好，常发脾气，但她从来没和我争过吵过，而是笑着给我讲故事、出丑变怪逗我乐。再苦再累，她都没在我面前流过一次泪。她还常鼓励我：‘妈妈，别担心，有我呢！只要精神不滑坡，办法总比困难多。’”养母每次说起女儿孟佩杰都会泪流满面，正是养女孟佩杰的坚持，让她找到了生活下去的勇气。孟佩杰带母上学的感人事迹传开后，在高校和社会各界引起强烈反响，受到媒体广泛关注，各种问候在网络上铺天盖地，她被网友们称为临汾“最美女孩”，甚至一些在国外居住的人都会给她写去问候信。2017 年，临汾市委授予孟佩杰母女文明和谐家庭荣誉称号；之后，孟佩杰又成为临汾市年龄最小的十佳道德模范和第三届全国孝老爱亲道德模范。

思考题

是什么让孟佩杰坚持 12 年照顾养母？

通过阅读以上的案例你肯定为孟佩杰高尚的道德行为所震撼，那么究竟什么是道德呢？道德包括哪些方面？本章将和大家一起讨论大学生的道德现状及健康道德的培养途径。

时代寄语：（当代中国青年）要锤炼品德，自觉树立和践行社会主义核心价值观，自觉用中华优秀传统文化、革命文化、社会主义先进文化培根铸魂、启智润心，加强道德修养，明辨是非曲直，增强自我定力，矢志追求更有高度、更有境界、更有品位的人生。

——习近平

第一节 道德概述

一、什么是道德？

道德是人类文明生活永恒的主题，它集中揭示了人的社会性本质，深刻地标记了每一种社会的人文精神，充分地折射了每一时代人的生存方式与意义。那么，什么是道德呢？道德是指在一定经济基础上产生和形成的，依据社会舆论、内心信念、传统习惯和教育力量维系，以善恶、荣辱为标准，评价人与人、人与社会间关系的态度和行为，它是调整人们相互关系的原则规范、心理意识和行为活动的总和。不同的时代、不同的阶级有不同的道德观念，没有任何一种道德是永恒不变的。道德也不是天生的，人类的道德观念是受到后天的宣传教育及社会舆论的长期影响而逐渐形成的。

专栏 5-1 “道德”一词的由来

道德一词，在汉语中可追溯到先秦思想家老子所著的《道德经》一书。老子说：“道生之，德畜之，物形之，器成之。是以万物莫不尊道而贵德。道之尊，德之贵，夫莫之命而常自然。”其中“道”指自然运行与人世共通的真理；而“德”是指人世的德性、品行、王道。在当时道与德是两个概念，并无道德一词。“道德”二字连用始于荀子《劝学》篇：“故学至乎礼而止矣，夫是之谓道德之极”。在西方古代文化中，“道德”(morality)一词起源于拉丁语的“mores”，意为风俗和习惯。在中国哲学史上，“道德”指“道”与“德”的关系。孔子主张：“志于道，据于德。”（《论语·述而》）这里的“道”指理想的人格或社会图景，“德”指立身根据和行为准则。因儒家以仁义为道德的重要内容，故也以仁义道德并称。《老子》中的“道”指事物运动变化所必须遵循的普遍规律或万物的本体。“德”和“得”意义相近，指具体事物从“道”所得的特殊规律或特殊性质；对于“道”的认识修养有得于己，亦称为“德”。韩非子认为：“德者道之功”，把“德”释为道的功用。北宋张载提出：“德，其体；道，其用，一于气而已。”（《正蒙·神化》）认为“德”是气之体，“道”是气之用。

二、道德的作用和作用方式

黑格尔曾指出：“一个人做了这样或那样一件合乎伦理的事，还不能说他是有德的；只有这种行为方式成为他性格中的固定要求时，才可以说他是有德的。”道德作为一种行为规范是普遍、广泛起作用的，不是表现于某时某事，而是体现于一系列行为中，甚至体现在人的一生中。行为总是受到心理活动的支配，社会的道德要求内化成个体意识的有机组成部分时，就会很自然的在行为中得到表现，因此道德对行为的约束和作用范围远远大于法律。

道德主要通过以下的方式起作用：

1. **良心的自律**　人社会化后（即人知道并接受社会规范后），就会形成道德观念，产生道德心理。

即知道什么可为什么不可为，什么是好行为什么是坏行为。同时，对自身的行为进行自我评判。如认为是好的，心里愉快；如认为是不好的，会心里不安。所以，人为了求得内心的平衡（心里不平衡是痛苦的），就会自我提醒、自我暗示，要做什么或不做什么。这就是道德通过良心的自律在个人实际生活中发挥作用。

2. **舆论的监督**　这里说的舆论，包括众人的评价、议论。人在社会生活中的行为，会引起各种评价，或积极肯定或消极否定。人作为群体性的社会动物，必然在乎他人的评价。所以，人为了获得肯定的评价，就会采取社会（他人）认可的行为。这就是道德通过舆论的监督在个人实际生活中发挥的作用。

第二节　当代大学生的道德现状

近几年来，大学道德水准降低的问题成为社会各界关注的热点，随着媒体的介入，更使这一现象受到了广泛关注。作为社会骄子、时代精英的当代大学生的道德发展主流是积极向上的，这毋庸置疑。但是，对于大学生这个特殊的群体来说，其道德状况也存在一些不容忽视的问题，一些大学生在社会各种消极因素的影响和冲击下，观念上、道德上产生了错位和倾斜，使得青年学生的思想也发生了变化。这既有主观的原因，又有客观的原因，值得我们去深思。

一、公民道德

英国哲学家罗素曾说过：“社会存续依赖公共道德，个人价值根植于私德修养。”

案例 5-2　献爱心，送温暖

刘凡是某大学的一名学生，他经常参加各类志愿者活动，用自己的实际行动帮助他人。刘凡参与了慈善机构的义工队伍，定期到老人院、孤儿院等地开展志愿服务。他陪伴老人聊天，为他们做身体上的照料，还为孤儿们筹办活动，给他们带去欢笑和关爱。他积极参与血液捐献、造血干细胞捐献等公益活动，为有需要的人提供帮助。刘凡的助人为乐行为感染了身边的同学和朋友。他带动和组织大家参与社区义工活动，通过社区清洁、捐衣活动等方式，帮助居民解决生活中困难。刘凡还鼓励大家互助互爱，关心身边的人，发掘并发挥自己的特长，为社会作出贡献。

思考题

作为大学生的我们，能为社会做哪些力所能及的事？

（一）当代大学生公民道德现状

随着社会的发展和全球化的进一步深入，特别是在当前社会转型时期，利益主体的多样化、社会组织形式的多样化、生活方式的多样化日趋明显，极大地冲击着大学生的思想观念、行为方式和价值取向，影响着他们的价值观念和行为选择。这主要表现为以下几个方面：

1. 重个人前途，轻社会发展　有些大学生不愿意参加学校组织的各项公益活动，怕影响学习。有些大学生能说会道，表现出对社会发展的强烈的忧患意识和强烈的社会公民责任感。然而，这种责任感却仅仅停留在口头上。他们希望自己出人头地，但仅仅局限于实现个人理想的梦幻里，很少想到自己的一言一行都是与他人、与社会、与国家、与自然相联系的，更没想到自己应负的责任。

2. 重个人利益，轻社会利益　有部分学生凡事以“我”为中心，当公众利益与个人利益发生冲突时，只强调、并以“我”为主；缺乏为社会和集体牺牲的精神；在选择职业时主要考虑的因素是高收入和自我实现并重。

3. 责任意识淡薄　在心态上，部分大学生认为父母“养活”自己是理所当然的；在生活上，不珍惜父母的辛勤劳动、超现实消费，贪图享受，没有家庭责任；在追求上胸无大志，得过且过，不关心国家大事和社会的发展，没有社会责任。

专栏 5-2　20 字公民道德规范

爱国、守法、明礼、诚信、团结、友善、勤俭、自强、敬业、奉献。

（二）大学生公民道德现状原因分析

1. 社会环境的影响　在社会某些领域出现的拜金主义、享乐主义等不良思潮不可避免地影响到了校园内的大学生，使他们对道德准则的信任感开始减弱，对于公正的社会规范信心开始动摇。

2. 学校教育体制的弊端　长期以来，人们认为成绩和分数对学生来说是最为重要和关键的东西，从而忽视了其道德品质和行为习惯的培养。另一方面，由于应试教育体制的局限，使得公民道德教育方面的研究和探索也非常缺乏，很多高校教育工作者是在实际工作中摸索着前进，以至于道德教育内容空洞，方法单一，说教性强，没有新意。

3. 家庭教育观念的偏差　首先，过分的宠爱容易使他们形成以自我为中心的错误观念，过于看重个人利益，进而养成任性、放纵、自私等不良性格；其次，父母对子女个人事情包办过多也会导致子女的独立意识减弱，责任感下降，意志力和刻苦精神淡漠；最后，父母盲目的迁就容易使子女养成铺张浪费的习惯，淡化子女自强不息、勤俭节约的传统意识。

思考题

从大学生个体来看，公民道德是如何形成的？

二、职业道德

恩格斯曾说过：“实际上，每一个阶级，甚至每一个行业，都有各自的道德。”永远不要透支你的职业道德，透支职业道德就是拿原则做交易，这样的人和战场上的叛徒一样可怕，是会随时爆炸的隐患。因此，在你职业生涯中要时刻牢记：你要像保护你的生命一样遵守职业道德，永远不要犯原则性错误。

案例 5-3　在生命最后 2 分钟，救全车乘客

2021 年 8 月 16 日，北京顺义顺 31 路驾驶员王舰在运营过程中突发脑梗，生命尽头拼尽全力完成减速、靠边、停车、拉手刹等一系列动作，守护了一车乘客的安全，而他的生命永远地定格在了 42 岁。乘客李先生回忆，事发时正值晚高峰，车上有十名左右乘客。当这辆车稳稳停在顺义公路局公交站时，大家还都没有意识到司机身体有异样。“当时我坐在前排，看到有想上车的乘客询问司机到不到地铁站，司机没有搭话。”李先生发现停了一两分钟，车辆还是没有启动，司机也没有说话，走上去询问司机是否不舒服，“当时他还坐在驾驶座上，没有回答我，可能是已经不舒服，说不出话了。”又过了一两分钟，见这位司机趴在了方向盘上，有乘客立即拨打 120，李先生也拨打了车厢内骏马客运公司的热线电话。他打完电话下车查看时，发现驾驶员不仅完成了减速、靠边、停车、拉手刹，还打开了双闪，警示后车。

思考题

联系上面的例子，说说大学生职业道德的要求有哪些？

（一）大学生职业道德现状

按常理，学生进入大学校园，职业道德教育也要随之提上日程，为今后步入社会参加工作做好必要的准备。但是目前绝大多数高校将专业课作为主要任务来抓，道德教育相对较少，而其中涉及到的职业道德教育则更是少之又少，有的也只是蜻蜓点水，或临毕业前突击培训一下，学生无法对职业道德形成深刻印象，而且容易受到社会上一些不良风气的诱导，对职业道德形成错误的理解，导致错误的价值取向。主要表现在以下几个方面：

1. 急功近利　当前，受到一些不好的社会风气的影响，大学生在工作后往往容易急于求成，走捷径，殊不知能力、经验的积累需要一步一步脚踏实地的实践后才能取得，成功更是在各项条件都具备的情况下，在合适的时机才取得的。价值取向出现了问题，工作后评价自己工作好坏的标准往往以挣钱多少、职位高低来判断，而忽视了自己所从事的工作的意义。

2. 吃苦耐劳精神缺失　现在的大学生普遍没有经历太多的苦难历练，而刚参加工作后往往是从最基层的工作做起，有的工作环境条件差，工作强度大，很多学生由于吃不了苦选择了放弃，错失了很多机会，但往往越是基层、越艰苦的地方越锻炼人。

3. 职业技能的培养较少　大学时期学习的更多的是理论知识和学习的方法，真正到了工作岗位以后需要具备的是岗位所要求技能，往往会比较具体和深入，而技能的培养需要潜下心来认真学习和研究，并在实践中不断锻炼才能掌握。

4. 求索取，不愿奉献　一些人在做某项工作时首先想到的是自己能从中得到什么好处，有好处抢着干，没好处则敷衍了事、甚至推脱。殊不知无论个人还是单位的进步都需要有人无私的奉献。

（二）大学生职业道德现状成因

1. 社会因素　许多人将市场经济中的功利主义价值观盲目引入学校生活，使学校价值观与社会环境形成鲜明反差，很大程度上冲淡了学校道德教育的作用。加之不良的社会风气影响，使他们产生消极的心理，在人生的道路上时常困惑，不知不觉地取向自我价值，而极少考虑社会责任和社会价值。

2. 学校因素　目前高校在道德教育这一块，灌输式教育仍占主导地位，学生被动接受的多，主动参与得少。在教学上，课程设置与社会需要之间的联系比较模糊，导致作为手段的学习和考试反倒成了目的。

3. 家庭因素　当前，我们面对的教育对象是一个独生子女占多数的群体。由于家庭的过分关心呵护，他们的独立性、自理能力得不到锻炼，意志薄弱，克服困难的能力差，几乎对任何事情都不关心。有的没有劳动的习惯，怕苦、怕累，享乐思想严重。有的学生从不关心他人，唯我独尊，逐渐形成了权利意识强和义务感、责任感弱的心态。

思考题

当代大学生应该怎样将学校生活与将来就业联系起来培养自己的职业道德？

三、诚信道德

“礼尚往来，以礼待人。”“巧诈不如拙诚。”“言必信，行必果；人而无信，不知其可。”“人生在世，诚信为本。”这是人们历来处世的社会道德，值得传承。千百年来，诚信是中华民族的传统美德，也是公民应遵守的基本道德规范。诚信，是立身之本。

案例 5-4　考试作弊被开除，为了不挂科葬送前程

2021年12月8日，土木工程专业2021级学生赵某在高等数学(2)补考考试中，请其同宿舍同学李某替代考试。经查，李某学习很好，在考高等数学(2)时是该宿舍全部同学中成绩最好的，并一次通过。该宿舍共有3名同学未通过该课程考试，因为赵某复习不充足，害怕不能通过该科考试，请李某替其参与考试，李某起初并不同意，后经同宿舍大部分同学劝说，顾及哥们义气，抱侥幸心理替赵某考试。在考试过程中被监考老师当场发现。事后，赵某、李某均受到开除学籍的处分。

思考题

(1) 考试作弊违背了什么道德？

(2) 如何杜绝作弊现象？

（一）大学生诚信道德失范的主要表现

1. 考试作弊，屡禁不止　在当今大学生当中流传一种“平时不学，考试抄抄，照样考高”的错误诱导，致使一些大学生无视学校的考规考纪，手机、暗号、夹带、替考等作弊手段层出不穷，而相当一部分大学生对考试作弊行为持宽容态度，考试作弊现象已引起了教育界的广泛关注，各高校纷纷提出严格考纪、诚信考试的要求，以强硬措施遏制考试作弊行为。

2. 剽窃成风，蒙混过关　一些大学生把许多自习时间用在打牌下棋、上网聊天、花前月下；对于老师布置的作业抄袭了事；一些同学学习态度不严谨，把实验数据“调整”到自己所需要的状态；写毕业论文潦草应付，不深入调查做试验，“剪刀加糨糊”剽窃别人成果、蒙混过关等等。

3. 求职履历，“注水”成风　随着高校招生不断扩大，大学毕业生就业压力也越来越大，有些学生为谋求较好工作岗位便在求职简历上做文章，涂改成绩、夸大事实、伪造证书、虚构经历，绞尽脑汁“抬高”自己，骗取理想职业。

4. 不守承诺，拖欠贷款　为了让家庭困难的大学生顺利完成学业，党中央、国务院实施国家助学贷款政策，政府贴息、无需抵押。如期还贷，靠的是学生的诚信，但有个别学生不讲信用，拖欠贷款，给贷款银行、学校声誉带来很坏影响。

5. 求职择业，违约毁约　在市场经济双向选择的前提下，许多进入就业市场的大学生缺乏契约精神、诚信意识，在求职择业时更多的是以自身利益为出发点，不考虑用人单位的利益和学校的声誉，随意毁约、违约，给用人单位带来严重损失。

（二）大学生诚信道德失范的主要原因

1. 社会因素　社会主义市场经济体制在带来经济效益、培养人们效率意识和竞争意识的同时，也带来了许多负面影响：大量假冒伪劣商品、坑蒙拐骗、企业假账……行骗手段花样翻新、失信现象林林总总，诚信缺失等正严重破坏我们的社会机制，也侵蚀着大学生的心灵。

2. 学校因素　目前我们的教育方法以灌输、说教为主，把德育教育当作知识“传授”，结果培养出的是一批批言行不一、只会说大道理的行为“矮子”，同时由于学校内部管理不严，未真正落实诚信措施，使学生诚信意识不强，诚信道德失范。

3. 家庭因素　中国传统的家庭教育观念只重视智育教育，忽略孩子诚信教育，对孩子平时的不诚实现象没有引起足够关注，加之一部分家长也不能以自身良好行为影响孩子，从而导致孩子出现诚信危机。

4. 自身因素　当代大学生思维活跃，容易接受新思想，但辨别是非能力差，缺乏自我约束力，对社会上的各种现象难辨良莠。加上一部分大学生不注意加强自身的道德修养，对家长、学校的教育持逆反心理，存在“老实人吃亏”“讲诚信过时”等错误思想，甚至以工具化态度对待诚信，“需要时就表现表现，不需要时就抛之脑后”。为达到目的，不惜毁弃诚信等等。

四、爱情道德

爱情，永远是一个古老而常青的话题。只要有人类活动和交往的需要，爱情之花就会盛开。古往今来，美好的爱情故事，一直为世人所传颂，崇高圣洁的爱情也一直为人们所追求。毫无疑问，爱情是社会生活中不可缺少的重要组成部分，在人生中占据着重要位置。在大学里，谈恋爱也已经成为大学生活一个重要的组成部分。而爱情与性紧密相关，什么样的性观念是正确的、符合社会发展要求的呢？这是我们这部分要讨论的内容。

（一）恋爱道德

案例 5-5　扭曲的恋爱观，害人害己

小A（男），大一学生；小C（女），大二学生。小A与小C是男女朋友关系。两人的相识是在小A高中毕业后的聚会上，经朋友介绍认识并确立恋爱关系的。小C作为女生有强烈的占有欲，在小A填报志愿时要求其报考自己所在的院校。小A考虑到刚刚确立男女朋友关系，还是选择了报考小C同一所大学，两人就这样成为了师姐与师弟的关系。在大学里，两人最开始恋爱相处还算融洽，毕竟比很多异地恋要方便得多。但好景不长，适应了大学生生活的小A由于性格开朗、长相出众获得众多女生的喜爱，就瞒着小C与多个女生搞暧昧，这让作为女朋友的小C内心产生了强烈的怨恨。这种怨恨导致小C对小A的占有欲愈发强烈，甚至旷课也要盯着小A。不断的猜忌和争吵让小A觉得压力很大，最终向小C提出了分手。但小C不同意，在课间休息时间，小C将小A堵在教室门口并动手打了他。

思考题

你认为这两位学生恋爱方面存在哪些问题？

古往今来，美好的爱情故事，一直为世人所传颂，崇高圣洁的爱情也一直为人们所追求。毫无疑问，爱情是社会生活中不可缺少的重要组成部分，在人生中占据着重要位置。在大学里，谈恋爱也已经成为大学生活一个重要的组成部分。然而，伴随着大学恋爱现象的普遍存在，渐渐出现了一些大学生恋爱失德问题。

专栏 5-3　大学生恋爱道德规范

根据马克思所倡导的爱情观，对大学生的恋爱道德要求分为如下几个方面：

其一，恋爱之前秉承恋爱动机纯洁、端正以及自由恋爱的原则。

其二，双方一旦确立恋爱关系，彼此要忠贞负责，尊重对方人格尊严、个性独立。恋爱举止要文明适度，对性行为要秉持谨慎互爱的态度，与此同时正确处理好学业和恋爱的关系。

其三，正确处理失恋，如不幸失恋，也不能因此失态、失志甚至迁怒。

1. 大学生恋爱道德方面存在的问题

（1）爱情、学业本末倒置。在实际行动中，很多同学是爱情至上，甚至极端地把爱情当作生活的唯一追求。一部分学生不能正确地处理爱情和学业的关系，为了爱情，忽视了学业。

（2）恋爱动机功利化。部分大学生恋爱不是注重对方的内在品质，而是把能否获得理想的职位、满足自己的奢侈生活或留在大城市，当作选择恋爱对象的标准。

(3) 恋爱行为短期化。一些大学生在恋爱过程中,不是以慎重的态度来选择恋爱对象,而是为了满足所谓的感觉,感觉没有了,爱情也就结束了,"不求天长地久,只在乎曾经拥有"成了他们的口头禅。

(4) 恋爱责任感缺乏。一些调查显示,很多的大学生都没有认真地思考过在恋爱过程中对恋爱另一方应该承担哪些责任,尽哪些义务,也没有考虑过未来的生活,只是一味地追求眼前。

(5) 恋爱公共道德的缺失。一些大学生在恋爱过程中,不分场合,在教室、餐厅、操场等公共场合旁若无人,拥抱接吻,做出亲密的举动,严重地影响了他人的正常生活和学校的教学秩序,一定程度对社会风气也造成不良的影响。

思考题

思考题:你怎么看待恋爱与婚姻的关系?

2. 大学生恋爱道德缺失的原因　大学生恋爱道德的缺失,并不是某一单一因素造成的,而是有多方面的因素共同起作用的结果。归咎起来,一方面,是由大学生这个群体自身的生理、心理特点所致;另一方面,是我国社会、家庭和学校三个环境的特点引起的。

(1) 社会不良文化因素。多元化的社会文化影响着当代大学生的思想,多媒体的发展、互联网的应用,给人类带来了极大方便的同时,也带来许多不良信息,如不健康的文艺作品充斥着人们的眼球,也影响着当代大学生。

(2) 家庭教育因素。孩子的健康成长有赖于良好的家庭教育。父母的思想观念、行为方式对孩子的成长有着深远的影响。我国的家长思想相对比较保守,对于恋爱及婚姻问题,特别是性教育方面的知识比较晦涩,加之家长本身跟孩子沟通较少,在孩子成长过程中,对子女正确的婚恋观的形成没有给予必要的指导,从而影响到孩子良好的恋爱道德观的形成,为以后的恋爱道德问题的产生提供了滋长的土壤。

(3) 学校教育因素。高校对大学生婚恋观教育的重视和研究不够,对大学生的恋爱一般采取不提倡也不反对的回避态度,极少有计划、有针对性地进行恋爱道德教育。在这种情况下,往往是平时不管不问,当学生犯错误后校方才介入。这种教育方法过于简单、消极。

(4) 大学生自身因素。从生理因素来说,大学生年龄一般在17～24岁之间,按照青年心理学的划分,属于青年的中期,其生殖系统趋于成熟,性激素的分泌影响生理平衡,因而对性的体验十分敏感。对异性的爱慕比较强烈,易产生性冲动,满足性冲动是他们投入恋爱活动的重要诱因。从心理因素讲,大学生正处在一个心理"断乳"阶段,希望与异性建立亲密关系,渴望得到异性的认同和接纳,并试图尽快进行爱情的实践,这都是由其心理发展的不成熟性和不稳定性决定的,一旦缺失理性规范的制约,其恋爱过程便容易出现偏差,从而引起恋爱道德上的种种缺失。

（二）性道德

案例 5-6 被艾滋病毁掉的大学生

李某，男，20 岁，某二线城市综合类大学三年级学生，自述为异性恋。李某自 2022 年 9 月起通过社交软件多次与陌生女性发生无保护性行为，2023 年 10 月因持续低热、淋巴结肿大就医，经治医生建议进行 HIV 筛查，初筛阳性后确认为 HIV-1 型感染。后该生休学并接受治疗。

1．大学生性道德调查情况　性一直是青年人热衷的话题，因为年轻气盛、精力充沛，渴望成熟的性行为，但因不懂得性究竟是什么，神秘的事物总是诱惑着一代又一代的青年男女。2023 年东莞某高校对 18～24 岁在校大学生婚前性行为进行匿名电子调查（男女各 600 份），结果如下：

（1）婚前性行为发生率。男生为 51.2%，女生为 36.0%，大四学生发生率最高，为 58.3%；与 2020 年该校调查对比，总体发生率上升了 9.2%。

（2）对婚前性行为的态度。总体持支持态度的为 39.2%，持中立态度的为 45.8%，持反对态度的为 15.0%。

（3）首次发生时间。发生在大学期间的占 68.4%，发生在高中阶段占 24.3%。

2．我国大学生性道德存在的问题

（1）性与爱的分离。大部分学生对性爱与情爱无法形成正确的看法，经常把性吸引力当作了爱，性常被理解为爱本身；一些学生对爱的需求太强烈，错误地将性行为视作表达爱的唯一方式，一些女生因为太爱自己的男友，觉得满足他的性要求就是爱他的表现，也有男生认为如果对方不愿意和其发生性关系就是不爱他的表现。

（2）性与婚姻的背离。大学生群体中“性开放”与“婚姻保守”的背离现象日益显著，性行为日趋开放，伴随婚姻观念淡化，“快餐式性关系”在恋爱中愈发普遍，性行为发生年龄提前，但实际婚龄推迟。

（3）性责任感的缺失。性与爱、性与婚姻的背离直接导致性道德责任感缺乏，这主要是因为大学生对性的生物性理解强于对性的社会性理解，只强调性生理的需要，却忽视性的心理满足和性的道德感，缺乏对行为负责的意识。当问及“为什么不能等到婚后才发生性关系”时，一些学生认为这是人的本能需要，是爱情的表达，认为婚后才有性关系是不合时宜的，甚至有个别同学还认为等到结婚后才能有性关系，这是对人性的压抑，是应当被抛弃的传统性道德观。

（4）贞操观念的迷失。所谓贞操、贞洁，就是忠贞、纯洁，这是男女双方爱情美满、婚姻幸福的基础，不管社会如何变迁，强调性的贞洁始终都是性道德的一项重要的要求。但是如何看待贞洁，该怎样树立现代社会的贞洁观，这是很多大学生感到模糊的。

3．原因分析　大学生表现出的性道德方面的问题，是社会的缩影，也是社会现象在大学生身上的反映，其原因是多方面的。

（1）传统德育对婚恋观、情感教育的忽视。我们大学生成长的过程中，婚恋观和情感教育几乎是一片空白，许多学生对爱情、婚姻、家庭的理解十分肤浅，对性与爱无法形成正确的看法，因而常将性误认为就是爱，经常把性吸引力当作了爱；也有部分同学由于自己身高、体型等外在条件不理想，对爱情和婚姻失去信心，而对内在的素质和精神因素在爱情婚姻中的作用缺乏认识。

（2）性教育的严重缺失。部分大学生不好意思谈论性问题，认为自己在这方面“很无知”。他们说“中学几乎不学”，父母和周围的人很忌讳谈“这个问题”，大家对“这个问题很敏感，如果有人敢提出这个问题，大家会对他另眼相看”。大学生们既缺乏正规的学校性教育，又缺乏必要的家庭性教育。在性问题上，大家基本以自学为主，从大众传媒中学习与仿效，调查发现大学生了解性知识的主要来源是报刊、杂志、影视、文艺书籍、网页、光碟等传媒，共占了83.7%，这些来源的性知识普遍较夸张、煽情，不真实、不科学，会误导甚至会毒害青年学生。

（3）社会多元性文化的影响。如今的社会环境是开放的，在性问题上必然出现复杂性和多样性，如“家里红旗不倒，家外彩旗飘飘”的婚外情、婚外恋现象，再加上西方文化中“性自由”“性解放”的影响，一些全新的观念冲击着大学生的头脑，如“爱就该给被爱者自由，何必等到结婚以后”，“只要自己爱得快乐就行”“性爱没有罪”。西方性文化冲击着有着深厚文化积淀的中国传统性道德。

思考题

作为一个合格的大学生，应该树立什么样的性道德观？

五、家庭道德

中国是礼仪之邦，“不学礼，无以立”，古有周礼规治天下。“仁爱孝悌”“父慈子孝”“夫敬妻贤”“举案齐眉”“兄友弟恭”“尊老爱幼”，这是传统的家庭道德。家庭既是社会的基本细胞，又是社会的缩影，它作为人类社会生活的基本组织形式之一，为人们提供着生育、性爱、赡养、教育、生产、消费、休息、娱乐、交往等生存、生活、发展的最基本环境。正因为如此，家庭道德状况在某种程度上反映着整个社会的道德状况。

案例 5-7　家庭美德事迹

在兴隆街道月安社区，有这样一个家庭，他们夫妻恩爱、相濡以沫，他们尊老爱幼、幸福和谐，他们用“以爱守家、以德立家、以严治家”的家风，诠释了家作为爱的港湾的真谛，受到社区居民的一致好评，他们就是韩守训、潘翠英夫妇一家。

韩家是军人之家、党员之家、慈善之家。韩老先生和妻子重病缠身，仍不忘为社会做贡献。他说，作为党员领导干部，要坚持从自己做起，从家庭做起，正好家风，管好家人，处好家事。

家庭是社会的细胞，家庭和谐，社会便能和谐。汶川地震时，韩老先生带领全家人捐款捐血；玉树地震时，在医院住院的他第一时间便打电话让老伴帮他捐了1000元钱。他认为做善事搞“突击”是不够的，为此还牵头成立了家庭慈善基金，规定有收入的家庭成员每人每月捐赠50元，积累一定数额就捐给中国红十字会、捐助希望工程、资助困难学生等等，将慈善做成长效机制。

8年来，韩老的“家庭慈善基金”已经发展了22个亲戚加入，捐款数额近10万元，规模仍在继续扩大。老夫妻俩乐于助人，乐善好施，以实际行动做好模范表率，并带动子女勤奋工作，报效祖国。该家庭曾荣获全国最美家庭、全国五好文明家庭等荣誉称号。

（一）大学生家庭道德存在的问题

许多人认为，家庭道德与大学生关系不大，与高等教育无关。这种思想显然是片面的、错误的。家庭是社会的基础，对社会有着不可忽视的影响。大学生家庭道德素质，直接影响整个社会的道德水平。调查显示，大学生很少主动与父母及家人沟通，尤其是家在外地的大学生，与父母沟通少之又少。还有一些人认为，家庭道德无非就是“尊老爱幼”一类小学生都懂得的知识，对于大学生来说内容过于浅薄。任何一个道德领域，都有完整的逻辑体系，包括道德行为、道德规范、道德理念、道德观念。大学生仅有外在的道德规范是不够的，必须有扎实的道德理论作为基础，从而使道德规范内化为道德心理，形成持久稳定的道德行为。

思考题

（1）你是如何看待“孝顺”的？

（2）如何提升自己的家庭道德？

（二）造成家庭道德缺失的主要原因

1. 传统道德的失范　改革开放以来，国门打开的同时，西方的拜金主义、享乐主义、个人主义等腐朽思想和错误思潮如浩荡洪流随之而来，泛滥成灾，致使一些人远离了传统的文化道德。不仅如此，一些人甚至连最基本“是非观”“耻辱感”都丢掉了，造成了人性堕落。这种情况反映在婚姻家庭领域，则使纯洁美好爱情幻灭，家庭矛盾激化，离婚率上升，单亲家庭增多，老人赡养问题严重等。

2. 社会转型过程中新的道德尚未确立　改革开放和市场经济的发展，标志着中国从“传统”向“现代”的真正转型。社会的变革必然对婚姻家庭及人们的价值观念产生深刻影响，使传统婚姻家庭的生存模式、运作方式发生改变。原有的家庭道德规范因不适应现代社会生活而失去了作用，而新的家庭道德规范尚未建立起来，这种新旧规范同时并存而造成的冲突，使得家庭道德规范制约机制发生紊乱，道德规范的权威性受到侵蚀。

3. 家庭价值观念多元化　社会的变革加剧了社会成员思想意识形态领域的失范，使人们的思想价值观念从一元走向多元，家庭道德的评价标准也呈现出多样化的状态。一方面，婚姻家庭中的进步文明的因素增加，恋爱自由、婚姻自主、男女平等的民主观念深入人心；另一方面，愚昧落后的封建思想和消极颓废的资产阶级思想有一定的市场，重男轻女、买卖婚姻、重婚包养、卖淫嫖娼现象不断。思想价值观念的混乱，容易产生越轨失范、对家庭不负责任等现象，由此发生的冲突也就不可避免。

4. 法治观念淡薄　家庭也应该有法制，夫妻在家庭中地位平等，孩子有独立的人格，老人有要求赡养的权利。行为是需要约束的，在社会中如此，在家庭中亦然。但是，许多人看来，法律是不管家务事的，认为“清官难断家务事”、恪守“家丑不可外扬”的信条，致使家庭内部失去规范。

专栏 5-4　家庭美德规范

家庭美德是指人们在家庭生活中调整家庭成员间关系、处理家庭问题时所遵循的高尚的道德规范。其内容主要包括：尊老爱幼、男女平等、夫妻和睦、勤俭持家、邻里团结等。

六、网络道德

所谓网络道德，是指网民利用网络进行活动和交往时所应遵循的原则与规范，以及在此基础上形成的新型道德关系。网络是一把双刃剑，它在带来丰富信息资源的同时，也带来了很多负面影响。随着互联网信息技术的发展，短视频平台迎来了高速发展时期，其凭借用户定位精准化、内容呈现多样化、产品设计新颖化等特性，潜移默化地渗透到人们的日常生活当中。而青年大学生由于自身和社会等多方面因素跻身为短视频平台的主要用户群体。短视频传播一方面以其形式和内容丰富了大学生的日常生活，另一方面又以其多元化内容对大学生的网络道德认知和网络道德实践产生了深远影响。

案例 5-8　为了流量，行走在法律边缘

2023 年 4 月 28 日，深圳陈某某为吸引流量、迅速涨粉，在深圳某地自编、自导、自演了“被绑架”、绑匪“索要 50 万元赎金”的视频。相关视频发布后迅速引发大范围传播扩散以及许多不明真相网民的报警，该行为严重扰乱公共秩序，造成恶劣社会影响。经深圳公安机关依法调查，陈某某对违法行为供认不讳。公安机关依法对陈某某采取刑事强制措施。

思考题

思考题：网络散布谣言的危害有哪些？

(一) 大学生网络道德失范的主要表现

在现代社会，网络已经成为人们生活中不可或缺的一部分，然而网络道德失范的现象也随之而来。网络暴力是其中主要的几种表现形式之一，它包括网络欺凌、网络辱骂等行为。此外，网络侵权、网络盗窃、网络诈骗、网络谣言等也是网络道德失范的常见表现形式。

1. 网络暴力　网络暴力是一种在互联网上进行的有攻击性、侮辱性和歧视性的行为。这种行为往往表现为诋毁、恶意攻击、人身攻击等，常常导致受害人的心理和身体健康受到极大的伤害。在大学生中，网络暴力不仅仅是对于受害者的伤害，还可能对社会造成不良的影响，甚至可能会被用作煽动、挑衅和制造舆论的手段。

2. 网络侵权　网络侵权是一种严重的网络道德失范行为，它包括盗用他人创作的内容、发布不实信息、网络诈骗等行为，这些行为不仅伤害了他人的利益，也损害了网络环境的健康发展。近年来,网络侵权事件在大学生中时有发生。例如,有学生盗用、抄袭他人论文,并在网上公开发表,引起了广泛关注和谴责;还有一些学生在社交媒体上发布不实信息,造成社会负面影响甚至引发恶意攻击和网络暴力事件。

3. 网络欺诈 网络欺诈是当前大学生网络道德失范的一种表现形式。它指的是在网络空间中通过虚假信息骗取个人信息或利用黑客技术等手段进行的非法活动。网络欺诈不仅危害着个人信息安全和财产安全,还会对社会造成不良影响。

4. 网络谣言 网络谣言是当今社会中一种非常严重的问题。尤其是在大学生中,网络谣言已经成为网络道德失范的主要表现形式。网络谣言指的是在网络上散布的虚假消息或者信息,这些信息往往会引起社会恐慌、造成不良影响。

(二)大学生网络道德失范的原因

1. 网络环境

(1) 网络交流的隐蔽性和匿名制。根据专家的研究分析,在匿名情况下,人们更易做出错误的行动。心理学家奥萨克就认为,人们热衷上网的主要原因,是网上不需要任何人道出自己的真实身份。由于网络环境的隐蔽性和匿名制,使大学生的个性得到极大张杨的背后,失去了正确的标准和准确的判断。

(2) 未建成完整的网络道德标准制度。与传统社会相比,在网络社会中,道德的评价标准在一定程度上是未成熟的。

2. 社会因素

(1) 西方社会的互联网,在给我们带来先进的科学技术的同时,也带来了与我国文化大相径庭的西方文化,他们利用掌握的超强网络资源和先进的技术,将资产阶级的意识形态、政治制度、价值观念、文化思想充斥网络环境中,通过网络传向其他国家,强行灌输自己的文化标准和价值趋向,大学生往往在无意之中选择并接受了错误的思想观念。

(2) 学校德育的弱化。传统的大学的德育比较强调培养学生的规范性,而教育政治化,教育模式单一、教育八股、空洞等缺乏创新性的教育模式已不能养成学生良好的个性品质。这种德育教育模式与网络时代的到来不相适应是显而易见的,要么是政治功利性过强,要么是政治思想教育的色彩太浓,最终导致学习内容的模式化、僵硬化,而逐渐失去对大学生的吸引力。

3. 个人因素

大学生希望张扬个性,但在现实中难于实现,这是当代大学生成长的一个特点。马斯洛的需要理论指出,人的最高层次的需要就是自我价值实现的需要,处在大学成长阶段的青年人具有超越自我、展示自我等心理特点,积极参加学校的各类活动,渴望在高校的舞台上展示自我。但很多学生由于对困难等原因估计不准,进而产生失望等消极心理,于是将目光转移至发泄郁闷情绪的场所,把现实的追求寄托于网络,而使自己前途陷入尴尬境地,甚至失去学习、生活方向和前进的动力。

七、违法与犯罪

近年来,大学生违法犯罪案例呈现多样化、技术化、低龄化趋势,部分案件性质恶劣,引发社会广泛关注。如 2023 年某 985 高校学生入侵教务系统篡改成绩，被判破坏计算机信息系统罪；2023 年某大学生因代收包裹内含病毒，被判走私毒品罪获 7 年有期徒刑；2022 年某大学生组建“刷单”诈骗群，涉案金额超 200 万元等。这些事件一次一次将大学生违法犯罪现象推上风口浪尖，大学生违法犯罪已经成为一个不容忽视的社会问题。然而令人困惑的是，这些本不该发生的悲剧却屡屡发生，其根源究竟何在？

案例 5-9　一时贪念，悔恨终生

2023 年 3 月，某高校计算机专业大三学生张某偶然发现学校食堂的校园卡自助充值机存在系统漏洞：采用“离线充值＋服务器同步”模式，但存在数据延迟校验问题。张某通过反复测试，发现如果在充值后立即断网，会使系统无法实时从银行账户扣款，但卡内余额仍会增加。张某重复此操作数十次，累计虚假充值 1.2 万元，在食堂、超市等场所高频消费，购买高价商品（如烟酒、电子产品），部分商品通过二手平台转卖变现。学校财务系统发现张某的校园卡在短时间内有异常大额消费，调取系统日志发现，其充值记录与银行流水不符，存在未扣款的充值记录。学校报警后，警方以涉嫌盗窃罪立案侦查，最终以盗窃罪判处有期徒刑 1 年，缓刑 1 年 6 个月，全额退赃，并处罚金 5000 元。

（一）大学生违法犯罪特点

大学生是社会的一个特殊群体，是指接受过大学教育的人，是实践社会新技术、新思想的前沿群体，是国家培养的高级专门人才。大学生违法犯罪与其他违法犯罪没有本质的区别，可由于其特殊群体的身份，结合近几年大学生违法犯罪的事件，归纳如下几点大学生违法犯罪的特点：

1．类型多样化　大学生犯罪几乎涵盖我国刑法规定的全部犯罪种类，包括侵犯财产罪、盗窃罪、抢劫罪、诈骗罪、故意伤害罪、故意杀人罪、强奸罪等。特别需要指出的是，近年来，一些新的犯罪种类，如贩毒、走私、利用网络违法犯罪等也开始发现有大学生参与其中，虽然这些犯罪数量较少，但危害极大。

2．违法犯罪主体扩大　受到拜金主义和享乐主义思想的不良影响，不少女大学生为了追求物质享受，出现盗窃甚至卖淫等违法行为。

3．自我保护意识差　法治观念淡薄或者虽对法律有一定的认识，但心存侥幸心理。

（二）当代大学生违法犯罪的原因

为何被视为“天之骄子”，有文化、有素质、有道德、有修养的大学生会失去理智做出违法犯罪的举动呢？其实每个大学生违法犯罪都是社会、学校、家庭或个人等多方面综合作用的产物。现将其成因分为外部因素和内部因素两个因素，外部因素包含了社会、家庭及高校等方面，内部因素即学生自身存在的问题。

1．外部因素

（1）社会方面。社会是我们生活、学习、工作的一个大环境，人们的意识行动不可避免受其影响，大学生也不例外。大学生出现违法犯罪的现象，也正是受社会当中消极、极端、片面、暴力、扭曲等意识酝酿的结果。社会上的一些不良文化影响了大学生价值观、世界观和人生观。不良文化如拜金主义、享乐主义、个人主义、封建迷信、黄赌毒泛滥等，不仅使社会的文化事业受到消极因素的严重冲击，也危害到了大学生身心的健康，使大学生的认知产生偏差。

(2) 家庭方面。家庭存在的各类问题和缺陷是大学生出现违法犯罪的诱导因素。家庭教育方式的失当，家庭结构的残缺，家境的贫困及家庭关系的僵硬紧张对于大学生身心健康有着不同程度的影响。

(3) 学校方面。高校有效的培养与教育是减少大学生违法犯罪的重要途径。可就目前的教育体系发展来看，还停留在学历教育层次，未达到素质教育的层次，重视专业技能教学，而忽视道德、法治教育；同时随着各个高校过度的扩招，不仅减速了教育教学体系的转型，还导致学校管理体系跟不上学生数量迅速增加的节奏，难以满足办学需求；另外，心理健康教育和危机干预的举措不够有力。

2. 内部因素

大学生心理素质方面存在偏差的因素，可以说是引发其违法犯罪的根源，研究其违法犯罪的心理特征，是有效控制并引导大学生健康成才的有力措施。大学生不健康的心理主要表现在五个方面：盲目攀比，追求享受；心理障碍，心理失衡严重；整体知识水平存在偏激、单纯等弱点；容易急躁，遇事不冷静，好感情用事，不善于理智控制情感；法律观念不够，法律意识模糊等。

第三节 大学生健康道德的培养

一、大学生健康道德培养的意义

案例 5-10 从公司招聘谈起

国内某知名公司 2023 年校招季招聘了 21 名本科生(均为 985/211 高校背景)，让人始料未及的是，在随后不到 4 个月的时间里，20 人被陆续劝退或主动离职，仅 1 人通过试用期。据该公司反映，这些大学生被开除的主要原因是他们的自身素质和道德修养不能胜任公司的人才需求。某些内部人士透露："有些大学生在刚跨入社会时，其角色转化、人际关系、思想认识等都可能存在一些问题。"

以上的案例中，招聘的本科生中部分新人认为"大公司稳定"，入职后消极怠工，多次迟到、早退甚至上班时打游戏，拒绝基础工作，抱怨连连，认为"大材小用"，团队协作困难。由此可见，良好的道德品德对职业发展至关重要。

现在，大学教育可以说是"严进宽出"，只要挤过高考这座"独木桥"，基本上是高枕无忧了。在一些大学校园里，迟到早退、点名代喊、不交或抄袭作业、缺乏公德心等现象相当普遍。而一些教育人士也表示，现在的大学生凡事倾向于"只要我喜欢，有什么不可以"。针对这些情况，早在 2001 年，我国有的大学校园"重开"品德教育课程，目的只有一个：帮助大学生找回自己的定位，养成良好的品格。鼓励学生去发现自己学习或工作之外的品格，如真爱、仔细、忍耐、慷慨、诚恳等值得肯定的人格特质。

思考题

健康道德的培养在我们的一生中起着怎样的作用？

“人而无信，不知其可”，面对缺失的品德教育，面对毕业生就业难与部分学生素质低的双重困惑，仅仅依靠一本书、一个学期的课堂品德灌输似嫌不够。因此找出一条更好的品德修养教育之路，大力建设道德信用、重塑大学生形象；坚持道德的实践性本质，让“言德”变为“行德”，让“天之骄子”在社会上体现自己的“德才双馨”的形象，尽到责任、起到应有的社会优良示范作用，这些都至关重要。

二、如何培养大学生健康道德

（一）充分发挥大学生自我教育作用

纵观古今中外，朱熹说过：“养，谓涵育熏陶，俟其自化也。”曾子曰：“吾日三省吾身。”孔子云：“为仁由己，而由人乎哉？”都是在强调自我教育、自我修养的方法与重要性。对大多数大学生而言，社会公德方面应重点强调：爱国守法、明礼诚信、团结友善、勤俭自强、敬业奉献，行为文明，礼貌待人，谦虚和气，尊老爱幼，尊师敬长，见义勇为，助人为乐，言而有信，表里如一，讲究公共卫生，保护生态环境和资源等；在职业道德方面应强调：兢兢业业、恪尽职守，为人民服务，向人民负责，刻苦学习，精通业务。

（二）改善家庭教养方式

大学生的道德认同受家庭教养方式的影响，不同的家庭教养方式会造成大学生道德认同水平的差异。良好的家庭教养方式有利于形成大学生道德认同的一致性，不好的家庭教养方式会阻碍大学生道德认同水平的发展。

（三）充分发挥教师的模范作用

常言道：“德高为范、学高为师”，没有高尚的师德，就培养不出“素质精良”的学生。教师的人格力量对学生树立正确的思想道德观起着潜移默化的作用，教师具有高尚的人格，在教学活动中才能以自己的思想和人格力量去教育学生，赢得学生的信任和尊敬，真正做到既教书又育人，起到引导大学生个人的道德修养和道德实践的作用。

（四）创造良好的舆论和环境氛围

加强校园人文环境建设和自然环境建设，使道德教育在人性化的前提下，根据青年学生的特点健康有序地开展。校园阅报栏、学生活动中心、广播站、校园网络建设等应尽快完善，给学生创造一个良好的舆论学习氛围。

（五）在实践中完善自我

道德最终是要靠行为表现出来的，大学生的道德应该在活动和行为中得以培养、完善。可以开展丰富多彩的校园文化活动，举办体育竞赛、知识竞赛、科技制作比赛，吸引学生积极参与，使学生在活动中得到教育，逐步培养学生的集体主义精神、团结协作精神和积极进取、勇于竞争的意识。

专栏 5-5　健康道德训练的方法

(1) 经典阅读与思考：阅读《论语》《大学》等经典，理解不同文化对“善”的诠释，撰写读书笔记，联系现实分析道德问题；

(2) 案例讨论：参与课堂或社团的伦理辩论(如学术诚信案例等)，情境模拟练习，训练理性决策能力；

(3) 日常微习惯训练：诚实训练(即使小事也主动承认，不找借口)，责任训练(如承诺的事务必完成)；

(4) 利他行为实践：每周做一件帮助他人的小事；

(5) 换位思考练习：在冲突中暂停争论，写下对方的立场和感受；

(6) 感恩实践：每周记录值得感恩的事，定期向身边的人表达谢意。

(黄慧兰)

本章习题　　本章课件

第六章 生活习惯与心理健康

案例 6-1　熬夜伤身，为何你还“锲而不舍”？

自从上了大学，小林便体会到一种完全不同的生活：父母的唠叨变少了，老师的约束变松了，自己在学习生活方面有了更大的支配空间。第一次住校的他和来自天南地北的室友卧谈甚欢，一起畅快淋漓地打游戏也令他兴奋不已。由于晚上熬夜看手机、玩游戏睡觉太晚，所以早上起不来，上课打瞌睡，看书也昏头昏脑。到了期末，为了能顺利通过考试，他不得不熬夜背书，压力很大。虽然有时感到后悔，希望改变自己的作息习惯，可是一到晚上，当他拿起手机时，一切又会重复发生。他发现自己的状态越来越不好：记忆力变差了，脾气变急躁了，身材变胖了，年轻人应有的朝气也不复存在了。他也知道这些变化和自己熬夜有很大的关系，但就是很难改变。他常常借用网络上流行的语句调侃和宽慰自己：为什么熬夜？因为“夜晚才是属于自己的时间”，因为“一时熬夜一时爽，一直熬夜一直爽”。

思考题

(1) 熬夜有哪些危害？

(2) 怎样才能让小林改掉熬夜的习惯？

作息不规律、饮食欠科学、休闲无节制、锻炼难坚持，不良的生活习惯让我们的身体感到疲惫、生活和学习状态不尽如人意，也让我们失去了年轻人的朝气。作为大学生的我们为何照顾不好自己？是缺少健康知识，还是有健康知识但不能付诸行动？良好的生活习惯是健康的保障，不良的生活习惯如长堤蚁穴，日积月累之后会给人的身体带来很大的伤害。什么是良好的生活习惯？什么是不良的生活习惯？不良的生活习惯会给我们带来哪些负面影响？怎么做才能改掉不良的生活习惯呢？本章将一一解答以上问题。

时代寄语：要树立正确的人生目标，培养好思想、好品行、好习惯。

——习近平

第一节 生活习惯概述

在日常生活中，饮食、睡眠、运动、休闲等，都是个人不可缺少的“私事”，每个人都会用最适合自己的方式来处理这些“私事”，久而久之就形成了习惯，我们也称之为个人生活习惯。

从心理学角度看，习惯是人们的一种行为倾向，是个体在一定情境下自动化地执行或完成某些动作或某种固定活动模式的需要和倾向。因而，习惯是一种稳定的甚至是自动化的行为。习惯之所以形成，是因为该行为在当时以及一个相当长的时期内对个体产生了正性刺激，满足了内在的心理需求，实现了心理平衡。

从社会或伦理学的角度看，习惯可以分为良好的习惯和不良的习惯。良好的习惯有助于个体适应自己生存的自然与社会环境，有助于个体掌握知识和技能、进行创造性的活动，有助于个性的完善和人生的发展；反之，不良的习惯对个体的身心健康及人生发展会起到阻碍作用。良好的习惯是怎样的，对我们有哪些益处呢？

一、健康饮食习惯

健康饮食不仅是维持生命的基础，而且是提升生活质量、预防疾病、延年益寿的关键因素。健康饮食对我们的身体、心理和社会适应能力等多个方面都有着深远的影响，主要体现在以下几个方面：

1. 维持身体机能，促进生长发育　食物为我们提供必需的营养物质，不同的营养物质发挥着不同的作用。蛋白质是肌肉、器官和免疫系统的基础材料，碳水化合物是大脑和肌肉的主要能量来源，脂肪支持细胞膜结构和激素合成，维生素和矿物质调节代谢。对仍处在成长中的大学生而言，这些营养物质不但能帮助我们维持身体机能，而且有益于我们体力和智力的发展。

2. 增强免疫力，减少疾病风险　食物中的维生素C、锌、维生素A等物质能提升机体免疫功能，增强身体对疾病的抵抗力。富含膳食纤维的饮食可保护心脏，全谷物食物有助于稳定血糖，在日常饮食中合理搭配各种食物，是增强免疫力、减少疾病风险的有效方法。

3. 优化大脑功能，提升学习与工作效率　谷物和绿叶菜中含有的B族维生素有助于神经递质合成，减少大脑的疲劳感。高纤维饮食能促进益生菌生长，改善焦虑和抑郁，稳定情绪，减少心理问题的发生。高糖饮食则因影响血糖水平而易导致情绪暴躁，均衡饮食更能帮助我们保持情绪稳定。

4. 控制体重，塑造健康体态　健康饮食能够帮助我们预防肥胖及相关疾病，高热量、低营养的饮食，如炸鸡、奶茶等则易导致脂肪堆积，增加脂肪肝、糖尿病等风险，不宜经常食用。

5. 提高生活质量，延年益寿　深色蔬菜中的多酚类物质有对抗氧化应激、延缓皮肤和器官衰老的作用；钙和维生素D能预防骨质疏松。健康饮食可以为我们提供各种有利于身体的营养物质，保障身心健康，提高生活质量，延长健康寿命。

健康饮食对我们的益处如此之多，为了更加直接有效地帮助我国居民提升营养健康状况，中国营养学会在经过卫生部有关部门通过后，于1989年首次发布了《中国居民膳食指南》。此后，在对我国居民膳食结构和营养健康状况变化做出充分调查的基础上，依据营养科学原理和最新科学证据，中国营养学会多次发布更新《中国居民膳食指南》版本，最新的修订版《中国居民膳食指南(2022)》(以下简称《指南》)于2022年4月26日修订，并经国家卫生计生委员会发布。该《指南》对2岁以上的所有健康人群提出了平衡膳食的八项准则，并给出了核心建议。(表6-1)

表6-1　平衡膳食准则及核心推荐

平衡膳食准则	核　心　推　荐
准则一 食物多样，合理搭配	坚持谷类为主的平衡膳食模式； 每天的膳食应包括谷薯类、蔬菜水果、畜禽鱼蛋奶和豆类食物； 每天摄入12种以上食物，每周25种以上，合理搭配； 每天摄入谷类食物200～300克，其中包含全谷物和杂豆类50～150克，薯类50～100克
准则二 吃动平衡，健康体重	各年龄段人群都应天天进行身体活动，保持健康体重； 食不过量，保持能量平衡； 坚持日常身体活动，每周至少进行5天中等强度身体活动，累计150分钟以上，主动身体活动最好每天6000步； 鼓励适当进行高强度有氧运动，加强抗阻运动，每周2～3天； 减少久坐时间，每小时起来动一动
准则三 多吃蔬果、奶类、全谷、大豆	蔬菜水果、全谷物和奶制品是平衡膳食的重要组成； 餐餐有蔬菜，保证每天摄入不少于300克的新鲜蔬菜，深色蔬菜应占1/2； 天天吃水果，保证每天摄入200～350克的新鲜水果，果汁不能代替鲜果； 吃各种各样的奶制品，摄入量相当于每天300毫升以上液态奶； 经常吃全谷物、大豆制品，适量吃坚果
准则四 适量吃鱼、禽、蛋、瘦肉	鱼、禽、蛋类和瘦肉摄入要适量，平均每天120～200克； 每周最好吃鱼2次或300～500克，蛋类300～350克，畜禽肉300～500克； 少吃深加工肉制品； 鸡蛋营养丰富，吃鸡蛋不弃蛋黄； 优先选择鱼，少吃肥肉、烟熏和腌制肉制品

续表

平衡膳食准则	核　心　推　荐
准则五 少盐少油，控糖限酒	培养清淡饮食习惯，少吃高盐和油炸食品。成年人每天摄入食盐不超过 5 克，烹调油 25～30 克； 控制添加糖的摄入量，每天不超过 50 克，最好控制在 25 克以下； 反式脂肪酸每天摄入量不超过 2 克； 不喝或少喝含糖饮料； 儿童青少年、孕妇、乳母以及慢性病患者不应饮酒。成年人如饮酒，一天饮用的乙醇量不超过 15 克
准则六 规律进餐，足量饮水	合理安排一日三餐，定时定量，不漏餐，每天吃早餐； 规律进餐、饮食适度，不暴饮暴食、不偏食挑食、不过度节食； 足量饮水，少量多次。在温和气候条件下，低身体活动水平成年男性每天喝水 1700 毫升，成年女性每天喝水 1500 毫升； 推荐喝白水或茶水，少喝或不喝含糖饮料，不用饮料代替白水
准则七 会烹会选，会看标签	在生命的各个阶段都应做好健康膳食规划； 认识食物，选择新鲜的、营养素密度高的食物； 学会阅读食品标签，合理选择预包装食品； 学习烹饪、传承传统饮食，享受食物天然美味； 在外就餐，不忘适量与平衡
准则八 公筷分餐，杜绝浪费	选择新鲜卫生的食物，不食用野生动物； 食物制备生熟分开，熟食二次加热要热透； 讲究卫生，从分餐公筷做起； 珍惜食物，按需备餐，提倡分餐不浪费； 做可持续食物系统发展的践行者

通过《指南》中的中国居民平衡膳食宝塔，我们可以更为直观地看到合理膳食的中国标准（图 6-1）。

除《中国居民膳食指南》外，为预防和控制我国肥胖人群的发生发展，改善肥胖患者的体重，调整日常膳食结构，中国国家卫生健康委办公厅还在 2024 年 2 月 7 日发布《成人肥胖食养指南（2024 年版）》（以下简称《指南（2024）》）（专栏 6-1）。

《成人肥胖食养指南（2024 年版）》发布后，自 2024 年 6 月开始，国家卫生健康委员会同多部门联合启动为期 3 年的“体重管理年”活动。2025 年 3 月，中华人民共和国第十四届全国人民代表大会第三次会议和中国人民政治协商会议第十四届全国委员会第三次会议期间，“体重管理”成为全民关注的热点。

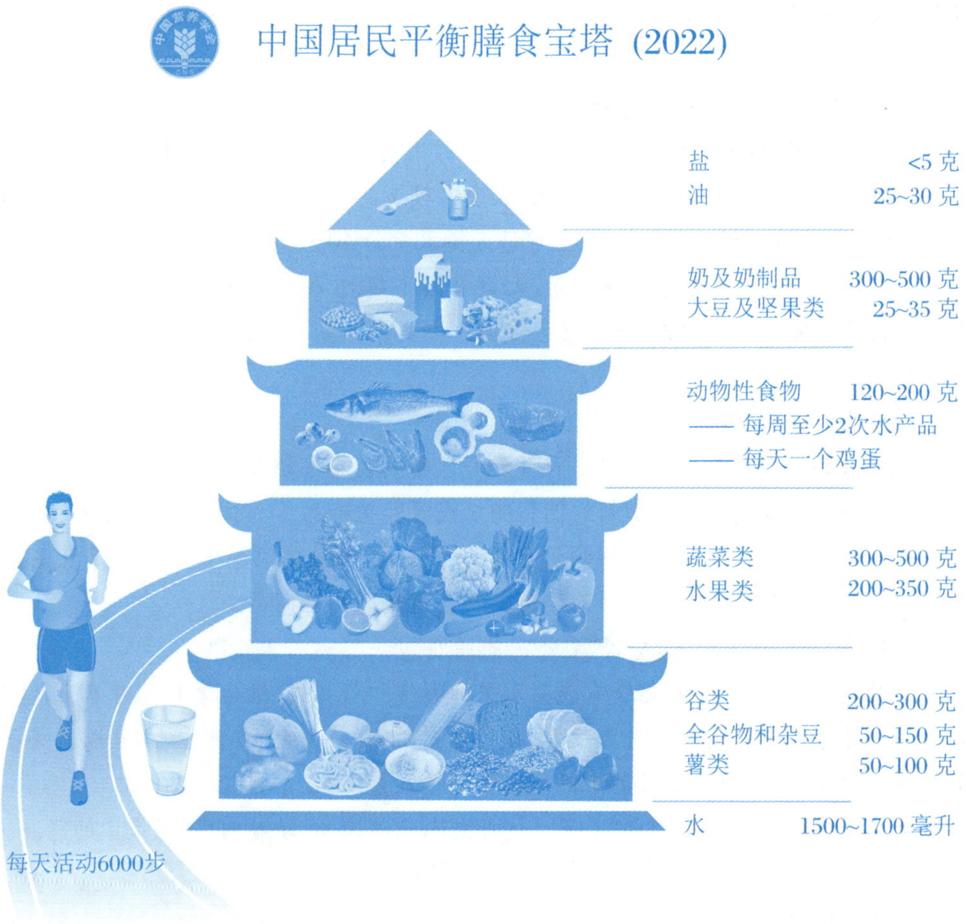

图 6-1　中国居民平衡膳食宝塔

（引自：《中国居民膳食指南（2022）》）

专栏 6-1　减重期间怎么吃

减重期间的饮食需要有科学、具体的指导。2024 年，国家卫生健康委员会组织编制并印发了《成人肥胖食养指南（2024 年版）》，对减重期间应该怎么吃进行了详细的介绍。

（1）全谷物、杂豆、黑米、玉米应多吃。

对于成人减重期间的食物选择，《指南（2024）》就 5 类食物给出了详细建议，首先是谷薯类，建议谷薯类的每日总摄入量在 150～300 克，其中全谷物和杂豆 50～150 克，薯类 50～100 克。

（2）蔬菜每天 3～5 种，以深色蔬菜为佳。

成年减重人群应增加每日新鲜蔬菜的摄入量，要保证 300～500 克（生重）甚至更多，其中深色蔬菜的摄入量应占 1/2 以上。挑选和购买蔬菜时要多变换，每天 3～5 种。建议每天食用当季水果200克左右,同时减少高糖分水果,如榴莲、香蕉、荔枝、鲜枣等的食用,且不宜饮用果汁。

(3) 肉类多吃水生的,少吃陆生的。

成人减重期间,适宜选择高蛋白、低脂肪的肉类和水产品。作为优质蛋白质来源的鱼、虾、蟹、贝等水产品的脂肪含量较低,且含有较多的不饱和脂肪酸,建议每周至少食用2次或者摄入总量280～525克,相当于每天摄入量为40～75克。以猪、牛、羊、鸡为代表的畜禽肉,建议每周不要超过500克,大概每天不超过70克。猪、牛、羊肉要选择纯瘦肉。建议不要完全不吃红肉,避免发生贫血。蛋类摄入量要保证每周280～350克,也就是大约每天1个鸡蛋。

(4) 每天喝够300～500毫升动物奶。

《指南(2024)》推荐成人减重期间每天喝低脂或脱脂牛奶300～500毫升。有乳糖不耐受的减重者可以选择无添加糖的低脂酸奶或无乳糖产品。如饮奶不足,要注意增加优质蛋白质和钙的摄入。减重期间均适宜选择豆腐、不加糖的豆浆和豆腐脑等豆制品,每天摄入大豆15～25克,避免选择油炸类以及含盐较高的豆制品。

(5) 每天吃10克坚果,警惕"看不见的脂肪"。

坚果属于高能量食物,但含有较高水平的不饱和脂肪酸、维生素E等营养素,故适量摄入有益健康。坚果的推荐量为每周50～70克,也就是每天10克左右,首选原味坚果。如果摄入过多,应减少一日三餐中其他食物的摄入量。

此外还要警惕食物中那些"看不见的脂肪",比如肉类、动物内脏、坚果中的脂肪。

二、健康睡眠习惯

睡眠和饮食一样,是人维持生存、保障生命、享受快乐不可或缺的最基本的生理需要。人的学习、工作、娱乐、生活都需要在觉醒状态下进行,需要充沛的精力和旺盛的体力作保障。然而,任何人的精力和体力都是有限的,都会被耗竭,只有通过充足的睡眠才能使精力和体力得以恢复。因此,睡眠对我们有重要的意义。

1. 睡眠能维护身体机能　其主要作用体现在以下几个方面:

(1) 适应生存。人的睡眠-觉醒节律是为适应生存而出现的。睡眠-觉醒节律是指睡眠随自然界昼夜交替而循环的现象,是人类对黑暗的一种本能的适应性反应。正如动物的蛰伏本能一样,这种节律的存在可以使人类减少在黑暗中遭受伤害的几率。

(2) 消除疲劳,恢复和保持体力。睡眠不仅是修复体能的最佳方式,而且是胃肠道及其相关脏器合成并制造人体能量物质以供活动时使用的好时机。另外,由于体温、心率、血压下降,呼吸减慢及内分泌产物减少,基础代谢率降低,也可以促进体力恢复。

(3) 修复大脑神经细胞。睡眠是大脑暂时性休息的过程,这是一种保护性抑制,可以对那些很少使用但却至关重要的神经细胞群进行维修和保养。入睡后,人的视、听、嗅、触等感觉功能暂时减退,大脑耗氧量大大减少,有利于脑细胞的能量贮存。

(4) 增强免疫力。充足的睡眠能提高机体抗御病原体的能力。实验研究表明，若将流感病毒注入白鼠体内，并在7天内剥夺睡眠，可观察到其抗体反应明显减弱，肺部存活的病毒数量增加近千倍；而睡眠充足的对照组动物，则明显表现出对流感病毒较强的免疫力，可完全自行消除体内的病毒。

2. 睡眠能促进生长发育　和生长发育相关的很多激素都是在夜间睡眠中达到分泌高峰的。睡眠还可以加快各组织器官的自我修复。

3. 睡眠能促进健康，延年益寿　多项研究发现，7小时左右的睡眠时长、稳定而规律的睡眠习惯对健康长寿有益。例如，2024年温州医科大学研究团队分析了3306名研究参与者的睡眠情况，这些参与者到2020年已经至少年满60岁，其中保持稳定而规律睡眠的人慢性疾病的患病率低、认知功能更好、心理状态更加健康。

4. 睡眠能改善记忆　睡眠不仅为编码新的记忆做好了准备，而且为大脑提供了一个巩固、整合信息的机会。实验证明，睡眠能过滤白天获得的信息，可以让记忆抵御更多的干扰，使记忆更持久；睡眠还能识别、选择和保存记忆的关键特征，提高信息加工的能力，让第二天留下来的记忆更有价值。

专栏 6-2　世界睡眠日：今天你睡好了吗？

为了唤起人们的睡眠意识，让人们重新认识这占据生命1/3的睡眠的重要性，自2001年起，国际精神卫生和神经科学基金会将每年初春的第一天——3月21日定为“世界睡眠日”。2003年，中国睡眠研究会把“世界睡眠日”正式引入中国。

为什么要有“世界睡眠日”？因为在快节奏的现代社会，熬夜、加班、学业压力、过度使用电子设备等问题，使越来越多的人面临“睡眠危机”。数据显示，全球约三分之一的人存在睡眠障碍，很多人被失眠、睡眠质量差、作息紊乱所困扰。长期睡眠不足堪比“慢性中毒”：

长期缺觉会让大脑功能下降，注意力、记忆力变差，甚至增加阿尔茨海默病的风险。

每晚睡眠时间<6小时的人，肥胖风险增加30%，心血管疾病概率飙升48%。

世界卫生组织已把“熬夜”列为2A类致癌因素，和油炸食品同级别！

从2008年起，中国睡眠研究会开始发布中国的睡眠主题。每年的世界睡眠日都会设定不同的主题，比如2022年的“优质睡眠，健康心理、快乐生活”，2025年的“将睡眠健康作为优先事项”。

2025年世界睡眠日的中国主题是“健康睡眠，优先之选”。当日，中国睡眠研究会发布了《2025年中国睡眠健康研究白皮书》，基于对15万余人的调查数据显示，2024年中国居民平均夜间睡眠时长为6.85小时，较2023年增加6分钟；平均入睡时间推迟至0时18分，比2023年晚17分钟。尽管睡眠时长略有改善，但“入睡难”仍是困扰超半数人群的核心问题。

三、锻炼与休闲

(一) 锻炼

锻炼(exercise)是一种通过有效的身体运动方式达到促进健康目的的活动。与一般的活动不同,锻炼具有循序渐进性、稳定性和长期性的特点,是一种重要的健康习惯,可以给我们的身心带来很多益处。

1. 锻炼对身体的益处 定期锻炼对身体的益处主要有:

(1) 延缓器官老化。运动能加快身体的新陈代谢,延缓衰老,还能改善肌肉的血液循环,增强肌肉的力量和韧带的力量。

(2) 增强心血管系统的功能。长期坚持锻炼者的心肺功能提高,患心脏病的风险降低。

(3) 增强呼吸功能。人体活动所需的大量氧气是靠肺部呼吸提供的,运动可增大肺活量和肺泡通气量,增强呼吸功能。

(4) 增强消化和吸收功能。运动时机体需氧量增加,促使呼吸加深加快,增大了横膈膜的运动幅度,加强了腹部肌肉活动,增强胃肠消化和吸收功能以及肝、胆、脾、胰的功能。

2. 锻炼对心理的益处

(1) 提高大脑和神经功能。锻炼能使大脑反应敏捷、准确且不易疲劳。2023 年,一项包括 10 125 名健康参与者的研究结果表明,定期运动可以改善大脑健康,与灰质、白质、海马体、额叶等区域的脑容量增加有关。该研究还通过全身 MRI 扫描发现,与不运动的人相比,运动组参与者具有更大的灰质和白质体积。

(2) 缓解抑郁和焦虑水平。大量研究表明,有氧运动可以缓解压力带来的抑郁和焦虑,与不常运动的人相比,经常运动的人能够更好地应对压力事件,展现出更强的自信心,他们精力充沛,且较少感到抑郁和疲劳。

(3) 维护自尊心与自我形象。规律锻炼的最重要益处在于改善身体状况,增强自我良好感,获得更高的自尊感。研究表明,参加有氧舞蹈的成年女性对自身身体状况有着更为积极的评价。

(4) 提高学习和工作能力。锻炼可以适当地提高认知能力,如记忆力。经常锻炼会使个体精力充沛,很少产生疲劳乏力的感觉,从而能够增强工作和学习能力。

专栏 6-3 锻炼为何让人变得更"聪明"?

不知道大家运动之后有没有感觉耳聪目明?很多研究证实,锻炼可以改变大脑运动皮层,增强神经活动,改善学习记忆能力,持续锻炼可以取得更好的效果。2019 年,暨南大学粤港澳中枢神经再生研究院张力副教授、苏国辉院士联合课题组在《科学·进展》(*Science Advances*)杂志上发表了最新研究成果,揭示了锻炼改善学习记忆能力的分子机制。

在这项研究中,研究者们对小鼠进行连续三周、每天一小时的跑步机训练,并比较了运动组和静息组小鼠的脑结构,发现运动后的小鼠的皮层区域出现了明显增加的树突棘发生和更强的神经网络连接。这些结构变化都是可以改善学习能力的。根据这项研究成果,我们真地可以说锻炼让人变得更"聪明"。

（二）休闲

休闲之事自古有之。从字义的角度进行阐释，“休”为“吉庆”“欢乐”之意；“闲”则富有多重含义：一指道德、法度的范围；二有限制、约束之意，且“闲”通“娴”，具有娴静、思想纯洁与安宁的意思。从词意的组合中，我们看到了休闲所特有的文化内涵。因此，休闲是日常生活的重要组成部分，不仅可以消除体力的疲劳，而且可以使人获得精神上的慰藉。休闲对健康的益处很多，主要包括：

1. *缓解压力*　压力是我们日常生活中不可避免的一部分，它既可能成为一种挑战，促使我们进步；也可能演变成负担，影响身心健康。当压力超过一定限度，就需要释放，休闲则是压力宣泄的有效方法，可以使劳动、学习和工作时间内消耗掉的生理和心理能量得到补充。通过各种娱乐消遣活动，把人的注意力从工作和学习转移到其他方面，使紧张情绪得到缓解。

2. *获得专业学习以外的满足*　人的需要是多种多样的，休闲可以使人产生愉悦感，获得美的享受，寻求适合自己需要和特点的活动，发挥自己的才能，补偿在学习和工作中被压抑或得不到满足的需求，强化积极的自我形象，产生自我满足感和价值感。

3. *修身养性，完善人格*　休闲不仅能调节情绪，而且能使人们的情感变得丰富，心灵变得和谐。在休闲中人们可以将日常生活中产生的消极情绪加以宣泄、转移甚至升华，使人产生愉悦、兴奋、成就感、自信、自尊、幸福、宁静、美感等种种积极的情感。同时，休闲活动是人的生命状态的一种形式，是使自己沉浸在整个创造过程中的一种机会和能力，它对于人“成为人”有着十分重要的价值，使人的人格不断得以完善。

休闲能反映一个时代物质文明和精神文明的发展。亚里士多德在他的《政治学》一书中曾提出这样的命题：“休闲才是一切事物环绕的中心。”马克思认为，休闲有多重内涵：一是指“用于娱乐和休息的余暇时间”；二是指“发展智力，在精神上掌握自由的时间”；三是指“非劳动时间”和“不被生产劳动所吸收的时间”，它包括“个人受教育的时间、发展智力的时间、履行社会职能的时间、进行社交活动的时间、自由运用体力和智力的时间”。

思考题

（1）你在日常生活中用什么方式进行休闲？

（2）休闲是如何帮助你缓解压力的？

第二节　大学生常见的不良生活习惯

很多大学生有不良的生活习惯，包括不健康的饮食习惯、睡眠习惯，缺少运动习惯及生活无规律等。

一、大学生常见的饮食问题

大学生正处于青春期到成年期的过渡阶段，科学合理的饮食和营养有助于提高大学生的身体素质和学习效率。但在多项调查研究中显示，当代大学生营养学知识不足的情况较为普遍，常出现一些不合理的饮食行为，包括：

（一）不健康的饮食习惯

1. 饮食不规律，三餐不定时　大学生不重视早餐的情况较为普遍，相当多的大学生不吃早餐或早餐营养质量不高。熬夜、睡懒觉、课业繁忙等情况都会对大学生是否吃早餐或选择什么样的早餐产生影响。不吃早餐和早餐营养质量不高的大学生，不仅在身体健康方面，而且在数字运用、创造性想象力和身体发育等方面均受到严重影响。

三餐不定时也是大学生中较为普遍的现象，一部分大学生的进餐时间和进餐间隔无规律，三餐的食量分配也不合理，随意性非常大。进食不足、饮食过度、饮食不规律都是导致消化系统功能紊乱的原因。长期无规律的进餐习惯也会导致其他疾病的发生。

2. 暴饮暴食或过度节食　大学生群体中暴饮暴食或过度节食的情况也较为常见，主要受学业压力、情绪波动、生活习惯不规律等因素的影响。在面对考试、焦虑或社交聚餐时，部分大学生会一次性摄入过多高热量、高糖分或高脂肪的食物，导致消化系统负担过重，长期如此还容易引发胃肠疾病、肥胖、代谢紊乱等问题。

另一方面，也有不少大学生为了减肥或追求特定的身材标准，选择极端节食、断食或单一饮食，长期摄入营养不足，可能会导致贫血、免疫力下降、月经不调、骨质疏松等健康隐患。此外，极端节食还容易造成反弹效应，使人陷入“节食-暴食-焦虑”的恶性循环。

（二）饮食营养结构失衡

1. 主食过量或不足　大学生饮食中存在主食摄入不均衡的问题。部分学生偏爱精米白面，粗粮摄入不足，导致膳食纤维缺乏，容易引发便秘、血糖波动等健康问题。而近年流行的低碳水饮食也影响了一些大学生的饮食习惯，他们刻意减少主食摄入，导致能量供应不足，出现头晕、乏力、注意力下降等问题，甚至影响新陈代谢和学习效率。

2. 蛋白质摄入不合理　蛋白质是维持身体正常运作的重要营养来源，但部分大学生的蛋白质摄入情况却较为极端：过量摄入肉类会导致肥胖、血脂异常等问题；而肉、蛋、奶等优质蛋白摄入不足又会导致免疫力下降、贫血、肌肉流失等健康隐患。

3. 蔬果摄入严重不足　部分大学生蔬菜和水果摄入量远低于膳食建议标准。这不仅会导致维生素C、铁、钙等重要微量元素的缺乏，还可能引发贫血、免疫功能下降、皮肤状态变差等问题。尤其是在我国西北部地区，由于饮食结构的影响，大学生摄入蔬菜水果不足的情况更为突出。

（三）不健康的饮食选择

1. 高油高盐高糖　受各种因素的影响，大学生将外卖、快餐作为日常饮食的情况也较为普遍。这类食物通常肉多菜少，能量高、脂肪高，膳食纤维和维生素含量低，长期食用会增加肥胖、高血压、糖尿病等健康风险。烹饪方式也会影响食物的营养，例如，马铃薯本身营养价值丰富，但经过高温油炸后的薯片、薯条吸收了大量油脂，能量大幅增加，而维生素却被破坏，成为典型的“能量炸弹”。

专栏 6-4　高脂饮食让我们变笨?

随着全球化的发展,各地饮食文化相互影响。在中国,以摄入红肉、精制糖和饱和脂肪为特色的外来饮食方式越来越普遍。众所周知,日常饮食中长期摄入高脂肪食品会增加肥胖、糖尿病和代谢综合征等疾病的患病风险。但鲜为人知的是,这样的饮食状况同样会增加阿尔兹海默症和其他形式的认知障碍的患病风险。

目前的研究表明,高脂饮食对机体的损伤不是单一的,除了对能量代谢系统、血脑屏障和神经系统造成损伤外,还会引起机体的氧化应激和炎症反应,对机体认知功能产生影响。绝大多数此类研究发现,食用高脂饮食对依赖海马体的学习和记忆功能有明显而长久的不利影响,其他大脑区域(尤其是前额皮质)很可能也被影响。

在以老鼠为实验对象的研究中发现,老鼠一生中任何时间食用任何量的高脂饮食都有可能导致学习和记忆能力受损。越来越多的研究者正在进一步探索高脂饮食对人的学习记忆功能的影响并探讨这种影响的发生机制。

2. 偏爱零食　零食在大学生群体中十分受欢迎,尤其是女生。相比于正餐,零食的营养物质摄入更不均衡,多数零食味道浓厚、含糖量高、过于咸鲜,长期食用可能会影响正餐摄入,导致钙、铁、锌、碘等营养素缺乏。此外,零食的高脂肪、高糖含量也可能增加肥胖和龋齿风险。

3. 盲目跟风饮食　近年来,各种"网红"饮食方法受到大学生追捧,如轻断食、生酮饮食等,但这些方法在没有科学指导的情况下服用,可能会导致营养不均衡,影响身体代谢。比如,长期极端低碳水饮食可能引起头晕、乏力、注意力下降,甚至影响内分泌系统,对身体造成不可逆的损伤。

(四) 饮品问题

1. 含糖饮料过量　有些大学生习惯用奶茶、碳酸饮料、果汁等含糖饮品代替白开水,甚至将其作为日常饮水来源。一项来源于 2023 年的文献显示,在被调查的上海市 3 039 位大学生中,有 10.93%的男生和 8.24%的女生经常喝含糖饮料,所谓经常,指的是过去一周每天至少喝 1 次以上含糖饮料。

专栏 6-5　饮料含糖知多少

"Rethink your drink!"是一项始于美国某高中的公益活动,自 2011 年开始后便广泛兴起。测量饮料含糖量的目的是帮助年轻人和成年人减少含糖饮料的消费,鼓励他们多饮用白开水和其他替代性的健康饮料,同时还传播含糖饮料与肥胖及糖尿病之间的关联知识。

我们可以将饮料瓶上标注的碳水化合物量换算成等量的白糖,就可以知道一瓶饮料的含糖量了。经过换算,我们发现一瓶 600 毫升的可口可乐含糖量是 61.2 克,一瓶 600 毫升的雪碧含糖量是 66 克,图 6-2 可以让我们更直观地感受到饮料的含糖量(每块方糖

5.5克)。根据以上的计算方法,算一算你经常饮用的饮料的含糖量吧!

图 6-2 饮料的含糖量

2. 饮酒社交 聚会饮酒是大学生社交中的常见现象,但过量饮酒会对身体造成严重损害。空腹饮酒可能引发急性胃炎,长期过量饮酒还可能损伤肝脏、影响记忆力、降低免疫力,甚至增加患酒精性肝病的风险。

(五) 饮食卫生隐患

部分外卖商家、校外餐馆和街边小吃摊的卫生条件差、食材质量不稳定,容易出现食物变质、交叉感染等食品安全问题。此外,许多大学生在宿舍共用餐具,但如果不注意清洁,可能会传播病菌,影响健康。

二、大学生常见的睡眠问题

1. 熬夜 "晚上不想睡,早上不想起"是熬夜者最真实的写照。在大学校园中,熬夜已经成为一种普遍现象。来自中国睡眠研究会的《2024 中国居民睡眠健康白皮书》显示,52%的大学生在零点之后入睡,另有 19%的大学生入睡时间超过凌晨 2 点。

熬夜是一种不良的生活习惯,无益于身心健康,其对健康的危害,主要可归纳为以下几个方面:

(1) 影响大脑功能。熬夜之后通常会使人感到疲倦、记忆力下降、注意力分散、反应迟钝,还会影响人的创造力。曾有科研人员把 24 名大学生分成两组,首次让他们进行测试,结果两组测试成绩相当。然后,让一组学生一夜不睡,另一组正常睡眠,再次进行测试。结果显示,无睡眠组学生的测试成绩大大低于正常睡眠组学生的成绩。

(2) 影响青少年的生长发育。青少年的生长发育除了与遗传、营养、锻炼等因素有关外,还与生长激素的分泌有关。生长激素在人熟睡后有一个大的分泌高峰,随后又有几个小的分泌高峰,而在非睡眠状态,生长激素分泌减少。所以,对正处于青年期的大学生来说,健康的睡眠非常必要。

(3) 影响皮肤健康。人的皮肤需要依靠皮下组织的毛细血管来提供充足的营养。睡眠不足会引起皮肤毛细血管瘀滞,循环受阻,使皮肤的细胞得不到充足的营养,因而影响皮肤的新陈代谢,加速皮肤老化,使肤色显得晦暗、粗糙,易长青春痘等。根据人的新陈代谢规律,真正的"美容觉"时间应为晚上 10 点到第二天凌晨 2 点。

(4) 导致疾病发生。经常睡眠不足会使人的免疫力降低,并导致多种疾病的发生,如感冒、胃肠疾病等。睡眠不足还会引起血中胆固醇含量增高,增加发生心脏病的风险。澳大利亚的一个研究学会提出,人体的细胞分裂多在睡眠中进行,睡眠不足或睡眠紊乱,会影响细胞的正常分裂,可能由此产生细胞突变而导致癌症的发生。

很多大学生知道熬夜对身体无益,也尝试去改变这种状态,但依然收效甚微。你是不是每天发誓"今晚一定要早睡",但还是没有在零点之前放下手机?你是不是总说熬夜不好,但却迟迟不愿结束这一天?到底是什么原因导致大学生熬夜?熬夜为何如此难以纠正呢?

大学生熬夜的原因可归纳为自身和外部两类因素。

(1) 自身因素。一般包括:① 缺乏自控力。自控力是需要意志力维持的,很多大学生自控力不足,在晚上进行各种休闲活动的时候没有节制,导致熬夜。比较多见的活动包括打游戏、聊天、刷微博和朋友圈、看电影、看小说等,然后第二天晚起或者逃课。② 生物钟难以恢复正常。当生活作息不规律,尤其是熬夜频繁时,提前上床睡眠反而会出现辗转反侧、难以入睡的情形,使得睡眠问题产生恶性循环。③ 认为熬夜有利于灵感迸发。部分大学生认为,深夜安静的环境能让头脑变得清晰,有利于灵感迸发,所以当需要进行文字写作或者完成实验报告的时候,他们就会选择熬夜,以提高创作质量。④ 拖延。时间管理不善,任务无法及时完成,导致必须熬夜。

(2) 外部因素。一般包括:① 功课多,学业负担重。有时大学生熬夜的原因是需要完成大量的作业或考研看书学习。② 受舍友干扰。很多大学生表示熬夜并非自愿,而是受舍友影响导致的"被熬夜",进而引发集体熬夜的现象越来越严重。③ 学校管理放松。大学生在中、小学阶段普遍受到严格的、规律性的管理,但到了大学,忽然放松的管理让缺乏自控力的大学生对时间安排随心所欲。

专栏 6-6　你有晚睡强迫症吗?

对于一部分人来说,熬夜是习以为常的事情,还有很多人说,夜不够深就会睡不着。总之,身体在不由自主地等着一个时间,确认已经劳累到不行了,已经凌晨两三点了,才会恋恋不舍地进入梦乡。这类人在晚间多会沉溺于网络,或是在快节奏的强劲音乐中疏散压力,或是一定要等到夜深人静时才开始做事情,比如收拾房间、看杂志、写文章等。这种情况我们称之为"晚睡强迫症"。

晚睡强迫症是一个新兴名词,是指能意识到自己该睡觉了,但就是不想睡。其本源是"拖延症"的一种。有晚睡强迫症的人性格中有拖延的一面,不自觉地在工作、学习中形成拖拖拉拉的习惯,不到最后一刻完不成任务,面对压力形成"拖"的解决办法。晚睡强迫症者还有过于执着、敏感或完美主义的心理特征。

2. **失眠**　成人的睡眠时间长短因人而异,并无一个绝对的标准,但青少年一般每天需要的睡眠量为 8 小时左右。充足的睡眠和良好的睡眠习惯可以使人的精神和体力得到充分调养,保持头脑清醒,全身舒适,从内心深处迸发出轻松自在的愉悦感。而失眠则会带来不良的身心体验。

失眠(insomnia)是指较长时期内持续出现睡眠的质和/或量不能令人满足的状况。失眠的主观体验为睡不着觉,通常表现为三种形式:

(1) 入睡困难。失眠者躺在床上,身体疲惫不堪,想很快入睡,可思绪却像脱缰的野马任意驰骋,无法控制,有时越希望自己不去想一些事情,就越停不下来,于是焦虑不安,辗转反侧,越发难以入睡。

(2) 睡眠中途转醒。有的人尚能入睡,但半夜时常醒来,醒来后就难以再回到睡梦中,这种人往往对睡眠环境的要求较高,睡眠的警觉性较高,一点小动静便会使其醒来,再也睡不着了。

(3) 早醒。有的人失眠表现为早醒,即清晨天还未亮就醒来睡不着觉了,即使前一天睡得晚也会早醒,一天睡眠的时数不足。

以上三种症状可以单独出现,也可以同时存在。失眠的第二天通常会感到头昏眼花、身心疲惫、困乏无力,影响正常的学习和工作。

失眠是大学生群体较常见的睡眠问题。不同的调查资料表明,由于性别、专业等因素的影响,大学生有睡眠障碍的比例为10%～20%,其中主要表现为失眠。大学生失眠的主要原因包括:

(1) 学习与就业的压力。学习与就业的压力是影响大学生睡眠的主要因素之一,当前社会竞争日趋激烈,就业问题给大学生造成的心理压力,使其易产生焦虑、抑郁等负面情绪,进而影响睡眠质量,或发生睡眠障碍。

(2) 不良的生活习惯和生活方式。宿舍环境嘈杂、舍友相互干扰、家庭经济因素等也是影响大学生睡眠的原因。

(3) 不良的睡眠和/或睡前习惯。不良的睡眠和/或睡前习惯也是导致失眠的原因,如熬夜或作息不规律,睡前看令大脑兴奋的书籍或电影,打游戏,睡前吃得过饱或喝浓茶、咖啡等饮料等。

睡眠质量自测——阿森斯失眠量表(AIS)

除以上主要原因外,还有一些个别原因,如身体健康状况不佳、感情受挫、亲人亡故、经济损失等也会导致失眠。

三、大学生常见的锻炼与休闲问题

(一) 大学生常见的锻炼问题

大学生常见的锻炼问题主要表现在两个方面:锻炼不足和锻炼方法不当。

1. 锻炼不足 大学生因缺乏体育锻炼导致身体素质下降是一个较普遍的问题。2021年9月教育部公布的第八次全国学生体质与健康调研结果显示,初、高中生体质健康达标优良率上升,而大学生的身体素质下滑问题严峻,肥胖、耐力不足等问题突出。为提高在校学生体质,增加体育锻炼的呼声越来越高,"阳光体育""每天锻炼一小时"等举措相继推出,但对于学校管理相对宽松、自主意识强的大学生而言,实施较为困难。近期对不同地区的调查结果表明,大学生中体育人口的比例仅为20%左右。所谓体育人口,我国的判定标准为:① 每周身体活动频度3次(含3次)以上;② 每次身体活动时间30分钟以上;③ 每次身体活动强度中等程度以上。我们可以以此标准判断大学生体育锻炼充足与否。

是什么原因导致大学生体育锻炼不足呢？有超过50%的大学生认为学习和其他事情太多，占据了锻炼的时间；其次为缺乏毅力，没法坚持。其他原因还包括客观条件限制，如场地、费用等，没有合适的锻炼伙伴，身体素质和运动能力较差，不喜欢体育锻炼等。

长期不参加体育锻炼，会导致内脏器官功能下降，注意、记忆和思维减退，甚至诱发肥胖、腰腿痛、神经衰弱等问题。

2. 锻炼方法不恰当　不恰当的锻炼方法不但容易导致运动伤害，而且会减少坚持锻炼的可能性。大学生锻炼不恰当常常有以下几种情况：

(1) 缺乏锻炼计划。锻炼经常是“一时兴起”，运动没有规律，也没有目标，运动量常过大或不足，导致锻炼没有效果，影响锻炼的信心。

(2) 运动缺乏安全意识。运动前缺乏合理的准备活动、运动时没有合理的运动负荷、运动后忽视整理活动都是缺乏运动安全意识的表现。安全意识的缺乏会导致运动伤害，造成不必要的痛苦。

(3) 缺乏运动保健知识。比如夏天运动后喝大量凉水或冷饮，在运动受伤后立即按摩、热敷等。

(二) 大学生常见的休闲问题

中国古人很讲究休闲，并赋予其很浓厚的文化内涵：收藏字画、篆刻临帖、弈棋鼓琴、栽花养鱼等，均为休闲生活的不同方式。现代大学生的休闲生活如何呢？

与社会其他群体相比较，大学生拥有更加充裕的休闲时间。包括双休日和节假日在内，大学生一年有170天左右的时间处于休闲状态，即使在正常学习日，每天可自由支配的时间也有5小时左右。大学生主要的休闲方式包括网络游戏、学习知识和拓展交际、听音乐、运动、旅游和公益活动等。

在休闲活动中，大学生存在的主要问题是：

1. 休闲技能水平低　网络游戏、上网聊天、闲聊、逛街等休闲活动占比较高，大学生普遍感到他们所从事的休闲活动比较单调，缺少技能和方式，对从事的休闲活动缺少意义感和成就感。

2. 休闲幸福感低　休闲是增进人类幸福感的主要力量，是提升生命质量的重要保证。大学生拥有更多的自由时间，理应在休闲中获得幸福的体验，让生活充满意义。然而，感到休闲无聊、无趣和无奈的大学生比比皆是。

专栏6-7　手机与低水平休闲：我们正在被“电子瓜子”喂养成精神仓鼠？

当代人的休闲时光，早已被手机切割成一场“碎片化狂欢”，随时随地刷短视频、吃饭时看朋友圈、排队间隙打一局游戏……这种休闲方式如同嗑“电子瓜子”，让人停不下来，却越嗑越空虚，甚至越嗑越焦虑，陷入一种精神上的“仓鼠轮”状态。

无目的地浏览社交媒体、沉迷于短视频或简单的手机游戏，可能对个人的身心健康产生负面影响。长时间盯着屏幕会对视力造成损害，增加近视的风险；长时间保持固定姿势使用手机，可能导致颈椎、肩部等部位的疲劳和不适；研究还表明，电子屏幕发出的蓝光会干扰褪黑素的分泌，影响入睡时间和睡眠质量。

过度依赖手机进行低水平的休闲娱乐活动也会对心理健康产生负面影响。手机提供的“低投入–高刺激”的娱乐方式让我们的大脑逐渐丧失深度思考的耐性，严重影响了我们的注意力和记忆力，频繁使用手机还可能使个体的疲惫感增加，影响学习和工作效率。过度使用手机还可能导致社交孤立，减少与家人和朋友的面对面交流，而网络社交带来的伪社交满足容易加剧孤独感。过度依赖手机还存在成瘾的风险，且有充分的证据表明，手机成瘾与抑郁、焦虑等心理问题密切相关。

因此，适度使用手机并参与高质量的休闲活动，如阅读、运动、与朋友交流等有助于提升生活质量和心理健康水平。因此，平衡手机在日常生活中的使用时间，避免过度沉迷于低水平的休闲活动是我们需要关注和解决的问题。

四、大学生常见的成瘾行为

所谓成瘾，是指个体强烈地或不可自制地反复渴求滥用某种药物或进行某种活动，尽管知道这样做会给自己带来各种不良后果，但仍然无法控制。在大学生中，可以见到以下几种成瘾行为或成瘾的行为倾向：

（一）网络成瘾

互联网的飞速发展改变着信息存储、加工和传递的方式，给人类的社会生活带来了巨大的变革，让生活更加便利。购物不用出门、信息随手能查、朋友随时能联系、娱乐休闲便捷有趣，但在这种“便利”的背后，藏着一种新型的行为依赖陷阱，一不小心，就会给我们的生活、学习和工作带来负面影响。

案例 6-2 你好，大学！再见，大学！

这是一个发生在我们身边的真实故事。

通过努力学习，小张同学取得了不错的高考成绩。在他人的建议下，小张选择了一所医学院校。但在上大学以后，面对“背也背不完的书本”和他不感兴趣的医学基础知识，他对学习的热情消减了很多。

不想去上课，没有高中般的严格作息要求，也没有父母的唠叨和监督，小张很快找到了一个新的兴趣——网络游戏，并从此一发不可收拾。他为这些游戏投入了时间、精力和金钱，但同时失去了学习的时间、人际交往的乐趣和健康的身体。在旷课和多门课程“挂科”以后，他留级了。虽然很懊恼，但留级并没有给予他离开网络的决心，直到他拿到了退学通知书……当父母到学校办理手续并接他回家时，他看着父母的白发和忧愁的面容，才突然感到后悔。

令人欣慰的是，他回家以后，决定拿起书本重新参加高考，并在第二年的高考中取得不错的成绩，进入了一所师范院校。

小张的大学生涯一波三折，但结果是令人欣慰的。当然也有一些大学生在进入网络世界后便一发不可收拾，即使退学回家，也难以从网络中自拔，给家庭带来无尽的烦恼。但更多的大学生可能处于这种情况：大量的时间花费在网络上，作息不规律，饮食不健康，上课打瞌睡或干脆旷课，考试前临时抱佛脚，勉强通过考试后暗自庆幸……直至大学毕业。等到毕业后，回首大学时光，他们会不会为浪费的青春感到遗憾或后悔呢？

身处信息时代，网络是现代人工作、学习和生活的必需品，正常的网络使用是无可厚非的，如若产生过度依赖甚至达到了成瘾的程度，则需要进行有效的处理了。你的网络使用行为是正常、过度依赖还是成瘾呢？

测一测你是否网络成瘾

（二）吸烟

我国是世界上最大的烟草生产及消费国。近年来，在各项控烟政策的颁布和实施下，我国的卷烟产量和吸烟率均有所下降。根据中国疾病预防控制中心控烟办公室2022年的调查数据，我国15岁以上的人群吸烟率为24.1%，相比2018年的26.6%下降了2.5个百分点。《“健康中国2030”规划纲要》提出，到2030年，15岁以上人群吸烟率应降到20%以下。

在大学生吸烟人群中，约有一半的人初次尝试吸烟是在初、高中阶段。吸烟的原因主要有：好奇、互相模仿、显示风度、同学相劝、偶然吸上、消愁解闷、应付交际、缓解压力、寻求安慰等。虽然吸烟在短时间内可能使人提神解乏、摆脱烦恼，或者满足了一些社交需要，但长此以往，对身心的伤害是深远的，甚至可能导致亲友深受二手烟的伤害。

吸烟有害健康，是多种疾病的诱发因素。肺癌病人中，吸烟者占90%以上；吸烟者患肺癌的死亡率比不吸烟者高10～30倍；吸烟者冠心病的发病率比不吸烟者高3～5倍；吸烟者喉癌的发病率高出不吸烟者6～10倍；吸烟还可加重心脏病和高血压的危险。

一旦吸烟成瘾，戒烟是比较困难的。在中国的吸烟人群中，选择戒烟的人多数是因为已经患病或担心患病，也有人因为家庭反对和环境影响等因素选择戒烟。而大学生作为高学历、高文化水平的群体，不要到悔之晚矣时再选择改变，因为越早戒烟，受益就越多。事实证明，戒烟一年后，患心脏疾病（例如，心肌梗死）的风险将减少一半；戒烟15年后，这种风险就和不抽烟的人一样了。所以，如果你还没开始吸烟，就不要尝试去吸烟；如果你已经习惯吸烟，请开始戒烟！

思考题

（1）吸烟真的可以缓解心理压力吗？

（2）吸烟行为满足的究竟是生理需要还是心理需要？

（3）怎样才能真正戒除烟瘾？

（三）饮酒

中国的酒文化可谓博大精深，源远流长。在当代人际和国际交往中，举行宴会、签署条约、协议或其他重要文件时，宾主双方举杯庆祝已是惯例。每逢佳节、朋友聚会或各种应酬时，饮酒已是人之常情，正如中国俗语所说“无酒不成宴”。酒与政治、文学创作、娱乐和养生保健都有不解之缘。适量饮酒有益于健康，但饮酒多少才算适量呢？世界卫生组织（WHO）指出：一般男性以每日饮酒中的乙醇总量20克为标准，高于20克为过量，低于20克为少量或适量；女性以每日饮用酒中乙醇总量不超过10克为标准。也就是说男性每天饮酒不得超过2瓶啤酒或1两白酒，女性每天不超过1瓶啤酒。同时，每次饮酒应为单一品种，不要混合饮用不同酒类。饮酒量越大，酒的度数越高，对人体的危害就越大。

过度饮酒损害健康。单次大量饮酒，容易造成急性酒精中毒，俗称醉酒。如果过度饮酒并造成了躯体或精神的损害，可以定义为酗酒。

1. 急性酒精中毒　急性酒精中毒的严重程度与饮酒速度、饮酒量、血中酒精浓度以及个体耐受性有关。我们通常将酒精中毒分为兴奋期、共济失调期及昏睡期。兴奋期酒精中毒者的眼睛发红、脸色潮红或苍白、轻微眩晕、语言增多、逞强好胜、口若悬河、夸夸其谈、举止轻浮、感情用事、打人毁物、喜怒无常。绝大多数人在此期都自认没有醉，继续举杯，不知节制；有的则酣然入睡。共济失调期酒精中毒者动作笨拙、步态蹒跚、语无伦次、发音含糊。昏睡期酒精中毒者脸色苍白、皮肤湿冷、口唇微紫、心跳加快、呼吸缓慢而有鼾声、瞳孔散大。严重者出现昏迷、抽搐、大小便失禁等症状，甚至会因呼吸衰竭而死亡。

2. 酗酒　酗酒会带来很多危害，首先是损害健康。经常酗酒会引起营养不良，损害器官，破坏身体的防御系统，导致抵抗力下降，造成各种消化系统和代谢系统疾病，并可能导致酒精性肝硬化和癌症。长期大量饮酒的另一个常见后果就是酒精改变了脂肪储存的方式，即导致“啤酒肚”。另外，酗酒会损害大脑，引起高级认知功能减退，学习和利用新知识及解决问题的能力下降。女性脂肪比例较男性多，酒精的亲脂性会造成女性比男性更容易受酒精危害。

其次，酗酒易引起交通事故。酒精进入人体后，其主要毒害作用是对大脑等高级神经系统功能的抑制，容易导致酒后交通事故。2/5的美国人会遭遇与酒相关的交通事故，与酗酒有关的交通事故是造成15～24岁美国青年死亡的头号杀手，我国也情况雷同。

再次，酗酒会造成社会危害。酗酒在很大程度上会诱发犯罪。在美国，酒后犯罪的人占了全部谋杀案的86%和全部强奸案的72%。许多证据表明，酗酒的人施行谋杀、强奸、抢劫、斗殴的可能性远高于吸食麻醉性毒品的人。

严格按照标准来衡量，虽然在大学生中真正达到酗酒的人数并不很多，但经常饮酒、偶尔醉酒者却不在少数，严重时会出现醉酒致死的事件。大学生饮酒的主要问题在饮酒的方式和单次的饮酒量上，因此我们应有意识地防范此类情况，不劝酒、不拼酒、不恋酒。

（四）赌博

所谓赌博，是指目的明确，但其结果全部或大部分由机会来决定成败的各种行为。而作为一种社会问题，赌博的狭义概念是指甘冒输钱的风险，有意识地参加全部或大部分由机会决定其结局的游戏活动。赌博的形式五花八门，既有简单的猜数字、抛硬币、划拳，也有复杂的棋牌、麻将、电子游戏等。

赌博本身没有制造任何产品，没有创造任何财富，对经济的发展没有作出任何贡献。相反，赌博造成的社会危害难以用金钱衡量：人生前途尽毁，亲人朋友受苦，婚姻感情破裂，家业败落，负债累累，心灵挣扎与内疚等。大学生赌博现象在高校中的蔓延，腐蚀着未来社会的精英和栋梁。

案例 6-3　一发不可收的网络赌博

小方是一名大学生，今年 21 岁。在同学的介绍下，他加入了一个 QQ 群，通过押单双、大小来进行赌博。具体来说，每一轮游戏，网站会显示 3 个 0～9 之间的数字，加起来在 0～27 之间。14 以上为大，14 以下为小。玩家可以通过单独猜大小、单双，也可以通过同时猜大小、单双来赌博。前者押对双倍奖励，后者押对奖励高达 4 倍，交易通过支付宝完成。刚开始，小方屡屡猜中，没几天就赢了 1 万多元，这让他很高兴，感觉钱来得特别容易。随后，他越玩越大，但慢慢就开始只输不赢了。他越输就越想捞回，短短几个月，他输了 3 万多元。而这些钱，绝大部分都是通过小额贷款借来的。

赌博给在校大学生带来了严重的危害。

1. 影响学习，荒废学业　大学生参与赌博或变相赌博，容易对学习失去兴趣，并形成贪婪和投机取巧的心理。

2. 影响人际关系　参与赌博的学生，经常夜不归宿，无心与同学、舍友、朋友交往，无心上课、听讲、上自习，无心关注科学文化知识的积累和能力培养。一旦上瘾，置他人利益于不顾，通宵开灯作战，影响他人休息和睡眠。

3. 毒害心灵　赌博，带有娱乐性和刺激性。在赌博过程中，大学生体验着情感和情绪的跌宕起伏。投机取巧、不劳而获的贪欲很容易扭曲大学生的人生观和价值观。

4. 有害身体健康　经常参与赌博者，生物钟紊乱，作息时间不合理，容易导致精神衰弱和亢奋，抑制大脑活性，出现反应迟钝、抑郁失眠、精神恍惚、记忆力下降、早衰等症状。

5. 形成不良行为习惯，诱发不良事件　大学生经常参与赌博会导致迟到、早退、旷课、上课睡觉、晚上熬夜、白天不起床等现象，扰乱正常的教学秩序，违反校规校纪。赌博不但时常引起打架、偷窃、敲诈勒索等事件，严重的还可能会酿成自杀、伤害、凶杀等犯罪案件。

成瘾性行为改正很难，所以我们应时时提防，时时警醒自己：不要去碰！

第三节　健康生活习惯的培养

健康生活习惯的养成与个体的人生观、价值观以及生活态度密切相关。在此基础上，遵循科学的方法，选择恰当的方式，逐步固化良好的行为模式，摒弃已有的不良习惯，养成新的、具备自我风格的好习惯。

专栏 6-8　养成微习惯，让坚持变得简单

你是否曾下定决心好好运动，但因为跑完步后腰酸腿痛而放弃？你是否曾计划发展一项兴趣爱好，却因为难以坚持又半途而废？你是否因此觉得自己是一个缺乏恒心和毅力的人，并感到沮丧？怎样才能战胜我们的惰性和畏难情绪，坚持做一件事呢？《微习惯》一书的作者斯蒂芬·盖斯通过他的切身体验告诉我们也许事情没有预期的那么难。

斯蒂芬·盖斯是一个和我们一样的普通人，没有傲人的履历，也常常因为没法坚持完成一件事而烦恼。但在 2012 年年末，他因为 1 个俯卧撑实现了自我突破，从此生活发生了翻天覆地的改变。因为这个俯卧撑，两年后的他拥有了健硕的身材，写了比过去多4倍的文章，阅读量超出了过去的10倍之多，实现了完美的逆袭。他在《微习惯》一书中提到，一个巨大的目标是很难实现的，而未能实现目标的挫败感会让我们对自己失去信心，陷入自我怀疑的焦虑中，而微习惯很容易完成。如果我们把目标设定的足够低，无论什么情况每天都能完成，比如一天1个俯卧撑，那么我们就不需要克服很大的困难、不需要极大的意志力去完成这件事，还能因为目标实现而带来成就感，尽管这种成就感可能很微小，但是积少成多，最后将会给内心带来巨大的鼓舞，增加自信心。坚持微目标一段时间，我们就会习惯并关注这件事，轻松突破万事开头难的魔咒，以习惯代替习惯，用成功带动成功。

一、大学生常见饮食问题的调适

如何纠正不良的饮食习惯?

首先，我们需要了解科学的营养知识，合理地食用各种食物，从中获取种类齐全、数量适宜的营养素，这样能够预防营养不良或营养过剩，消除健康危险因素，保持身体健康。除了学校和社会要向大学生全面开展营养教育和宣传外，大学生也需要主动获取正确的知识。

其次，要树立正确的营养观念。营养对健康的影响是一个渐进的过程，膳食结构不合理、偏食挑食、暴饮暴食等不良饮食习惯对身体的危害需要较长时间才能体现出来。人体只有获得全面而均衡的营养才能有效地维护身体健康。

再次，形成健康的饮食消费习惯。根据《中国居民膳食指南(2022)》的建议，我们要大力推广营养餐，对大学生的营养问题实行干预，全面改善大学生的营养状况，预防与营养相关的各种慢性病。同时，大学生的自我约束、自我教育和自我实践对其形成健康的饮食消费行为习惯至关重要。通过科学的饮食实践，把良好的饮食习惯、对健康有益的食谱和摄食方式变成自己一生的好习惯，自觉地体现在日常生活中。

专栏6-9　大学生校园健康饮食小贴士

考虑到大学生的实际情况，比如宿舍可能没有烹饪条件、食堂和外卖饭菜可能比较油腻、学习比较晚可能需要一点零食和夜宵等，给我们的健康饮食目标带来了困难，但只要掌握科学原则，结合校园生活特点稍作调整，就能吃出活力和好状态。以下是一些简单实用的建议：

1. **早餐急救方案**　早上起床晚了、刚起床没有胃口或者因为各种原因早餐来不及吃，我们可以通过囤速食，比如面包、牛奶等解决，也可以用保温杯冲泡一杯麦片随身携带。

2. **夜宵替代方案**　熬夜吃东西，尤其是方便面、烧烤等高热量食品，是腹部脂肪囤积的重要原因。那晚上9点以后饿了吃什么？温热牛奶或酸奶是不错的选择。如果深夜学习感到疲惫，香蕉是具备抵御饥饿和缓解疲劳的双重作用的水果。

3. **多喝水的办法**　买一个自己喜欢的漂亮水杯用于带水或课间接水。如果不喜欢喝白开水，可以买一些柠檬片自制果味水或买些花茶泡水喝。

活动：查看常见食物热量表，利用现有的条件，为自己规划一个日常健康饮食的方案。

在第二节的“大学生常见饮食问题”中，我们提及暴饮暴食和过度节食的问题，这可能是不良饮食行为的一种，也可能是进食障碍的表现。如果出现了专栏 6-10 中的情况，那么你不仅仅需要饮食调整，还需要专业人员的帮助。

专栏 6-10　不要让好好吃饭变成一种奢望——进食障碍

食物的摄入本应给人带来能量，使人感到愉悦，充满活力。但对某些人而言并非如此，因为吃得越多，他们便越感抑郁，越发自责。他们可能刻意采取节食、拒食的行为，这种行为也可能会以暴食、催吐的方式呈现。一旦个体的进食行为在进食的方式、数量、规律或是进食的观念方面偏离了正常，背离了社会文化，影响了自身的身心健康，就可以称之为进食障碍(eating disorder，ED)。

进食障碍主要包括神经性厌食(anorexia nervosa，AN)和神经性贪食(bulimia nervosa，BN)。神经性厌食的主要特征是厌食者用节食等各种方法有意地造成体重过低，拒绝保持最低的标准体重；而神经性贪食的主要特征是反复出现的暴食以及暴食后不恰当的抵消行为，如诱吐、滥用利尿剂或泻药、节食或过度运动等。进食障碍会影响健康，导致身体出现明显的营养不良，伴随面色苍白，皮肤干燥，毛发枯萎，血压与体温下降、脉搏迟缓，甚至会产生水电解质紊乱，并发感染等症状。进食障碍者中女性会出现乳房发育不全、月经稀少或闭经；男性可能会出现生殖器呈幼稚状态、性功能减退等表现。除了躯体问题，进食障碍者还常常伴有不同程度的焦虑、抑郁、强迫、易激惹等心理症状。

进食障碍产生的原因，目前比较普遍地认识是其与体像障碍、抑郁心境、负性情绪、内分泌功能紊乱等心理、社会文化及神经生物学因素相关。针对进食障碍的治疗方法包括躯体辅助治疗、心理治疗和精神药物治疗等三种。

二、大学生常见睡眠问题的调适

(一) 熬夜问题的调适

针对本章第二节中提及的大学生熬夜原因，要改变熬夜的习惯，减少对自身的伤害，需要通过不同的方式努力克服：

(1) 充分了解熬夜对身心健康的危害，迫使自己减少熬夜的次数，并逐渐杜绝熬夜。改变熬夜习惯、调整生物钟需要花一段时期，可以逐步提早自己的睡眠时间，直至成功达到目标。

(2) 有效管理时间，增强自控能力。大学生因社团工作或学习任务熬夜的，如果能提高工作或学习效率，合理安排时间，就可以让自己有更多的时间休息，也会减少因拖延而带来的紧张焦虑情绪。

(3) 理性分析和看待熬夜。为了完成任务熬夜，第二天会因为熬夜而精力不足，使工作和学习的效率大大降低，陷入恶性循环。因此，熬夜是非常不明智的。

(4) 向身边的人求助。虽然知道熬夜的危害，但是如果自己很难改变这一习惯，可以主动向亲人、恋人、朋友和同学求助，让他们帮助自己、提醒自己、督促自己。在一些大学校园，有大学生通过组建互助小组来改变熬夜的不良习惯，如北京大学的“北大拒绝熬夜互助小组”，武汉理工大学的“早起联盟”等。

(5) 宿舍形成早睡的氛围。若舍友均早睡，会对熬夜的同学造成一定的心理触动，也会减少“被熬夜”同学的困扰。舍友间互相影响、潜移默化，是改善熬夜习惯比较切实可行的方法。

(二) 失眠问题的调适

针对不同的失眠原因，可以使用不同的方法进行自我调节。

(1) 消除对失眠的恐惧。生活中偶尔遇到失眠的情况，不必过分忧虑，人体会自然调节适应，一两夜失眠不会造成任何不良的后果。

(2) 养成良好的睡眠习惯。睡前忌饮浓茶、喝咖啡、吃东西，忌用脑过度，保持平静的心情，有规律的起居。不要在白天过多睡眠，即使前一天晚上一夜没睡，也不要在白天长时间补觉，否则会打乱睡眠规律，不利于夜晚睡眠。

(3) 调整睡眠环境。保持宿舍睡眠时的安静很重要，需要协调和约定大家的睡眠时间，减少相互干扰。

(4) 适量锻炼。每天进行适度的有氧运动可以增加脑部的血氧供应，增加躯体疲劳感，有利于睡眠。但不要在临睡前锻炼，以早晨或者下午锻炼最佳。

(5) 找到原发病因。如果睡眠障碍是由于身体疾病或心理困扰引起，积极处理原发病因才是有效改善失眠的方法。

当自己调节睡眠或处理原发病因有困难时，可以到专业的心理咨询与治疗机构寻求帮助，尽快解除症结，以恢复正常的睡眠。

三、大学生锻炼和休闲问题的调适

“生命在于运动”，锻炼必不可少。大学生处于身心发展的重要时期，具有较大的可塑性。选择适宜自己的锻炼项目，坚持适度的体育锻炼，形成良好的运动习惯，对于增强体质、调节身心，提高自身素质是十分积极有益的。令人高兴的是，全民运动的兴起也带动了大学生，大学校园里参加各种锻炼的学生正慢慢变多，大学生锻炼不足的问题有望得到改善。

思考题

思考题：读到这里，请你试一试为案例 6-1 中的小林制定一个有效的方案，帮助他摆脱熬夜的困扰。

专栏 6-11　如何让锻炼成为一种习惯

如果能把锻炼变成一种习惯，就像每天的刷牙、洗脸一样，你还会为“计划赶不上变化”而烦恼吗？在形成习惯的过程中，不妨试着用一些方法帮助自己吧！

(1) 找一个合适的伙伴：跟朋友一起去锻炼有助于更好地执行锻炼计划，但你的朋友应该有着更高的锻炼自觉性。初学者和有锻炼计划的人结伴会比初学者单独锻炼获得更好的效果，并且两人能相互支持、相互鼓励，从群体责任感中受益。

(2) 多种运动选择：人对于某种锻炼运动的热情可能会在几个月内消退，所以如果你觉得没有了热情，或无法再提高了，就换一种运动形式吧。

(3) 每周运动3～5天：要想把锻炼变为一种日常习惯，就不要连续超过两天不去锻炼。每周只锻炼1～2次的人比每周锻炼3～4次的更容易半途而废。

(4) 制定备用方案：应预先考虑到一些可能会影响锻炼的因素，如假期和工作安排，然后准备一套备用方案，这样无论何时遇到困难，你都能做到有备无患。

(5) 目标要具体："我要每天走30分钟"比"我要努力地锻炼"更容易坚持下来。慢慢调高你的目标，直到达到锻炼的最终目标。

(6) 记下自己的进步：坚持记录自己的锻炼过程，在电子时代很容易实现，手机软件、运动手环、运动手表都可以帮助你记录你的运动时间、运动距离、燃掉的热量等信息，见证你的点滴进步。

(7) "微型"锻炼运动：如果你的时间实在太少，可以每天只抽出10～15分钟来运动，以保持身心处于一个良好的状态。研究发现，每天见缝插针进行锻炼的人，能够比坚持常规的30～45分钟锻炼项目的人积累更多的锻炼时间，如果你无法保证散步1小时，那么不如一有时间就出来运动，哪怕只有15分钟也可以。

(8) 固定锻炼时间：当你每天在相同的时间做相同的事情时，就更容易逐渐养成习惯。

(9) 学会奖赏自己：当你坚持了1个月，你可以给自己一个小奖励；坚持3个月，可以再给自己一个奖励。奖励的东西可以很简单，比如去看一部自己喜欢的电影，或者买一件新衣服等。

对于休闲问题，除了改善客观条件，如家庭和学校的环境外，大学生也可以主动寻求更加有意义的休闲方式。如选修一些课程，包括丰富的网络公开课，阅读课外书籍，参与自己感兴趣的研究，勤工俭学，参加公益活动，学一门乐器，参加体育健身活动和社团活动等。

四、大学生成瘾行为的调适

大学生的成瘾行为，可以通过以下几种方法来解决：

1. 参与心理健康学习　主动学习心理知识，深入了解成瘾的机制和危害，例如大学生成瘾的主要原因包括兴趣与好奇、急于交友的心理需要、逃避现实社会的压力等。通过这些学习，我们能在内心深处筑起一道防线，时刻警惕成瘾风险，也能在了解成瘾原因的基础上帮助我们采取更有针对性的措施。

2. 制定合理计划　制定合理的学习和生活计划，包括每天的学习时间、游戏时间和休息时间。计划既要满足学习需求，又要保证一定的娱乐休闲时间，调整生活到一个较为规律和健康的状态。

3. 培养健康的兴趣爱好　通过参加社团活动、体育运动、志愿服务等方式，培养新的兴趣爱好。兴趣爱好的多样性还可以帮助我们更好地融入社会，提高综合素质。

4. 结交有益成长的朋友　在大学期间，我们可以尝试拓展社交圈，主动结交不同的朋友，和志同道合的同学探讨问题、参加活动，改变原有的生活状态。更多的社会支持还可以有效帮助我们改变不良的行为习惯。

5. 持续深化自我认知　对存在的问题和困难常常反思，调整应对困难的方法和处理问题的模式，在发现自身问题的基础上以更加积极的方法应对问题。这样做不仅建立了积极的应对方式，而且有助于自身的成长和发展，人格的完善。

专栏 6-12　课堂活动

请你针对大学生手机过度使用的问题，讨论解决方案并实践。

（金明琦）

本章习题　　本章课件

第七章
学习与心理健康

案例 7-1　落寞的高才生

李某,"00 后",大一新生,高中时学习勤奋,成绩优异,是班级尖子生。通过高考,他顺利进入大学,满怀期待地开启新生活。

然而,大学课程繁多,学习平台、AI 工具和学习软件等资源丰富,让他应接不暇。起初,他觉得这些资源是学习的"宝藏",但很快他发现自己时间不够用,知识学不完。看到其他同学在学习平台上轻松完成任务,或在 AI 学习 APP 上游刃有余,他开始焦虑,觉得自己落后了。

随着时间推移,他的学习焦虑演变成考试焦虑。每次考试前,他都会极度紧张,担心考不好,辜负期望。这种焦虑不仅影响学习效率,还导致考试成绩下滑。他开始怀疑自己,甚至想逃避学习。

在辅导员建议下,他来到学校心理咨询室寻求帮助。

思考题

(1) 李某的学习焦虑主要源于哪些具体因素?

(2) 李某的考试焦虑是如何逐步形成的?

(3) 李某可以通过哪些方式缓解学习焦虑和考试焦虑?

时代寄语:中国共产党人依靠学习走到今天,也必然要依靠学习走向未来。

——习近平

"学习"对于我们大学生来说,是熟悉得不能再熟悉的事情。从"咿呀"学语到能说会道甚至娴熟地掌握几门外国语言;从蹒跚学步到掌握复杂的实践操作技能;从出生到幼儿园,从小学到初中,然后高中、大学,我们每天都在学习。那么,什么是学习?大学学习学了些什么？大学学习与以往的学习又有哪些不同之处？怎样调适学习心理问题？怎样提高学习能力？这些问题都是本章需要解答的问题。

第一节　大学生学习的特点

案例 7-2　小李的烦恼

小李一直期盼着考上大学后的放松，可是真的进入大学校园，没有了老师、家长的督促和高考的压力，他感到很失落。他在享受了很短时间的自由之后，突然间感觉到了空虚和恐慌，不知道如何安排自己的大学生活？

一、什么是学习

学习(learning)是指依靠经验的积累而引起的动物或人类的行为产生的持久的变化的过程。也就是说，学习集中地表现为由经验的积累而持久地改变行为的过程，这是广义的学习，这个概念包含以下几层含义：

1. 学习的结果就是学习者行为的改变　从神经生物学的角度来看，学习就是在神经元之间建立联结。例如，我们学习书写，经过反复练习，积累经验，掌握了书写的要领学会写字了。在这一学习过程中，学习者行为的改变就是从不会写字变为会书写了，这就是学习的结果。

2. 强调经验的作用　那些不依靠经验的积累而产生的行为变化，不是学习。例如，我们在初中阶段变声期产生的声音变化，这纯粹属于生理现象，它与我们经验的积累没有多大的关系。如果我们经过反复练习与训练学会了美声唱法的技巧，我们也因此可以用美声唱法来演绎歌曲，这就是学习的过程。

3. 行为变化的持久性　学习过程中神经元之间的联结的建立是持久的，学习就相当于在脑中打开通路。例如，我们学习某一数学公式时，偶然套用这个公式解决了某个数学问题，但不能由此断定我们学会了这个公式。只有当我们能够理解这个公式的含义、掌握公式运用的条件并能灵活运用它来解决数学难题时，才可以说我们学会了这个数学公式。因此，可以说学习所引起的行为变化具有相对稳定性。

二、大学生学习的特点

经历十数年的寒窗苦读，经过高考的洗礼，我们总算踏进了大学校园。我们可以在新的环境里汲取知识，开始崭新的学习生活。大学学习已经明显不同于我们在大学以前的学习。大学生学习具有以下几个特点：

1. 学习的自主性　大学生学习除了课堂时间以外还有大量的课余时间。这些时间都是留给学生自主学习的时间。由于高等教育的教学内容大幅增加，课堂上老师不可能面面俱到地讲授每一个问题，他们只是讲解知识重点、难点、理论框架，或是一些前沿问题，或是一些个人心得感悟和研究成果。老师不再注重知识的传播和灌输，而注重传授学习方法，培养学生积极思考、自主学习的能力。因此，与中学生相比，大学生有很多可自由支配的时间，这就要求我们大学生具有较强的学习计划能力、自学能力、自我监控与调节的能力。此外，现在的大学课程通常采用自主选择的方式，大学生可以根据自身情况，自主选择学习内容。如果我们还采用高中或者高中以前的学习方法，等待老师的讲授，不主动自学，我们将很难适应大学学习生活，我们所学的内容也将十分有限，个人的学习能力也得不到提高。此外，大学生学习的自主性还表现在大学生学习需要有自主创新的能力。通过发现式学习，研究式学习，创造新知识、新技术。

2. 学习的专业性　大学教育具有明显的职业定向特点。大学生的学习是在确定了基本的专业方向后进行的。我们每一名大学生都有自己的专业，因此大学生的学习是与专业的学习分不开的。无论是根据自身兴趣选择的专业，还是盲目选择的专业，抑或迫于家人的期望作出的专业选择，无一例外的是我们每一个大学生都有自己的专业。大学生的学习就是专业的学习，是既要掌握与专业相关的基础知识与核心知识，又要了解本专业的经典理论和前沿知识。为自己未来的职业生涯奠定坚实的基础。

3. 学习的广博性　大学生学习的内容十分广博。我们需要掌握的知识范围大，内容多，方面广。我们要学习几十门甚至上百门课程。我们不仅要学习专业知识，也要学习专业以外的知识，还要学习和训练专门的技能，全面提升素质。不仅要有大量的课堂学习时间，也要有大量的自主学习时间，还需要有很多的社会实践经历。可以说大学生的学习是一个全面的学习，绝不简简单单是书本知识或专业知识的学习。具体大学学习的内容见下节“大学学习学什么”。

4. 学习的多元性　大学生学习的多元性是指大学生的学习方式、学习途径是多种多样的。大学的课堂也是丰富多彩，有智慧课堂、慕课等多种形式。自学、实习、见习、社会实践、交流讨论、听学术报告和专题讲座、借助图书馆资源、参观、调查、互联网等等都是大学生学习的重要途径。此外，组织、参与校园文化活动、社团组织、社会公益志愿活动等等也是大学生学习不可或缺的方式。

思考题

想一想，大学学习与中学的学习有何不同？

第二节　大学生常见学习心理问题

案例 7-3　纠结的琪琪

琪琪，女，大二学生，高中学习成绩非常优异，进入大学以来一直对自己要求很高，但是成绩平平。她这样描述自己的大学生活：每学期开始时总是给自己制定很多的学习计划，但是从来没有按时完成过，经常打算去上自习，但是一旦有朋友邀约一起出去玩，便忍不住改变自己的计划，觉得改天学习也未尝不可。无论老师布置的作业预留的时间有多长，她总是一边拖延，一边愧疚，最终在截止日期前仓促完成，结果对取得的成绩很不满意，因而对自己感到自责和内疚，觉得如果有计划地学习，肯定能取得更好的效果。琪琪很想改变这种现状，但不知从何下手。

大学生学习心理问题是指影响学生正常学习行为和学习效能的心理因素或心理状态。大学生从“要我学习”的被动学习者变为“我要学习”的自主学习者，从单纯地应对升学、考试到需要全面规划学业、人生，从以学习知识为主地学习到侧重能力的学习，大学生的学习难度明显增加。这对每一个大学生来说都是一个挑战。虽然大多数学生都能经得住这样的考验，顺利地完成学业。但几乎每一个学生都经历过不同程度的学习困难时期。造成学习困难的原因很多，心理因素是其中最主要的原因。大学生常见的学习心理问题包括：学习动机不当、考试焦虑、学习疲劳、学业拖延和专业与兴趣的冲突。

一、学习动机不当

（一）什么是学习动机

学习动机是推动和维持人们产生学习需要和活动的内部机制。它是将学习愿望转变为学习行动的心理动因，是发动和维持学习的力量。学习动机反映了学生的学习需求与学习愿望，并体现在自觉有目的的、与克服困难相联系的学习行动中。

大学生学习有一个明确的学习动力系统，该系统由学习动机、学习兴趣和学习态度组成。学习兴趣是学生的内部动机在学习上的体现，它来自学生内部的好奇心、求知欲和抱负。例如，我们读一本非常喜欢的书，或者一篇非常有感觉的文章，兴致勃勃，恨不得一下子就读完它。这就是直接学习兴趣的力量，它可以让我们在学习中体验到愉悦和满足。再如，有的同学对在法庭上能言善辩的大律师非常向往，于是非常努力地学习法律知识，训练自己的口才，准备以后做一名非常有影响力的律师。这是间接学习兴趣对我们学习的推动作用。学习态度则反映了学生对学习的情感是喜欢还是厌恶，学习行动上是主动钻研还是被动应付。

（二）学习动机不当的表现

学习动机对学习活动起着发动、维护和推进的作用，但并不意味着学习动机的强度越大，学习效果就越好。心理学的研究表明，只有恰当适度的动机水平才能促进学习效果。大学生学习动机不当主要表现在两个方面：一方面学习动机不足（学习没劲）；另一方面，学习动机过强。

专栏 7-1 叶克斯—多德森定律——学习有最佳动机水平

在各种活动中都有一个动机最佳水平问题。叶克斯—多德森定律指出：在简单任务中，动机强度与效率成正相关；而在复杂任务中，中等动机水平最有利于表现。这种现象，是叶克斯和多德森通过动物实验发现的。如图 7-1 所示，随着难度的增加，动机最佳水平有逐渐下降的趋势，这种现象称为叶克斯—多德森定律。

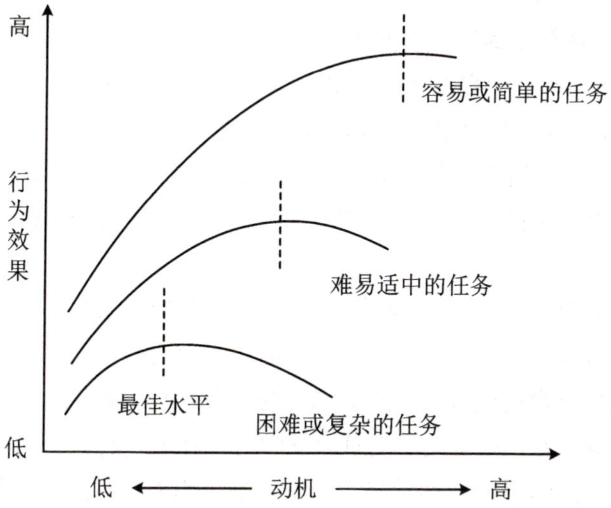

图 7-1　任务复杂度、动机强度和学习效率的函数关系图

1. 学习动机不足

(1) 没有明确的学习目标：既没有长期目标，也没有近期目标，对自己在大学期间以及每学年、每学期学习上要达到什么要求，内心没有标准，得过且过，浑浑噩噩过 4 年。

(2) 没有学习计划：从不考虑每天的时间怎么安排，学些什么，读什么书，如何在很多课程中合理分配时间和精力。学到哪，就到哪，过一天算一天。

(3) 学习没有成就感：没有抱负和理想，缺少求知欲，缺少压力、紧迫感，缺乏进取心。觉得学习成绩没有用，“60 分万岁”，甚至认为那些学习非常用功的学生是“傻瓜”“异类”“外星人”，“学得好不如混得好”，大学时光是用来潇洒和享受的。

(4) 学业倦怠、逃避学习：校园里流行这样的名言：“选修课必逃，必修课选逃”“不逃课的大学生活是不完美的”。即使来上课了，也是身在曹营心在汉，一上课就没精打采，要么睡觉，看闲书、玩手机，要么老师在上面讲，自己在下面和同学聊得火热；下课则生龙活虎。课程作业能拖就拖，能蒙就蒙，或者干脆直接复制网上的或抄袭同学的，更有甚者直接花钱找人代做；把主要精力放在玩游戏、上网、谈恋爱等事情上；也有些同学逃课缘于迷恋刷短视频、低水平的兼职工作等。

2. 学习动机过强

(1) 成就动机过强：争强好胜，过于看重结果，急于取得成就并超过他人。期望和抱负远远超过自己的实际能力。害怕失败，只追求成功，不能容忍自己的任何失败。心理压力大，精神紧张。

(2) 奖惩动机过强：过度追求学习成绩好的奖励，避免受到惩罚。例如，有的同学努力学习就是为了期末能拿到奖学金，能被别人看得起，不辜负父母对自己的期望。非常看重学习成绩，而不注重学习能力与专业素养的提高。

(3) 学习强度过大：每天把所有能挤出来的时间都用在学习上，不给自己安排合理的休息、娱乐、放松时间，偶尔放松了一把，会自责很久，常常处于疲劳状态，并且学习效率很低，精神压力大，对学习产生厌烦、恐怖情绪，甚至影响睡眠质量。

（三）大学生学习动机不当的心理原因

1．*自我意识有待健全* 大学生处于自我意识健全的关键阶段，生理成熟推动心理自我快速发展，却也带来诸多困惑。他们常对自我感到迷茫，在自信与自卑间徘徊，思索人生重要问题。外界环境的影响使大学生对学业和未来充满不确定，容易因学校、专业、老师、社会传言等因素，产生负面情绪，对自己缺乏清晰认知，学习动机不稳定，时而积极时而厌学。

大学生的自我调控与自我意识发展密切相关。面对新环境产生的负面情绪以及学习的计划性要求，他们在自我调控方面还有待提升。需要学会合理规划学习，正确运用外部学习动机激励自己，避免盲目模仿他人，防止因一时挫折而放弃努力。

2．*对学习的认知偏差* 很多大学生对大学学习存在着这样或那样的认知偏差，对学习动机有较大的影响。比如，有的同学觉得大学学习毫无用处，于是学习动机明显不足。有的同学非常看重课堂学习与考试，把全部时间都放在书本专业知识的学习与考试上，这会导致学习动机过度。大学学习是围绕专业进行知识结构的建构与能力的培养。大学生需要合理的知识结构与比较广博的知识范围，需要在学习中培养能力，提升综合素质。

3．*学习方法不当* 高中的学习方法已经不能适应大学学习。如果大学生继续运用高中的学习方法进行学习，就会感到不适应，有很大的学习压力，对学习动机产生很大影响。不恰当的学习方法会影响学习效率、效果，挫伤学习积极性，严重影响学习动机。

4．*心理障碍的影响* 有少部分同学心理健康状况比较差，受心理障碍、心理疾病的困扰，心理不健康状态对学习动机产生严重影响，导致其中相当多的同学不能维持学业。例如，患有抑郁症的同学学习动机比较容易受抑郁状态的影响，可能很多时候他们学习动机过强，而处于比较严重的抑郁状态下，学习兴趣、学习动机消失殆尽。

（四）大学生学习动机不当的心理调适

1．*认识自我，健全自我意识* 通过参照他人，通过分析自己的活动结果，通过自我观察来认识自我。客观认识现实我与理想自我之间的差距。树立积极恰当的自我概念，确定自己的价值观、人生理想、兴趣、性格等各个方面。根据自身实际逐步树立比较实际可行的学习目标，包括制定长期目标、短期目标与近期目标。形成积极而适度的抱负水平，建立合理的期望，从积极期望入手，在完成小目标的过程中培养成就感，不断尝试分析问题，解决问题，保持好奇心，追求真知、真理，保持不断进步的良好状态。比如，英语基础好、自学能力强的学生能一次顺利考过英语四、六级，而英语基础差且自学能力较弱的大学生从心理上就不要盲目去“攀比”。没有必要给自己也确立“必须一次过级达标”的目标，其实只要自己努力学习，善于总结学习规律和有效的学习方法，激发和维持学习兴趣，使成绩一次比一次提高，最终通过考试。这种经过多次努力而通过考试，也是一种学习的成功和超越，应该值得肯定并让自己感到满意。

2．*转变对大学学习的认知，进一步明确大学学习的意义* 明确学习的重要意义是培养和激发大学生学习动机的首要条件。当我们认识到今天的学习是为了明天的幸福生活，为了生存的需要，为了社会与个人的发展，学习就有了责任心和紧迫感。学习是为了自己，是对自己未来负责任的行动。只有不断学习的人才有可能赢得未来的竞争，个人的发展与成功。

3. *加强自我调控，创造良好的学习氛围*　大学生需要不断加强自我调控能力。掌握较多有效地应对负面情绪的方式，可以使自己保持较好的心情和学习动机。另外，加强自我控制能力，可以有效地制定与完成学习计划，也可以减少外在氛围对自己的影响。但外在氛围对人有较大的熏陶作用和约束作用。当我们置身于浓郁的学习氛围之中，就会受到感染，不知不觉地对学习产生兴趣，从而激发起积极的学习动机。当我们置身于一个有浓郁学习氛围的宿舍、班级，如果每个同学都认真学习，那么这个宿舍、这个班级就会产生互相促进、共同进步的浓郁学习氛围，从而激发和增强每个人的学习动机。因此，我们可以通过自己和身边同学的共同努力的学习行为，营造良好的学习氛围，以激发我们每一位同学的学习动机。

4. *激发和培养学习兴趣*　大学生应当通过培养学科的兴趣和技能来激发和增强学习动机。当我们开始学习一门新的学科时，常常由于新奇感而产生较强的求知欲，随着学习的不断深入，难度逐渐加大，好奇心就会逐渐丧失。所以要想办法激发、培养和维持这种学习兴趣和好奇心。兴趣是学习活动的动力。只有保持住这种激情才能激发和增强学习动力，使学习任务顺利完成。

专栏 7-2　有效地学习：刻意练习

安德斯·艾利克森在其著作《刻意练习：如何从新手到大师》中提出了“刻意练习”的概念，这是一种系统性、有目的的练习方法，旨在提高在特定领域的表现水平。与“一万小时定律”不同，它不仅是反复练习，而是通过有策略、有目标地练习，确保每一次努力有实际进步。

刻意练习的特点包括有目的地练习、专注、及时反馈和不断突破舒适区。它强调了心理表征的重要性，例如，专家在特定领域中大脑里构建的详细和结构化的心理模型，这些模型帮助专家高效地组织信息、制定计划和执行在常人看来非常复杂的任务。

如何进行刻意练习，书中给出了以下关键的操作要点：树立高目标、保持动力、反复练习形成套路、不断反馈和调整、跳出舒适区和停滞区。下面以提高自己的学习能力为例，应用刻意练习的原理：

(1) 设定明确且有挑战性的目标：确保你的学习目标是具体可行且有一定的难度，需要努力才能够达成的。例如，设定“在接下来的六个月内，通过每天练习，将我的阅读理解速度提高 25%”这样的明确且有一定难度的目标。

(2) 理解并应用学习原理：掌握一些基本的认知学习原理，比如大脑学习原理和记忆规律，这些策略可以增强记忆和理解能力。

(3) 分解任务与适应性调整：将复杂的学习材料分解成小块，集中练习，然后逐渐组合。根据学习效果反馈，灵活调整策略和计划，以适应不断变化的学习需求。

(4) 主动学习与反馈：采取主动学习的方法，如通过给他人讲解知识点或应用所学知识来加深理解。同时，通过测试和自我评估来获取反馈，了解自己的学习进度和需要改进的地方。

(5) 保持动机和建立习惯：找到激励自己的内在动力，如对特定主题的兴趣或个人成长的需求，并建立固定的学习习惯，形成稳定的心理表征，以确保持续和有效的学习。

5. 探索合适的学习方法　大学学习进度快、疑难多，学习自立性和探索性大，所以，大学生要根据大学学习特点，掌握一定的学习技能和学习方法，以提高学习效率，克服学习中的困难，从而保持适度的学习动机。

6. 增进心理健康水平　健康的心理状态会有利于我们的学习与学习结果。增进心理健康水平可以促进我们树立适度的学习动机，保持良好的学习兴趣，极大地促进学习成绩提高，学习能力发展和综合素质全面提升。

二、学习与考试焦虑

学习焦虑是指学生感觉到由于不能达到预期学习目标或不能克服学习上的各种困难，导致自信心受挫，而形成的一种带有恐惧情绪和紧张不安的精神状态。这种精神状态往往是在大学生面对学习上的矛盾与冲突时心理失去平衡而造成的心理压力下形成的。

考试焦虑，是指在考试情境下(通常是考试前与考试中)，以担忧为基本特征，以防御或逃避为行为方式，认知评价能力受到一定侵扰，通过不同程度的情绪性反应所表现出来的一种心理状态。

焦虑可分为3种水平：轻度焦虑、中度焦虑和重度焦虑。轻度和中度焦虑可以增强学习活动的效果，也有利于考试的发挥；但重度焦虑会阻碍学习活动，也严重影响考试临场效果。长期处于重度焦虑状态的学生很难完成学业。

(一) 大学生过度的学习与考试焦虑的表现

(1) 学习压力大，精神高度紧张，心情压抑，情绪躁动、不稳定。

(2) 担忧过度，怀疑自己的学习能力，感觉自己怎么也学不好，对可能取得的考试成绩忧心忡忡。

(3) 易夸大学习中的困难，紧张不安，心神不宁。

(4) 注意力易涣散，思维迟钝，记忆力下降。

(5) 反复出现失眠、心悸、尿频尿急等生理症状。

(二) 大学生过度地学习与考试焦虑的原因

1. 自我意识不健全　对自己缺乏足够的信心与确定感，认为自己学习能力不行，认为自己很难完成学业与考试。

2. 成就动机过强　由于对自己期待过高，迫切希望通过取得好成绩以超过别人。

3. 错误的认知观念　往往很多学习考试焦虑的同学都存在较多错误的认知。比如，有同学认为焦虑是没必要存在的，任何的焦虑都会影响学习与考试。而正确的观念是：焦虑是经常存在的，轻度焦虑有利于我们的学习，过度焦虑才会严重影响学习。过度焦虑时，我们的认知观念往往会变得不理性，往往会产生很多否定自己、夸大困难的想法。例如，过度焦虑时,从没有挂过科的我们会怀疑自己这次考试通过不了,即使我们准备得比较充分。

4. *缺乏调节焦虑情绪的方法*　已经十分焦虑和紧张了,还强迫要求自己不要紧张。试图忽略、否定自己的焦虑和紧张感受,明明知道是在自我欺骗。如此,循环往复,自己越来越紧张,甚至掺杂自责和自我贬损等情绪。

(三) 大学生过度的学习与考试焦虑的调适

1. *健全自我意识,增强自我学习效能感*　确立适当的学习目标,保持积极、适度的学习动机。运用爬山法,把大的学习目标划分为许多小的可以有效完成的学习目标。通过一个个小的目标完成,来完成大的学习目标,同时在学习的过程中,学习目标的逐步实现可以不断增强学习的成就感与自我效能感。

2. *合理计划与运用学习时间*　尤其是在考试之前充分复习,掌握一定的学习方法,利用好学习时间,牢固地掌握与运用知识是克服考试焦虑的最佳方式。

3. *调整认知法*　有焦虑情绪不要紧,关键是我们是否敢于面对它,不否认它,不强迫性压制焦虑情绪;而是接纳自己的焦虑情绪。只要焦虑情绪不严重影响到自己的学习生活,就保留这些情绪状态;因为焦虑是经常存在的,轻度焦虑有利于我们的学习,过度焦虑才会影响学习。因此,应对焦虑情绪的关键是,我们能否把它控制在一个合理范围内。当我们处在比较激烈的焦虑情绪状态下,我们头脑里可能会冒出一些否定自己,夸大学习困难之类的想法。这时我们不能被这些非理性的想法所左右。要等到焦虑心情有所平复,恢复到一个比较平静的状态下,再来客观评价这些观念。用理性、现实的态度检验这些观念,并用合理、现实的观念替代那些不合理的观念。

4. *学习更多的调整焦虑情绪的方法*　常用的方法有:运动、倾诉等宣泄法,注意力转移法,放松训练、自我激励、系统脱敏等。当然寻求学校心理咨询中心的帮助也是一个不错的选择。

课堂活动 7-1　应对焦虑:呼吸法

1. 4-7-8 呼吸法

(1) 闭上嘴巴,用鼻子轻轻吸气,数到“4”。

(2) 然后屏住呼吸,数到“7”。

(3) 之后完全用嘴巴呼气,发出“呼”的声音,数到“8”。

这是一个完整的循环,重复这个过程至少 4 次,以确保持续和有效地学习。

2. 腹式呼吸

(1) 吸气的同时心里默数 4 下。

(2) 然后屏住呼吸,默数 4 下。

(3) 接着呼气,默数 4 下。

(4) 最后再次屏住呼吸,默数 4 下。

这是一个循环,可以重复几次。

三、学习疲劳

学习疲劳是大学生学习中常见的问题之一。学习疲劳是指长时间持续进行紧张的学习，久而久之导致个体身心劳累、注意力分散、学习效率下降且难以维持学习的现象。

（一）学习疲劳的表现与原因

学习疲劳包括生理疲劳和心理疲劳两种。生理疲劳是指身体上的疲劳，如劳累、打瞌睡、长期一个动作或姿势导致肌肉麻木、僵硬，眼球胀痛、头晕、腰酸背疼等。心理疲劳通常是由于长期从事心智活动，大脑得不到休息引起的，表现为思维迟钝、注意力涣散、情绪烦躁、厌烦等。在学习中的具体表现有学习错误增多、学习效率下降、对学习产生厌烦、厌倦情绪等。在学习疲劳中，心理疲劳是主要的。

学习疲劳是一种保护性抑制，是由于在长期、枯燥的学习活动中，大脑得不到休息，脑细胞处于抑制状态所引起的心理反应。一般经过适当的休息，学习疲劳可以得到恢复，这是符合生理、心理规律的，对大学生的身心发展不会造成什么影响。但如果长期处于疲劳状态下，强迫大脑有关部位持续保持兴奋状态，会导致大脑兴奋与抑制过程的失调，严重的会引起神经衰弱，就会严重影响到正常的学习生活。

大学生学习疲劳的原因有以下几个方面：① 长时间超负荷学习，学习压力大，学习动机过强，用脑过度，没有得到适当的休息；② 学习内容难度大，难以激发学习兴趣，但不得不学，只好强迫学习；③ 学习方法运用不恰当，学习不得其法，对学习内容也很难有兴趣。

（二）学习疲劳调适

1. *调整学习动机，保持适度的学习动机*　为自己设定现实、可行的学习目标。不去盲目追求很难甚至根本无法企及的目标。

2. *学会科学用脑*　大脑神经的兴奋和抑制有自身节律，用脑要遵循生理、心理规律，讲究卫生。科学用脑需掌握技巧，比如成人注意力集中时间为25～30分钟，学习30分钟后应适当休息或户外运动。合理的营养和饮食结构影响大脑功能。此外，将逻辑思维与形象思维学习活动结合，能防止疲劳，如学理论知识后听音乐、看风景。

3. *培养学习兴趣*　兴趣是最好的老师，为枯燥的学习创造乐趣和意义，例如，某中医学院的学生这样来记忆方剂中的玉女煎："玉女煎：十亩麦地一头牛（石膏、知母、麦冬、熟地、牛膝），胃热阴虚玉女愁"，这枯燥难记的中药成分变成形象、幽默便于记忆的趣味歌诀。

4. *创立并利用良好的学习环境*　在有学习氛围、空气清新、整洁、安静的环境里，能使人心情舒畅，可以防止学习疲劳，增强学习效果。

四、学业拖延

（一）学业拖延的表现

当前大学生学业拖延现象十分普遍，学业拖延形式表现多样，如英语词汇表永远停留在"A"序列，作业（论文、实验报告）不管老师留有多长的时间，总是在上交前的最后一段时间突击完成，平时不看书，考前挑灯夜战，临时抱佛脚，学业管理性事务（选课、填表格、签到等）被动，制定的计划总是无法按时完成。拖延是个体即使能意识到拖延的负性后果，仍然主观地、有意识地延迟或回避为实现某个目标所必需的行为。拖延包括:行为意向与实际行动之间存在差距;不良的行为表现;心境的变化。学业拖延是常见类型,即学生在学习有关活动方面的拖延行为。学业拖延是个体明明知道即使会带来负性后果,但仍然自愿地延迟完成那些需要在固定时间里完成的学习任务。学业拖延不仅给大学生的学业成绩和个人发展带来负性的影响,同时拖延对个体身心健康也带来负性影响。当时间逼近任务期限时,拖延者的焦虑、抑郁水平都高于非拖延者,给个体造成巨大的心理压力。

(二) 学业拖延的原因

造成大学生学业拖延的原因多种多样,总体归纳为以下几个方面:

1. *害怕失败以及任务难度过大*　当大学生面对一项任务时,如果其难度评估过大,则会产生焦虑的情绪体验,而为了缓解焦虑情绪,就不自觉地选择回避这种情景或任务而产生拖延行为。难度越大的任务,越容易失败,大学生会使用拖延行为来回避失败。

2. *完美主义人格*　完美主义是一种力求高标准地完成任务并伴随批评性自我评估倾向的人格特质。研究表明完美主义倾向和学业拖延之间存在显著的正相关。具有高完美主义倾向的个体对自己要求苛刻,在没有十足的把握成功完成某项活动时,便会迟迟不肯采取行动,因而产生拖延行为。

3. *缺乏正确的时间管理策略*　拖延的核心概念界定是错过最佳时间的延迟行为,因此,能否对时间有良好的控制及正确的感知对拖延产生影响。有的学生对任务完成估计得过于简单,认为自己在很短的时间内能够完成,但是在实际做的过程中,发现会遇到很多事先没有料想到的困难和突发事件,从而影响任务完成的质量,产生内疚心理。另一种是时间估计的误差,是同学认为自己需要很长或完整的时间段才能完成一项任务,所以不自觉地浪费许多零散的时间。

4. *学业拖延是一种自我防御机制*　人对自己能力的评价通常是根据自己既往的成功经验而确定的,事件的成功与自己的能力评价之间是一种等价关系,但是如何降低失败造成的自尊心的打击,拖延就是一种自我防御手段,个体可以评价自己的失败并不是由于自己的能力差造成的,而是因为自己有拖延行为,为自己的失败找到可以接纳的理由。

(三) 学业拖延的调适

1. *学会时间管理,合理利用时间*　人生最宝贵的两项资产,一项是头脑,一项是时间。无论你做什么事情,即使不用脑子,也要花费时间。因此,管理时间的水平高低,会影响你的学习和生活的效率和体验感。首先,要学会分清事情的轻重缓急,了解一个原则:要事第一。确定对自己最重要的事情,不管是否紧急都需要平时主动处理,只有这样,才会变得越来越从容,真正能游刃有余地安排自己的生活(图 7-2)。其次,要了解自己的智力周期,和身体生物钟一样,每个人的智力存在周期变化,如何利用自己最高效的时间段去处理最重要或者难度最大的事情,将会得到事半功倍的效果。此外,其他的时间管理技巧还包括给制定的计划留有弹性的时间,合理利用零散的时间,创造不受干扰的学习环境等。

2. *学会目标管理,降低任务难度*　进入大学后,同学往往志向远大,给自己设立许多目标,大到自己将来能够成名成家,小到这学期能够通过英语四、六级或者计算机等级考试。但是往往由于目标过于远大或者概括化,具体实施时显得虎头蛇尾,因而产生自责和内疚。

那么怎样的目标才是合理的呢?

四象限时间管理法	
重要且紧急(危机象限) 马上做(1)	不重要但紧急(盲目象限) 授权做(2)
重要不紧急(筹备象限) 重点做(3)	不重要不紧急(浪费象限) 减少做(4)
Why 把事情按照轻重缓急，理性分类；目的是把精力留在做重要的事情上，避免琐碎不重要的事项消耗时间和精力。	
What (1) 危机象限:重要且紧急的事马上做。 (2) 盲目象限:不重要但紧急的事授权做。 (3) 筹备象限:重要不紧急的事提前做。 (4) 浪费象限:不重要不紧急的事减少做。	

图 7-2　时间管理表

专栏 7-3　最简单实用的设定目标原则——SMART 原则

SMART 原则主要遵循以下 5 个步骤(SMART 是 5 个步骤首字母的英文缩写):

(1) 设定的目标必须是具体的(specific),比如把目标设定为“今天用一个小时复习单词表的 A 序列”比“要背完整本单词表”要具体得多,可操作性更强。

(2) 可以衡量的(measurable),可以通过简单明了地核查来确定是否达到目标。

(3) 可以达到的(attainable),目标的设定是根据自己的能力和精力而设置的,中等难度的目标较为适宜,既有一定的挑战性,也不是高不可攀。

(4) 实实在在的,可以证明和观察(realistic),目标是具体的可量化和可观察到的。

(5) 必须具有明确的截止期限(time-based),有一个最终完成的时间,有一定压力。

如果大学生能有对自己的目标进行管理的意识,会把长远和模糊的目标转化为近期的和操作性强的目标,那么就会一步步地接近成功和实现自己的理想。

3. 正确地看待完美主义　完美主义是一把双刃剑,积极的完美主义能够使得任务出色和优质地完成,但是消极的完美主义则会滋生拖延。“月满则亏,水满则溢”,追求完美没有错误,但不要固执于完美。心理学通过实验研究发现不同的竞选者在竞争同一岗位时,各方面条件类似的候选人,胜出的往往是各方面都较为优秀,但同时有一些小小缺陷的人,因为这样的人更加亲切和真实。所以要正确地看待完美主义,接受不完美中的完美。

五、大学专业和爱好的冲突

案例 7-4　日益优秀的男护士

李明是一名男护士，刚踏入护理专业时，他心里满是纠结。社会上普遍认为护理是女性的职业，他觉得自己一个大男人干这个，实在不匹配，很不适应。课堂上那些护理知识，他听得也有些心不在焉，对未来充满迷茫。

但随着学习深入，李明渐渐有了不一样的看法。在实习过程中，他看到医院里护士人手紧张，尤其是男护士更是稀缺。在一些需要体力的护理操作中，比如搬运重症病人、协助康复训练等，男护士的优势十分明显；而且在面对一些情绪激动的患者时，男护士的沉稳也能起到很好的安抚作用。

他开始重新审视自己的专业，意识到男护士在临床中有着不可替代的价值；就业市场上，男护士也备受青睐，有更多的发展机会。当他用心护理患者，看到病人在自己的照顾下逐渐康复，脸上露出笑容时，成就感油然而生。

现在的李明，已经完全认同了自己男护士的身份。他穿梭在病房之间，熟练地进行各项护理操作，耐心地解答患者的问题。他不再为自己的选择而懊恼，反而庆幸自己坚持了下来，这个岗位也使得自己的人格不断成熟和完善。在他看来，能在这个岗位上发光发热，帮助患者恢复健康，就是最大的价值。

（一）专业和兴趣冲突的表现

部分大学生进入大学以后，发现自己的兴趣爱好、能力特长和自己所学的专业相去甚远。自己对某一专业的想象和现实的差异很大。一些性格外向活泼，喜欢人际交往的学生，选择了需要细心仔细的会计专业，一些性格内向不善言辞的学生却选择了需要和人进行交流互动的销售、管理或教育专业；有的学法律的同学，最初对法律专业的感性认识，可能就是那些能言善辩的律师形象，但是真正学习该专业却发现学习法律需要大量较为枯燥和机械性的记忆知识，甚至并不是所有的同学都最终能够成为律师，从而产生较大的心理落差。

（二）专业和兴趣产生冲突的原因

1. 理想和现实的差距　高中生对大学充满了期待和向往，发现进入大学后所学的专业和自己的想象差距很大。产生差距的原因有：一方面，学生由于涉世未深，对某一专业认识可能仅仅是社会上该行业中的精英形象和一部分光鲜的工作内容，从而理想和现实之间产生较大的差距。另一方面，很多高校最初开设的都是专业基础课程，而这类课程由于其自身特点，相对理论性偏强，应用性和趣味性较弱，从而使得学生对专业学习产生失望的情绪。

2. 被动选择专业　高考填写志愿时，很多学生和家长事先可能对某一专业并不十分了解，一味填报热门专业，或填报某专业是不得已的选择，又或被调剂到某专业。因而进入高校后出现对所学专业不感兴趣，学起来感觉费力。

3. 对专业了解不深入　大学课程门类众多，老师的教育方法和学习要求与高中时有很大差距。大学的学习更加强调学生的自主学习、探索式学习和同伴学习，很多同学由于没有及时意识到在学习方法上需要改进，进而出现学习困难，因此，对专业的了解非常狭隘和片面。未曾深入了解本专业便武断地认为该专业不适合自己，从而产生厌学情绪。

（三）专业冲突问题的调适

1. 了解自己的职业兴趣取向　中国有句古语“人贵有自知之明”，在校大学生要对自己的能力和兴趣有全面、客观地认识。第一，“以人为镜”，在人际交往的过程中，通过他人的评价了解自己的能力所在。第二，“以史为镜”，从自己过去成功和失败的经验中了解自己的优势和劣势。第三，“以测评为镜”，即通过专业的心理测评了解自己的职业兴趣取向，从而对自己的职业发展有理智地了解和评价。

2. 干一行爱一行，还是爱一行干一行　人生其实就一个选择的过程，每个十字路口都面临着选择，选择一条路就意味着放弃另一条路的风景，是个舍得的过程。当进入大学后，每位同学都已经选择了某个专业，如果对自己的专业产生了厌学情绪该何去何从呢？第一，深入了解本专业，有的同学因为对专业的具体情况和未来发展并不是十分清楚，先要对自己的专业进行全面深入地了解。可以通过老师、高年级的师长或已经走上工作岗位的历届毕业生更加全面、立体和感性地了解所学专业，认识该专业的发展前景、社会价值。同时，也要认识到专业和工作也可以培养和塑造一个人的性格——例如案例 7-4 中的男护士，通过长期从事护理工作变得细心、谨慎、有强烈的责任感和爱心——进而认同本专业的价值，培养了自己的专业兴趣，不轻言放弃。第二，如果通过深入了解、深思熟虑，发现自己的兴趣、能力和专业实在差距太大，那么可以考虑其他的可能性，比如有的学校可以申请转专业，或者开设了相应的辅修专业，这些都是可供选择的途径，又或通过跨专业考研来达到换专业的目的，也可以选择把自己的兴趣当成业余爱好，成为生活的调味剂。第三，了解大学的教育虽说专业很重要，但作为大学生还要学会一些共性的东西。联合国 21 世纪教育委员会对于大学学什么提出了较为概括的阐述：学会求知；学会做事；学会共处；学会做人。这些和专业学习一样，对我们的大学生活乃至一生来说都是一笔宝贵的财富。

思考题

你的专业和兴趣爱好存在冲突吗？你是如何调适的？

第三节　大学生健康学习心理的培养

一、大学生健康的学习心理

学习心理主要是指学生学习过程中产生的心理现象及其规律。培养大学生健康的学习心理，对于增进大学生心理健康水平，促进大学生成为学有专长的高级人才，具有十分重要的意义。大学生健康的学习心理主要表现在如下几个方面：

1. 健康的学习动力系统　包括适度的学习动机，良好的学习兴趣，积极的学习态度。

2. 良好的学习能力　是顺利完成某种活动所必需的，并且直接影响活动效率的个性心理特征。学习能力就是顺利完成学习活动所必需的，并直接影响学习效率的个性心理特征。

3. 健康的学习行为　包括张弛有度的有效学习行为与良好的学习习惯。

二、大学生健康学习心理培养

（一）大学生健康的学习动力系统培养

大学生健康的学习心理培养不仅要培养健康的学习兴趣与适度的学习动机，更要培养健康的学习态度，因为其健康的学习动力系统来源于此且表现在健康的学习态度上。

1. 什么是学习态度　学习态度是指学习者对学习所持有的一种持久且稳定的反应倾向。这种倾向不仅从学习者的学习行为中表现出来，而且还从学习者对待学习的认识、情绪情感、注意状态以及意志状态等方面显现。

2. 大学生健康学习态度的培养

(1) 激发和培养浓烈的学习兴趣，促使大学生对学习产生积极、恰当的认知。所谓“兴趣是最好的老师”。当我们对大学学习产生浓烈的兴趣后，我们就会产生牢固的内在学习动力系统。我们也会对学习产生积极、恰当的认知，能够明确学习的目的、目标和意义。我们也因此会对大学学习产生健康、积极的学习态度。我们会真正做到“我要学”，采取主动、自主的方式进行学习。

(2) 培养积极的学习心态，在学习中合理掌控不良的情绪，增进积极情绪。当我们在学习中经常体验到积极的情绪，如愉悦感、满足感、成就、骄傲的感觉乃至平静、放松的心态，而很少甚至根本没有感到很厌倦、痛苦乃至压抑，我们把学习继续下去就不会有任何的困难。当我们遇到困难时，我们也可以调整自身情绪状态，克服困难，把学习坚持下去。因此，在学习中培养和增进积极的情绪体验可以促进健康学习态度的培养。

(3) 培养积极的学习行为，养成良好的学习习惯。比如，在学习中不断采取自我激励、自我奖赏的行为可以增进积极的情绪体验，促进积极、健康的学习态度产生。比如，制定学习计划，根据实际情况监控学习进程，计划完成后做总结等学习行为都能促进健康、积极学习态度的养成。当我们长期、不间断地进行这些积极的学习行为，这些行为就会形成学习习惯。长期的习惯就会成为自然，当那些健康、积极的学习行为成为自然时，我们就可以感受到更多的学习乐趣，更少地需要意志努力来调控学习行为了。

（二）大学生学习能力的培养

学习能力一般是指个体记忆、理解与灵活运用所学知识与技能的能力。大学生的学习能力是一个能力系统，它包括如下 4 个方面的能力：① 获取信息的能力：包括感知能力、阅读能力、搜集资料的能力等；② 加工、应用、创造信息的能力：包括记忆能力、思维能力、表达能力（口头的、文字的）、动手操作能力、创造能力等；③ 学习的调控能力：包括确定学习目的、制定和调整学习计划、培养学习兴趣、克服学习困难等；④ 建立与完善自我意识和进行自我超越的能力。培养大学生的学习能力就需要培养大学生上述 4 个方面的能力，使大学生掌握有效的学习策略，学会学习，成为某些领域的高级专门人才。

1. 培养大学生掌握有效的学习策略

学习策略(learning strategies)是指学习者为了提高学习效率和效果，用以调节个人学习行为和认知活动的一种抽象、一般的方法。凡是有助于提高学习效率的程序、方法、规则、技巧以及调控方式均属于学习策略。它不等于具体的学习方法,而是学习方法的选择、组织与加工,又借助具体的学习方法表现出来。学习策略是调节如何学习、如何思考的高级认知能力,是衡量个体学习能力的重要尺度,是会不会学习的标志。

常见的学习策略有以下5种:

(1) 识记策略,指积极地重复一定的材料或注意材料的关键部分。对简单的机械识记而言,记忆策略主要是指重复感知,对于较复杂的材料而言,识记策略包括重复关键部分、抄写、有选择地记录,对重要内容部分作出特别标识等。

(2) 加工策略,是指建立新旧材料之间的联系。对于简单的学习来说其主要包括形成记忆材料的表象,用句子把不同的记忆项目联系起来以及各种记忆术的使用等。对于较复杂意义的学习来说,其主要包括分段、归纳、类比、评论材料和自我提问等。

(3) 组织策略,即指把材料划分为不同的部分或归入某种更大的范畴,使之具有一定的结构。

(4) 理解监控策略,是指在阅读过程中保持对目标的意识,记住自己所用的策略及成功的程度,并及时作出调整。即在对目标的学习与掌握过程中,对目标保持有意识学习的同时要不断评价目标的完成情况,必要时改变或调整自己的学习策略。

(5) 情感策略,是指减少不利情感的干扰,保持良好的学习准备状态。其中包括确立和保持较高的学习动机,集中注意力、克服学习焦虑,有效地安排和使用时间。

2. 学会学习

(1) 通过增强信息的获取能力来提升学习能力。增强信息的获取能力主要表现在增强阅读能力和信息搜集能力两个方面。阅读能力主要包括精读和速读能力。对专业基础知识与核心知识必须精读、细读,而对一些科普、休闲类的书籍、文章更多的需要采用速读、浏览的方式。阅读需要养成做读书笔记的好习惯,无论是做眉批,做摘录,还是写提要,写心得都能够加深我们对知识的理解,促使我们思考、感悟,帮助我们把书上的内容转化为自己的想法与见解。

专栏7-4　新世纪学习的六把钥匙

在这个飞速发展的新世纪,学习的模式和特点都发生了巨大变化。为了更好地适应新时代的学习节奏,大学生需要掌握一些新的学习方法。

1. **知识更新快**　“吸水海绵”式学习:如今,知识更新换代的速度超乎想象。以人工智能领域为例,新算法和应用层出不穷,每月都有新突破。这就要求我们像吸水海绵一样,对新知识保持高度的敏锐和渴望。利用在线课程、学术论坛等资源,不断拓宽自己的知识面。只有这样,才能在知识的浪潮中不被淘汰,始终走在时代前沿。

2. **时间碎片化**　“见缝插针”式学习:现代生活把时间切割成了碎片,等公交、排队买咖啡的间隙,都是宝贵的学习时间。互联网让随时随地学习成为现实,我们可以利用这些碎片时间,在手机上听英语听力、看一篇短文。但这也需要我们学会合理规划,制定详细的学习计划,充分利用每一个15分钟,积少成多,让碎片化时间发挥出最大价值。

3. 能力边界化 “团队协作”式学习：每个人的能力都是有限的，在面对复杂的学习任务和项目时，单靠个人很难完成。比如科研项目，涉及多个专业领域的知识。这时候就需要团队协作，大家发挥各自的优势，相互学习、相互配合。在团队中，学会倾听他人的意见，积极沟通交流，共同攻克难题，在协作中提升自己的能力。

4. 需求个性化 “自主定制”式学习：每个同学的学习需求和目标都不一样，在大学这个自主空间较大的环境里，我们要学会根据自己的情况制定个性化的学习计划。明确自己的兴趣和职业方向，有针对性地选择学习内容和方式。如果你对未来的职业有明确规划，那就围绕这个目标，定制专属的学习路径，提升自己的竞争力。

5. 数据素养强 “侦探洞察”式学习：在信息爆炸的时代，数据无处不在。拥有良好的数据素养，就像拥有侦探般敏锐的洞察力。写论文时，运用数据分析软件处理调研数据，能让我们的论点更具说服力。同时，要学会保护个人和学习相关的数据安全，不随意泄露信息。

6. 信息洪流涌 “鉴宝筛选”式学习：互联网上的信息如洪流般涌来，真假难辨。我们要像鉴宝师一样，学会筛选有价值的信息。面对海量的信息，不能盲目相信，要学会辨别信息的真伪和实用性。通过对比不同来源的信息、查看权威资料等方式，过滤掉无用的信息，把时间和精力花在真正有价值的知识上。

总之，在新世纪的学习道路上，我们要灵活运用这些学习方法，不断提升自己，为未来的发展打下坚实的基础，成为终身学习者。

信息搜集能力的增强主要可以通过学习利用好网络、图书馆、老师、同学、媒体、资讯等工具得以实现。准确有效地搜集到可以利用的信息，为学习服务，为我所用。因此，学习一些简便易行的检索方法，能快速、准确地搜集到需要的信息是非常必要的。

(2) 通过增强加工、应用、创造信息的能力以提高学习能力。增强加工、应用与创造信息的能力主要通过提高记忆能力、思维能力、表达能力和创造能力 4 个方面得以实现。记忆能力的提高需要集中注意力，正确掌握记忆和遗忘的规律以及有效的记忆方法。德国心理学家艾宾浩斯通过实验发现了遗忘曲线。他指出，遗忘的进程是不均衡的，在识记后最初的一段时间内，遗忘得比较快，而后变慢。学习过的材料过了 1 小时之后，记住的仅仅剩下 40%左右；再过 1 天，会忘掉 2/3；6 天后只剩下不到 25%了，这就是遗忘曲线。我们需要根据遗忘规律，进行学习活动。常见的记忆方法，如理解记忆、有意记忆(集中注意力，设法记住需要识记的材料)、归类记忆、联想记忆以及组织记忆都是非常有效的记忆方法。合理、有效地运用这些方法可以较好地提高我们的记忆能力。

(3) 增强自我意识，促进自我调控能力的提高。学习能力离不开学习的调控能力。学习调控能力是自我调控能力的一部分。因此，要培养良好的学习能力，必须培养良好的自我调控能力，促使我们大学生能够较好地调控学习进程，排除外在环境对正常学习活动的干扰。

(三)大学生健康的学习行为养成

大学生健康的学习行为，即指大学生可以根据生理、心理以及学习的规律，科学用脑，张弛有度，保持明确、具体可行的学习目标，保持适度的学习压力，采取科学有效的学习策略、循序渐进地进行学习活动。

(1) 制定明确的学习计划。大学生可以根据自身情况制定合理的学习计划，包括长期目标和短期目标。明确的目标可以帮助自己保持学习的方向和动力，避免盲目性。计划应具体、可量化，并设有时间节点，便于监控进度和调整策略。例如，每周设定特定的学习任务，并分配相应的时间来完成。

(2) 培养自我监控与反思能力。自我监控是指个体对自己的学习过程进行监督和控制。通过记录学习时间、分析学习方法的有效性等手段，可以及时了解自己的学习状况。同时，反思能力也是关键，它让我们能够评估自己的学习效果，找出不足之处并加以改进。定期的自我反思有助于学生不断优化学习策略，提高学习效率。

(3) 形成良好的时间管理习惯。有效的时间管理对于维持健康的学习行为至关重要。学生应学会优先处理重要且紧急的任务，避免拖延。可以通过使用日历、待办事项列表等工具来规划日常活动，确保有足够的时间用于学习和休息，劳逸结合保持身心健康。

(4) 建立积极的学习环境。一个有利于学习的环境对促进健康学习行为同样重要。学生应选择一个安静、整洁、光线充足的学习空间，减少干扰因素。此外，与积极向上的同学交流互动，以团队学习的方式激发学习兴趣和动力。

(5) 大学生应充分利用现代技术资源。如AI工具和在线平台，来辅助和深化自己的学习。但重要的是要避免对AI的过度依赖，而是要将其作为提升学习效率的工具。首先，可以通过使用AI驱动的学习应用，如智能语言模型、在线辅导系统等，来个性化自己的学习体验，但应注意辨别信息的真伪和准确性。其次，参与在线课程和远程教学可以扩大学习范围，接触更多领域的知识，同时也锻炼了自主学习和时间管理能力。

三、构建合理的知识结构，做综合素质过硬的大学生

知识结构，即学生头脑中的知识体系，是学生知识的全部内容和组织构成。构建合理的知识框架，形成良好的结构是大学生良好学习能力的表现，也是大学生健康学习心理的表现。现代信息化的时代对大学生建构合理的知识结构提出了新的要求：

第一，大学生的知识结构要"博"和"精"相结合。达到专业以外的知识范围广博，专业知识以及与专业相关的知识精通的状态，并且"精通"与"广博"相互结合，相互促进。

第二，大学生的知识结构需要与自身特点相结合，需要利用自身的特长与兴趣建构合理的知识范围与框架。

第三，大学生的知识结构还需要不断调整、更新与优化。

我们当代大学生需要结合自身特点，发挥自身特长，建立起以扎实的专业或特长为圆心，以基础知识、综合素质为外围的合理知识结构，并且能够根据时代和实际，不断更新、调整和优化它，做综合素质过硬、全面发展的合格大学生。

专栏 7-5　人工智能,大学生学习的得力助手

在当今时代,人工智能(AI)正成为大学生学习的有力助手,极大地改变了学习方式。它不仅是知识的宝库,更是智慧的伙伴,为大学生的学习生活增添了更多色彩。

获取学习资源:AI 就像一座“超级图书馆”,让大学生获取知识变得轻松。以前,查找资料耗时费力,但现在,像 DeepSeek 这样的智能搜索工具,能在短时间内提取大量文献的关键信息,还能翻译多种语言,帮助学生快速获取全球知识,大大提高学习效率。

制定学习计划:AI 如同“智慧规划师”,根据课程表、考试时间、学习习惯和目标,为大学生量身定制学习计划。它就像一张精准的学习地图,让学生清楚每一步该怎么做。例如,输入课程安排后,AI 能合理分配每天的学习时间,针对不同课程制定计划,并根据进度实时调整。在英语学习中,AI 还能根据学生的词汇量和语法基础,制定单词记忆和语法练习计划,逐步提升语言能力。

解决学习难题:遇到难题时,AI 就像“贴身辅导老师”,为大学生答疑解惑。在线智能辅导工具能一步步引导学生找到解题思路,尤其在编程学习中,AI 能迅速指出代码错误并提供修改建议,帮助学生提升解题能力。

语言学习助力:在语言学习方面,AI 是“专业语言教练”,通过语音识别和分析技术,纠正发音,提供口语练习话题和即时反馈,帮助学生提升口语水平。

然而,大学生在享受 AI 便利的同时,要避免过度依赖。教育专家指出,过度依赖 AI 可能导致思维能力退化,影响逻辑和思维能力的发展。学生应将 AI 视为辅助工具,而不是替代传统学习方式的手段。例如写论文时,不能直接抄袭 AI 生成的内容,而应利用其提供的资料和思路,经过自己的思考和分析,形成独特观点,这样才能真正提升能力。

总之,只要合理运用,AI 将成为大学生学习道路上的得力助手,助力他们在知识的天空中翱翔,收获更多成长与进步。

思考题

(1) 如何培养良好的学习能力?

(2) 你在学习中运用了哪些学习策略?

(3) 大学生健康的学习心理要如何培养?

(何苗苗　张　婷)

本章习题　　本章课件

第八章 人际交往与心理健康

案例 8-1　我怎么成了孤家寡人

小芹是某大学的一名新生，由于父母务农，家庭条件有限，她自小就接受要“好好学习”的家庭教育，所以一直埋头苦读，终于如愿以偿地收到了心仪大学的录取通知书。然而进入大学短短几个月，小芹就陷入了深深的苦恼之中。原来她发现身边的同学都很优秀，他们成绩优异、能力出众、多才多艺；相比之下自身存在表达能力不强、英语口语水平差、知识面窄等问题，没有一技之长。与他们交往时总觉得很没有底气。同宿舍的另外三个人都来自城市，她们的兴趣爱好也惊人的相似：喜欢动漫，都是 cosplay 爱好者，但对小芹来说，她只在小时候看过动画片，当室友装扮成各种卡通角色进行表演时，她欣赏不来。而她们经常购买的手办(即一种收藏性质的人物模型)，更是贵得让她难以理解，在一起沟通交流时很难找到共同话题，小芹觉得和她们之间有一道无形的屏障，无论她怎么努力尝试，始终无法融入她们的“小圈子”。出于无奈她选择了眼不见心不烦的策略，在图书馆和自习室打发自己的课余时间，或者宁愿在校园里游荡。一个人走在校园里，她感到特别的孤独和失落，低落的情绪甚至影响到了她的学习状态。明明期望在大学里认识更多的朋友，拥有自己的交往圈子，为什么最后反而变成了孤家寡人？

思考题

(1) 你认为小芹苦恼的原因是什么？

(2) 看完这个故事你有什么感受和启发？

(3) 进入大学后的你遇到过类似的困扰吗？

人类心理适应中，最主要的是对人际关系的适应。人具有社会性，人际交往与我们的生活息息相关。良好的人际关系可以使大学生更好地适应大学生活，反之糟糕的人际关系却会给自己的学习、生活、情绪等各个方面带来了一系列不良影响。案例 8-1 中的小芹就是因为没有建立良好的人际关系而陷入苦恼。学会与人交往是每个大学生的人生必修课，是促进个人成长、成熟、成才的必经之路，也是提升个人幸福感的重要途径。本章将帮助同学们了解大学生人际交往的相关知识，把握人际交往的基本原则和技巧，提高人际交往能力，培养良好的人际交往心理。

时代寄语：要倡导社会文明新风，带头学雷锋，积极参加志愿服务，主动承担社会责任，热诚关爱他人，多做扶贫济困、扶弱助残的实事好事，以实际行动促进社会进步。

——习近平

第一节　人际交往概述

一、人际交往的概念

人际交往指人们在生活实践中运用语言或非语言符号交换意见、交流思想、表达情感和需要从而形成人与人之间直接心理联系的过程。

社会渗透理论认为人际交往主要有两个维度：一是交往的广度，即交往或交换的范围；二是交往的深度，即交往的亲密水平。人际关系的发展遵循从浅层交往到深层互动的规律。根据双方情感卷入水平和自我暴露水平的不同，人际交往可分为4个阶段：

1. 定向阶段　包含对交往对象的注意、选择和初步沟通等心理活动。注意是一种自发的选择，它本身就反映着某种需要倾向。生活中我们会发现，即使是在有很多人参加的集体活动中，真正能够引起我们注意的个体实际上只有很少的几个人或某个人。我们会在人际交往中，有选择性的挑选交往对象。在选定一定的交往对象后，开展一系列行动试图与这一对象建立某种联系，以社交主动型的人举例来说，他们会表现出主动与已选定的交往对象打招呼，并与之攀谈等。然而在定向阶段，人们只愿意进行一些表层的自我表露，例如，同学间交流一下最近班级发生了哪些事情。

2. 情感探索阶段　如果双方产生了继续交往的兴趣，那么就有可能会进一步的自我表露。并开始探索在哪些方面可以进行更深的交往，从而建立真实的情感联系。例如，分享对班级近期发生事件的感受等。这时，双方有一定程度的情感卷入，但还不会涉及私密性的领域。交往会受到角色规范、社会礼仪等方面的制约，表现得比较正式。

3. 情感交流阶段　这一阶段双方关系的性质出现了实质性的变化，人际关系的安全感已经建立，彼此有比较深的情感卷入，开始谈论一些相对私人的话题，例如，相互倾诉自己在学习或生活中遇到的烦恼，讨论自己家庭中的一些情况等。同时，双方的关系超越了正式规范的限制，比较放松，比较自在，如果有不同意见也能够坦率相告，不受拘束。

4. 稳定交往阶段　情感交流如果能够在一段时间内顺利进行，人们就有可能进入更加密切的阶段，双方自我表露更深刻更广泛，相互关心也更多，成为亲密的朋友，分享各自的生活空间、情感、财物等。一般来说，能够达到这种境界的关系并不多，很多人同别人的交往都停留在第三阶段，没有更深一步的发展，这也就是人们常说的“人生难得一知己，千古知音最难觅”。

专栏 8-1 恒河猴社交剥夺实验

心理学家亨利·哈洛曾用幼年恒河猴做过剥夺实验，他设置了部分隔离和完全隔离两个实验组。部分隔离组的幼猴自降生起就被放入笼子中，幼猴可以通过栅栏看到其他的猴子，听到也可嗅出同类的气味，只是没有身体接触，完全隔离组的幼猴则从刚一出生就和猴妈妈及同类隔离开，并按隔离时间3个月、6个月和两年进一步细分。实验结果表明，早期剥夺实验使幼猴失去或部分失去了正常的生活环境，无论是部分隔离还是完全隔离的幼猴，成年后放归猴群的表现会和野生猴子（有母亲和伙伴）的行为有很大不同，在社交能力、情绪方面具有显著改变。实验室长大的猴子（失去母亲和伙伴），常常呆呆的坐着，不会和同类交流和探究，不会像野生猴子那样对生人做出恐吓或攻击行为。部分隔离的幼猴会在笼中不断重复绕圈，或重复同一个动作，甚至撕咬自己。而隔离6个月以上的幼猴则表现出严重的情绪不安、害怕、摇晃、蜷缩行为。哈洛的实验，其做法有些过于残忍，违反了动物实验的人道主义原则，放在现在肯定是无法获得心理学实验伦理委员会批准的。实际上，他的主要工作是在20世纪四五十年代完成的，但即使在当时，也引起了众多争议。我们需要看到哈洛做这些实验的目的，是为了证明母爱和同伴交往是我们人类健康发展必需的条件，早期隔离和长期隔离会对个体的社交行为发展造成严重损害，因此其动机和立意还是高尚和善意的。

另外令人印象深刻的是，在后期的实验中，他居然发现还有一些可以称之为“心理治疗师”的母猴。这些母猴虽然被安置在孤立的笼子里头生活，但是每天有机会和其他的猴子进行互动，因此，某种意义上来说它们是正常成长的猴子。等这些母猴长到三个月大的时候，哈洛让它们去接触那些在孤独绝望的环境中长大的、有心理疾病的猴子，发现这些具有“心理治疗师”天赋的猴子竟然会执着地去跟那些病猴接触，并给予他们关怀和支持。并且经过几个月的不离不弃，有些病猴居然能够慢慢地从创伤的阴影中走出来，恢复正常的社交功能。

二、人际交往的影响因素

心理学家认为迈向成功人际关系的第一步永远是：人际吸引，即人与人之间的相互接纳和喜欢。那么什么因素会影响你喜欢别人或被别人喜欢呢？众多研究结果表明，人际吸引的条件主要是邻近和熟悉、相似与互补、受欢迎的个人特征等。

（一）邻近和熟悉

俗话说，远亲不如近邻，这说明了时空上的远近对人际关系建立的影响。空间上的距离越接近，彼此接近的机会就越多，就越能增进相互之间的了解，交往双方变得更加熟悉。熟悉不是引起喜欢的唯一变量，但熟悉可以增加人们对积极和中性对象的喜欢程度。一般而言，新生入学后，最初的人际关系都是从室友先开始建立的，由于被安排在同一个屋檐下，彼此的熟悉程度显然高于非本宿舍成员，因而大学生和其最好的朋友往往都住在同一宿舍。因为邻近常常能导致熟识，而熟识又引起喜欢，所以与他人频繁的接触不仅能使交往更加方便，而且会使你觉得对方看起来更加有吸引力。

（二）相似与互补

交往双方若在态度、信仰、价值观与兴趣、语言、种族、国籍、出生地、文化、宗教背景、教育水平、年龄、职业、社会阶层乃至生活的遭遇等方面较为相似，则容易相互吸引，双方越相似，越能相互吸引产生亲密感。其中态度是十分重要的因素，比如对社会现象的看法比较一致的人，在交往中更易有共同话题，情感上也更为融洽。俗语所说的志同道合，情投意合正是这个意思。

为什么相似的人容易互相吸引，可能有三方面的原因：

(1) 人们愿意与自己相似的人交往，相似使人们相互理解，有共同语言。如大学新生中的老乡之间的亲近感，相同家庭背景的学生会多一些共同语言等。

(2) 相似的人可以为我们的信仰和态度提供支持，使我们感到自己不是孤立的而是有社会支持的。相似者为我们提供了社会证实的作用。在大学，共同的兴趣爱好往往成为学生交往的重要因素，而志同道合更容易成为知己。相反，对于那些在重要问题上与我们意见不合的人，我们可能会对其做出负面的推断。

(3) 人们一般认为与自己相似的人会喜欢自己。因为人们倾向于喜欢与自己相似的人，因此想当然地认为人同此心，心同此理，觉得他们也会喜欢自己，这样就形成了良性循环。

与相似相联系的是互补。当交往双方的需要和满足途径正好成为互补关系时，双方之间的喜欢程度也会增加。例如，一些外向型性格的大学生与内向性格的同学相互欣赏，相处得很好；依赖性强的大学生更愿意与独立能力强的同学交朋友等。从表面上看，相似与互补是矛盾的，但实际上，二者是协同的。

（三）个人特征

1. 才能　人们对有能力的人的态度十分微妙。通常人们会认为在同等条件下，一个人能力越高，越完善，就越能受到大家的欢迎。然而研究结果表明，实际上在一个群体中最有能力、最能出好主意的人往往不是最受喜爱的人。因为，一方面每个人都希望自己周围的人有才能，有一个令人愉快的人际关系圈；但另一方面如果别人的才能使人可望而不可即，则会产生心理压力。显然，才能与被人喜欢的程度在一定范围内成正比，超出这个范围，可能会产生逃避或拒绝，毕竟没有人会愿意和一个总是让自己显得低级或无能的对象去交往。人们倾向于喜欢“白璧微瑕”的人，一个才能出众但偶尔犯点小错误的人在一定程度上比没有错误的人更受欢迎。

2. 外貌　大量的研究表明，人们似乎有一种“美即是好”的简单刻板印象，外貌能引发明显的“辐射效应”，即人们对外貌具有吸引力的人的判断具有明显的倾向性。大学生组织的集体活动中，那些最先受到关注的学生通常是在同等条件下具有外貌吸引力的人。人们对美貌者的其他方面也乐于给予积极评价，认为他们更有趣、更会社会交往，在生活和爱情方面也更能取得成功。由此可见，外貌因素虽然只是一种外在因素，但在人际交往中却起着不可小视的作用，个人的外貌包括长相、仪态、风度、穿着等，这些都会影响人们彼此间的吸引，尤其在初次见面时。仪表之所以能成为影响人际吸引的一个重要因素，是因为爱美是人的一种普遍需要，美丽的外貌能使人们产生愉悦的情绪，构成一种精神酬赏，从而容易对交往对象产生好感。但是研究也表明，随着交往时间的增长，双方了解程度的加深，外貌因素的作用也会越来越小，促进人际交往的吸引性因素会逐渐从出众的外貌转变为良好的内在品质。

3. 个性品质　生活中我们会发现，或许有的大学生外貌不一定出众，但给人的感觉很舒服，颇有亲和力，我们不妨称这样的大学生具有更大的人格魅力或个性吸引力。具有乐群、幽默、尊重关心他人，理解他人，乐于助人，富有同情心，热心集体活动，工作认真负责，稳重耐心，宽容真诚，热情开朗等个性品质的人在交往中被公认为更具吸引力也更受欢迎。相反以自我为中心，自私狭隘，不肯为他人的利益和处境着想，嫉妒心强，对集体工作缺乏责任感，对人冷淡，虚伪固执，爱吹毛求疵，苛求他人，不尊重他人，支配欲过强或过分自卑，缺乏自信心，过于服从或取悦他人，依赖性太强等个性特征则不利于一个人与他人保持良好的人际交往。一般来说，一个人个性中具有的吸引性特质愈多，其人际交往状况就愈好。

因此，大可不必对自己的形象过于焦虑，相比重视自身形象的塑造，提升自己的能力，优化自己的性格，你就会拥有更具魅力的内在品质，从而自信、愉快地与他人进行人际交往。

三、大学生人际交往的特点

对于新入学的大学生来说，大学校园是一个全新的生活环境。远离了父母，远离了昔日的师长同学，来到一个完全陌生的生活环境，既怀念昔日的亲情、友情，又渴望获得新的友谊。这种特殊的生活环境增加了大学生对人际交往的需求。同时随着身心的发育成熟，大学生的自我意识得到了迅速发展。大学生发现了自己的内心世界，对自己以及周围关系有了新的认识。因此大学生的人际交往具有与其他社会交往不同的特点：

1. 迫切性　大学生随着知识的增长、心理的逐步成熟，成人感也日益增强，加之进入了一个全新的人际环境，因而他们迫切希望别人了解自己，渴望得到他人的尊重和承认，也急于了解他人和社会。所以大学生对于人际关系的建立抱有积极美好的愿望。

2. 平等性　随着自我意识的发展，大学生独立和自尊的要求日益增强，交往的平等性要求越来越高。大学生对他人平等相待，也希望他人一视同仁对待自己。因为个人阅历、社会经验、认知能力、思想观念都大致相同，所以大学生之间不会像上下级、父母子女之间那样形成服从和依赖的关系，而是比较容易产生平等的心理和意识，追求一种平等条件下的交往。

3. 开放性　大学生渴望友谊，渴望结交更多的朋友，交流更多的信息，接受更多的新思想。在这种心理的作用下，大学生的人际交往呈现出前所未有的多元性和开放性的特点。

4. 理想性　由于心理尚未完全成熟，社会阅历有限，也由于家庭、社会及客观环境对人的限制，大学生没有条件全面地接触社会，深刻地了解现实的“人”，加上大学生人际交往的动机相对单纯，情感的因素一般占绝大多数，因而很容易对人际交往抱有较高的期望值，产生理想化的思维定式。

5. 不成熟性　大学生自我意识的增长与认知能力的发展不太协调，情绪容易处于不稳定的状态。在选择交往对象以及维护人际关系上也随之表现出明显的不稳定性和易变性，应对人际冲突的能力尤为不成熟。大学生的人际关系，总体上是和谐的、友好的，但也不可避免地会产生一些摩擦和矛盾，影响个人的心理健康和人际关系的和谐。

四、大学生人际交往的类型

大学生主要的人际关系有师生关系、同学关系、亲属关系、社会关系及网络交往关系。

1. 与老师的交往　相对于中学阶段比较密切、严肃的师生关系，大学里师生之间的交往相对松散、活泼。大学生接触最多的是自己的辅导员、班主任。他们与学生的关系平等，会像朋友一样与学生交流思想、促膝谈心，并参与班级组织的各项文体活动。一般情况下，大学生与任课教师的接触机会相对较少，只是单纯的教学关系。但是随着大学生自主意识的增强，他们会更愿意与学术水平高、教学态度好的老师接触，并由衷地敬佩甚至崇拜这些老师。然而随着社会的进一步变迁，高校和谐的师生关系也面临着新挑战，多元文化交织导致的师生价值观错位，功利主义的盛行，师生感情的日益淡漠等冲突逐渐凸显。因此，作为当代大学生应当树立正确的价值观，淡化功利取向，回归学生角色，积极主动地建立纯洁、理性的师生感情。

此外，管理育人的行政人员、服务育人的学校职工等也是大学生经常要面对的人际交往对象。与师生关系不同，这些交往的顺利进行，必须建立在自觉遵守相应规章制度的基础上，否则大学生的行为就会受到批评和制约。

2. 与同学的交往　大学班集体由有着不同方言和生活习惯的大学生组成，同学间的交往情况发生了重要的变化。一方面，大学生年龄相仿，经历相同，兴趣爱好相近，又共同生活在一个集体，学习相同的专业，沟通与交往容易；另一方面，大学生来自不同地域、不同家庭背景，有生活习惯、个性气质的差异，再加上大学生空间距离小，交往密度高而自我空间相对狭小，对人际交往的期望又较高，一旦得不到满足，很容易采取消极退避的态度。大学生同学间关系主要有以下三种：班级内的同学关系、室友关系、学生组织中的人际关系。班级同学交往以学习与班级活动为主，宿舍同学关系以情感交往与生活交往为主。室友关系——在学校这个特定的场所里，寝室室友之间的关系处理恐怕是最基本的人际交往了，它是这么的普通，每天都会遇到，并且它也是大学生活中不可缺少的一部分，如果处理得好，也许就会有几个知己，相反如果处理得不好，那么，你将度日如年。而学生组织中的人际关系则以兴趣与工作交往为主。

3. 与父母的交往　大多数的大学生觉得自己长大了，会有意识、积极地调整心态以适应新的环境。他们能体谅父母对自己的思念心情，因此，他们会通过电话或网络及时、主动地向父母汇报自己的学习、生活等情况，和父母加强思想感情的交流。有的同学因家境困难，很体谅父母的辛苦，进入大学就开始勤工俭学，经济上逐步独立，不仅减轻家里的负担甚至有时还给家里一定的帮助，他们让父母欣慰地感觉到，孩子真的长大了，懂事了。有些平时对父母依赖性很强的学生会非常想家，想父母时电话天天打，经常抽空回家，甚至有时逃课回家。这些大学生像长不大的孩子，他们的情绪常常会影响父母，会让父母牵肠挂肚，放心不下。比如有的高校就出现过，家长申请到校陪读或者在校外给孩子租房子、雇保姆的事例。也有少数学生则完全相反，他们自认为是象牙塔里的天之骄子，随着知识的增加，和父母越来越没有共同语言，不再经常与父母联系，更不用说进行感情交流、沟通，只有缺钱了才想起父母，大学生究竟应该如何与自己的父母沟通和联系，值得每一位同学认真思索。

4. 社会交往　大学阶段，对大学生的人际沟通能力提出了更高的要求。就业压力日益增大的大学生，要想在激烈的竞争中脱颖而出，找到理想的工作，较强的社会交往能力是必不可少的。扩大社会交往的方式多种多样，如加入学生社团、参加社会公益活动、勤工助学、参与实习等，这些积极健康的社会实践活动是扩大社会交往面一个必不可少的途径。通过各种社会实践活动，大学生既可以增加对社会的了解，也可以扩大社会交往的范围，还能够提高自己独立谋生的本领。需要注意的是，大学生在培养自己社会交往能力的同时，还要有自我保护意识，谨慎交往，以免上当受骗。

5. 网络交往　随着互联网的发展，人际交往的形式产生了极大的变革，网络交往逐渐成为人们进行人际交往的重要方式。而互联网迅速快捷、信息量大、不受时空距离限制、平等自由的优势属性恰好与大学生自身的特点和心理特征相契合，使得大学生成为网络交往行为的积极倡导者和践行者。然而大学生在通过网络结交益友、开拓思路、获取信息的同时也应认识到网络交往可能带来的一些负面影响。首先，在网络虚拟情境中个体隐去真实的社会身份，人际交往中的诚信制约机制明显被弱化，这为虚假的甚至带有欺骗性质的人际关系的出现提供了方便，加之现有网络立法的不健全，使得大学生容易成为网络侵犯行为乃至网络犯罪的目标人群。其次，网络空间到处都是新鲜事物，对大学生有着无限的吸引力，这种吸引力往往会导致大学生对网络的过度沉迷，把更多的时间和精力投入到网络交往中，以虚拟的“人机交往”代替实际的“人际交往”，长期如此他们会失去对周围现实环境的感受力和积极参与的意识，并对与真实的人接触以及处理现实中的人际关系感到不适应，导致与身边的家人、老师、同学、朋友感情联系淡化，进而形成孤僻、冷漠、自我封闭等心理。

五、大学生人际交往的重要性

大学时期是走向成人的关键时期，也是面临各种各样复杂人际关系的时期，大学生在这一时期的交往经验将会对今后的成长产生重要影响。人际交往对大学生发展具有以下重要的作用和意义：

1. 有助于自我完善和提高自我认知　人的自我认知和完善是在一定的文化环境中，通过个人与他人相互作用、相互认知从而认识自我、完善自我的过程。只有在与他人交往的过程中，通过将他人对自己的评价和态度等与自己的认知相对比，才能真正、全面、客观地认知和完善自我。只有这样才能避免“自大”、“自卑”等负面极端心理。

2. 有助于增强信息交流和获取的意识和能力　人际交往本身就是一个信息传递、交流的过程。与不同的人或群体交往，是大学生增强自我表达交流能力、获得大量书本以外知识的有效途径。

3. 有助于协调人际关系，便于以后走向社会　在人际交往中，每个人都或多或少存在着价值观以及行为习惯等方面的差异，由此可能引发一些矛盾和冲突。正确应对这些矛盾，建立融洽和谐的人际关系就是一个协调的过程。这方面能力的锻炼、提高将作为以后迈向社会更复杂人际交往的一个演练和准备。

4. *有助于心理保健和身心健康*　在与他人交往中,可以满足情感方面的需要。比如获得他人的尊敬、信任、支持,可以与朋友分享喜乐、分担忧愁。如果缺乏正常的人际交往,容易产生孤独、焦虑等负面情绪,并且如果没有合理的疏导和宣泄渠道,最终将导致严重的心理问题,影响身心健康。

在心理健康教育实践中,我们也注意到,绝大多数大学生的心理危机与缺乏正常的人际交往和不良的人际关系存在着密切的联系。和谐的人际关系既是大学生心理健康不可缺少的条件,也是大学生获得心理健康的重要途径。

第二节　大学生常见的人际交往问题

处于青年期的大学生,思想活跃、精力充沛、兴趣广泛,对人际交往的需要极为强烈。他们力图通过人际交往去认识世界,获得友谊,满足自己物质上和精神上的各种需要。但在交往过程中,有的交往顺利、心情舒畅、身心健康;有的交往受挫、心情郁闷、身心受损,产生各种不良后果,这在大学生中极为常见。

一、多疑心理

案例 8-2　总有小人要害我

小张从北方来到南方一所省城大学读书,临行前在一家企业做人事主管的父亲反复告诫儿子,在大学里要和室友和谐相处,生活才会愉快,大学四年才有心理归属感。进校后,小张时刻谨记父亲的话。但是由于与一位同学在对很多事件的看法上相差甚远,经常斗嘴,导致彼此不服气,互相看不起,矛盾时有发生。而用小张的话说那位同学比自己更会处理人际关系,使得同寝室同学都站到了自己的对立面。小张的寝室关系开始变得紧张起来,其他人都不理解甚至奚落他,小张对他们也充满怨恨和不信任,进而变得猜疑和敏感。只要有两位同学嘀咕几句,他就认为他们在说自己的坏话,心里十分苦闷。而那位和小张斗嘴的同学却好像整天都过得很开心。

在期末考试时小张发现自己的笔记本不见了,他怀疑是被同寝室的那位同学拿走了,理由是他们之间一直不和,觉得对方一定是在报复自己,目的是让自己补考,于是对其破口大骂。这不但影响了自己的形象,而且使本就紧张的同学关系更加陷入了僵局。对于这一切,小张在感到无能为力的同时又很伤心,一度产生了退学的念头。

思考题

你遇到过类似小张同学的事吗?你是如何处理的?

案例 8-2 中大学生小张明显存在多疑心理,类似现象在大学生中并不少见。如有的同学受了老师的批评,认为是自己的同学背后告状;看到同学背着自己说话,便疑心是在讲自己的坏话;看到某同学没与自己打招呼,便猜疑该同学对自己有意见或不喜欢自己等等。多疑是一种由主观推测而产生的、不信任的复杂情感体验,属于消极有害的心理。有多疑心理的人,表现为心胸狭窄,过分计较个人得失,对他人怀有敌意,在交往中对别人不信任,喜欢主观猜测,怀疑别人,在自己遭受失败时认为是别人在捣鬼,于是心存戒备,处处设防,不能以诚相待,甚至是捕风捉影。这种主观随意的"猜疑",会在人和人之间产生距离,它是人际交往中的人为障碍,不利于良好人际关系的形成。

克服多疑心理,建议从以下几个方面入手:

1. 学会信任别人　大学生交往要以相互信任为前提,人活在世上需要信任别人,犹如需要空气和水。在猜疑心理的笼罩下,猜疑者觉得他人的一言一行都带有可疑色彩,怀疑别人不相信自己或看不起自己。而一旦一个人开始不信任别人,那么他待人就无法诚恳,每天可能都带着假面具,时刻提防着其他人,这样他自己也会感到非常拘束和难受。

2. 改变封闭性的思维方式　在多疑心理的作用下,人会陷入作茧自缚、自圆其说的封闭思路中,即以某一假想目标为出发点,最后又回到假想目标上,把假想作为根据,又据此得出结论。因此要学会全面、辩证地分析问题,遇到问题保持冷静,以客观事实代替主观猜测,千万不能冲动地处理问题,要辩证地看问题,注意全面分析和了解一个人,不要因为曾经的某些事或某种现象轻易下结论。

3. 加强沟通　多疑常建立在猜忌的基础上,通常缺乏客观依据,由于误会或他人搬弄口舌引起,因此,开诚布公地交流,有助于消除疑惑、误会,增进友情和信任感,同时同学之间真诚用心的沟通也有助于分歧或问题得到妥善的解决。

4. 要开阔心胸,不要过分计较　疑心者给人的感觉是过分注意自己的得失,心胸狭窄、气度狭小、常无端地怀疑别人在威胁自己的名誉、损坏自己的形象,把别人的一举一动都与自己联系起来,并看成是自己的阻碍。在这种心理状态下,猜疑者自身也常常感受到巨大的心理压力,很难与别人进行正常的人际交往,既影响个人潜能的发挥,又影响朋友关系的建立和发展。因此当你不再为区区小事过分计较时,也许就会发现烦恼少了很多。"海纳百川,有容乃大",用宽容开放的心态来与人交往,才能取得良好的结果。

二、嫉妒心理

案例 8-3　她为什么这样对待我

小萱与小周是某医学院大三的学生,并且是室友,入学不久,两个人便成了形影不离的好朋友。小萱活泼开朗,受人欢迎,小周沉默寡言,不善交际。渐渐地,小周的心里变得很不是滋味,觉得自己像一只丑小鸭,而小萱却像一位美丽的公主,处处都比自己强,出尽风头。大学三年级时的一天,小周去学院办公室勤工助学,辅导员便让小周顺便把小萱赴境外交流学习的审核表带回去。小周看着表格,心中十分不忿,回想起自己和小萱同时参加选拔,自己不幸落选,小萱却成功获得赴外交流学习一年的名额,不禁妒火中烧,趁小萱不在宿舍将审核表撕成碎片,扔进垃圾桶里,并且没有告诉小萱这件事,导致小萱未能按时提交相关材料,错过了宝贵的学习机会。后来小萱发现了这件事,非常生气和诧异,想不通为什么她要遭受这样的对待,也不知道今后该如何对待小周。

思考题

你遇到过类似小萱同学的事吗？你是如何处理的？

小萱与小周从形影不离到无言以对的变化令人十分惋惜。引起这场悲剧的根源，显然是嫉妒。嫉妒心理是一种将自己与他人进行对比从而产生不悦、失落乃至仇视的消极心理，它具有一定的破坏性。嫉妒心理的特点包括：

(1) 针对性——多指向与自己有联系的人；

(2) 对等性——嫉妒的对象往往是和自己职业、性别、年龄相似但某些表现优于自己的人；

(3) 潜隐性——大多数人嫉妒心理潜伏较深，行为表现较为隐秘。那我们该如何克服嫉妒心理呢？

1. 认清嫉妒的危害　遭到别人嫉妒的人自然是痛苦的，而嫉妒他人者由于常常被负面情绪环绕，其身心健康也受到了损害，并且整日沉溺于对别人的嫉妒之中，没有将时间和精力花在如何提高自己上反而贻误了自己的发展，耽误了自己的前途，损人亦损己。认清这些是走出嫉妒误区的第一步。

2. 克服自私心理　嫉妒是个人心理结构中“我”的位置过于膨胀的具体表现，总怕别人比自己强，对自己不利。因此，要根除嫉妒心理，首先要根除这种心态的“营养基”——自私，只有驱除私心杂念，拓宽自己的心胸，才能正确地看待别人，悦纳自己，即时常说的“心底无私天地宽”。

3. 正确认知嫉妒者　总认为别人的成功是对自己的威胁，是对自己利益的侵占。实际上别人的成功完全在于他人的努力，因此，要学会客观公正地评价别人，也要客观公正地评价自己。别人取得了成绩并不等于自己的失败。“人贵有自知之明”，强烈的进取心是人们成功的巨大动力，但冠军只有一个，“尺有所短，寸有所长”，一个人不可能事事都走在人前，争强好胜不一定就能超越别人。一个人只有客观地认识自己的优势和劣势，现实地衡量自己的才能，为自己找到一个恰当的位置，才可能避免嫉妒心理的产生。

4. 将心比心，换位思考　将心比心是老百姓常说的一句俗语，在心理学上叫“感情移入”。当嫉妒之火燃烧时，不妨设身处地地为对方着想，如果自己是他，会怎么想，又会怎么做？这样可以让自己体验对方的情感，有利于理解别人，同时也有利于抑制不良心理状态的蔓延，这是避免嫉妒心理及行为的有效办法之一。

5. 努力提升自己　嫉妒的起因就是看不惯别人比自己强，如果能够把这种不服气的心理引导到积极的方面，集中精力，不断地学习、探索，使自己的知识、技能、身心素质不断得到提高，那么，也可以减少嫉妒的诱因。

三、羞怯心理

案例 8-4　真希望我是个透明人

小杨从小就不敢和人交往，家里来了亲戚、朋友，他总是想办法躲起来。进入大学以后稍微好一点，但在集体场合还是不敢讲话，每次上课他都默默祈祷老师千万不要让他起来回答问题，学校举行的集体活动或者班级同学间的聚会他都尽量不参加，平时只和几个室友交往；说话不敢看别人的眼睛，尤其不敢和异性讲话，一说话就脸红；独自走在路上时就会浑身不自在，生怕有人注意到自己，小杨说："真希望我是个透明人，大家都看不到我就好了"。

思考题

你曾有过类似小杨同学的感觉吗？你是如何处理的？

羞怯心理是指想与人交往却又害怕与人交往的一种心理反应。羞怯心理是绝大多数人都会有的一种心理，几乎所有人在与人交往的过程中都体验过不同程度的羞涩和胆怯，只不过有些人因为过分的焦虑和不必要的担心，表现得特别严重。

羞怯心理较重的大学生在人际交往中表现为还没开口说话就先脸红、胆怯、拘谨、动作忸怩，说话的音量又低又小，有时动作还很不自然。研究表明，羞怯是大学生交往首要的阻碍因素。羞怯心理的产生，一方面是由于青春期生理变化引起的感应性反应，大学生正处于生理、心理发育最旺盛的时期，激素分泌较多，外界刺激会使体内的平衡被打破，容易出现冒汗、脸红、心慌等感应性反应。另一方面是受自卑心理或者成长环境的影响。很多具有羞怯心理的大学生羞于与他人交往，特别是不敢与陌生人交往，其主要原因是对自己信心不足，害怕出错。此外，一些大学生在童年、少年期交往中曾经受到过他人的训斥、嘲笑或戏弄，留下了深刻的心理阴影，导致其进入类似环境或新环境时出现胆怯。羞怯心理影响大学生的正常交往和心理健康，阻碍其更好地适应社会环境，不利于其发展自己的聪明才智。那么，如何克服羞怯心理呢？

1. 努力丰富自身的知识　有了丰富的知识储备，娴熟的交往技巧，在交往中自然就会应对自如。知识可以丰富人的底蕴，增加人的风度，提高人的气质，也是克服羞怯心理的良药。在大学期间，大学生要勤奋学习，努力拓宽知识面，掌握一些社交知识和技巧，通过知识的积累，增强交往的勇气。

2. 多参加社交活动，锻炼交往能力，在实践中掌握克服羞怯心理的有效方法　大学生在校园要多参加各类活动，鼓励自己在公共场合大胆发言，不要因为害怕丢脸就不敢在别人面前表现自己。在与人接触的过程中，学会如何与陌生人打开话题，如何对待别人的问候或恭维，如何将谈话继续下去或礼貌地中止，如何维护自己的正当权益，如何温和坚定地拒绝别人不合理的要求，并扩大人际交往的圈子，学会和不同的人建立人际联系。

3. 克服自卑感、增强自信心　羞怯是内心不安的一种反映，也是人的自卑感在作怪。自卑感的产生源于对自身盲目的否定，是自我意识的消极因素。羞怯者应认识到，人人都有其优势和长处，也有劣势和短处。首先，停止对自己的消极评价，当“我是一个不受欢迎的人”以及“我一无是处”这样的想法出现时，立即让自己停下来不要再想。其次，进行自我评价时，不要只遵从单一的评价标准，也不能只看某个时间段或某件事上的行为表现，试着从全面整体的角度出发，强调积极的一面，牢记自己也有优秀的地方，认识到自己即使只是一个平凡的大学生也仍是世界上独一无二的存在，然后充满自信地去参加各种社交活动。最后，不要对别人如何评价自己太敏感、太介意，要学会正确、客观地评价自己，即使自身真的存在一些不足之处，将注意力放在今后如何改进上即可。

此外，还可以经常有意识地观察和模仿一些与人交往时真诚善良、自然大方的人的言谈举止，对照自己的弱点加以克服，并根据自己的气质形成自己的风格。只要我们勇敢一些，坚持用以上的方法来锻炼自己，就能调适自己在和人打交道时的羞怯心理。

四、以自我为中心

案例 8-5　我就这样

小米从小养成了良好的生活习惯，作息规律、早睡早起，而室友大多是晚睡的人，他们不愿关灯，打游戏时键盘声响还弄得很大，甚至没用耳机而用音响，严重影响了小米的休息。小米平时勤洗衣物，经常拖地搞卫生，但懒散惯了的室友不但不感激，还埋怨小米总把寝室搞得湿漉漉的，很不舒服。有一个同学做得特别过分，轮到他打扫卫生，就外出游荡不回宿舍，等到过了零点超出自己的值日时间才回来，更让小米受不了的是他不注意个人卫生，不爱洗澡、洗衣服，打完篮球回来，直接将脏衣服臭袜子堆在床下，弄得整个寝室臭不可闻，小米提出的意见他也不当一回事，并说“你管不着”“我就这样”。

思考题

你遇到过类似小米身边发生的事吗？你是如何处理的？

小米的室友的主要问题是在人际交往中以自我为中心来思考和看待问题，以自我为中心指总是从自我的角度去思考其行为的合理性，而不从他人的角度去反思其行为的不合理性。人际交往的目的在于满足双方的需要，而自我中心者只从自己的经验和角度去认识人和事，不认可别人对同一事物的看法和观点，因而，对人或事的看法带有极强的主观性。这些人在与同学相处时，不愿意去了解他人，不关心他人的感受如何，只关心自己的兴趣和需要，以我为圆心，以我的利益为半径，以我的一切为准则。这样的人是不可能与他人建立起良好的人际关系的。

为了有效地克服自我中心的心理，我们应该把握好以下几点：

1. 平等相处，尊重他人　克服自我中心主义倾向的关键在于改变自己的认识。人际交往讲求平等互惠的原则，在人际交往中，应该把每个人看成是和自己平等的人，若希望别人对自己好，那么自己也应该有相应的付出；若希望别人尊重你，那么自己也应当尊重别人，不能把他人看成满足自己需求的对象。如果在交往中只为了满足自己，处处维护自己的自尊，最终只会失去朋友，将自己与他人隔绝开来。

2. 接受批评，转变态度　以自我为中心的致命弱点之一是不愿接受别人的善意批评，不愿意转变自己的态度。接受批评并不是要完全服从他人，而是能虚心接受别人正确的意见，有则改之，无则加勉。

3. 客观地认识自己和别人　自我中心者之所以固执己见，不关心他人，是因为他们既没有真正认识自己，也没有真正了解别人。人的自我意识主要来自别人的反映，自我中心者如果能把别人作为一面镜子来反射自己，从别人的评价中认识自己，又能抛开偏见去认识别人，就会逐步摆脱自我中心。

大学生人际关系综合诊断量表

4. 加强自我控制　充分认识到自我中心的不现实性、不合理性及危害性。学会控制自我的欲望与言行。把自我利益的满足置身于合情合理、不损害他人的基础之上。创造与他人交往的条件，强化同学间的交流，在与人的交往中，体会到别人的存在、利益和感受，学会与人交往中善待他人。

课堂活动 8-1　我的人际关系图

活动目的：帮助你厘清目前的人际交往现状以及可能存在的问题。

步骤 1：先想一想你常打交道的交往对象有哪些；

步骤 2：画出你的人际关系图（图 8-1）：图中的笑脸代表你自己，其他圆圈代表不同的交往对象，在圆圈中写下他们的代称；

步骤 3：距离的远近代表彼此关系的远近；

步骤 4：思考和不同的人交往的目的、感受和方式有什么不同，并将关键词写在其圆圈的附近。

图 8-1 我的人际交往图

第三节　大学生良好人际交往心理的培养

大学生处于一个关注交往、需要理解、渴望友谊的青年时期。良好的人际关系是在交往中形成和发展起来的。大学生在培养自己的人际交往能力方面，除了以积极的态度和行为对待人际交往，要想建立和谐的人际关系，究竟还应该掌握哪些交往的知识呢？

一、遵循人际交往的原则

在人际交往中只有遵循正确的交往原则，才能达到理想的交往状态。

1. *平等的原则*　平等，指交往双方态度上的平等。每个人都拥有自己独立的人格、尊严和法律赋予的权利与义务，人与人之间的关系是平等的关系。在人际交往中，交往双方都要有一定的付出或投入，程度必须是平等的，平等是建立人际关系的前提。日常交往中，我们绝不能因同学之间在出身、家庭、经历、长相等方面的客观差异就对人"另眼相看"。在坚持平等的交往原则下，更要正确地评价自己，不要只看到自己的优点而盛气凌人，也不要只看到自身的弱点而盲目自卑。

2. *尊重的原则*　人际沟通的首要原则是尊重，我们每个人都有自己的人格尊严，并有在各种场合中得到别人尊重的需要。尊重能够引发人的信任、坦诚等情感，缩短交往的心理距离。大学生在人际交往中尤其要注意尊重的原则，经常承认或肯定他人的能力与成绩，不损伤他人的名誉和人格，否则易导致人际关系的紧张和冲突。注意讲究语言文明、礼貌待人，不开恶作剧式的玩笑，不乱给同学取绰号，尊重同学的生活习惯。

3. *真诚的原则*　真诚是人与人之间沟通的桥梁，只有以诚相待，才能使交往双方建立信任感，并结成深厚的友谊，虚伪的敷衍和尔虞我诈的欺骗只会引起别人的反感导致自己被孤立。坚持真诚的原则，必须做到热情关心他人、真心帮助他人，发现朋友的不足和缺陷也能诚恳批评。实事求是，不当面奉承人，也不在背后诽谤人，赤诚待人，胸怀坦荡。

4. *信用的原则*　信用是指一个人诚实、不欺骗、遵守诺言，并能取得他人的信任。人离不开交往，交往离不开信用。要做到说话算数，答应别人的事要尽力完成，不轻许诺言。一个讲信用的人很容易激发他人的交往动机、赢得别人的信任，产生使人乐于与你交往的魅力。

5. *相容的原则*　相容指人际交往中的心理相容，即人与人之间的融洽关系，与人相处时表现出的包涵、宽容及忍让。要做到心理相容，应注意保持谦虚和宽容的态度，为人处世要心胸开阔，宽以待人。体谅他人，即便别人犯了错误，或者冒犯了自己，也能够换位思考，理智地寻求解决方法。宽容并不是懦弱，而是有度量的表现，是建立良好人际关系的润滑剂，能"化干戈为玉帛"，赢得更多的朋友。

6. *互动的原则*　良好的人际关系应能满足交往双方的需要，只有这样这段关系才会持续发展。因此，交往双方要本着互动的原则。互动的原则主要体现在互助和互利两个方面。互助，就是当一方需要帮助时，另一方要力所能及地给对方提供帮助。这种帮助可以是物质方面的，也可以是精神方面的；可以是脑力的，也可以是体力的。既要与人为善，乐于帮助别人；又要善于向别人求助，别人帮助你克服了困难，他也会感到愉快，这也可以进一步沟通双方的情感。

二、克服人际交往中的知觉偏差

1. *首因效应*　指由先前的信息形成的最初印象，对于后来获得信息的理解和组织有着强烈的定向作用。由于人的认知平衡和心理平衡的作用，人们倾向于使后来获得信息的意义与已经建立起来的观念保持一致，也就是俗语所说的“先入为主”。最初获得的信息及由此信息形成的第一印象在总的印象形成过程中作用很大，因为我们在最初接触陌生人的时候，注意的投入完全而充分，此时印象最为鲜明、强烈，而后继信息的输入，我们的注意会游离，从而使其对我们的影响下降。首因效应是大学生人际交往中比较常见的现象，例如，一位大学生刚入大学时，出色的自我介绍在同学的头脑中留下强有力的第一印象，即使以后他的表现不如以前，同学也会认为不是能力问题，而是不够尽力。

专栏 8-2 建立良好第一印象的方法

社会心理学家艾根1977年根据研究得出同陌生人相遇时，按照SOLER模式表现自己，可以明显地增加别人对我们的接纳性：

S(sit)表示坐或站要面对别人；

O(open)表示姿势要自然放开；

L(lean)表示身体微微前倾；

E(eyes)表示目光接触；

R(relax)表示放松。

这些行为可以传递出“我很尊重你，对你很有兴趣，我内心是接纳你的，请不要有压力”的信号，有助于在别人心中建立良好的第一印象。

2. 晕轮效应 指在人际交往中，人们常从对象所具有的某个特性泛化到其他有关的一系列特性上，从局部信息形成一个完整的印象，即根据最少量的情况对别人做出全面的结论。在晕轮效应的作用下，一个人的优点变为光圈被扩大，其缺点则隐退到光的背后被忽略不计。例如大学生常会对外表吸引人的同学赋予较多的理想人格特征。晕轮效应是一种快速认识他人的策略和方式，但也存在消极的一面，因为以偏概全，可能使我们对他人的印象与其本来面目相差甚远。

3. 近因效应 指多种刺激依次出现时，印象形成主要取决于对他人最近、最新的认知。近因效应与首因效应不是对立的，而是一个问题的两个方面。一般来说，对陌生人的认知中，首因效应比较明显，而对熟识的人的认知中，最近发生的事情所带来的影响更大，近因效应比较明显。

4. 定势效应 定势效应指我们与他人接触时，常会不自觉地产生一种有准备的心理状态，而影响到对他人的认知和评价。如成语“疑邻偷斧”就是定势效应的一个例子。定势效应在某种条件下有助于我们对他人做概括的了解，但也容易因认知的偏差带来偏见和歧视。例如有的同学认为出身农村的同学孤陋寡闻，有的同学认为南方人小气、自私等，这些定势效应妨碍了大学生良好人际关系的建立。

5. 投射效应 指与人交往时总是假设他人与自己有相同的倾向，把自己具有的特性投射到其他人身上。所谓“以小人之心，度君子之腹”，就是这种效应的一个例子。投射可分为两种类型：一种是个人没有意识到自己具有某些特性，而是把这些特征转移到了别人的身上。例如，一个对他人怀有敌意的同学，总感觉别的同学的一举一动含有挑衅的色彩。另一种是个人意识到自己具有某些不讨人喜欢的，不为人接受的特性，但认为别人也是如此。例如，在考场上作弊的同学总感觉别的同学也在作弊，倘若自己不作弊就吃亏了。旨在通过这种投射重新评估自己不称心的特性，以求得心理上的暂时平衡。

三、掌握人际交往的技巧

1. *主动交往*　大学生的主动交往很重要，特别是当面临人际危机时，主动解释，消除误解，对重新建立良好的人际关系而言非常重要。在社会交往中，那些敢于主动交往、主动去接纳别人的人，在人际关系上显得更为自信。缺少主动交往有两方面的原因：一是缺乏自信，担心遭到拒绝，担心别人不会像自己期望的那样理解、应答，从而使自己处于窘迫的局面，伤害了自己的自尊。事实上，问题远没有我们想象的那么严重，因为人际关系中，双方都需要适应，需要人际关系支持陌生情境；二是人们在人际关系方面有许多误解，如认为“先同别人打招呼，在别人看来就低人一等”“那些善于交往的人左右逢源，都有些世故，有些圆滑”“我如此麻烦别人，别人会认为我无能，会讨厌我”等。

2. *换位思考*　西方人际交往中有一条黄金法则“你想要别人怎样对待你，你就要怎样对待别人”，中国也有句古话叫作“己所不欲，勿施于人”，这对建立良好的人际关系很重要。如果我们经常站在对方的角度去理解和处理问题，一切就会变得简单多了。善于交往的人，往往善于发现他人的价值，懂得尊重他人，愿意信任他人，宽容他人，能允许他人有不同的观点和行为，不斤斤计较他人的过失，在可能的范围内帮助他人而不是指责他人。

3. *善用赞扬和批评*　心理学家认为，赞扬能释放一个人身上的能量，调动人的积极性。真心真意、适时适度地表示你对别人的赞扬，能够增进彼此的关系。赞扬可以是直接的也可以是间接的；可以是有声的也可以是无声的。热情洋溢的话语是赞扬，微笑的面孔、肯定的姿势甚至是一个轻抚的手势也可以传达出肯定与鼓励。有时候发自内心的动作和表情比言语的赞扬更显得真实，使人更乐于接受。

与赞扬相对的是批评。一般情况下，应多赞扬，少批评。批评是负性刺激，通常只有用意善良、符合事实、方法得当时，才有可能产生积极的效果，才能促使对方进步。批评时应注意场合与环境，对事不对人，不能对一个人作全盘否定，这样会挫伤对方的积极性与自尊心，就事论事而不是翻旧账，措词与态度要真诚友好。

专栏 8-3　非暴力沟通解决人际冲突

非暴力沟通(non violent communication, NVC)是一种通过观察、识别和表达感受，将感受和需要相连，并用清晰、具体、正向的行动语言向另一方提出可行请求的沟通技巧。留意一下现实生活，我们会发现有时言语上的指责、否定、嘲讽以及随意出口的评价和结论给我们带来的精神上的创伤甚至比肉体的伤害更加令人痛苦。这些无心或有意的语言暴力让人与人变得冷漠、隔膜、敌视。马歇尔·卢森堡博士提出的非暴力沟通强调倾听、理解和尊重，避免指责和攻击，有助于化解冲突，增进和谐。

运用非暴力沟通模式解决人际冲突包括 4 个步骤：

(1) 观察实际上发生了什么。无论他人的言行是否有益于我们,我们是否喜欢,只是单纯地观察对方的言语和行为,并且不夹杂任何评判,清晰表达所观察的对方做了什么。尝试感知对方的观察、感受和需要,与他们建立联结。

(2) 表达出我们看到这些行为或听到对方这些言语时的感受:是感到伤心、害怕、喜悦、有趣,还是心烦?让对方了解到你内心真实的情绪。

(3) 表达出我们的感受与什么需要相关联。让人们不再对彼此进行评判,而是从需要的角度彼此联系起来,往往会出现惊人的效果,那些看起来无法解决的冲突开始变得能够解决了。

(4) 提出具体的请求,让对方知道你希望他们怎么做,来满足双方的需要。使用正向的可操作的语言来提出请求,意思是说要提出你希望其他人去做的事情,而非你不希望他们去做的事情,或者你希望他们停止做的事情,并且要向对方提出有可行步骤的具体行动。通过这些步骤,双方可以建立连接,理解彼此的需求,从而找到解决问题的方法。

以案例8-5的小米同学为例,想和室友进行非暴力沟通的话,他可以这样来表达:"××,我看到你堆在卫生间里的脏衣服和床底下的脏袜子4天没洗了,是最近考试月忙着复习没时间吧?可我们天天在寝室对着它们实在很恼火和心烦,因为大家很希望宿舍的公共空间能保持干净和整洁。你今天愿意把它们洗一洗吗?"

4. 帮助别人 心理学家们发现,以帮助与相互帮助开端的人际关系,不仅良好的第一印象容易确立,而且可以迅速缩短人与人之间的心理距离。当我们想和他人交朋友时,可以尝试先为别人做些事,并且最好是需要花费些时间和精力才能做到的事。此外保持良好的人际关系更需要互相关心、互相帮助,不能只要求别人对你奉献,而你对别人只讲索取。在帮助别人的过程中,我们自己也会收获愉悦感和成就感,俗语所说的"赠人玫瑰手有余香"正是这个道理。

5. 恰当的自我表露 自我表露就是把自己隐私性的方面展示给别人。奥尔曼等人发现,良好的人际关系是随着自我表露的增加而发展起来的。随着信任程度和接纳程度的提高,交往的双方会越来越多地暴露自己,因此自我表露的广度和深度可以看作人际关系的晴雨表。有些大学生对他人充满了好奇,一见面就很热情地询问对方的情况,表现得对对方很感兴趣。虽然这是友好的表现,但如果在这个过程中,一些大学生不善于自我表露,闭口不谈自己的情况,这样交流很快就会无法继续。所以,我们在交往的过程中要学会适时地使用自我表露,当发现彼此的关系到达了一个高度时,为了推进关系的发展,我们要主动向对方介绍自己,让对方有足够的安全感。当然,自我表露也要注意分寸,总体来说,交往双方的自我表露水平应该基本一致,否则关系就容易失衡甚至停滞,只有在隐私需求和安全需求保持适度平衡的前提下,人际关系才能正常发展。

6. 积极有效地倾听 听只是对声波振动的获得,而倾听则是弄懂所听到的内容的意义,它要求对声音刺激给予注意、解释和记忆。怎样做才能实现有效的倾听呢?

(1) 保持目光接触。柔和、热诚的目光接触可以表现出你对对方讲的话很感兴趣,漂移的目光则会让人感到你心不在焉，但目光接触过多又会增加对方的心理压力。

（2）展现赞许性的点头和恰当的面部表情。有效的倾听者可通过动作和表情把你对所听到的信息的兴趣表现出来。

（3）避免分心的举动或手势。在倾听时，应该尽量避免看手机、玩手指等动作，这样会使说话者认为你对他讲的话题不感兴趣，也会分散自己的注意力。

（4）提问。在倾听时适当提问，可以使自己获得额外的信息以更好地理解内容，还会促进双方的互动和交流。

（5）复述。用自己的话重复所听到的内容，可以检验自己对所听内容理解的准确性。

（6）避免打断说话者。在别人说话时尽量耐心听，等别人说完了自己再说。

（7）不要说太多。大多数人都乐于滔滔不绝地表现自己，而忽略了别人，有效的倾听者应该能够克制自己，多听别人说，而自己少说。

（8）自觉转换听者与说者的角色。虽然有效的倾听者应该全神贯注于说话者所表达的内容，但有效的倾听者不应该只顾着自己的角色，而应该能够在说话者与倾听者之间进行流畅的转换。

7. 把握人际交往的界限　虽然人际关系对个体有重要意义，但人是独立的个体，没有关系不行，深陷关系之中以至于失去自我也是不行的。人既有归属感和亲和的需要，也有保持距离与独处的需要。自我界限，即人际界限，指在人际关系中，人和人之间都是独立的个体，清楚地知道自己和他人的责任和权利范围。既要保护自己的空间不受侵犯，也不侵犯他人的个人空间。合适的距离可以让人感到安全和不易受伤，在人际交往时会更加愉悦放松，有利于人际关系的稳定和长期发展。

社交距离的远近与交往的对象、内容、场合和情境有关，一般来说，人们之间的关系越密切，他们的人际空间距离就越小。心理学家根据不同的交往对象和情境，划分了 4 种交往距离：0.45 米为亲密距离，这个距离属于家庭成员、挚友等；1 米左右为开放区域，同学和普通朋友可以自由地进入这个空间；1～4 米为社交距离，一般出现在工作环境或社交聚会上，谈话的内容也较为正式和公开；4 米以上为单向交往，如在礼堂里做演讲、报告。

思考题

怎样利用这些人际交往的技巧来帮助开篇案例中的小芹进行人际交往呢？

心理训练营 8-1　优点大轰炸

活动目的：学习发现别人的优点，并用恰当的方式表达对他人的欣赏，促进相互的肯定和接纳。

活动内容：活动中努力去发现他人的长处，必须要说出团体中央成员的优点，并且态度要真诚，不能毫无根据地吹捧，那样反而对别人造成伤害。

活动材料：一张不小于 A3 的彩纸、胶水、彩笔，活动开始前先制作一顶可以佩戴的高帽子。

活动步骤：

(1) 5～8个人一组围圆圈坐。请一位成员坐在团体中央，戴上纸糊的高帽子，其他人轮流说出他的优点及值得欣赏之处(例如，性格、相貌、处事等)

(2) 被称赞者说明哪些优点是自己以前就知道的，哪些是自己未曾发觉的。

(3) 每个成员到中央戴一次高帽。

(4) 所有成员都被称赞后，小组内部讨论交流体会："被人称赞时的感受如何?""怎样用心去发现他人的长处?""怎样去做一个乐于欣赏他人的人"等。

(5) 每小组派代表在大组内进行交流。

(范佳丽)

本章习题　　本章课件

第九章
压力挫折与心理健康

案例 9-1　小张的烦恼

某大学四年级学生小张，家住农村，家庭经济状况拮据，认为自己有责任挑起家庭的重担，但又觉得力不从心。即将毕业的他，心中一片茫然，总担心找不到理想的工作。他的学习成绩一般，当看到其他同学都在准备考研时，自己也想考，但是又不能集中精力学习。每当坐在教室里看书时，小张总感觉有人坐在身后并干扰自己，有强烈的不安全感，因此只能坐在角落或者靠墙而坐，否则无法安心看书。他对同寝室的一位同学使用电脑时放外声音的行为非常反感，甚至当室友敲击键盘或鼠标时也很敏感，有时真的难以忍受，尤其是在午睡时总担心会有声音干扰自己，从而睡不着觉，导致休息不好。但又不好意思为此直接交涉，担心为这种小事起冲突，别人会觉得是自己太斤斤计较。因此很长时间不能摆脱这种心理困境，感到非常苦恼，已经严重影响了自己的日常生活和学习。

思考题

(1) 哪些原因导致了小张的心理困境？

(2) 如果你是小张，你会如何缓解心理困境？

在成长的道路上，我们每个人都可能像小张一样，面临来自家庭、学业、人际关系等多方面的压力。这些压力有时会让我们感到迷茫、焦虑，甚至陷入难以摆脱的心理困境。小张的故事并非个例——经济负担、毕业焦虑、自我怀疑、人际敏感……这些看似琐碎的困扰，实则是许多大学生压力与挫折的真实写照。其实压力与挫折，从来不是成长的敌人，而是照见内心困境的镜子，它们或许让我们狼狈，却也逼迫我们直面真实的自己。本章将带你探索压力与挫折背后的心理机制，分析常见压力和挫折的表现，并提供实用的应对策略，帮助你在困境中找到突破口，重建内心的平衡与力量。

时代寄语：成功的背后，永远是艰辛努力。青年要把艰苦环境作为磨炼自己的机遇，把小事当作大事干，一步一个脚印往前走。

——习近平

第一节　压力概述

一、什么是压力

当今社会正经历着剧烈变化，大学生作为青年人中最具活力的代表，在心理和生理上承受着巨大压力。一般而言，大学生所遇到的任何变动或习惯改变都可称为压力，愉快与不愉快的事情都会造成压力，只是不愉快的事件产生的压力程度通常比愉快事件产生的压力程度要高一些。

关于压力的概念可以追溯到18世纪，当时“负荷”一词是指物体所承载的外部重量。到了19世纪，首次出版了将压力应用于人类体验的医学著作，由身心研究的先驱——威廉·奥斯勒编写。20世纪20年代，加拿大著名内分泌专家塞里博士在实验室中对老鼠的应激反应进行了深入而细致的研究，在此基础上，塞里认为，压力是对某种特殊症状表现出来的一种状态，这种状态是由生理系统中应对刺激的反应所引发的非特定性变化而组成的。

国内比较普遍的关于压力的定义，是指由刺激引起并伴有躯体机能以及心理活动改变的一种身心紧张状态，即压力是由于人在环境中受到种种刺激因素的影响而产生的紧张情绪。

二、压力源分类

压力源又称应激源或紧张源，是指任何能被个体察觉并产生正性或负性压力反应的事件或内外环境的刺激。人们在生活中面临的压力并不都是由重大事件引起，更多的是由轻微而繁琐的小事引起，如交通阻塞、夫妻矛盾、噪声污染等都是生活中最常见的压力源。总体上，压力源可以分为两大类，即环境压力源和个人压力源。

（一）环境压力源

环境压力源指外部环境中突然发生或变化的事情，又称“自然逆境”，不以人的意志为转移。环境压力源通常包括各种自然灾害、噪声、空气污染、过度拥挤等，一般不会给个体造成强烈而持久的压力，当事件结束时，压力随即减轻或消失。

（二）个人压力源

个人压力源指个体所遇到的特殊压力事件，包括重大生活事件、日常生活压力源、慢性压力源。重大生活事件是指一些重要的，具有重大意义的事件，它可以对个人或家庭的经济、生活、社会关系产生重大影响，改变生活方式或生活轨迹，如亲人去世、失恋、面试失败等。日常生活压力源是指令人激恼的、使人有挫折感的、令人烦恼的要求，它具有持久性，不如重大生活事件强烈，是由日常生活小事件引起的应激，如找不到安静的学习环境、没有足够的闲暇时间等。研究表明日常生活中的小压力与疾病的关系大于生活变迁与疾病的关系。也就是说，生活中小压力的堆积，对人的心理危害比大事件更大。这就好比“最后一根稻草压断了骆驼的脊梁”。慢性压力源是长期存在的，与自身相关，短期内难以实现或解决的某一类问题，如经济困难、心理自卑、心理拖延等。这类压力源不是具体的事件，而是长期存在于个体身上的问题。

专栏 9-1　解析我的压力源

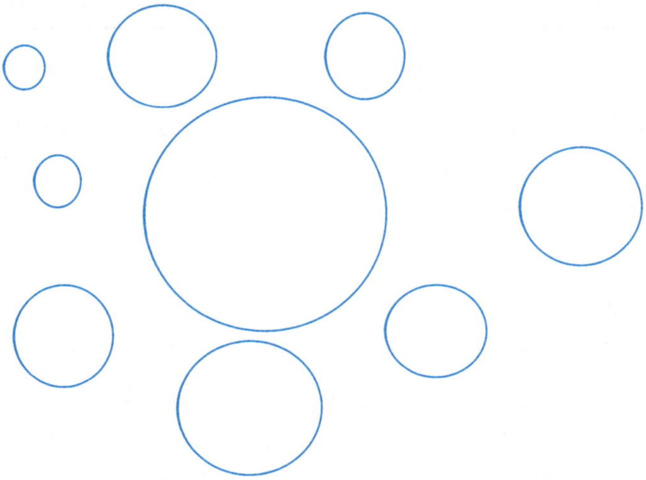

(1) 在中间最大的圆圈里画一种动物、植物或矿物代表自己。

(2) 在旁边大大小小的圈内写下最近生活中的压力（圆圈越大代表压力越大）。

(3) 在小组内分享与交流：

① 你的压力源有哪些？

② 每种压力给你的感觉是什么样的？

③ 压力很大时，你的身体感觉如何？哪个部位对压力最敏感？

④ 你是如何处理这些压力的？

(4) 班级分享与总结。

三、压力的反应

（一）压力反应的阶段

当压力源出现时，人们通常会出现一种情绪和生理反应。例如，当你走在路上，突然身后传来汽车喇叭声导致你吓一跳。你经历了惊吓，心跳加快，血压上升，手掌、脚掌开始冒汗。这种反应模式通常被称为反抗——逃跑反应，是受交感神经系统活动性增强所控制的。心跳加快和血压升高使个体产生反抗行动或是逃跑反应。手脚出汗也是一种反抗或逃跑的反应。这种生理反应通常比较短暂，而且如果压力源是像有人按喇叭吓你一跳这类小事，也许不到一分钟就能恢复。然而，当人体在面对重大持续性的压力时，则会出现连续性的 3 个阶段：警觉阶段、抵抗阶段和衰竭阶段，即塞里提出的一般适应症候群（表 9-1）。

表 9-1 一般适应症候群的三个阶段

阶 段	特 征
警觉期	因刺激的突然出现，全身各部位被动员起来从而进入应激状态，情绪紧张、注意力提高、体温与血压下降、肾上腺分泌增加
抵抗期	尝试抵抗，不断调适自己，保持高度生理激动，身体企图对受损的部分进行维护复原
衰竭期	长期持续暴露于压力源下，耗尽了免疫系统与身体能量，导致最后的崩溃

1. 警觉阶段 “警觉阶段”由各种生理变化所组成，这些生理变化可使受威胁的有机体迅速地恢复正常功能。不论压力来源是身体方面(诸如不当的饮食、睡眠不足、疾病或是身体受伤)，还是心理方面(诸如失去所爱的人，或是失去安全感)，警觉反应都由几个相同的一般形态的生理变化所组成，诸如头痛、发烧、疲倦、肌肉和关节酸痛。警觉反应是动员身体的防御系统来保护生命安全的抵抗力。

2. 抵抗阶段 继警觉反应之后，人体会出现“抵抗阶段”。在这个阶段中，人体已产生对压力来源的抗拒，在警觉反应时期被搅乱的生理历程这时基本恢复到正常状态。但是，如果这种压力一直持续下去，能量就会耗尽，适应能力也跟着下降，进入第三个阶段。

3. 衰竭阶段 假使个体被继续置于压力下，很可能再也无法维持其抵抗，这就会进入一般性适应症状的第三个阶段——衰竭阶段。许多警觉阶段的症状又重新出现，时间久了就会导致身体构造和功能的损害。假使压力来源持续下去，则可能导致机体极端衰竭，甚至死亡。

(二) 压力反应的表现

大多数人认为压力是一种消极因素，殊不知压力在某种意义上也有其积极的一面。生活在没有压力的环境中是不可想象的——就好比在没有摩擦力的情况下行走，或如同在没有路面支撑力的情况下骑自行车一样，是绝对不可能的。压力的积极因素之一是促人上进，使人从失败中振作起来。例如，一次考试失败所产生的压力可能会促使学生卧薪尝胆、发奋学习，最后可能在期末考试中名列前茅。压力对人的影响因人而异。一些人可能表现为头痛，另一些人则可能表现为焦躁不安、恐惧、惊慌等，还有一些人则产生行为上的变化——睡眠方式改变，胃口改变及性功能改变等。常见的压力反应主要体现在以下3个方面：

1. 生理反应 在压力状态下，机体必然伴随有不同程度的生理反应，主要表现在中枢神经内分泌系统和免疫系统等方面，如心率加快、心肌收缩力增强、血压升高、呼吸急促、各种激素分泌增加、消化道蠕动和分泌减少、出汗等。这些生理反应，调动了机体的潜在能量，提高了机体对外界刺激的感受和适应能力，从而使机体能更有效地应付外界环境条件的变化。但过度的压力会使人口干、腹泻、呕吐、头痛、口吃等。

2. 心理反应 压力引起的心理反应有警觉、注意力集中、思维敏捷、精神振奋，这是适应的心理反应，有助于个体应对环境。例如，学生考试、运动员参赛、在适度压力下竞争容易出成绩。但是，过度的压力会带来负面反应，短期的压力所引起的负面情绪反应，会伴随压力的消失而消失，不一定会对人产生不良影响；只有长期压力所引起的负面情绪反应，才会对人的身心健康造成不利影响，导致出现消极情绪，如忧虑、焦躁、愤怒、沮丧、悲观失望、抑郁等，同时会使人思维狭窄、自我评价降低、自信心减弱、注意力分散、记忆力下降，同时表现出消极被动，并由此引起一系列心理疾病，如认知异常、情绪障碍、行为异常等。

大学生压力量表

3. 行为反应　压力状态下的行为反应可分为直接反应与间接反应。直接的行为反应是指面临压力时，为了消除刺激源而作出的反应。间接的行为反应是指为了减少或暂时消除与压力体验有关的苦恼，如借助酒、烟、麻醉品等，使自己暂时缓解紧张。

专栏 9-2　心理压力的 10 种无声信号

现代生活充满压力，要想活得轻松，就必须减压。要想有效减压，就必须了解压力的蛛丝马迹。美国拉什大学医学中心行为科学部的斯泰万·E. 霍博佛尔博士总结出与压力存在一定关联性的 10 种无声信号：

(1) 周末头痛；
(2) 痛经；
(3) 口腔疼痛；
(4) 怪梦；
(5) 牙龈出血；
(6) 突然出现痤疮；
(7) 偏爱甜食；
(8) 皮肤瘙痒；
(9) 过敏加重；
(10) 肚子痛。

思考题

说说你在压力情境中有什么样的反应？

第二节　大学生挫折的产生原因及其表现

案例 9-2　潘侠克：感谢挫折

在 2011 年，潘侠克凭借卓越的表现，顺利获得了保送至清华大学的资格。回望他的高中三年，最为宝贵的收获是通过自己的努力获得了沉稳平和的心态。自小他的生活轨迹仿佛被“顺利”二字精心勾勒，直至高二，他几乎未曾感受到压力，考试中他总是得心应手。当步入高二，他的重心转入了竞赛领域，近乎一整年都沉浸在竞赛的筹备中。经过教练的精心栽培，他成功摘取了全国信息学竞赛的桂冠，入围省队选拔。彼时，他心中怀揣了被保送的憧憬,这份念想让他逐渐偏离了文化课程学习的轨道,心态也日趋浮躁,总以为保送已是囊中之物。然而,理想虽丰满,现实很骨感。省队选拔的失利如同一记重锤,将他近一年的辛勤汗水化为泡影,而与他并肩作战的4名同学则提前与北京大学签约,这份落差让他备感失落。

但正是这段艰难的时光,成为了潘侠克成长道路上最为宝贵的磨砺。他开始深刻反思,意识到自己对于目标的渴望虽强烈,却未曾倾尽全力。当他终于从失败的阴霾中走出时,内心变得更加淡定从容。他重新设定目标,力求做到最好的自己,至于结果如何,已不再是首要考量。

进入高二尾声,潘侠克重返久违的课堂,再次捧起了课本。这一次,他全身心地投入到学习中,发掘了自己在文化课程上的巨大潜力。6个月后,他坐在清华大学保送生选拔考试的考场中,内心平静如水,毫无波澜,并展现出了自己的最佳状态。正是这份平静与不懈的努力,铺就了他的成功之路。

事后,他深感那次挫折的宝贵。若非那次挫败,他可能至今仍对自己的不足不够了解,也难以踏入清华大学。

思考题

挫折可以击垮一个人,也可以成就一个人。挫折可以令人重新审视自己,你希望从挫折中收获什么?

一、什么是挫折

"人生不如意事,十有八九",人的一生不可能一帆风顺,有一首歌唱得好:"不经历风雨怎么见彩虹,没有人能随随便便成功。"有一首诗写得好:"成功的花,人们只惊羡她现时的明艳!然而当初她的芽儿,浸透了奋斗的泪泉,洒遍了牺牲的血雨。"从心理学上分析,人的行为总是从一定的动机出发,经过努力达到一定的目标。如果在实现目标的过程中,碰到了困难,遇到了障碍,就会产生挫折。因此,在心理学上,挫折指个体有目的的行为遇到阻碍而产生的必然情绪反应。

挫折的概念包含三重含义:

(1) 挫折情境:导致目标不能实现的事件或情境,如考研失利、面试失败等;

(2) 挫折认知:个体对挫折情境或事件的态度、评价或解释;

(3) 挫折反应:个体在挫折情境下所产生的情绪变化和行为反应。

上述三者中,挫折认知是核心成分,挫折反应的性质及程度主要取决于个体对挫折情境的认知。同样的情境或事件,不同的认知会引起不同的行为反应。例如,同样是考试失败,有些学生会自怨自艾,觉得自己不够聪明,放弃努力。有些学生却将考试失败作为一种动力,更加努力地投入到学习和生活中,争取下一次的成功。

大学生在遭受挫折后,常会产生一系列的反应,在情绪上,常表现为强烈的紧张、愤怒、焦虑等;在生理上,会表现血压升高、心跳加快,同时易诱发心血管疾病,此外胃酸分泌减少慢慢也会导致溃疡、胃穿孔等;在行为上甚至表现为对人讥讽、谩骂或拳脚相加以及损物伤人等攻击性行为。当然处在消极情绪中的同时,也有一些大学生能采取积极的态度面对现实,审时度势,通过各种努力解决问题,使自己的心态达到平衡。

思考题

你在人生道路上经历过哪些挫折? 你是如何应对的?

二、大学生挫折产生的原因

随着我国教育事业的快速发展,大学已经成为学生进入社会前的主要实践场所,在大学里,学生会遇到类似于社会中发生的诸多事情,例如,在大学里的成绩不理想类似于在社会中的工作不顺利,学生之间的关系相处类似于工作中同事之间的关系相处等。学生在校期间遇到挫折是在所难免的,造成大学生受挫的主要原因有经济困难、自我期望值过高、人际关系紧张、生理缺陷、就业形势严峻等。可见,大学生挫折感的产生不是单纯某一方面的原因,而是受多种因素的影响。基于对当前大学生的受挫折原因分析,可见其挫折感的产生主要受客观和主观两个因素的影响。

(一) 客观因素

构成挫折的客观因素是指由于外界的事物或情况给人带来的阻碍和限制,使人的需要不能满足(动机受阻)而引起的挫折。客观因素包括社会环境和自然环境两方面。

1. 社会环境因素　大学生生活在社会之中,一切政治的、经济的、宗教的、伦理道德的、种族的、家庭的因素以及一切风俗、习惯等,都可能是引起大学生挫折的因素。例如,当今社会飞速发展,高学历人才也与日俱增,致使社会大学生就业的缺口相对减少,就业形势严峻的压力让大学生时刻怀揣着焦虑心理。又如,一部分在高校学习的大学生,可能来自贫困家庭,他们正常的学习、生活受到冲击,学习积极性受到打击,这是经济因素导致的。

2. 自然环境因素　各种非人为因素所造成的时空限制、天灾人祸等,使人的行为无法达到目标而造成挫折的因素属于自然环境因素。例如,自然灾害(台风、地震、洪水等)以及由于自然因素影响而引起的疾病、事故等。又如任何人都不能实现长生不老、返老还童的愿望,都难免遭遇生离死别的境况,这些都是人们无法克服的客观因素。

(二) 主观因素

生活中不同的人在同一情境中经受同一强度的挫折会有不同的反应,原因就在于个体在主观因素方面具有差异性。

1. 个体条件因素　个体生理条件(身材、容貌、个性、智力等)的制约,常导致学习、就业、交往和恋爱的受挫。例如,一个高度近视者不能担任飞行员或需要良好视力才能胜任的其他工作。假如一个身材矮小的人想成为职业篮球运动员,那这个愿望显然很遥远,会使他体验到挫折感。一个色盲者难以从事医疗或美术等工作,这也会使他体验到挫折感。在这种情形下,需要大学生正确认识环境和认识自己,扬长避短,以积极的心态接受自己、接受环境。

2. 自我期望水平过高　期望水平是指个体在从事某种行动之前自我估计所能达到的

目标水平。在现实生活中，如果一个人过于自信，过高地估计了自己的能力，就会对自己提出不切实际的要求，制定很高的甚至无法达到的目标或计划，进而产生强烈的挫折感。例如，一位大学生一入学就给自己定了很高的目标（拿特等奖学金，当三好学生）。对于这位大学生积极向上的精神我们应当鼓励，然而这位大学生并不能够充分了解进入该大学的学生的整体水平，也未能清楚了解奖学金、三好学生评比的有关规定和要求，主观盲目地给自己制定了过高的目标，一旦其目标无法顺利实现，失败的经历就会给这位学生带来挫折感。

3. 动机冲突　动机冲突（又称心理冲突），这是指一个人在某种活动中，同时存在着一个或数个欲求目标，或存在两个或两个以上互相排斥的动机。当处于相互矛盾的状态时，个体难以决定取舍，表现为行动上的犹豫不决，这种相互冲击的心理状态，称为动机冲突，动机冲突是造成挫折的一个重要原因。对于大学生而言，丰富多彩的大学生活不仅为大学生的全面发展提供有利条件，也给大学生带来了选择的冲突。这些动机冲突导致大学生挫折感的出现。一般可归纳为以下 4 种典型的冲突情境：

(1) 双趋冲突：指两种对个体都具有吸引力的目标同时出现时，形成强度相同的两个动机。由于受条件限制，只能选其中的一个目标，此时个体往往会表现出难以取舍的矛盾心理，这就是双趋冲突。“鱼与熊掌不可兼得”就是双趋冲突的真实写照。例如，面对两门都很感兴趣的选修课，都想去听，但时间冲突，一时难以取舍。

(2) 双避冲突：指两种对个体都具有威胁性的目标同时出现时，个体对这两个目标均产生逃避动机，但由于受条件和环境的限制，只能选择其中的一个目标，这种选择时的心理冲突称为双避冲突。“前遇大河，后有追兵”正是这种处境的真实写照。例如，有些大学生害怕考试挂科，但平时又不努力学习。

(3) 趋避冲突：指某一事物对个体具有利与弊的双重意义时，会使人产生两种动机态度：一方面好而趋之，另一方面则恶而远之。所谓“想吃鱼又怕鱼刺”就是这种冲突的表现。例如，有些大学生想多参加社会活动，锻炼和发展自己的才能，同时又担心占用太多学习时间，影响学习。

(4) 双重趋避冲突：在实际生活中，人们的趋避冲突常常表现出一种更复杂的形式，即人们面对着两个或两个以上的目标，而每个目标又分别具有吸引和排斥两方面的作用，此时人们无法简单的选择一个目标，而回避或拒绝另一个目标，必须进行多重选择。由此引起的冲突叫作双重趋避冲突。例如，身处学习气氛不浓的宿舍，有的学生想认真学习，但又怕被周围人讥笑；想不理会他们，又担心影响人际关系；想随大溜，又觉得虚度光阴，于心不安。

大学生要学会分析和了解引起挫折的原因，从而给自己的大学生活以及将来走上社会做好充分的思想准备。每个人都应当给自己定一个合理的目标，认识到人生旅程不可能一帆风顺，总不可避免要遇到各种困难和障碍。

思考题

你能联系自己曾经遇到的挫折，谈谈它产生的原因吗？

三、大学生常见压力与挫折

大学阶段是人生发展所经历的特殊阶段，是学生性格快速发展、趋向成熟的一个重要阶段，同时也是极易出现心理健康问题的一个阶段。2024 年 3～6 月，中科院心理所国民健康评估发展中心对我国 60782 名 16～28 岁的大学生开展的心理状况调查显示：大学生面临学习压力、职业规划困扰、人际关系问题等多重挑战。

（一）学业压力

案例 9-3　“挂科”的烦恼

小李是某大学二年级学生，自述从大一下学期就开始经常逃课，认为考试前熬夜看几天书就能通过考试，但事与愿违，挂了两门课。新学期开始后仍然不能很好地去教室听课，坐在教室里总是东想西想，注意力不能集中。他对自己的状态很不满意、很焦虑，非常担心这样下去会拿不到毕业证。小李有时甚至不想再读下去，想要退学，但想到父母把未来的希望全寄托在他的身上，就觉得对不起父母。小李感到压力很大，平时不愿回家，也感到很烦恼和迷茫，不知该怎么办。

与中学相比，大学的学习环境、学习任务、学习方法都发生了很大变化。大学的课程多、难度大、要求高，最大的差别是大学学习更强调自学和独立思考的能力，学习时间由自己掌握，教师很少像中学那样对学生进行指导。面对这样的环境，很多大学生不知道该如何安排自己的学习时间，不知道该学习些什么，也不知道该如何学习。如果学生在入学初期没有做好心理准备，对高校的学习适应不好的话，就可能出现考试成绩低于期望值或者忙忙碌碌一学期却感觉没有收获的情况，从而产生压力。其次，进入大学后，很多大学生的任务重心发生了转移，他们更愿意多参加一些社团组织来锻炼自己的能力，而不再把主要精力集中在学习上，因而学业挫折是大学阶段常见的挫折之一。例如，对所学专业不感兴趣、学习吃力、考试失败、好不容易有自己感兴趣的课，教师却讲得乏味等，都会让大学生感到没有前途，从而产生挫折感。另外，现代社会的飞速发展对大学生提出了更高的要求，进入大学后扑面而来的英语四六级考试、计算机等级考试以及各类职业资格考试、各种考研热、考博热、出国热，这些大小不一的种种考试都给广大学生带来了巨大的压力。

应对学业压力的关键在于：

（1）调整认知，正确看待压力：适度的压力能提高学习的专注力和动力，把精力放在“如何提高学习成绩”上而非“担心失败”上。

（2）科学时间管理，避免拖延：采用四象限法则（将任务分为紧急/重要、紧急/不重要、不紧急/重要、不紧急/不重要四类）安排学习任务，优先完成重要且紧急的任务。

（3）优化学习方法，提升效率：通过向老师或学长请教、主动提问、参加学习小组、线上课程等形式，提高学习效率。

（4）调节身心状态，保持能量：保证充足的睡眠和规律的运动。

（5）建立支持系统，避免孤立无援：与朋友、家人倾诉学业压力，不要独自硬扛。如果压力长期无法缓解，可咨询学校心理老师。

(二) 人际关系压力

案例 9-4 宿舍人际关系危机

小陈,男,某医学院在校学生。在咨询室中说道:“某天早晨,正在睡梦中的我被一阵声响吵醒,当时我就喊道‘一大早搞什么啊,吵死了’,这时传来室友小何的声音‘太阳都晒到屁股啦,还早? 真可笑!’继而他哼起了小曲。”在这之后,只要宿舍一遇到纠纷小陈就觉得其他室友都在偏帮小何。他一回到宿舍便心情郁闷,慢慢地就脱离了群体,自我封闭起来。小陈与室友关系越来越差,宿舍的集体活动不再参加,逐渐成为了宿舍的“边缘人”,觉得待在宿舍有一种窒息感。之后他又开始自责,是不是那天早晨自己太冲动,应该忍一忍。时间一长,小陈发现自己与人相处变得很小心,不敢表达自己的想法,不管跟谁发生矛盾,都认为是自己的错,然后深深自责,或者把怨气都闷在心里。有时强烈希望改变自己,虽然做过很大的努力,但一直得不到明显改观,内心非常苦恼。非常担心毕业后不能适应社会生活。近来更是觉得自己一无是处,极度自卑,没有勇气参加任何活动。

大学生进入大学后,对于人际交往的需求特别强烈,他们渴望融入新的社会关系网络,渴望通过人际交往去认识世界,获得友谊和支持,但是由于周围同学来自全国各地,不同的生活习惯、成长经历、性格、爱好等使大学生的人际关系客观上比以前的生活环境要复杂,而大学生的交往技巧相对匮乏,在交往中难免会有冲突。如有人爱干净、讲卫生,有人则没有养成注意保持个人及环境卫生的好习惯;有人作息规律,早睡早起,有人作息则毫无规律,随兴熬夜;有人喜欢安静,在宿舍里自习,有人则性格活泼,不拘小节,经常在寝室里煲电话粥或者大声呼叫等等。人与人之间的差异,是大家每天都要面对且无法逃避的。时间一长,小矛盾、小摩擦积累到一定程度就会以外部冲突与激化的形式爆发出来,可能引发寝室里的人际关系紧张,造成大学生巨大的心理压力。其次,部分大学生以自我为中心的思想意识较为强烈,只关心自己的利益和兴趣,不关心他人,忽视他人的利益和处境,不会换位思考等,都让大学生难以找到知己,形成人际关系危机。另外,有些大学生由于自我评价不恰当,或自命不凡或畏缩不前,无法与他人和谐相处,人际关系紧张,自然会产生心理挫折。

应对人际关系压力的关键在于:

(1) 重塑人际认知,正确看待人际关系:接受每个人在性格、习惯、价值观上的差异,无须强求一致。降低预期,不苛求所有人都喜欢自己,找到志同道合的朋友即可。

(2) 提升沟通技巧,减少误解:实践非暴力沟通四步法(观察+感受+需求+请求)。引入“五感倾听法”,在观察(客观事实)、感受(情绪共鸣)、需求(隐性动机)、请求(解决方案)基础上,增加“确认环节”(如“我的理解是否准确?”),确保信息传递零损耗。

(3) 借助外部支持,增强抗压能力:主动学习压力管理技巧,合理宣泄,通过运动、艺术创作等方式释放人际压力,提升自我效能感。

（三）经济压力

案例 9-5　经济困难的小吴

小吴，大一学生。家庭经济困难，课余时间在学校附近的餐馆做服务员挣生活费。最近遇到同班几位男生到该餐馆就餐，很鄙视地瞪着正在勤工俭学的小吴，嘴里还冷嘲热讽的，小吴每每想起来心里都觉得不是滋味。有时同学要小吴一起出去吃饭，去吧，没有那么多钱；不去吧，又觉得不合适，怕别人说自己"小家子气"。这样的尴尬时刻还有很多，但最后总会因为虚荣心而内心屈服，每次出去消费之后，生活就陷入困境。"家里贫困让我感到很自卑，让我觉得低人一截，不敢正视别人，不敢发表自己的见解，不敢和别人交流，更不敢和老师对话，人多的场合，我只能偷偷逃离。"

在大学校园中，有这样一部分学生，其父母为工薪阶层或出生在农村贫困家庭，供子女读书的经济负担很重。这一部分学生可能要承担更多的压力，他们不得不节衣缩食，利用闲暇时间勤工俭学，但又常常担心自己被人瞧不起，从而产生压力和挫折。

应对经济压力的关键在于如下几点：

（1）调整认知，正确看待经济压力：认识到经济压力是成长中的暂时性挑战，或者阶段性的挑战，而非个人失败。避免过度比较，与其羡慕条件优越的同学，不如专注于自己的成长。

（2）制定计划，减少经济失控感：记录收支，制定预算计划，降低不必要开支，合理消费。

（3）开源增收，寻找合法经济来源：主动了解学校的奖学金评定细则，担任科研助理，参与校园勤工俭学等。

（四）恋爱压力

案例 9-6　只有我没有男朋友

小王是大三学生，向咨询师表示她现在最害怕过周末，因为以前周末室友们都会在一起过，逛逛街、吃吃饭、看看电影。但是现在大三了，室友们都有了男朋友，一到周末，就她一个人留守在宿舍，最难受的是室友们约会回来后，兴高采烈地交流着与男友今天都去哪些地方玩了，吃了什么，看了什么电影，唯有她无法插上话。时间一久，她不知道自己是怎么了，是不是长得不美，是不是个性不好，还是……总之，她对自己产生了很多怀疑，觉得自己不够好所以才没有男友。这样的困惑一直缠绕着她，现在的她对自己越来越没有信心了，觉得自己什么都做不好。

随着生理的成熟和性意识的觉醒，大学生渴望与异性亲密接触，向往美好的爱情。埃里克森提出，在成年初期，个体的主要任务是发展亲密关系，恋爱是这个时期的个体正在经历或已经经历的过程。但是在爱情中，会有一系列复杂、独特而微妙的情感体验，成为焦虑、紧张、挫折的来源。有的学生想恋爱，但又担心父母不同意或担心对方不接受自己等，各种心理冲突都会对大学生产生压力。有的学生因失恋变得情绪低落、自卑感强烈，影响学习，甚至产生自杀等不良意识。另外有一部分大学生，就如案例 9-6 中的小王，渴望恋爱，但又苦于找不到对象，进而产生自卑心理。

应对恋爱压力的关键在于如下几点：

(1) 破除恋爱焦虑的非理性认知：认识到“大学期间没有恋爱经历”并不等同于个人价值缺失。建立“宁缺毋滥”的择偶观，而非为恋爱而恋爱。

(2) 建立健康的亲密关系边界：维护独立社交空间，定期参与朋友聚会，保持个人兴趣爱好，避免将所有情感需求寄托于伴侣。设定“个人时间”(如每周几小时独处)，平衡恋爱与自我成长，避免过度经济依赖或牺牲，尤其是恋爱初期更需如此。

(3) 理性应对关系挫折：关注当下相处质量而非执着于“必须结婚”。面对分手，给自己设定“悲伤时间”(如两周内尽情哭泣)，通过运动、学习等活动转移注意力，之后逐步恢复生活节奏。

(五) 就业压力

案例 9-7 担心“毕业即失业”的小杨

小杨是大三学生，上大学后学习很努力，但成绩一直不是很理想。看见大四的师兄、师姐们天天为工作奔波，想到自己前途渺茫，出现了烦躁焦虑的情绪，压力很大，这在一定程度上影响了他的正常学习、生活和人际交往。当大四的师兄、师姐们找工作的时候，小杨也去招聘现场感受了一下严峻的形势，听几位师兄、师姐讲就业压力很大而且用人单位要求很高，他想到自己什么都不会，很担心自己毕业找不到一份满意的工作，特别害怕辜负了父母，所以总是很焦虑很烦躁，注意力难以集中，情绪低落，学习效率低，爱发脾气。

随着连续多年的高校扩招，大学生就业形势日趋严峻，使得部分在校大学生产生“毕业即失业”的压力和挫折感。在择业过程中，当主观愿望与客观实际、理想与现实发生脱节时，不少大学生便惊慌失措，产生种种心理障碍，陷入长时间不良情绪的困扰而不能自拔，有的甚至走入极端，造成严重后果。

应对就业压力的关键在于如下几点：

(1) 重塑就业认知，化解不合理信念：避免绝对化要求，比如“必须找到完美工作”的想法可以调整为“我希望找到合适的工作，但也允许试错和积累经验”。关注可控因素，将注意力从“别人比我优秀”转向“如何优化简历/提升面试技巧”。将求职视为学习过程，失败也是积累经验的机会。

(2) 提升就业能力，驱动高效行动：拆分目标，将“找到工作”这个目标转化为“每日/每周可执行清单”(如每天投递 5 份简历、每周学习 1 项新技能等)。针对目标岗位需求，参加线上课程或实习。通过角色扮演或 AI 面试工具进行场景化训练，降低面试焦虑。

(3) 构建支持网络，优化心理资源：主动寻求帮助，向朋友、家人或老师倾诉，或加入求职社群共享信息。若长期情绪低落、失眠，可寻求心理咨询或职业规划师的帮助。限制负面信息输入，减少过度关注他人“成功案例”，减少比较带来的焦虑。

第三节 大学生压力管理与挫折应对

因为每个人经受压力和挫折时的心理状态不同，对压力和挫折的认知、态度、评价、理解不同，导致不同人在同一情境中受到相等强度的压力和挫折时，会有不同的反应，压力管理和挫折应对的表现也有明显的不同。大学生压力管理和挫折应对的策略主要有以下几点：

一、认知重构，正确归因

在生活中，人们经常会对自己行为的成功与失败进行归因。归因中，有些人倾向于外部归因，认为外部复杂且难以预料的力量是主宰行为的原因。这种外部力量可以是运气、机会、命运、他人的权力、自然界的力量等无法预料和支配的因素。如有些学生认为自己成绩不好，主要是由于教师教学能力有限或是考卷难度太大等方面的原因。有些学生则倾向于内部归因，即认为自身的努力、能力是影响事情的发展与行为结果的主要原因。也有部分学生认为自己成绩不好是由于学习不够努力造成的。

压力应对能力测验

一般来说，进行内部归因的学生对自己的行为与学习有更多的自我责任定向。但是从对失败的归因方面来看，由于他们更倾向于把原因归于主观因素，这就容易产生自我埋怨、自我责备。如果这种自责、悔恨过度，就会给他们带来挫折感和心理损伤。

因此，大学生要学会进行正确归因，对造成压力和挫折的原因进行实事求是的分析，弄清压力和挫折的原因到底是外部的，还是内部的，或是内、外部两种因素相互交织，共同起作用。正确的分析和归因，是应付和解决压力与挫折的必要前提。

专栏 9-3　与负性思维辩论

负性思维：我认为我永远无法在公众面前讲话，因为它太难了，太多人会看着我，我不可能完成。

在这个描述中，哪些词语是负性的？“永远”是非常长的时间，你确信吗？为什么演讲这么困难？它是真的绝对不可能完成还是很难完成？是整个演讲都很难，还是只有站上讲台后讲话很难？是站在陌生人面前很难，还是站在很多人面前很难？是讲陌生的内容很难，还是讲熟悉的内容很难——这就是与负性思维进行辩论的过程。

通过与负性思维的辩论，双方都会意识到，这样的想法对问题解决一点帮助都没有，它只会让自己感觉更差，并且让自己不能将精力全部投入到需要做的事情上。

所以最后，个体会做出一个纠正：我可以试着站在朋友面前演讲，只是需要多花费一些时间；可以制定一个进程表，将演讲分成不同的群体、不同的内容，通过不断地尝试，直到我可以在公众面前演讲。这样辩论双方就完成了一次与负性思维辩论的过程。经常做这样的纠正负性思维的练习，有助于个体成为一个乐观主义者。

参照以上辩论过程示范，请你尝试与以下负性思维进行辩论：

(1) 不论我怎么努力，我都做不好；

(2) 我是一个失败者。

二、正确认识,评价自我

案例 9-8　自我定位错误的小汪

小汪是从某边远地区考入某二本院校的。进校后的第一学期,小汪表现积极,参加了5个学生社团,担任学生会干部,积极参加各项活动。用她自己的话说“就是要把自己塑造成全面发展的高素质的人才”。她的理想是尽快完成大学本科学业后,考入超一流大学攻读硕士学位,然后到国外攻读博士学位。可由于基础较差,第一学期她就有5门课程不及格,面临退学,她陷入了过度的自卑和自责中,情绪波动很大,不能自拔。

案例9-8中的小汪,在中、小学期间经常受到老师的表扬和邻居的夸奖,因此在她的自我意识中,认为自己是最优秀的,自己做的事情都是对的,自我评价过高。在进入大学后,没有能形成正确的自我认识,对自己的学习发展定位明显偏高,诸如一学期参加了5个社团,没有根据实际情况进行调整,人为地制造了很多的压力情境和挫折体验,导致自我情绪起伏较大,学习成绩下降。小汪过于看重过去经历,忽视了对现实中自我的正确评价,没有把自己放在正确的定位上。其实,上大学后,环境变了,应结合实际,实事求是地确立自己的目标,一步一个脚印,把自己放到新的参照体系中去重新认识自我,评价自己,调整自己的行为,才能尽快地适应大学全新的学习生活,使自己获得真正的发展。

三、建立友谊,获得支持

大学生在面对挫折时,除了积极改变自我之外,还应学会交往,与他人建立良好的人际关系,获得社会支持,这对压力的缓解也是很有帮助的。交往是人们为了交流思想和感情而彼此间相互作用的过程,它使人们在关系互动过程中相互了解、相互依赖,形成稳定的心理联系,满足人们的情感需要。俗话说“当局者迷,旁观者清”“一个篱笆三个桩,一个好汉三个帮”“三个臭皮匠,顶个诸葛亮”,不要羞于开口,主动寻求帮助并不意味一个人无能,恰恰相反,这是心理成熟的表现。同时,由交往形成的人际关系又可以满足人的归属、情谊、认可等社会性需要。当个体的社会支持系统完善时,一切挫折都是“纸老虎”。当挫折来临时,人们意识到自己会有帮手,有人会关心自己,会帮忙解决自己的“燃眉之急”,会无条件地支持和鼓励自己,人们就会增强抵御挫折的信心,提高挫折承受力。因此,学会交往、建立友谊、获得支持是提高大学生应对挫折和压力的有效手段。

课堂活动 9-1　你得到了多少情感支持

想想你觉得最亲近的10个人。对于其中的一些人,你可能没觉得有很强的亲密关系——然而,他们仍然属于你生命中最亲近的10个人。

在下面横线上写下他们姓名的第一个字母

____

回答下面4个问题,用1～5给每个人打分,“1”代表一点没有,“5”代表相当高水平。

(1) 你需要时,这个人会出来帮助你吗?

(2) 当你感到消沉时，这个人能鼓起你多少勇气？

(3) 这个人使你感到他或她对你很关心的次数多吗？

(4) 你觉得对于这个人的信任程度是多少？

把你给出的所有人和问题的所有评分加在一起，总分在120～150之间是非常有代表性的，并表明当你需要时你能得到相当高的情感支持。

四、学会放松，锻炼身体

放松训练，又称松弛训练，它是按一定的练习程序，学习有意识地控制或调节自身的心理生理活动，以达到降低机体被唤醒的水平，调整那些因紧张刺激而扰乱功能的方法，是应对压力很重要的技巧之一。在压力下，人的心理和生理都会发生变化，放松训练即通过意识控制使肌肉放松，同时间接地松弛紧张情绪，从而达到心理轻松的状态，有利于身心健康。放松是缓解压力的有效心理调节方式，它不需要任何精心准备，操作简单且又无需花钱，而且随时可以实施。心理学上常用的放松技巧有腹式呼吸、冥想、生物反馈等等。另外，练习瑜伽、进行喜爱的活动(如烹饪、阅读、运动)、听舒缓的音乐、养宠物等等也是可以随时随地在日常生活中进行的放松技巧。

运动是身心减压的好方法。科学研究发现，进行一次良好的运动，能够加速身体分泌“感觉良好”激素，即β-内啡呔——当大脑处于清醒松弛的状态时，会分泌这种有益的激素，这种激素的化学结构与毒品吗啡的分子结构十分相似，因此又称为“脑内吗啡”。经常性的运动对人体有诸多益处：降低血压、降低血脂、提高肺活量、改善血液循环系统功能、有助于脑电波稳定、减轻肌肉的紧张程度、改善流向大脑的血液以及大脑内部的血液流动。

专栏9-4　运动——释放压力的方式

怎样才能通过运动科学缓解压力呢？

第一，从参加一些运动量小、较为缓和的运动项目开始，比如慢跑、打太极拳等，使心情平静下来，然后再逐渐过渡到大运动量的项目。如果压力来源于工作，那么就参加一些需要相互配合的集体运动，如篮球、排球等，通过这些运动在集体协作、默契配合中享受愉悦、快乐、幸福的感觉，使忧烦的心绪得以排解。

第二，变换运动环境。人都有一种求新求异的心理，变换环境其实就是满足了这种心理，一旦环境变化就会对缓解压力起到意想不到的效果。比如，经常在室内工作的人，到户外去爬山、到小树林里去跑步，都会感觉轻松愉快。

第三，运动前调节心理有利于在运动中更好地释放压力。比如在寂静的地方闭目养神，做几次深呼吸，或对着镜子鼓励自己，或听一段喜欢的音乐，转移注意力，以达到最好的放松和减压效果。

第四，运动时必须注意呼吸，让它匀称，关注阳光、天空和风，使身体有新的感受，务必放飞思绪。

第五，不要总是进行某一项固定的体育锻炼，而应进行多项体育运动交替。如果只从事某一项体育运动，则易产生单调感。进行不同项目的体育运动，既能改变情绪，又可扩大视野，在精神上、身体上都会得到好处。

第六，运动后吃碱性食物。一般正常人的体液呈弱碱性。人在体育锻炼后，感到肌肉、关节酸胀和精神疲乏，其主要原因是体内的糖、脂肪、蛋白质被大量分解，在分解过程中，产生乳酸、磷酸等酸性物质。这些酸性物质刺激人体组织器官，使人感到肌肉、关节酸胀和精神疲乏。此时应多食用牛奶、豆制品、蔬菜、水果等碱性食物，中和体内的酸性成分，缓解疲劳，也有利于调节不良心绪。

五、磨炼意志，克服困境

意志是指一个人自觉确定目的，根据目的支配、调节行动，克服困难，从而实现预定目的的心理过程。意志是人类特有的心理现象，它是反映人心理健康水平的指标之一。人生的道路上没有坦途。面对生活中的不如意，意志坚强者坦然面对，意志脆弱者消极应对。良好的意志品质是大学生学业成功的保证，也是大学生心理健康的基础。

在人的意志行动过程中，主要的意志品质有自觉性、果断性、自制性和坚韧性。意志品质是衡量一个人意志力强弱的标准。然而大学生的意志力存在许多不够成熟的方面，比如盲从与独断、优柔寡断、自制力差、缺乏恒心等。大学生要有意识地培养自己的意志品质，讲究方法，循序渐进。磨炼意志最主要表现在行动上，而不是停留在口头上。“与其临渊羡鱼，不如退而结网”“与其坐而论道，不如起而行动”。学习之余，大学生应积极参加社团活动，到企业实习，在实践中学会克服困难，战胜挫折、磨炼意志。例如，团中央、教育部等四部委联合启动的大学生志愿服务西部计划，为大学生提供了更多的实践锻炼平台，广大高校毕业生志愿到西部最艰苦的地方，为当地的经济社会发展贡献自己的青春和力量，在实践中开阔视野，增强适应环境的意志品质。付诸行动要从小事做起，从今天做起，日积月累，就会有所收获。

专栏 9-5 许三多的意志力

“步兵就是一步一步走出来的兵！”这是电视剧《士兵突击》里特别经典的一句话。该剧讲述了主角“许三多”在部队里生活的故事。他不聪明，在村里大家叫他三呆子。可在坚强的意志下，他像是变了一个人，在战友中变得很突出。许三多天生不聪明，在家的时候大哥帮他骂人，二哥帮他打架，自从他当兵后才逐渐培养出自己坚定的意志，这使得村里人几乎认不出他了。他在艰苦的磨炼中成为了一名好兵。许三多的朋友成才虽然很聪明，可在部队里反而不受欢迎，许三多多次帮他。历经很多事后成才才对自己有了新的认识，像许三多一样有了坚强的意志。最终他们都成功了。

这些都说明“不怕无能，只怕无恒”，做事要一步一步前进才能成功。如果许三多没有意志力，有些呆板的他可能早退伍了；成才若没有意志力，聪明的大脑也无从施展。所以，人要有意志力，不然将一事无成。

课堂活动 9-2　进化论

活动规则：

(1) 在游戏开始时，所有人都属于生命的最低等级：细胞，而后两两同学进行“石头剪刀布”的猜拳游戏，哪一方赢了则可以进化，例如，从细胞变为鱼类动物。输的一方，则必须退化，由于细胞是最低等级，所以这一级的人输了不必退化但其余级别的都返回前一级。

(2) 进化规则为细胞进化成鱼类，鱼类进化成鸟类，鸟类进化成哺乳动物，一旦进化到哺乳动物类，则算作胜出，可以作为观众看其他同学竞争。

(3) 在进行猜拳游戏过程中，当寻找猜拳对象的时候，每个人必须根据自己的等级作出相应的动作来配合。如细胞是略呈圆形，那么必须蹲下抱头，不断蛙跳移动；鱼类动物的鱼尾最有特色，扮演鱼儿游动的姿势是这一阶段要做的；鸟儿飞翔比较简单，两臂张开不停扇动即可；哺乳动物以大猩猩为例，所以必须学着大猩猩的动作，要边用双臂拍打胸口边移动。

分享感受：

(1) 活动过程中，你是一直没有进化，还是有进有退？

(2) 眼看要成功了又被降级时，心情是怎样的？

活动中的进化和退化让你联想到什么？

六、积极应对，战胜挫折

大学生在遭受挫折后，常会产生一系列的反应，其反应的性质可能是积极的，也可能是消极的，或者积极和消极并存。这既与挫折本身的性质有关，又与大学生如何看待和把握有关。一些大学生在遭受挫折后，能采取积极的态度面对现实，审时度势，通过各种努力使问题得到解决，让自己的心态在新的水平上达到平衡。这是一种理智性的反应。比如升华、补偿、幽默等。而另一些同学在遭受挫折后，由于对挫折的容忍力弱，伴随强烈的紧张、愤怒、焦虑等情绪反应，做出一些盲目和冲动的举动，这些都是消极反应。大学生中常见的消极反应有攻击、倒退、固执、逃避等。

心理训练营 9-1　逆境突围

在下表中写出近一年来遇到的对自己影响最大的 3 次挫折，并标明当时的反应方式，然后按反应强度和持续时间的长短排序，客观分析这些反应方式在应对挫折时的积极和消极影响，探讨个人应对挫折的最佳方式。

挫折事件	反应方式	积极影响	消极影响	替代方式

七、有效沟通，减少压力

案例 9-9　被误解的烦恼

小张最近很郁闷，毕业论文第一次答辩没有通过，如果第二次答辩还不能通过，可能会影响毕业。小张打电话给指导老师，想请指导老师予以帮助。没想到指导老师说："你知道为什么没写好吗？主要是你的态度不端正。"小张觉得很委屈。找到了辅导员周老师，周老师问他："是不是像指导老师说的那样没有认真准备？"小张说："指导老师真的误会我了，我对毕业论文十分重视，也查了许多资料，身边同学可以作证。"周老师又问："在写论文的过程中，和指导老师沟通过几次？"小张说："只在开题的时候和指导老师见了一次面，其余时间主要是通过电子邮件的方式和老师沟通。指导老师说了，论文中有些问题，只靠邮件是解释不清楚的，希望到学校来当面讨论指导，可是我忙于找工作，没有去。周老师，你看我该怎么办？"周老师当着小张的面打了电话给指导老师，指导老师还是认为小张态度不认真。经过周老师的解释，指导老师同意与小张第二天见面沟通。

思考题

为什么指导老师认为小张写作论文的态度不端正？

所谓有效的沟通，是通过听、说、读、写等途径，通过演讲、会见、对话、讨论、信件等方式将思维准确、恰当地表达出来，以使对方更好地接受。生活中的许多压力和挫折都源于无效、错误的沟通。不仅说的内容会引起误解，说的方式也会引起误解，这就要求我们学习一定的沟通技巧。所谓沟通技巧，是指人具有收集和发送信息的能力，能通过书写、口头与肢体语言的媒介，有效与明确地向他人表达自己的想法、感受与态度，亦能较快、正确地解读他人的信息，从而了解他人的想法、感受与态度。沟通技能涉及许多方面，如简化运用语言、积极倾听、重视反馈、控制情绪等等。案例 9-9 中的小张完全可以采用和指导老师面对面沟通的方式，认真聆听老师的意见，及时作出回应，减少自己的压力与挫折体验。常见的沟通技巧包括：表达准确直接，尽可能清楚地将你的想法用语言表达出来；对事不对人，把沟通的焦点放在问题上，避免人身攻击；不要让第三方帮你传话，最有效的沟通是面对面的交流；遇到问题就解决问题，不要回避；注意倾听对方的表达，避免误解对方的意思，并及时回应；主动澄清误解。

课堂活动 9-3　我说你画

（1）活动目的：

① 让学生学会全局思考、清晰表述、准确回应。

② 让学生学会多角度找原因，培养学生主动承担责任的意识。

③ 体验有效的信息沟通要素，包括准确表达、用心聆听、思考质疑、澄清确定等。

（2）活动道具为 2 张图样，每人一张 16 开白纸和一支笔。

(3) 活动流程：

① 第一轮请一名自愿上台的学生担任“传达者”，其余人员都作为“倾听者”。“传达者”看“图样一”一两分钟后，背对全体“倾听者”，下达画图指令。

② “倾听者”们根据“传达者”的指令，画出图样上的图形，“倾听者”不许提问。

③ 根据“倾听者”的图，“传达者”和“倾听者”谈自己的感受。

④ 第二轮再请一位同学上台，看着“图样二”，面对“倾听者”们传达画图指令，其中允许“倾听者”不断提问，看看这一轮的结果如何。

⑤ 请“传达者”和“倾听者”谈自己的感受，并比较两轮过程与结果的差异。

(4) 注意事项：

① 第一轮与第二轮使用的两张图样的基本图形要一致，但位置关系需有所区别。

② 两轮中的“传达者”可以为同一人，也可以为不同的人。

③ 邀请“倾听者”谈感受时要选有代表性的，如画得较准确和特别离谱的，这样便于分析造成不同结果的多种因素，从而找到改进的主要措施。

（丁伶灵）

本章习题　　本章课件

第十章 恋爱与心理健康

案例 10-1　到底什么才算是真正的爱？

我是一名大二的女生，和男朋友交往了两年多了，我很喜欢他，他对我也不错。疫情结束了我最想看见的人是他。遇到他之前，我没有谈过恋爱，以至于不懂得一个人怎样才算是真正地爱另一个人。我自卑，多愁善感，有时候还缺乏安全感，敏感得要命，同时，我还很任性，也没有什么特殊技能，丢到人群里很快就会被淹没了。高中的时候初遇他，他的行为举止吸引了我，当时想如果我是他女朋友，肯定很幸福。上了大学我们各自学校的距离不是很远，如我所愿，我们最终还是在一起了。但是现在我很苦恼，我和他没有发生过性关系，之前他也说过几次都被我拒绝，我一直觉得结婚了才能发生关系，这几天他又说，我渐渐有点心软，但是由于观念和所受教育使我左右为难。我不知道该怎么办……

思考题

(1) 你认为恋爱中“性”是必要的吗？为什么？

(2) 如何平衡恋爱、学业与个人成长？

时代寄语：当今社会快速变化，人们为工作废寝忘食，为生计奔走四方，但不能忘了人间真情，不要在遥远的距离中割断了真情，不要在日常的忙碌中遗忘了真情，不要在日夜的拼搏中忽略了真情。

——习近平

第一节　大学生恋爱心理

大学阶段，是人生发展的重要时期。对于许多学生来说，发生在青春岁月里的校园恋情，往往是比学校的学习生活更让人难忘的一段经历。当然，这难忘的原因是多方面的，可能因为那是第一次、因为那是最甜蜜的、因为那是最纯情的、因为那是心痛的、因为那是最彷徨的、因为那是追悔莫及的……

一、什么是爱情

（一）爱情三成分理论

在西方学术界诸多的爱情理论中，罗伯特·斯滕伯格的爱情三成分理论是目前最重要且令人熟知的理论。斯滕伯格认为，爱情包括三种成分：亲密（intimacy）、激情（passion）、承诺（commitment）。

所谓的亲密是指与伴侣间心灵相近，互相契合，互相归属的感觉，属于爱情的情感成分；激情是指强烈地渴望与伴侣结合，促使关系产生浪漫和外在吸引力的动机，也就是与“性”相关的驱动力，属于爱情的动机成分；而承诺则包括短期和长期两个部分，短期的部分是指个体“决定”去爱一个人，长期的部分是指对两人之间亲密关系所作的持久性承诺，属于爱情的认知成分。

随着认识的时间增加及相处方式的改变，上述的三种成分将有所改变，爱情的三角形会因其中所组成元素的增减，其形状与大小也会跟着改变。三角形的面积代表爱情的质与量，面积愈大，据斯滕伯格的说法：“三角形越大，爱情就越丰富。”（图 10-1）

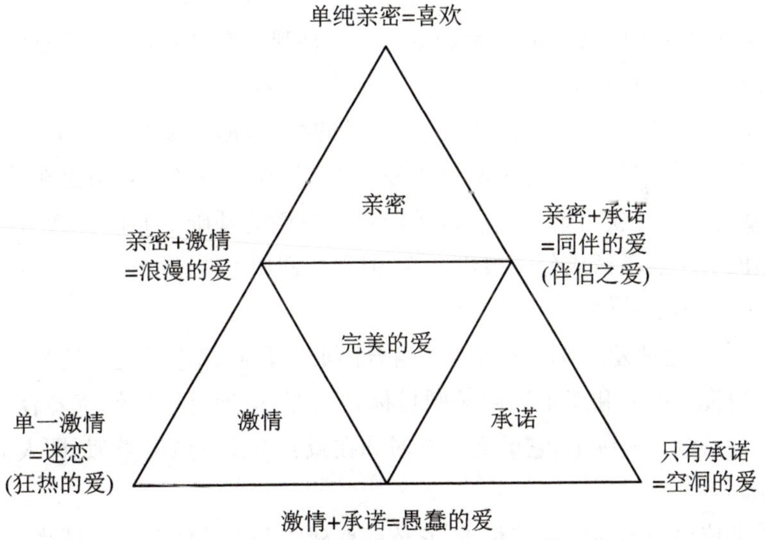

图 10-1　斯滕伯格的爱情三成分理论

斯滕伯格进一步提出：在 3 种成分下有 8 种不同的爱情关系组合，分别如下：

1. *无爱*　是指爱的 3 种成分都缺少。无爱是大部分人际关系具有的特征，它只有偶尔的相互作用，并不会涉及爱。

2. *喜欢*　是指只经历亲密成分而缺少激情和决定/承诺。喜欢在这里不仅仅用来描述一个人在生命中对熟人或过客的感觉，而是指在真正的友谊中拥有的感觉。一个人感觉亲近，关联和温暖，而没有感觉到强烈的激情和长期的承诺。用另一种方式说，一个人对朋友感情上很亲密，但是朋友不会误解，也不会产生“爱上朋友”这样的念头或计划在余生去爱朋友。

3. 狂热的爱　是指“一见钟情”。狂热的爱，或简单地说狂热，产生于激情而没有亲密和承诺。狂热通常很容易确定，虽然有时候陷入爱情的人比旁观者要茫然。在适当的环境下狂热会很快产生。狂热的特征是会产生生理心理热度，比如说心跳加快，分泌激素等。

4. 空洞的爱　是指一个人决定去爱并对爱承诺，但是缺少爱的亲密和激情，这时候的爱就是空洞的爱。这种爱有时会在持续了很久的停滞的关系中存在，这种爱已经失去了精神上的情感和身体吸引。除非爱的承诺很有力量，否则这样的爱会结束，因为承诺很容易受到清醒的改变的影响。虽然在我们的社会，我们已经习惯了空洞的爱，因为它产生于长期关系的最终结果或接近最终阶段，然而在其他社会，空洞的爱可能是长期关系的第一阶段。比如，在包办婚姻的社会，结婚双方开始时是因为承诺而爱，或者相互努力去爱。这种关系说明缺少爱不一定是长期关系的最终阶段，也可能是开始阶段。

5. 浪漫的爱　这种爱由亲密和激情成分组合而成。本质上，它比喜欢多一个因素，就是身体的吸引。根据这种观点，浪漫的爱不只是身体上互相吸引，情感上也相互联系。这种爱和文学经典小说里的爱情很相似，比如“罗密欧与朱丽叶”“特里斯坦和伊索尔德”。这种浪漫的爱与哈德菲尔德和沃尔斯特在1981年提出的爱不同，他们认为浪漫的爱和狂热的爱相同。

6. 伴侣之爱　这种爱是亲密和决定/承诺的组合。它实质上是一个长期的、有承诺的友谊，经常发生在身体吸引已经消失的婚姻中。这种观点在杜克的书《生命中的朋友》中有论述。这种爱与波斯切特和沃尔斯特在1978年提出的观点相同。

7. 愚蠢的爱　是指产生于激情和决定/承诺的组合，但是缺少亲密成分。我们有时会将这种爱和好莱坞联系起来，或者和旋风求爱联系，在这种爱里一对情侣在某一天相遇，两个星期后订婚，过一个月就结婚。这样将承诺建立在激情基础上而没有亲密成分带来的稳定因素是愚蠢的。虽然激情成分能很快产生，但是亲密却不能，因此由愚蠢的爱建立的关系经不起考验，例如，闪电结婚也会有快速离婚的危险。

8. 完美的爱　这种爱由3种成分共同组合而成。我们都追寻这样的爱，尤其是在亲密的关系中。获得完美的爱和期望达到减肥目标相类似，达到目标比保持要容易。获得完美的爱不代表爱会持续。实际上，它的失去有时和在减肥中体重恢复类似，即人们经常在目标丢失时才意识到。

完美的爱形成会很容易但保持很难，它依赖要建立和保持的关系和环境。

（二）恋爱中的男女差异

恋爱意味着让两个人的生活圈开始有重叠部分。两个人既有各自独立的生活领域，也有着共同的部分。只要是两个人，就会有着不同性格、不同经历，就需要彼此相互适应，更何况是不同性别的两个人。恋人之间产生矛盾有时也难免，原因很多，包括：男性与女性对同一事件的心理感受存在差异；双方个性存在差异；双方都不是完美无缺等。可见，了解男女的差异对于经营爱情非常重要，见表10-1。

表 10-1　恋爱中的男女差异

	女　性	男　性
在产生爱情的速度上	通常较慢	常常迅速坠入爱河
在变心的速度上	通常不易变心，但是一旦变心，很难回头	容易变心，也容易后悔
在感情的需求上	关心、照顾、了解、尊重、专一、肯定、保证	信任、接纳、欣赏、羡慕、认可、鼓励
在爱的关系中	通常需要感到被珍爱，而不是生活照顾、物质满足	通常需要感到他的能力被肯定而不是不请自来的忠告
在情绪低落时	通常需要别人聆听感受，而不是分析和建议	通常需要独自安静，而不是勉强他细说因由
在寻找自己价值时	通常从人际关系中肯定自己	通常从成就中建立自我
在增进爱情时	通常需要感到被对方了解和重视	通常需要感到被对方欣赏和感激
在互相沟通时	总是以为男性的沉默代表对她的不满和疏离	总是以为女性的宣泄代表向他寻求解决问题的方法

因此，要想得到美好的爱情，恋爱双方必须学会经营好爱情，了解男女性别之间的不同心理，遵循恋爱的规则，双方力争做到：真诚开朗、甘苦共当、求同存异、互敬互爱。

思考题

你能联系自己或身边人的若干实际，谈谈你对恋爱中的男女差异的理解吗？

专栏 10-1　心理学上的“三个月法则”

有研究表明，心理学上有一个神奇的“三个月法则”，就是养成习惯需要三个月、伤筋动骨的恢复需要三个月、人和人相处产生感情需要三个月、失恋过后的恢复期需要三个月、追求一个人三个月还没有结果表明那个人根本就不会爱上你。

二、大学生恋爱的心理过程

大学生爱情的产生和发展，一般来说，大致要经过好感、爱慕和相爱等步骤。

1. 好感　是指在人际交往中所产生的一种彼此欣赏的情感体验。例如，人们在生活、工作和学习中，通过相互的接触、相识与往来，而产生希望彼此进一步接触的心情。男女之间的好感，并非性爱，但却是爱情产生的必要前提。异性之间的好感会增强相互的吸引，形成一种内在动力，促使双方的情感交流。

2. 爱慕　男女之间在有好感的基础上，经过对对方的爱好、志趣、性格、为人等各方面的了解，而产生的更深刻的情感体验，以致这种内在感情使人心旷神怡，萌发希望与其结合的强烈情感倾向，并在理智的支配下，发展成对对方的爱慕之情。

3. 相爱　男女之间单方面的爱慕还不是爱情，只有相互爱慕，爱情才能建立。在恋爱中，从单方爱慕到互爱，有时可能是同步到来，有时也可能是异步的，或者还会经受一些波折与艰难，但只要双方心心相印，无论是谁首先打开自己的心扉，最终都会赢得对方的回应，开出绚丽多彩的爱情之花。

三、大学生恋爱的特点

进入21世纪以后，随着社会的发展和周围生活环境的变化，人们的价值观趋向多元化，在这些社会文化因素的影响下，大学生的恋爱观较以往的传统也有了一定的变化，呈现出明显的时代特点。

我国一些心理学专家研究认为，当代大学生在恋爱的态度、行为和方式上一般具有以下特点：

1. *恋爱行为公开化* 大学生是一个特殊的青年社会群体，他们思想比较开放，容易接受新观念，独立意识强。在今天这个开放的社会中，大学生往往注重突出个性，不太受他人尤其是长辈的影响，在恋爱问题上不再顾忌他人的评价，校园道路、草坪、食堂、教室等公共场合到处可见恋人们卿卿我我的身影。

2. *注重恋爱过程* 在校大学生谈恋爱一般不考虑经济、地位、家庭等社会性问题，浪漫主义情感色彩浓厚，自主性强、约束性差、情感性强、理智性弱。他们中流传关于爱情的顺口溜——只求曾经拥有，不求天长地久。大学生谈恋爱注重情感体验和交流，对恋爱的结果不太在意。恋爱向来被人们看作是为了寻觅生活伴侣，是婚姻的前奏。但是大学生恋爱一般不是指向婚姻，注重的是恋爱过程本身。注重恋爱过程，从某种意义上来说有利于双方相互了解、加深认识，也有利于培养感情、增加心理相容度，同时也反映出大学生不落世俗、着意追求爱的真谛。但是，仅仅只注重恋爱过程，未免失之偏颇。一些大学生只把恋爱当作一种感情体验，借以寻求刺激；一些大学生则是为了充实课余生活，解除寂寞，填补空虚，把恋爱当作一种消遣和弥补。只重恋爱过程，轻视恋爱结果，实质上是只强调爱的权利，而不关注爱的责任，这也容易导致恋爱关系脆弱化，双方往往不能理性地对待恋爱中的挫折。因此，大学生恋爱常常表现为恋爱率高、持久率低，能发展为缔结婚姻关系的寥寥无几。

3. *重视恋爱的形式* 一般很容易发现男女大学生是否在谈恋爱，因为他们一起上自习、吃饭、在校园散步、看电影，所有流行的恋爱方式都不自觉地在他们身上出现。但只有这些外在行为不一定表明他们是在真心相爱。一方面大学生自身存在经济条件、年龄特点、工作地点等不稳定性因素，另一方面确实有些大学生谈恋爱追求的并不是走向婚姻殿堂。大学生中“有情人”者虽多，但“终成眷属”者少，这样就会产生一批失恋大军。感情挫折后出现一段时期的心理困扰是正常的，大多数大学生通过找朋友诉说、自我调整，能够对自己和对方采取宽容的态度，尊重对方的选择。但仍有一部分学生摆脱不了情感危机，有的失去信心，放弃对爱情的追求；有的一蹶不振、自暴自弃，对生活失去兴趣，以至于悲观厌世；有的视对方如仇人，肆意诽谤，甚至做出极端行为伤害对方。极端情况虽是少数，但万一发生对大学生影响很大。

4. *恋爱观念开放* 中国传统文化及伦理道德观虽对大学生影响较深，但随着时代的变迁，社会价值多元化的发展，当代大学生的恋爱观念也日益开放，很多同学对婚前性行为持理解和宽容的态度，对部分在外租房同居的现象也能接纳。传统的贞操观在大学生的思想观念中逐渐淡化，恋爱方式公开化，甚至一些大学生在公共场所，旁若无人地做出过分亲密的动作，有的竟然多角恋爱。过分开放的恋爱观念可能导致一些不良行为的发生，进而可能导致对恋爱双方造成伤害的问题。

四、恋爱对大学生的影响

关于恋爱对大学生将产生什么影响，有三种代表性的观点：

一是动力论，认为利多弊少，恋爱可以产生动力，促进学习，陶冶情感，丰富精神生活，激发大学生的潜能；二是阻力论，认为弊多利少，大学阶段学习紧张，时间有限，恋爱花费时间，耗费精力，妨碍学习，影响团结，不利于全面发展；三是均衡论，认为利弊均衡。

在现实生活中，恋爱对大学生学习和事业的作用具有两种可能性：一是恋爱关系处理得当，可以成为学习和事业的催化剂，使人学习努力，成绩上升；二是恋爱关系处理不当，可能分散精力，浪费时间，情绪波动，成绩下降。

恋爱对大学生道德影响具有两重性。积极高尚的爱情对道德观念的形成和发展具有显著的催化和促进作用。与此相反，庸俗的爱情使大学生留恋或追求低级趣味甚至行为越轨。因此，大学生只有树立正确的恋爱观，把爱情融进立志振兴中华的伟大事业中，把爱情建立在为实现崇高理想而共同奋斗的基础上，才能使爱情成为奋发向上的力量。

思考题

你能结合自己的实际，谈谈大学生适不适合谈恋爱吗？

第二节　大学生性心理发展与特点

当代的大学生，正处于青春后期和成年初期的过渡阶段，性成为情感表达的自然延伸，然而现实中爱与性的健康融合需要建立在自我认知、相互尊重和成熟的责任意识基础上。在成熟的性生理和尚未完全成熟的性心理之间，性的生物性需求与性伦理、性道德、性的社会规范之间有着矛盾和冲突。同时，大学生身处一个性信息较为流通开放的世界：一方面从家庭和学校接受的是传统的和避讳的性教育；另一方面，通过网络、影视作品、报刊书籍以及同龄人那里得到的性信息，许多包含性的享乐、性的自由和性商品信息等内容，极易误导大学生。所以深刻理解、正确对待大学生性心理，对大学生的恋爱心理健康发展有着十分重要的现实意义。

一、大学生性心理的发展

从生理上看，青春期是性发展成熟的决定阶段，进入青春期后，性器官开始迅速发展，逐渐获得生殖机能。我国在校大学生年龄一般在18～23岁之间，他们正处于青春期的尾声，这一阶段，性的成熟与整个身体的发育已基本完成，但是性心理的发展并未达到成熟。大学生的性心理的发展大致可分为3个阶段：

1. 异性疏远期　异性疏远一般是指在12～14岁，进入青春期的少男少女，由于生理发育的急剧变化，引起心理的不安、害羞，使男女之间在心理和行为上出现分歧，关系疏远甚至反感，以少女表现得尤为明显。这一阶段的主要问题是由于萌发的性冲动给自身带来的罪恶感，这种罪恶感可能贯穿整个青春期，影响正常的性心理发育。随着社会的现代化进程，由于各种传媒的发达及人们观念上的日趋开放，这一阶段的表现越来越不明显。对部分性格内向、敏感或者性生理发育偏迟的大学生来说，他们在大一的时候仍有可能表现出异性疏远期的特点。

2. 异性接近期　在完全进入青春期后，随着生理机能的进一步发展，生活阅历的增加，青少年对异性关系有了进一步的了解和认识，对性意识的情感体验也开始有了变化。这个阶段的青年男女已不再用排斥的方法对待异性，而是喜欢与异性相处，与异性伙伴在一起觉得心情愉快、兴奋和舒畅，青年男女都力求在异性面前留下一个美好的印象。男性往往喜欢以高谈阔论、逞能、做危险动作表现男子汉气概，甚至以起哄、开玩笑、恶作剧等方式来引起女性的注意；女性则以单相思，打扮自己，关心对方等方式吸引对方。大学生一般都处于这一时期，有的大学生的性意识还未完全摆脱“异性疏远期”的影响以至于对异性角色还未完全认同，这一部分学生一般不能和异性顺利交往。

3. 异性恋爱期　进入青春后期，大学生性生理完全成熟，性心理也逐步成熟，自我意识、思维和人格也在积极发展。随着异性间交往的增多，青年男女对恋爱的理解和认识更加深刻，对恋人的寻觅更加迫切，对异性的态度也更加客观。此时，男女大学生开始对异性表现出主动接近。受社会文化的影响，男大学生表达爱情的方式往往比女大学生更主动，更大胆。随着男女双方交往的增多，恋爱关系开始明确，从泛泛的异性爱慕过渡到钟情于某个人，从满足生理需求到满足精神需求，最终达到双方人格的相互融合。

二、大学生性心理的特征

大学生由于受文化层次、接受教育程度以及所处特殊环境的影响，其性心理除了具有这一年龄阶段青年的普遍性特征外，还有以下特征：

1. 本能性和朦胧性　大学生尤其是低年级的大学生，性心理不具有深刻的社会内容，基本上还是一种由于生理上的急剧变化带来的本能作用，他们常常在心中用自己童年、少年时期所经历，所见过的与性有关的现象来解释性。他们对异性产生浓厚的兴趣、好感和爱慕，当心理需求得不到满足时，便借助影视、图书、网络等，力图对性的问题有一个明确、系统地了解。由于受传统观念和我国各级学校性教育缺乏的影响，性的问题一直被蒙上一层神秘的面纱。

2. 强烈性、隐蔽性和文饰性　大学生随着性机能的成熟，在青春期出现的性欲望和性冲动此时会表现得更加强烈，这是身体发育中的正常生理和心理现象。他们希望接近异性，迫切希望与异性交往，以得到性的生物性满足。相关资料表明：看过黄色书刊和录像、浏览过黄色网站的大学生占51.2%，希望与异性交往的占78.6%。虽然性的生物性需求希望得到满足，但大学生十分注意自己在异性心目中的形象、评价，虽然心里十分想同异性交往，但表面上却表现得不屑一顾，或做出故意回避和清高的样子；心里虽特别想体验亲昵的动作，表面上却似乎很讨厌。正是这种心理上需要与行为上矛盾的表现，使他们产生了心理冲突和苦恼。

3. *动荡性和压抑性*　青年是人的一生中性能量最旺盛的时期，但许多大学生因为性心理不成熟，未形成稳固的、正确的性道德观和恋爱观，自控力较差，因而他们的性心理容易受外界不良影响而动荡不安。有的大学生对性冲动持否定的态度，采取压抑的方式，其中有人由于性能量得不到合理的疏导和升华，从而出现过分性压抑，进而以扭曲的方式，甚至以变态的行为表现出来，严重者还会导致性变态和性过错；还有一部分学生对性持无所谓和放纵的态度，以致精神空虚，情趣低下，甚至发生性过失、性犯罪。在对成都 11 所高校 2600 名在校学生的问卷调查中发现，有过同居行为的学生占 14.6%，特别是临近毕业的大学生在校外租房同居的越来越多；有婚前性行为的占 21%，体育类的学生竟高达 61.6%，艺术类学生达 31.8%；48.5%的大学生对婚前性行为表示理解，不支持也不反对；对性服务者，58.4%的学生理解她(他)们的存在，甚至有的大学生加入到她(他)们的行列中。

4. *性别差异性*　大学生的性心理因性别的不同而存在差异。在对异性感情的流露上，男性表现得较为明显和热烈，女性往往表现得含蓄和深沉；在内心体验上，男性更多的是新奇、喜悦和神秘，女性更多的是惊慌、羞涩和不知所措；在表达方式上，一般是男性较为主动，女性较为被动，往往采取暗示的表达方式。此外，男性的性冲动易被唤起，而女性易在听觉、触觉刺激下引起性兴奋。

第三节　大学生性心理问题及其调适

性心理问题，也称性心理困惑，是指对性生理变化、性角色等相关问题缺乏正确的认知而产生的不适现象。常见的性困惑与性生理、性角色、性压抑、性幻想、性梦等有关。

一、与性生理相关的困惑

性生理相关的困惑大多见于获取性知识渠道不畅的大学生，他们对月经、性器官的发育、自慰、遗精等正常生理现象存在错误认知，从而导致焦虑、紧张、不知所措，甚至厌恶的情绪。

1. *月经*　月经是一种正常的生理现象，但一些女生受错误观念的影响，视月经不干净、见不得人，对月经来潮有一种厌恶排斥心理，把来月经称为“倒霉”。部分女生在月经来潮期间会发生较大生理和心理变化。如情绪易激动、烦躁、腰酸、腹痛等，严重者会影响正常的学习和生活。情绪对于月经的状况及其感受有明显影响，害羞、厌恶、恐慌的情绪以及外界环境的不良刺激所引起的焦虑、抑郁等情绪都可能引起不同程度的月经紊乱，负性情绪甚至会引起痛经、闭经。

2. *自慰*　自慰，俗称手淫，狭义的概念是指用手来刺激自己的外生殖器，使生理和心理上得到满足的一种行为。从广义上讲，自慰是指任何方式的自我与互相间的抚摸以求慰藉和满足的现象。自慰是正常的生理现象，男女老幼皆可有自慰行为，但自慰在青少年中是一种较普遍的现象。国内一组资料显示，青少年 86%有自慰史，发生自慰的年龄多数从 12～

16岁开始，平均年龄14岁，与开始有遗精的年龄吻合。

案例10-2　一封来自大学生的求救信

尊敬的大夫，救救我吧！

我有近十年的自慰恶习，我正在读高三的时候，有一天突然发现自己不再能正常勃起了。我胡思乱想：这是我长期自慰的恶果？还是别的什么病所导致的？然而，无论如何，我阳痿了。从那天起，这个阴影就一直笼罩在我心头，我不敢向家里说，不敢去医院检查。在这里，我想请教您：我这病还有恢复的希望吗？是否必须去医院？不去医院还可以有什么补救措施？求您告诉我。

——一位大学生

这是众多听众来信中的一封求助信。根据武汉某医学研究中心与湖北省两家电台合办的《性与健康》节目组提供的材料，前来咨询的大学生大都来自武汉市各高校，各年级都有，还有不少是研究生，可这些高智商、高学历的人在性这个人类最基本问题上的表现却着实令人担忧。咨询中涉及最多的一个问题是自慰，占了咨询总数的23%，绝大多数人还认为自慰已使他们产生了严重的身心问题。一些人甚至流露出因为自慰，想“废了自己”或是想自杀的念头。

人从性成熟到能够合法地满足性要求——结婚，一般要等待7～8年或更久，而这段时间的性能量最高，总要寻找机会解除性紧张。在这种情况下自慰是最方便、最安全的办法，它既不涉及异性或卷入感情纠葛，也不会导致性攻击甚至性犯罪的发生，所以是一种合理的解除性紧张的方式，同时也能够解决一部分因性问题而引起的社会问题。未婚男女，每月有规律的自慰1～2次，以满足心理上的或生理上的需要，并不影响健康，在医生指导下进行自慰的方式还是治疗某些性功能障碍的办法之一，临床上常用这种方法采集精液标本。

其实，自慰的害处并不在于自慰本身，而在于“自慰有害论”带来的心理伤害，自慰后的恐惧心理、犯罪感、自我谴责和悔恨心理是自慰危害的真正根源。自慰是释放性能量缓和性心理紧张的一种措施。当然，自慰过度也是不利的，过度的自慰会使肉体的性感高潮在无需异性的正常刺激下就能得到满足，这是一种非常规的性满足方式，如果自慰时动作过分粗暴，还会使生殖器出现损伤，充血、破溃、感染等。有的女大学生自慰过度，可能会引起盆腔充血或由于手不洁，引起外阴部或尿道炎症等。

那么，何为过度自慰呢？关于自慰频度的问题，每个人的年龄、发育与健康状况千差万别，医学上并没有严格的定义和规定。只要是感觉心情舒畅，轻松愉快，精力充沛就是适度的；如果过后感觉疲劳，精神不振，就是过度。

大学生应正确地对待性自慰问题，这是正常的生理和心理现象。只要这些现象没有过度频繁发生，那它对身体的健康和正常的心理发育都不会构成影响，更不会影响婚后生育能力。要把精力放到多彩的生活中去，不要自寻烦恼。

专栏 10-2　防治过度自慰的方法

自慰过度就需要防治。如果恣意自慰，可能会影响学业，损伤身体，尤其是处于性发育成熟期的大学生，其心理状态不稳定，更要提高自我控制和自我约束的能力。

1. **自我教育、自我暗示法**　进行意志和毅力的锻炼，当性冲动一旦出现时，可以进行自我调节，即可尽量控制自慰的欲望，先从减少次数开始，减少到自慰只是极为偶然的现象，直至戒除。

2. **分神法**　每当出现自慰念头时，去做对自己最有吸引力、兴致最浓的事情。如每当想自慰时可以去下棋、听音乐、做俯卧撑、看书等。这样可以转移大脑性冲动的兴奋点，降低性冲动。

3. **抑制法**　利用大脑皮层的机能特性——“优势法则”，有意识地增强学习兴奋度，抑制自慰冲动的杂念，大脑皮层中形成学习优势兴奋灶，从而使其他部位处于抑制状态，学习越专注，处于优势兴奋灶区域越具有良好的应激机能，能进一步提高学习效率，有利于克服自慰习惯。

4. **活动法**　积极地参加文娱、体育活动，扩大业余爱好，使课外生活丰富多彩，可以淡化和转移性欲从而无暇念想自慰之事。

5. **培养有规律的生活习惯**　按时睡觉、起床，不睡懒觉，不赖床，睡前避免过度兴奋，不看色情书、画。睡眠姿势以右侧卧为佳，不要俯卧，被子不要过厚。

6. **选择科学的性知识读物**　从医学和健康卫生的角度去了解性生理、性心理现象，使之作出积极、适当的反应，从而排除有碍身心健康发展的消极因素。

7. **消除形成自慰习惯的生理原因**　如包皮过长、包茎应进行手术治疗。

8. **其他**　经常清洗外阴，消除积垢对生殖器的刺激；不要憋尿，避免膀胱过分充盈引起刺激；内裤不要过紧，防止摩擦外生殖器而引起刺激；多吃新鲜蔬菜和豆类食品，少吃刺激性食物。

二、性角色困惑

性角色指的是个人对自身是男性或女性的认知、确信和态度。这种观念形成于童年早期，一般在3岁时已经确立，性角色的获得与自我认识的形成密切相关。性角色也是社会舆论对某人性别表现的期望、规范或要求，即一个人的性别特征是否与其性别相吻合。比如我们常说男子应有阳刚之气，女子则应有阴柔之美等等。性角色一旦确立之后，便很难改变。京剧大师梅兰芳男扮女装，塑造了许多女性形象，有很高的艺术造诣，深受观众喜爱。但在现实生活中，如果一个男性柔声细语、忸忸怩怩，可能就会受到非议。同样，人们喜欢花木兰的飒爽英姿，但对生活中的“假小子”，多数男人也不太欣赏。性角色在大学生的自我认同中占有十分重要的位置，大学生对性角色的自我同一性适应不良会产生诸多心理问题。从另一个角度看，性角色困惑不仅仅是个人问题，且是社会化的问题，性角色的混乱会产生一定的负面社会影响，应使大学生认识到在性角色方面应承担的社会责任和义务。

专栏 10-3 某市男大学生的“伪娘团”引来争议

某市的男大学生中，有这样一群人，在舞台上，他们千娇百媚，人见犹怜；舞台下，他们个个都是纯爷们。他们的表演活跃在各种动漫秀舞台上和商业演出中。“我们的团员都是男生，也都是在校大学生。”“伪娘团”的“经纪人”、小璐“副团长”这样和记者介绍自己的社团，他是个不折不扣的动漫爱好者。

整个“伪娘团”有团员 20 多人，来自全市多所高校。“伪娘团”开始只是一个非常普通的动漫社团，有一次参加活动时，团里的女学生正巧一个都不在，排练时间又很紧，于是，大家商量着由几个男生反串女生去参加，没有想到，演出收到了非常好的效果。回校后，大家开会商量，干脆成立了一个“伪娘团”，专门搞反串，即男生扮演女生。

在舞台上，他们是“女人”；舞台下，就还原到本色。打篮球、看球赛，男生钟爱的运动他们一样喜欢。不过，正因为他们和一般男生比起来，长得很俊俏，所以很得女孩子欢心，很多人都有自己的女朋友，有的团员平时会很虚心地向女朋友学习如何像女孩子一样走路、发音、撒娇，自己学会了再去教其他的团员。目前这个“伪娘团”在所在的城市小有名气，经常会接到一些商演邀请，小伙子们的出场费是每次每人 500 元。但是团员共同表示，毕业了还是会正常地去找工作，不会继续从事“伪娘”性质的工作。

从社团成立开始，他们就饱受社会争议。有人认为“伪娘”是“人不人，鬼不鬼，男不男，女不女，伤风败俗”；有人认为“伪娘”是比较低俗的文化。

《工人日报》发表署名文章认为：媒体对“伪娘”的报道，观众觉得有趣，说明社会舆论对新鲜事物已经越来越宽容，大众审美的包容性也越来越强。但“伪娘”的盛行也有其负面的影响：一方面“伪娘”的娱乐性是一种浅层的快餐式的文化消费，体现的是社会浮躁；另一方面，社会文化生活中的性别行为模式的学习、模仿和认同是形成性角色的重要方式。大众传媒对新事物猎奇式的大肆追捧报道，让处于成长期的青少年疏于分析、判断，从而全盘接受，认同和模仿，可能会伤害青少年健康性别意识的形成。

就一般而言，“伪娘”在心理上仍保持男性自我，有与普通男性相同的性别观念。“伪娘”现象是我国社会转型期内遇到的一个社会学问题。通过互联网的传播，“伪娘”现象开始产生一定的负面社会影响，需要引起社会的重视，相关部门应采取相应的措施，引导大学生形成正确的性别角色认同。

男女在生物学上的差别，决定了男女性别上的根本差别。但是，由于家庭教育的缺失、学校教育的缺位以及社会环境对青少年群体的影响，使得个别男大学生不能接纳自己的性身份。有的男孩说话嗲声嗲气，做事扭扭捏捏，没有男子汉气概，有的甚至希望自己是个女孩。个别女大学生对自身的生理变化缺乏思想准备，对女性月经、怀孕及其他女性生理现象极度厌恶，希望自己是个男性，从而给性角色的接纳带来困难。正确对待和接纳自己的性角色，关系到个人身心健康及成年后的幸福。无论男大学生或女大学生，都应当接纳自身的性角色，去追求与自己的性身份相吻合的言谈举止，追求与性身份相符合的健康美。无论男性或女性，都能发挥特长，为社会做出贡献。有意识模仿异性的行为举止，希望改变自身的性别是一种性心理偏离现象。

三、性压抑

性压抑，是指人对自身性欲望的制约与控制。表现为在一段时期内控制发生行为的频率，将注意力从性欲中转移到其他事物上，对异性与性行为极度渴望，却因为种种原因而不能接近异性或不能发生性行为的一种心理与生理状态。

大学生在进入他们的这个年龄段之后，随着性意识和性机能的发育成熟，性激素的分泌增多，就已经有了较强烈的性情绪和性需要，女孩多表现为对情感的需要，男孩则表现为对性的渴求，这是再正常不过的事情。但是很多时候他们这种需要无法在符合社会一般道德规范的前提下得到最大满足，即使是有人偷尝禁果，内心也常常会觉得不安与恐惧。于是，在他们当中，往往会出现两种极端——要么因压抑而扭曲，要么因放纵而扭曲。性压抑越重，副作用就越多，严重的可能会导致性变态和性犯罪等。

专栏 10-4　如何面对性压抑

首先，做好性教育。大学生的性压抑在很多情况下是由于缺乏必要的性教育使然。不少大学生由于不清楚伴随着性成熟而带来的一系列生理上和心理上的变化，尤其是缺乏性道德、性情感的教育，缺乏处理两性关系和处理性问题的方法指导及帮助，因而他们在性问题上往往是自我摸索。性教育的意义就在于让大学生对性问题有一个与其年龄相适应的清楚而又理智的认识。这对帮助他们解除性压抑、促进性心理健康发育是大有裨益的。

其次，要学会性转移。所谓性转移，是指通过学习、工作、文体活动、男女交往等多种合理的途径，使其生理能量得到正当的释放和有效地转移。给大学生以适当的学习、工作等压力，对于避免性压抑的不良影响是有利的。对异性的爱慕和向往是大学生性心理的正常表现，两性交往其实也是满足性欲望的一种方式，交往双方都可以从中减缓性紧张神秘感，有利于互相取长补短。

最后，要让性升华。性升华可使大学生的性欲转化为进取的动力，成为工作热情和创造性的源泉，它可把满足性心理需求和社会公众利益最大限度地统一起来，因而不失为解除性压抑的最佳方法。

四、性幻想

性幻想，又称性爱的白日梦，是人类常见的性现象之一。通过联想异性的形象、特别是异性的性特征、性表现外露的部分、一些性情景及在已有性感的经验基础上编织出符合自己性审美的性爱对象而产生。每个人性幻想的频率、长短、内容、性质以及对待它的态度等方面存在着较大的差异。研究表明，性幻想的翔实生动程度与以往性经历、想象力和所接受的媒体信息量成正比关系。有人在性幻想中爱做旁观者（像电影观众），有人在性幻想中则偏爱充当情节中的主人翁，还有人喜欢客串多重角色。性幻想多在性活动之中出现，特别是性高潮到来之前的“触发时刻”。此外，醒后睡前的空闲时间、性活动之前和刚刚结束之后也是不少人偏爱性幻想的时间。

案例 10-3 痛苦的性幻想

孟某，女，某重点大学三年级学生，容貌俏丽，但性格偏内向。自述经常为自己无法摆脱和控制性幻想而苦恼万分。这种现象从高中时就已经开始，但当时仅仅是偶尔出现，对自己的影响不大。自从进入大学以后，住在集体宿舍，空闲的时间多了，她就看看小说和视频。书中的性爱描写和视频中的亲密镜头，强烈地激起了她高中时就已经有过的性幻想，常常想象着自己接受英俊潇洒的白马王子的亲昵与爱抚。最近，这种性幻想日益严重，晚上常常失眠，有时还做性梦。梦中的男人不是书或影视中的主人公，就是班上或校园里偶尔碰到的同学和老师，这使得她在上课见到曾经梦见的同学或老师时，感到羞愧难当。后来发展到白天上课也不能控制自己的性幻想，看见男同学的胳膊就想象男人身体的某些隐蔽部位；看到男老师就会想到晚上他回家后和爱人怎样怎样……甚至看见杂志上的男明星就想象和他亲热的情景。上课时，这种性幻想使她注意力不集中，心情焦躁以至于听课效率急剧下降；晚自习时，一旦脑海中出现性幻想，整个晚上就再也不能静下心来读书。几年来虽然自己刻苦学习，但成绩始终较差。经常陷入深深地自责与懊悔之中，恨自己有这种"下流"的念头。曾无数次地强迫自己摆脱这种性幻想，但每次都是以失败告终，而且还越是强迫停止，这种性幻想越是频繁与强烈。现在已经基本丧失了自信心，在同学面前抬不起头，尽量找借口避开各种集体活动。同宿舍的女生好多都有了男朋友，孟同学也想给自己找到感情归宿。也有不少的男生追求她，而且其中也不乏她中意的，但她都一概回绝了，因为她始终认为自己是个"坏女孩"，不配接受别人的爱，而宁可使自己长期地陷入痛苦烦闷之中，无法自拔。目前的处境非常糟糕，心情焦虑，记忆力明显下降，经常无缘无故地朝别人发火，事后又非常地自责与内疚。因此导致同学关系比较紧张，甚至有人说她是精神病。

思考题

(1) 性幻想是一种病吗？

(2) 她有性幻想意味着她道德品质有问题吗？

当性欲被压抑而又没有现实的途径得到合理宣泄时，性幻想就产生了。一般而言，当性幻想没有构成实际行为，对他人并无任何实质性的伤害时，并不成为问题。但如果整天沉溺于性幻想，就会干扰自身的学习和工作，并影响正常的人际交往，从而对生理和心理发育造成危害，产生性心理障碍。

那么应如何正确认识和应对性幻想呢？

专栏 10-5 解读性幻想

1. 性幻想不是心理疾病 性幻想是指人在清醒状态下对不能实现的与性有关事件的想象。性幻想是大脑皮层活动的产物之一，是对现实生活中暂时不能实现的希望的精神满足，这种性幻想在青少年期是大量存在的，这种性幻想的出现是正常的、自然的。但是，如果沉溺于性幻想的白日梦，影响了正常生活甚至幻想过分离奇并坚信是真实的，就属于病理性幻想或妄想了，可能是精神分裂症或其他精神疾病的前兆，应当及时寻求精神科医生的帮助。

2. 适度的性幻想有益于身心健康　卡尔在2007年出版了《人类性幻想》一书，书中认为“当人正面临焦虑、冲突、抑郁或者因为突如其来的崩溃而感到恐惧时，性幻想可以立刻提供心理和生理上的舒缓”。美国巴尔的摩一家医院的彼得斯塔阿茨医生在医院里对一群大学生进行实验，他让大学生们把双手放进冰凉的水里，直到痛得实在无法忍受再把手拿出来。但如果双手放在水里的同时想象一些美好的事情来转移注意力，结果那些想象性爱的大学生的双手在冰水里的时间是其他人的两倍。

3. 如何应对性幻想　一是别太把性幻想当回事，有时候想想就想想，不必为此而自责内咎，这样反而会减少性幻想的频率。二是平时注意把自己的精力集中到学习和其他丰富多彩的活动上去。三是不要接触黄色淫秽书刊，不要浏览色情网站，这些渠道专门渲染男女的性活动，对青少年有很强的挑逗刺激作用。人的大脑在同一时间只能有一个兴奋中心，这就是平常说的“一心不可二用”。当你满怀激情做自己更感兴趣的事情的时候，性幻想也就不辞而别了。

综上所述，“性幻想”并不是洪水猛兽，也不是道德品质的分界线，它是人正常的一种性心理反应。因此正视它、理解它、接纳它、解决它才是一种积极的人生态度。人的一切活动，均受一定“度”的制约。一旦超出限度，相关的“副作用”就会显现。不分时间和场合、不能控制的性幻想是不被提倡的，在接纳基础上的转移和升华是值得提倡的做法。

五、性梦

案例10-4　羞于启齿的性梦

当事人（男）自述：我是个艺术专业的学生，平时会给一些杂志和书籍画插图来赚点生活费，虽然不富裕但也自得其乐，最近我找到了我爱的一个女生，她也很欣赏我对生活的这种淡然的态度，我们准备毕业后就结婚。很不好意思，到了这样的关头，我却老是梦到以前分手的女朋友，并且和她疯狂做爱。

解读：一些人总会梦到自己和以前的恋人再度上床，可能是因为做梦的人有未完成的情结，即没有很好处理好过去的那段的情感，于是潜意识就把这种感觉压抑了起来，还没有足够的心理准备去面对当前的情感。这个男生梦到跟以前的恋人上床，其实就是潜意识希望自己圆满地结束过去的感情，彻底地了结，跟过去永远说再见。

当事人（女）自述：我最近认识了一个自己觉得还可以的男孩并且开始了和他的恋爱关系，也发生了一件非常令我难以启齿的事情，我经常在和男友约会后梦到和自己的哥哥上床。到底是为什么会让我做出这样乱伦的梦来呢？

解读：其实，绝大多数乱伦的梦与乱伦的想法无关，只是表达了一种混乱不堪的状态。

当一个人面临生活、学习、职场、友谊等混乱状况，而又恰恰受到一些情感或性的刺激，潜意识就会将两者联系起来，让人做出乱伦的梦。这个梦是在警告当事人，现在的感情关系并未能在情感上满足自己。

为什么会梦到自己和以前的恋人再度上床，为什么会做乱伦的梦？性梦与道德有关吗？回答这些问题需要我们能正确认识性梦和性梦产生的原因。

性梦是指在睡眠中出现的带有各种性内容色彩的景象，这也是青春期性成熟后出现的正常的心理、生理现象，在大学生中普遍存在。在国内一项研究中，研究者对 250 名大学生进行调查，结果表明其中 66.4%的人做过关于性交的梦，如果加上其他形式的性内容，则几乎每个人都做过这类梦。统计还表明，性梦多发生于男性大学生当中，且性梦发生率有明显的年龄差异，一般随大学生年龄增长而增加。而且，男大学生的性梦发生与遗精有密切关系。

心理学家认为，性梦是在潜意识中被压抑的性欲望冲动的自发暴露，是性心理、性生理发育正常的标志。性梦不由人意识控制，梦和现实的巨大差别，并不代表人的真正意愿。

如何正确对待性梦？首先要摆正态度，性梦是一种正常的生理和心理现象，与道德品质没有关系，人不会因为品质好就不做性梦，也不会因为道德败坏就夜夜做性梦，做梦人完全不必自寻烦恼；其次，不要过分压抑性幻想。长期过分压抑性幻想，只能是噩梦常伴；再次，避免过分接受不良信息。平时要把精力多放在学习和工作上，少看色情小说，不看黄色录像；最后，生活中保持积极、乐观的心态，善于表达自己的愿望，善于与别人谈心、交流。有过性梦体验的青年大学生，不必为自己的经历而焦虑和羞怯，应顺其自然，同时要把主要精力放在学习和工作上，避免过多地接受各种性信息和性干扰。

思考题

（1）谈谈你曾有过哪些性心理问题？你是如何应对的？

（2）试评价你和你周围的同学当前的性心理状态。

第四节　大学生健康恋爱观的培养

案例 10-5　“极端”的爱情

学生吴某来自四川一个偏远的山区。其成绩较好，口才也不错，算得上一个帅小伙。进校的时候，吴某本有满腔的抱负，准备在大学里大展宏图，并且加入了学校学生会。然而，在一次学生活动中，吴某认识了其他学院的一个城市女生林某。林某主动向其表示了好感，没有多长时间，两人就在一起了，成为众人眼里甜蜜的情侣。

吴某家住农村，其父母只承担了基本学费，生活费主要是依靠自己的奖学金和助学金。林某总觉得自己的男朋友不够潇洒，比如林某生日时，希望吴某能够请自己寝室的姐妹办个生日派对，然而，这笔开销对于吴某而言，无疑是难以承受的。但是，吴某为了让林某开心，跟同班同学借了1000块钱，请林某寝室所有姐妹吃饭，自己则啃了一个月馒头。而林某家境较为优越，也不用为以后的工作发愁，在大学期间，根本没有考虑以后继续深造，也没有把心思用在学习上。而吴某进校伊始，就为自己定下了目标，但两人经常因为一个要去自习室，而另一个想去逛街而造成争吵，到最后往往是吴某妥协。以致到大三，吴某才勉强通过英语四级。

临近毕业的时候，矛盾更加突出。林某因为家里的关系，早早签了一家条件较好的公司。而吴某却因为大学期间落下了很多功课，不但要补修，也因此一直没有找到满意的工作。此时，林某家里也得知了他们两人的情况，本就对吴某的农村人身份不太认同，再加上其连找工作也成了困难，立马提出反对。而林某此时，也开始改变了对吴某的看法。

林某开始避开吴某，且与其另外一个男同学有密切的接触。吴某一方面因为找工作不如意，另一方面，也因为林某的态度开始心慌意乱。吴某认为，他跟林某之间是有深厚感情的，因此，当其他同学告知他林某与另一个男生有较多接触时并不相信。然而有一天在校园里，吴某终于发现林某与该男生手挽手散步，吴某冲动地跟该男生大打出手。吴某努力想挽回感情，然而林某却拒绝再见他。吴某心灰意冷，每天除了在寝室睡觉，就是到林某寝室楼下苦等，寝室同学不给其打饭就不吃，疯狂地给林某打电话，终于有一天，当林某在电话里骂他孬种，并关机拒接他电话后，吴某一口气喝了一整瓶白酒。同学发现吴某昏迷以后立即把其送到医院，吴某已经是酒精中毒，医生立即对其进行了抢救。不幸中的万幸，吴某终于清醒过来。吴某清醒后拒绝与人交谈，沉默，还是一直给林某打电话，然而林某还是拒接。

思考题

大学生在爱情方面有哪些心理困扰？应该如何处理？

一、大学生常见的不良恋爱心理

1. *性爱的好奇心理*　由生理发育成熟导致的性冲动与性亲近要求时而产生的。

2. *急于求成的占有心理*　与高校汇聚着集才华、风度、美貌于一身的人群氛围直接相关。有些男大学生固执地认为，毕业后还没有男朋友的女孩都是别人挑剩下的，受什么“不恋爱就变态”等言语的蛊惑。

3. *依赖心理*　由于独生子女的孤独感和习惯了他人的呵护与关爱所致，属于“情感寄托型”的恋爱动机，缺乏独立意识和自立能力，易受挫。

4. *补偿心理*　由功利型的恋爱动机所引发，即希望在所爱的人那儿获得社会地位、经济等方面的补偿。

5. *游戏人生心理*　其恋爱动机是：满足与异性交往的欲望，寻求刺激、填补精神上的空虚，甚至发生了婚前性行为，他们见一个爱一个，交往一个丢一个，完全是一种游离于婚姻之外的享受和消费。

二、如何培养健康的恋爱观?

艾瑞克·弗洛姆在《爱的艺术》中指出:恋爱的许多麻烦在于人们以被人爱代替了去爱人。人们求爱往往是为了摆脱孤独和空虚,爱情虽然能起到这种作用,但这种情感是短暂的。相反的是,成熟的爱情应该以自爱为基础,只有在自己的人格完全成熟时,知道自己需要怎样的爱,并且具有给予爱的能力时,才能真正地体验爱的真谛。成熟的爱的原则是"我被人爱,因为我爱人"。不成熟的、幼稚的爱是"我爱你,因为我需要你",而成熟的爱是"我需要你,因为我爱你"。

爱的能力,首先表现为给予的能力,爱是一种奉献而非索取,爱是一种给予而不仅仅是获得。但是,这种给予、奉献并不是一般意义上的给予与奉献,他是用自己的人格来影响对方的人格,用自己的生命力去激发对方的生命力。爱的本质在于双方爱的能力交互影响乃至最后完善融合。那么,如何获得这种能力呢?

(一)提高自我心理成熟

一个人的成熟需要经过两次断乳。第一次是生理上脱离对母乳的依赖。第二次则是在成人的扶植下摆脱出来,成为一名平等和独立的社会成员。第二次断乳则被称为"心理断乳"。心理断乳的早晚因人而异。如果一个人早期所受的教育越接近社会现实,个体社会化的历程越短,其断乳的时间就越早。人们在心理断乳的过程中,逐渐使理想的自我和现实的自我协调统一,达到心理的成熟。

心理成熟的表现是多种多样的。单就恋爱而言,成熟性的主要表现如下:

1. *具有确定的人生观、价值观和恰当的择偶标准* 恋爱不是一种纯粹的精神活动,它是个人生理、心理发展的需要,更是一种社会性的行为。恋爱择偶本身就体现了一个人的追求。即体现一个人的人生观和价值观。只有在人生观和价值观确定时,才能懂得什么是真正的爱情,知道自己需要什么样的恋人,以及爱情在社会生活中的位置。

2. *具备独立的人格,健全的理性* 具有独立人格的人能够正确地认识自己、悦纳自己、发展自己。对自己充满自信和勇气。他们不会因为外界的巨变而使自己改头换面,他们首先拥有的是对生活的信念和充实的生活,而后才拥有爱。而人格未完全独立的人,会因为生活的空虚而恋爱,感情也容易飘忽不定,一旦恋爱则陷于激情之中难以自拔,倘若失败,便对自己作出负性评价,丧失自信。实际上,爱与人格的独立性并不矛盾,一个人的独立性强一分,他恋爱中的吸引力也就强一分,失恋对其打击便弱一分。因为独立的人格本身就具有强大的内在魅力。具有独立人格的人不会因爱情的丧失而否定生活的意义,也不会因爱情的获得丧失自我的发展空间。他们在恋爱中相互尊重,相互帮助,注重彼此的发展成长。正由于在独立人格的基础上,重视自我个性的完善和事业的发展,爱情才充满活力。

3. *能体察、关怀、与尊重他人* 成熟的人具有对他人的敏感性,能知晓对方的需求、利益、观点和风格。能在此基础上包容对方,主动关心对方,与对方进行思想感情交流;尊重对方的独立人格,给对方以自信和力量。而心理不成熟的恋人则难以体察、关怀、尊重对方,他们基本上未摆脱青春期"自我关注""自我中心"的状态。没有关怀、照顾和尊重别人的能力。

4. 把恋爱看作人格再造的契机　心理成熟的人不是为恋爱而恋爱，而是把恋爱看作人格再造的契机。确实，恋爱不仅能检验人格而且能促进人格的完善。一方面，因为恋爱，就它的最细腻最不着痕迹地表现而论，是一个男子和一个女子在人格方面发生最亲切的协调的结果。恋爱中双方关系的协调、各种矛盾的解决，都会丰富男女的生活经验，促使双方在心理上趋于成熟。另一方面，恋爱前后的男女为了获得异性的爱，提高自己在对方心目中的形象，总是力图完善自己，爱成了一种强大的内在动力。爱升华了双方的人格，促进了人的新生，开发了人的潜能。拥有这种观念的人能够在恋爱中积极主动地化解矛盾，承担责任，并且善待恋爱，既不轻易地涉入爱河，也不会轻易地离开爱河。

当代大学生普遍存在心理成熟较晚的情况，在大学期间，许多人的人生观、价值观还未确立，人格的独立性较差，恋爱所应具备的心理条件还不成熟。在这种状态下开始的恋爱并不完美，有的甚至阻碍了人格的发展，导致心理的疾患。所以，在心理尚未成熟，不具备爱的能力的情况下，不要轻易恋爱。

（二）培养与异性交往的能力

异性间的友谊不仅有助于人的个性发展，且有助于健康性心理的培养，为未来恋爱关系的建立提供了一条有效途径。这不仅因为异性间的友谊自然、真挚，更因为它具有兼容性、不排他性。处在有异性交往的社交圈里，同学之间可以求得心理的接近和情绪的接近，满足青春期特有的心理需求。异性同学通过学习讨论，文娱体育和旅游活动等交往途径，增进了了解，认识到男女之间生理、心理上的差异，逐渐掌握异性交往的方式，使对异性的向往变成学习和生活中的相互关心、帮助，进而提高对性问题的深刻认识，理解它的道德意义和道德责任。男女同学之间如果缺乏正常的交往，对异性的好奇和神秘感就会转化为对性的过于敏感，想入非非。不可避讳的是，在异性交往的过程中，男女同学多少会想到恋爱问题。但是，如果在恋爱前缺乏与异性的交往，那就无法避免对异性的好奇和神秘感，从而出现更多的虚假恋爱。异性间的交往应该注意：

1. 不要有过强的目的性　近些年来，大学生的交往范围有不断扩展的趋势，从班级内交往到同乡间交往，跨系、跨校交往，这为大学生交友提供了前提。在这种交往中我们应该排除过强的目的性和功利色彩，只有如此，才能轻松、自然地展示真实自我。

2. 注意交往的范围、间距　异性交往应该有一个广泛的友爱圈，如没有对某一对象萌发爱意，都应注意交往的距离和频率。不要轻易涉入一对一的单独活动，切不可过于频繁地与某一特定对象长期交往，这容易引起恋爱幻想。

3. 注意交往的场所、分寸　异性交往有敏感的地域，所以要注意交往的场所、分寸。如果不想谈恋爱，就不要轻易接受某个异性单独相处的邀请，更不要与某个异性在电影院、公园和酒吧等能引起性浪漫幻想的场所单独相处。

（三）完善自我爱的能力

爱的能力对人一生的发展有着重要的意义，爱的能力不高或发展不够完善，常常影响人们爱的付出或得到，导致人们爱的心理需要得不到满足，从而带来心理健康方面的问题。良好的爱的能力会引导个体真正地爱他人，也真正地爱自己，也使自己更容易被爱。让人真正体验到爱与被爱的心理需要得到满足所带来的快乐和幸福。爱的能力实际上是一种综合的素质，既要有上面讲到的两个方面素质准备，还要有在爱的过程中体现出的多方面的能力准备。心理学专家提出以下几种能力对提高爱的能力的是必要的：

1. *表达爱的能力* 很多大学生苦恼于不知如何表达自己的爱，从而错失爱情。表达爱需要勇气和信心。当一个人爱上另一个人时，能否用恰当的方式和语言向对方表达出来，往往也是爱情成功与否的重要因素。同时我们应该知道表达爱是在表明一种爱的幸福，即使可能得不到回报，也满足了爱的心理需要。

2. *接受爱的能力* 当期望的爱来到了身边能否勇敢地正确地接受也是爱的能力的表现。有的大学生当面对别人向自己表达爱时不知所措，明明心里喜欢可表达方式却让对方误解。有的大学生在别人向自己示爱后，内心挺高兴，但又不敢接受别人的爱，或者觉得自己不配、不值得爱，因此失去发展爱情的机会。

3. *拒绝爱的能力* 有爱的能力的人不是对爱来者不拒，或者对方不是自己所爱就简单地拒之千里，真正具备爱的能力也需要对不是自己想要的爱有合理恰当的拒绝。不少大学生当别人向自己示爱时优柔寡断，既怕伤害对方，又怕对方误会，为此苦恼不已。拒绝爱的能力，一是表现为对他人的尊重，要感谢对方对自己的欣赏；二是要态度明确、表达清楚，不要给对方任何幻想。明确你们之间只能是同学或是一般朋友的关系，或者什么关系都不可能；三是行动与语言要一致。可能有些同学，虽然语言上拒绝了对方，但是行动上还与对方有较亲密的接触，他们认为是怕对方受伤害，还单独和对方去看电影、吃饭、逛街等，使对方误解，导致情感纠缠不清甚至出现心理问题。

4. *鉴别爱的能力* 鉴别爱是指能较好地分清什么是好感、喜欢和爱情。大学生群体对恋爱现象非常敏感，一看到男女生单独在一起就会联想到恋爱，有些同学苦恼于一般友谊被说成爱情。有鉴别爱的能力的人，是自信并尊重别人的人，会自然地与别人交往，主动扩展交往的范围，珍惜友谊，尽量多地体验他人的感受，会用不同的行为方式区别不同的感情。

5. *持续爱的能力* 爱需要双方真正地关心对方，理解对方的内心世界，以对方的快乐为自己的快乐。要保持爱情的长久，需要爱的智慧和持之以恒地奉献，同时又不能失去自己的个性，要有自己的追求与发展。及时更新知识、善于沟通、相互欣赏，是爱的重要源泉。保持爱情长久的能力，其实需要上面多种能力的综合。有爱的能力的人是健康的人，有自己独立的价值观，有自己的生活空间；他们不排斥他人，懂得尊重他人、关心他人；他们会尊重对方的选择，尊重对方的个人隐私，尊重对方的发展方向。同时处理好恋爱与学业的关系，发展好与其他人交往的关系，将爱情作为发展的动力，也是保持爱情长久的能力。心中有美好爱情的人，会表现出积极的精神风貌，散发着生命的光彩，不断地进取、积极向上，给人以美好的感受。

三、建立健康的恋爱与性观念

1. *知情同意原则* 任何性行为必须基于双方清醒、自愿的同意，避免在酒精、药物影响下发生性行为。尊重对方说“不”的权力，不因被拒绝而贬低对方。

2. *情感成熟度* 性行为可能改变关系动态，需评估自己是否准备好应对可能的后果（如情感依赖、分手后的心理调适等）。避免将性作为“证明爱”或“维系关系”的手段。

3. **科学看待性教育** 主动学习生理健康知识（如避孕、性疾病防护等）。正确看待自慰、性幻想等正常生理现象，避免因错误信息产生羞耻感。

心理训练营 10-1 测测自己爱情心理的成熟度

如果以下几个问题我们有确定的答案，那么我们的爱情心理就是成熟的，否则我们还要继续修炼，我们一起来测测吧！

(1) 你有确定的人生观与价值观吗？知道自己需要什么样的恋人，爱情在社会生活中的位置吗？

(2) 你有独立的人格与健全的理性吗？你能否认识自己、悦纳自己、发展自己、充满自信？

(3) 你能体察、关怀与尊重他人的品质吗？你能否对他人具有敏感性，可以包容对方，尊重对方，给对方以自信和力量。而不是“自我关注”“自我中心”？

(4) 你能把恋爱看作人格再造的契机吗？

(5) 你的择偶标准恰当吗？

（张 婷）

本章习题

本章课件

第十一章
职业生涯与心理健康

案例 11-1　寝室里大一新生的故事

王某是一所高校的一年级学生。一天,他来到学校大学生心理咨询中心向老师讲述了他的故事。王某这样描述自己现在的处境:“上大学以后就觉得解脱了,自己感觉好像从地狱走进了天堂。刚进校时,老乡对我说‘分不在高,及格就行’,我也就认为无须再为学习成绩而长时间奋斗煎熬。渐渐地,我开始不愿意学习,只想着玩,甚至连坐着发呆都愿意,就是不想学习。现在,我对什么都提不起兴趣:上课,枯燥,没劲;自习,无聊,没劲;睡觉,多了也累,没劲;打工,累死累活,没劲……”

案例 11-2　职场——让人欢喜让人忧

带着对未来的憧憬,大学毕业生钱某进入了一家大型国有企业。新的环境,新的工作,让钱某兴奋不已,他心里暗暗想:我一定要努力工作,回报父母和社会对我的培养。然而,短短的两个月过去了,没有了原先的兴奋,剩下的是难以名状的苦涩。由于在部门里,钱某年龄最小,资历最浅,很多事情,原本不该自己做的,同事们也推给了他,为了做好这些事情,钱某不得不牺牲了很多休息时间加班加点,更让他受不了的是,同事背后议论他,说现在的年轻人就是爱巴结领导,出风头。

像案例 11-1 和 11-2 中的王某和钱某这样的情况不在少数,其核心的原因是职业规划不够清晰。职业规划不是绘制固定路线图,而是锻造指南针:以终身学习为磁极,用跨界思维校准方向。不必困囿于“热门赛道”的焦虑,真正稀缺的永远是人机协同中的创造力、数字洪流里的共情力、碎片化时代的深度思考力。前路或许会有技术迭代带来的阵痛,但请保持“破界”的勇气;可能会遭遇价值观的迷茫,但请守护心底的星光。努力创造的不仅是属于自己的职业生涯,更是一个更具想象力的未来。

时代寄语：人生道路千万条，各行各业都能成才。只要矢志追求，努力拼搏，照样可以实现人生抱负和目标。

——习近平

第一节　职业生涯规划的概述

一、生涯与职业生涯

“生涯”(career)一词来自拉丁文“carras”，二者的含义均指古代的战车，后来引申为道路，即人生的发展道路，指一个人一生的发展过程，也指一个人一生中所扮演的系列角色与职位的总和。“生涯”的内容是比较宽泛的，包括人生经历，生活道路和职业、专业、事业等。但它不仅仅局限于“工作”或“职业”，还包括了个人的“生活风格”，即包含一个人在其一生中所从事的所有活动。

职业生涯，一般是指个人生活中与工作相关的各个方面。对其的研究始于 20 世纪 60 年代，20 世纪 90 年代中期从欧美等国传入中国。目前，学术上对职业生涯还没有统一的定义。不同国家的学者从不同的角度对职业生涯的内涵有不同的界定。美国学者罗斯维尔和思莱德认为职业生涯是人的一生中与工作相关的活动、行为、态度、价值观、愿望的有机整体。我国学者吴国存将职业生涯分为狭义职业生涯和广义职业生涯。狭义职业生涯是指一个人从职业学习开始，踏入社会从事工作直到职业劳动的结束或离开工作岗位为止的这段人生职业工作历程；广义职业生涯是指从职业能力的获得、职业兴趣的培养、选择职业、就职，直至最后完全退出职业劳动这样一个完整的职业发展过程。综合不同学者对职业生涯内涵的界定，简而言之，职业生涯就是指一个人一生连续从事和承担的职业、职务、职位的历程。

二、职业生涯的特点

虽然上述对职业生涯定义的角度或方式不同，但可以看出职业生涯具有以下的特点：

1. *独特性*　职业生涯是每个人依据自己的人生理想，为了充实自我、实现自我而逐渐展开的一种独特的生命历程，具有个体差异性。从大致发展形态来看，也许有些人在职业生涯发展的形态上有着相似之处，但是其过程却可能是完全不同的。职业生涯的独特性决定了并不存在一条适合所有人发展的职业道路，每个人应该根据自身特点选择一条适合自己发展的职业道路。

2. *发展性*　职业生涯是一个动态的发展过程，个人在不同的人生发展阶段会有不同的诉求，这些诉求不断地在工作生活中表达出来，并寻求满足。个人正是通过这些诉求的表达，而成为自身职业生涯的主动塑造者。

3. *内在性*　职业生涯的内在性是指职业生涯发展表现在观念更新、心理素质提高、技能提升、经验丰富等内在因素上；职业生涯的外在性是指职业生涯发展表现在职位提升、待遇提高、工作环境改善、工作权限增加等外在因素上。职业生涯的内在性和外在性是相互联动的，内职业生涯发展是外职业生涯发展的基础，外职业生涯发展促进内职业生涯的提升。

4. 无边界性　职业转换的增加导致了个人的职业生涯也愈来愈表现出跨组织、跨地域和跨职业的特点。

5. 综合性　职业生涯是以个体生命演进的发展为主轴，并包含了一生中所拥有的所有职位、角色的总和，这个总和不只局限于职业角色，也包括学生、子女、父母、公民等涵盖人生整体发展各个层面的角色，故具备综合性特征。

三、职业生涯规划

职业生涯规划，是指个人依据自身情况、眼前机遇和制约因素，为自己确立职业目标，选择职业发展路径，确定教育、培训和发展计划等，为实现职业生涯目标而预先设计的系统安排。职业生涯规划具有个人主导性的特点，即职业目标的实现需要个人自己以负责任的态度，积极主动地开展职业发展方面的实践。简单地说"职业生涯规划 = 知己 + 知彼 + 抉择 + 设定目标 + 行动 + 调整"。

职业生涯规划应该涉及与个体角色职责相关的各个领域，总体上来看，我们可以把这些领域归纳为八个领域，即健康、家庭、工作、人际关系、理财、心智、休闲以及心灵。健康规划是为身心健康而进行的规划，是职业生涯规划的基础。家庭规划是指对即时家庭的规划，个体离开原生家庭而组建的新的家庭，家庭规划主要涉及何时组建家庭，与谁组建家庭，如何担当家长角色等。工作事业规划也可以看成是职业生涯规划，是职业生涯规划的核心与主体，它不仅包括正式职业规划，还包括我们正式职业之外的兼职规划。人际关系发展规划主要是指对自己的社会归属性进行规划，爱与归属的需要是人的基本需要之一，每个人总是要处于一定的组织之中。进行人际关系规划就是建立人的支持系统，营造将来的工作、生活环境。理财规划就是对我们的财务进行的规划，包括基金、股票，兼职做第二份工作等。心智规划是指个人的知识、技能、观念和心理状态的发展规划。判断一个人是否成年的标准不仅仅是生理年龄，心智成熟也是重要标准。心智成熟的人更容易走向成功，个体需要对自己的心智进行规划。休闲规划是指工作之外所从事的非谋生娱乐活动，主要源自个人的兴趣爱好，良好的休闲规划有利于人们释放自己的压力。心灵规划主要是指思想道德的发展以及人生思想境界、信仰等方面的规划。

专栏 11-1　与职业生涯规划有关的几个概念

1. 职业生涯开发与管理　这是指企业组织环境下所设计的一系列员工职业发展方面的活动或措施，旨在改善员工的工作习惯，提高员工工作的胜任度，提高企业组织的生产力和经济效益。

2. 职业生涯教育　它是指在教育情境中所设计的一系列职业发展方面的活动或措施，其目的是增进学生的职业生涯意识，能主动地为自己将来的职业生涯做充分的准备。

3. **职业指导**　这是指围绕职业发展过程提供的指导、辅导、咨询等服务，是由有经验的人通过谈话的形式对个人职业的困惑进行指导。在指导关系中，指导者与被指导者的地位是不对等的，指导者居于主导地位。

4. **职业生涯咨询/辅导**　这是指一个以语言沟通为主的历程，咨询师与来访者建立一种平等合作的关系，应用各种咨询技能，协助来访者解决自己职业发展方面的问题。

思考题

联系自己的实际情况，谈谈你的职业生涯规划的八个领域都是什么状况？

四、职业生涯规划的重要意义

案例 11-3　到底该找什么样的工作

名牌大学学生琳琳从小学到大学成绩都很优秀，接近毕业时她手中的各种证书就有十几本。守着这些“硬通货”，她觉得自己一定能很容易地找到一个令人羡慕的工作。抱着这种想法，她应聘的企业都是大公司，瞄准的也都是管理岗位。然而几次面试无果后，她开始怀疑自己的能力。在家人的劝说下，她试着降低了自己的标准，可总觉得那些招聘者还不如自己。到底什么样的工作最适合她，琳琳的内心非常矛盾。

琳琳为什么会在毕业求职时遇到这么多苦恼的事？是不是每个大学生求职择业都会遇到这些麻烦，都会产生这样或那样的心理问题？假如琳琳在校期间，制定了适合自身的职业生涯规划，那么她在求职中还会遇到这些困惑吗？

大学生首先要认识到职业生涯规划的重要意义，职业生涯活动将贯穿我们的后半生，进行职业生涯规划，便有了努力奋斗的目标，学习从被动变为主动，择业心态就会变得积极进取，从而实现人生价值。

1. 增强职业发展的目的性与计划性　部分人的职业生涯都是盲目的或被父母决定的，自己并未经过慎重的思考，一旦制定了职业生涯规划，那么整个职业生涯就有了目标，可以按照计划去一步一步前进，成功的概率就会增加。

2. 促进人的全面发展　职业生涯规划是以人为本的，人的自由、全面发展是职业规划教育的最终目标，因此职业生涯规划与人的全面发展密不可分。职业生涯是人的全面发展的重要手段，而我们追求成功的职业生涯，最终是要获得个人的全面发展。

3. 有助理想与实际的统一　职业生涯规划可以帮助我们认识自己、了解自己，发掘自我潜能。制订一个明确的职业生涯规划，就需要明确给自己定位，根据自身特点和现实条件，确立自己的职业生涯目标，具备一定的实际意义。大学生合理设计自己的职业生涯规划可以帮助自己充分地认识自己，客观分析外在环境，正确选择职业，采取有效的措施克服职业生涯发展中的各种困扰，从而实现自己的理想，做到理想与实际的统一。

职业生涯规划应该从大学生入学时就开始引导、培养和训练，以便为学生未来一生的职业发展打下坚实的基础。学习和掌握职业生涯规划的知识和方法，可以明确人生方向和目标,培养积极进取的人生态度;增强自我管理和自我发展的能力;提高自我核心竞争力,促进今后的就业和职业发展;开发个体潜能,实现全面发展,收获一个有意义的人生。

思考题

联系自己的实际情况,谈谈进行职业生涯规划的重要意义。

第二节　职业生涯规划的制定

案例 11-4:医学生的规划之路

小刘是一名即将毕业的医学生,目前已签了某医院,准备当一名医生。小刘在与同学们分享经验时,谈到之所以能够这么顺利找到理想的工作,是因为她一直以来对当医生很感兴趣;并且在踏入大学校门之后,就对自己的职业生涯进行了规划,并在实践中不断调整。

[规划期限] 5 年

[起止时间] 2021 年 9 月—2026 年 7 月

[年龄跨度] 18～23 岁

[阶段目标] 顺利毕业;成为一名有一定经验的医师。

[总体目标] 获得博士学位,成为一名知名医学专家。

[个人分析] 自己是属于爱钻研医学的人,对医学充满了兴趣,而且所学的是临床医学,这是把当医生作为职业目标的关键所在。

[职业分析] 社会的发展将会对医疗行业产生重要的影响,而且人民对健康生活的要求越来越高,社会对医生的需求将越来越大。虽然还没有确定具体的临床科室,但考虑到自身是女性,外科对性别有一定的要求,故对内科等更感兴趣。同时医疗行业对学历要求较高,在阶段目标完成的过程中,要去攻读硕士和博士学位。

[目标分解与目标组合]

(1)目标分解:目标可分解成两个大的目标——第一个是顺利毕业,其次是成为一名有一定经验的医疗工作者。

对于第一个目标,又可分解为把专业课学好和把选修课学好,以便修完足够的学分,顺利毕业。接下来,还可以细分:在专业课程中,如何学好每一门课程;在选修课程中,需要选择哪些课程,如何学好……

对于第二目标,又可分解为接触医疗、了解医疗、熟悉医疗阶段。接下来,还可以细分:在接触医疗阶段,要采用什么办法,怎样面对患者?怎样去实践?……

(2)目标组合:顺利毕业的前提是学好专业课程,而专业课程的学习则对职业目标(成为一名有一定经验的医务工作者)有促进作用。

[具体实施方案]

要成为一名有一定经验的医务工作者,需要缩小自己和有一定经验的医务工作者的差距。这些差距包括：

(1) 思想观念上的差距。需要多向带教老师请教，并在实践中去体会这一点，在思想观念上优先成熟，做好当一名优秀医生的思想准备。

(2) 知识上的差距。书本知识的欠缺只是一个方面，更重要的应当是实践的差距。为了缩小这种差距，需要在学习书本知识的同时，多多参与医疗专业实践，在实践中体会。

(3) 心理素质的差距。医疗行业的服务对象是患者，在和患者交往的过程中往往遇到些许挫折和失败就会退缩。这种差距，需要在实践中逐步消除。

(4) 能力的差距。这一点可能是最重要的。为了缩小这种差距，除了在实践中逐步学习外，还要和高年级的校友保持密切的联系，以便随时请教和学习。

[检查和反馈]

(1) 在向高手请教的过程中，发现自己需要学习的书本知识很不够，特别是外语方面能力需要提高，否则，就无法适应医疗从业要求。所以决定加强英语的学习，准备报一个英语的口语班，每周上一次课，同时，准备参加学校里的英语角，切实提高英语水平。

(2) 医疗行业是一项服务性的专业工作，很多知识点都需要花时间去学习，故后期要把精力用在那些对自己有锻炼意义的事情上去。

每个人都希望能在自己理想的工作岗位上工作并能成就一番事业，但是很少有人能做到这一步。是这些人不够努力？还是没有好好奋斗？其实并不是，因为人生事业的发展也需要策略与方法，然后沿着这个轨迹努力去奋斗，你就会取得满意的结果，而这个策略与方法就是职业生涯规划。大学生应该在踏入校门之际就规划好自己的职业生涯，如果等到择业时再来考虑，就会处于被动的地位，往往会陷入择业的困惑之中。因此，大学生应该在择业前制定好自己的职业生涯规划，然后在实践中不断去调整，从而帮助更好地实现梦想。

规划职业生涯对于个体的全面的发展有着重要意义，制定职业规划是一个复杂的工作，不仅要对个体的知识水平、个性以及社会支持程度等做全面的了解和评估，还要对外在的环境、社会发展的方向等做出准确的判断。一个合理的职业规划能帮助大学生走向成功，不合理或片面的职业生涯规划就难有作用，下面将具体介绍怎么全面合理的制定职业生涯规划。

一、职业生涯规划的评估

1. 自我评估　自我评估是自我意识的一种形式，是个体对自己思想、愿望、行为、个性和能力特点的判断和评价。自我评估不仅具有独特的自我功能，促进自我发展、自我完善、自我实现，而且具有重要的社会功能，极大地影响人与人之间的交往方式，未来的工作能力等。

2. 职业评估　是指大学生对以后选择的职业是不是符合自身的评估。大学生在大学里都是进行专业的学习，大多数学生以后的工作会围绕自己大学所学的专业，但并不是所有的大学生在大学期间所学习的专业都符合自身的发展，所以个体需要去慎重思考，怎么将所学的知识与将来的职业完美有效的结合起来，尽可能地往有竞争优势的方向去发展职业。

3. *社会的发展趋势评估* 就是定期将个人的职业发展放在社会发展的大环境中评估分析，确保自身职业不断处在良好的状态中。个人和职业规划都是在社会大环境中生存、发展，不断变化着的。做好眼前的事是应该的，但这远远不够，必须根据社会发展的大趋势，不断自我调整，不断对职业的新变化、新要求进行了解，要有所准备、有所适应。

二、职业生涯规划的基本原则

1. *择己所需原则* 寻找并从事自己所需要的职业，这种职业需要不仅是物质上的需要，也是精神上的需要。一般情况，单一职业难以充分满足个人的两种需要，所以个人在选择自己所需要的职业时，就得做出一定的抉择，慎重考虑，有所取舍。

2. *择己所爱原则* 寻找自己所喜爱的职业，这种职业往往与自己的兴趣相联系，所以大多数工作时间是比较专注的、愉悦的。但部分这样的职业是不能随社会变化而发展的，所以个人在选择职业的时候，就需要考虑自己喜爱职业的持续发展性。

3. *择己所长原则* 寻找自己所擅长的职业，这往往与自己大学所学的知识和专业密切相关，大部分大学生在大学毕业以后所从事的职业都与自己的大学所学习的专业相符合，该职业在专业范围内的持续发展性较好。

三、职业生涯规划的关键问题

1. *职业目标* 职业目标的确定是职业发展规划中最基本、最重要的内容。职业目标的确定既要科学合理，更要明确可行。一般原则是由远而近，由粗而细。如果长期目标较为模糊，则可用一些表明追求的句子代替具体的职业，如用“活得有权威、有意义”代替“政府高级官员”“企业老总”等较具体的目标。近期目标必须明确具体，可以有多种选择。

2. *预期收益* 每一阶段的预期收益都与职业目标息息相关，而每个目标必然伴随一定的经济收益和个人追求的其他收益。其他收益不好衡量，可能是追求为人类和平和生存环境改善多做贡献，也可能是追求一定的社会政治地位等等。经济收益则比较方便计量。在预期收益中应将一生的经济收益用金钱等价地规划出来，它是一个很明确有效的评价调控指标。在给出预期收益的同时，最好还要根据生活及职业发展的需要，列出一生的预期花费。

3. *发展策略* 发展策略实际上就是实现职业发展目标的行动计划，它由一系列与具体目标有关的特定的时间阶段、行动途径、措施、必要准备以及必须付出的努力等内容组成。在不同的职业发展阶段，行为的重点不同。例如在高中阶段如果目标是上大学，则行动的重点有两个，一是要付出巨大努力，一定要超过高考相应的录取分数线；二是根据个人所爱所长及社会需要选择合适的大学和专业。在大学阶段如果目标是谋取一个较理想的职业，则行动的重点有三个，一是学好专业知识，具备期望职位的资质；二是善于沟通，掌握人际交往技巧；三是学会学习，提高创新能力。当然在实施过程中还会有更多、更细致的系列行动。所有这些，都要在具体的发策略中有所体现，越是眼前要做的，越是要详细具体。

4. *评估调控* 评估调控就是在职业发展过程中，通过对目标收益实际实现情况及时进行有效评估，调整发展策略，实现对职业发展过程的有效控制，确保职业发展目标的不断实现。

四、职业生涯规划的影响因素

1. 身心状况 所谓身心状况也就是个人的身体和心理状况与职业对其要求的特点是否适当的问题。首先身心健康对于职业选择特别重要，几乎所有的职业都需要健康的身心，不仅如此，职业适应也与身心状况有内在的关系，有的职业对视力、身高、体重有要求；有的职业要求反应敏捷；有的职业要求耐心、细心；有的职业需要不断创新；有的职业需要不断地重复按程序操作等等。

2. 教育 教育是赋予一个人的才能，塑造人格，从而促进个人发展的活动。获得不同教育程度的人，在个人职业选择或被选择时，具有不同能量。一般来说，接受过较高水平教育的人，在就业以后会有较大的发展；在职业不如意时，再次进行职业选择的能力和竞争力也较强。另外，人们所接受教育的专业、学科门类对职业生涯起着决定性作用。人们在选择职业、转换职业时往往与所学的专业有一定的联系，或以该专业的理论知识、技术能力为基础，流动到更高层次的职业岗位上去。因此，教育职业的进展深受正规教育或专业培训的影响，教育程度是事业成功中不可缺少的因素。凡是社会阶层高过父母所属阶层的人都觉得，教育是改变社会地位的主要路径。但是对大多数的职业而言，这也未必尽然。雇主往往对录用者能干什么有更大的兴趣，而不只注意他们所具备的教育经历。

3. 义务 任何成年人必定会受到各种义务的束缚。事实上，有些毕业生因为家庭负担过重，而不得不考虑现实利益，放弃自己的理想职业，而从事较为现实的职业，待条件成熟再选择理想的职业。

4. 性别 虽然男女平等的观念已被现代社会普遍接受，但“性别因素”仍然有着重要影响。事实上，男性与女性生理上的差别，在择业和适应职业上会形成自然差别，男性与女性在择业价值观上也会根据生理条件而形成差别。

5. 社会环境 主要是指社会的政治、经济体制、人才市场的管理体制、社会文化风俗、职业的社会评价等等。社会环境因素决定了社会对社会职业岗位的数量、结构、层次等等，决定了人们对不同职业岗位的接受、赞誉或贬低的程度，决定了个人步入职业生涯的基本方式、开始职业生涯后的基本态度以及由此引起的个人职业生涯的变化。如在计划经济和市场经济的条件下，国家对高校毕业生就业的管理方式是截然不同的。在计划经济体制下，国家对大学生统一分配，毕业生和用人单位均无自主权可言；在市场经济条件下，我国高校普遍建立了学校和各级政府推荐，学校和用人单位双向选择的毕业生就业工作模式，用人单位和大学毕业生都有了选择的自主权。

6. 机遇 机遇是影响职业生涯的偶然因素，但是对个人的职业生涯而言，有时又具有决定性的作用。机遇是随机出现的、具有偶然性因素的事物，它包括社会各种职业对一个人展示的随机性的岗位，也包括能够给个人提供发展的职业机遇。机遇本身是客观存在的，但只会垂青那些有准备的人。个人的能动性会导致寻求到新的发展机会或者自己创造机会。

思考题

有人说，大学生进行职业生涯规划重点是规划好自己的大学学习、生活，你是如何看待的？

五、职业生涯规划的步骤

职业生涯规划是一个周而复始的长期的连续过程，需要设计一套程序来保证顺利实施，这个过程包括：清晰个人生涯愿景；认识自我；评估环境；确定职业发展目标；设定职业生涯发展路线；制定弥补差距的行动方案；实施、评估与修订七个步骤(图 11-1)。

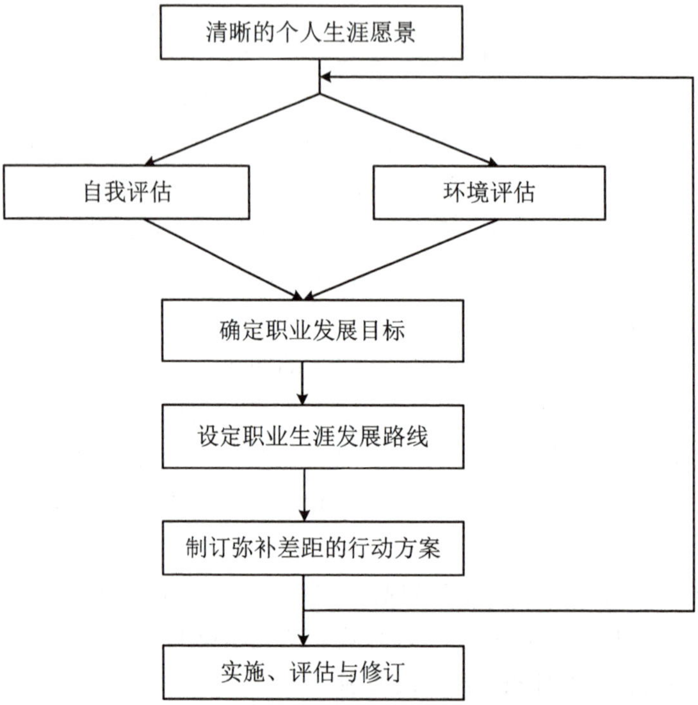

图 11-1　大学生职业生涯规划步骤流程图

1. 清晰个人生涯愿景　大学生在为自己制定职业生涯发展规划的时候，需要清楚自己将来到底想过哪种生活？即个人生涯愿景。生涯愿景是个人发自内心的、一生最渴望达成的结果，它是一种对未来的期望。由于人在一生中要扮演多个角色，因此生涯愿景也必然是多方面的。总的来说，个人的生涯愿景主要包括以下内容：

(1) 自我形象：自己希望成为什么样的人，假如可以变成自己向往的那种人，自己将具有哪些特征？

(2) 有形财产：希望拥有哪些物质财产？希望拥有多大的数量？

(3) 家庭生活：自己未来的家庭生活是什么样子？

(4) 个人健康：对于自己的健康、身材、运动以及其他与身体有关的事情有什么期望？

(5) 人际关系：自己希望与同事、家人、朋友以及其他人拥有什么样的关系？

(6) 工作状况：自己理想中的工作环境是什么样子？可取得什么样的成就？

(7) 社会贡献:对社会做出什么样的贡献?

(8) 个人休闲:期望拥有什么样的休闲生活?

2. 自我评估　自我评估相当于内在条件评估,目的是认识自己。因为只有认识了自己,才能对自己的职业发展做出正确的选择,才能选定适合自己发展的职业生涯路线,才能对自己的职业生涯目标做出最佳抉择。自我评估的内容主要包括自己的兴趣、特长、性格、学识、技能、智商、情商、思维方式、思维方法、道德水准以及社会中的自我等。这部分内容可以借助职业心理测评来实现,更多的则是在实际生活中体验。

3. 环境评估　环境评估相当于外在条件评估,目的主要是评估各种环境因素对自己职业生涯发展的影响。每一个人都处在一定的环境之中,离开了这个环境,便无法生存与成长。所以,在制定个人的职业生涯规划时,必须要分析环境的特点、环境的发展变化情况、自己与环境的关系、自己在这个环境中的地位、环境对自己提出的要求以及环境对自己有利与不利的影响等。只有对这些环境因素充分了解,才能做到在复杂的环境中避害趋利,使职业生涯规划更具有实际意义。

4. 确定职业发展目标　这是指期望在职业发展道路上达到一个什么样的位置,简单地说就是要做到什么样的职位。说到职业发展目标,有人说"我的目标是事业有成",这不是目标,仅是美好愿望而已;也有人说"我的目标是成为优秀的人力资源工作者",这也不是目标,仅是职业发展的方向而已;还有人说"我的目标是成为优秀的机械工程师",这才是我们所说的看得见、摸得着的职业发展目标。

职业发展目标的设定,是职业生涯规划的核心。一个人的事业成败,很大程度上取决于有无正确、适当的目标。没有目标如同驶入大海的孤舟,没有方向,不知道走向何方。职业发展目标是以自己的最佳才能、最优性格、最大兴趣、最有利的环境等信息为依据而设定的。

专栏 11-2　职业目标的确定

职业目标的确定首先从明确人生追求开始,有四项内容:

人生追求⇒职业目标⇒阶段目标⇒当前目标

1. **人生追求是确定职业目标的指针**　人生追求的描述应简洁、重点突出。如"以天下为己任""生活富足而有意义""活得有尊严、有地位""自主而富有创造性""脱贫致富""简约、安定、快乐""拥有学问、拥有财富"等。

2. **职业目标是个人希望攀登的最高山峰**　职业目标的确定要与人生追求一致,目标应尽可能明确,如政府公务员、学者、教授、科学家、企业家、艺术创造人员、军事专家、指挥官、著名律师等。如果不能确定很明确的职业目标,则可以用较为模糊的词语表示,如"工作或事业成功""充分发挥个人潜能""能合理地换取较多金钱"等。

3. **阶段目标是通向职业高峰的一系列渐渐升高的山峰**　从职业目标高峰到你的脚下,一条漫长的攀登路是由一系列阶段目标连贯起来的。阶段目标由远而近,越来越清晰,越来越具体,如一名优秀医疗从业者的阶段目标可能依次是:

医师⇒主治医师⇒副主任医师⇒主任医师⇒知名主任医师

4. 当前目标是即将攀登的具体山峰 其他目标都可以模糊，可以高不可攀，但当前目标必须十分清晰，十分具体，虽有高度，但经过努力，一定可以成功攀登。

5. 设定职业生涯发展路线 个人现在所处的位置与总体目标总是有距离的(距离的大小要根据总体目标而定)，个人不可能一步就能达成总体目标。要完成总体职业发展目标，就必须将总体目标进行层层分解，分解成一个一个阶段目标逐步完成。

大学生毕业后，主要有四条路径：就业、考研、自主创业和出国留学。选择的出路不一样，大学生涯规划的侧重点也不一样。如怎样在考研和就业之间做选择，可能是很多同学难以抉择的问题。到底是考研，还是就业？要综合考虑多方面的因素，但最根本的原则是选择一条最能帮助自己实现职业发展目标的路径。

专栏 11-3 职业生涯路线的选择

选定一条职业发展路线，不同的发展路线对从业者的素质要求不同，发展目标也不同。一般来说，有以下三种职业生涯路线可供选择：

1. 专业技术型发展路线 专业技术型发展路线是指工程技术、工程管理、技术经济等职能性专业方向。通常情况下，职业由本人所学的专业确定。如果具备了一定的专业技术知识、技能，对专业技术及相关活动感兴趣，并追求这方面的提高和成就，专业技术型发展路线是最好的选择。相应的发展阶梯是技术职位的晋升。如果开始选择了专业技术方向，以后对管理也感兴趣，这并不妨碍你今后在管理岗位上做出成绩。在当今社会中，由技术工作转为管理工作的情况屡见不鲜。一些公司经理或部门经理甚至各级行政领导很多原先都是从事技术工作的，他们在升迁之后又多数不再从事一线技术工作。

2. 行政管理型发展路线 如果热爱管理工作，稳重、老练，善于与人打交道，协调能力强，不喜欢做具体技术性工作，或者所学专业技术发展的前景不大，行政管理型发展路线便是最佳选择。一般来说，管理工作需要从基层职能部门开始，如果你的管理才能得以展现和被认可，行政职位就可以逐步向高层提升。管理工作做久了改做技术工作，会有许多困难，社会上的许多技术部门(单位)也不乏技术型的“双肩挑”干部，但是两方面工作都做好也不容易，要付出超出常人的更多努力。

行政管理型发展路线与专业技术型发展路线之间可以互换，但要看主客观条件，换得不好对组织和个人都是一种损失；“双肩挑”在基层相对容易，层次越高、年龄越大越难。

3. 自主创业型发展路线 国家鼓励和支持大学生自主创业，现在不少人选择了自主创业的道路。自主创业对人生是一个挑战，有艰辛、有快乐，有失败、也有成功。自主创业与以上参与性岗位的工作不同，对创业者的素质要求较高，还要结合自己的专业特长，特别要善于把握机遇、勇于创新，心理素质要好，能够承受风险和挫折，还要善于学习。一段时期以来，大量行政干部和技术人员创业，说明了这些发展路线之间转换的现实可能性。

6. 制定弥补差距的行动方案　职业生涯每次质的飞跃，都是以学习新知识、获取新技能为前提的。为了顺利达成目标，个人首先需要对达成目标所要求的条件进行分析，然后对照自己找出差距，并找到弥补差距的具体办法。比如，为了弥补在组织管理能力上的差距，可以通过参加教育培训班，或通过当学生干部来锻炼自我。

7. 实施、评估与反馈　制定好规划固然重要，但更重要的是将规划付诸实施并取得预期的成效；为此，在自己职业生涯规划实施的过程中，大学生还要根据自身所处的内、外部环境以及自身条件的发展与变化对职业生涯规划进行再评估与修订，从而使得规划更加符合自身情况和社会需求，让它变得更加有效。

思考题

结合自己所学专业和个人兴趣，请规划一下你的职业生涯。

第三节　大学生职业生涯规划与心理问题的调适

案例 11-5　不同的自我，不同的生涯

十几年前，小王作为一位在班上很拔尖的英语专业优秀高校毕业生，选择了去中学做一名普通的英语教师，当时她的许多同学都选择了去外企或收入高的单位工作，大家很不理解她的选择。她却微笑着回答大家："因为我喜欢，我适合做中学教师。"虽然在工作中遇到了很多挫折和困难，但是她每次都积极主动地去面对，在朋友和家人的鼓励下，没有被现实打败。十几年过去了，现在她已经成为全国著名的中学英语特级教师，职业发展很成功。她的成功源于她不盲目追随他人和社会潮流，对自己、职业和社会环境都有一个正确的认识，恰当地规划自己的职业生涯，并在遇到问题时及时采取合适的方法解决。

但是她的同学小张则是选择了不同的职业生涯。毕业时选择在一家不错的外企工作，但是不到半年，因工作能力不强被解雇；之后他应聘一家翻译公司，可是由于工作节奏太紧张，压力太大，一年后他选择辞职；后来应聘到国家机关，但是待着办公室的闲适生活让他觉得与专业不对口，提不起兴趣，于是，一年后又再次跳槽。这样多次跳槽，总觉得没有适合自己的最佳工作，而且连着几份工作时间都不是很长，让招聘单位心存顾虑，到现在小张还未找到适合自己的长期从事工作，并且对于自己的职业未来感到很迷茫。他的困惑源于他对自己缺少一个明确的定位和规划，并且在遇到问题时只是一味地躲避，没有采取积极的措施去主动适应工作环境。

思考题

是什么原因导致了小王和小高职业生涯的结果？

职业选择与发展是人生重大课题之一，认识自我是职业选择与发展的前提和基础。如果不能在职业问题上正确认识自我，就很难选择适合自己的职业发展道路，进而影响人生道路的顺利发展。在职业生涯规划中，职业价值观、性格、兴趣和能力优势是大学生进行职业生涯决策时最需要考虑的四个方面。价值观决定了职业满意度，性格决定了职业适应度，兴趣是职业选择的基础，能力是职业选择的前提。同时个人职业生涯和他们的生活质量密切相关，处理好工作场所的生活事件和人际关系，完成职业角色规定的任务，就会产生胜任的愉快的感觉。许多心理健康的人热爱自己的职业，创造性地应对自己面临的挑战，出色地完成工作任务。在他们看来，工作不仅不会让他们厌烦，反而成了他们生活乐趣的来源。同时，我们也必须清醒地看到，职业生涯中充满了紧张性的刺激因素，应当采取积极的应对措施以保持稳定的情绪和健康的心理状态。

一、大学生择业中的常见的心理障碍

大学生毕业后的第一次职业选择对其终身的职业发展有着重要的意义，大学毕业生在择业前要做好充分的心理准备，学会自我心理调适，择业过程中保持健康的心理，尤其需要注重一些常见的心理问题的出现。

1. 焦虑　焦虑是由心理冲突或挫折而引起的，是一种复杂情绪的反应。毕业前夕，绝大多数大学生心理活动表现为焦虑。使他们焦虑的问题主要是：能否找到一个适合自己专业特长、工作环境优越的单位，自己的理想能否实现；用人单位能否选中自己；屡屡被用人单位拒之门外怎么办等。要克服焦虑的心理，主要是要更新就业观念，打破中国传统的事事求稳、求顺的思想，树立市场竞争的新观念。大学生求职过程就是竞争的过程，即使你得到了比较理想的职业，如果没有竞争意识，不继续努力，也还可能丢掉这份工作。有竞争必定会有风险和失败，确立了竞争意识，不怕风险和挫折，焦虑的心理必定得到缓解或克服。当然还应克服择业心切、急于求成的思想。择业心切容易使择业失败，而失败的体验又会强化沮丧、忧虑的情感。客观地分析自己，合理地设计求职目标，尽量减少挫折，增强求职的勇气，也会减轻心理焦虑的程度。

2. 自卑　一些大学生过低地估价了自己，总是自惭形秽，自己看不起自己。在求职择业中，他们往往缺乏自信心，缺乏勇气，不敢竞争。这种现象多见于自我意识发展不健全、性格内向或有生理缺陷的大学生。在屡遭挫折之后，一些大学生容易产生强烈的自卑心理，胆小、畏缩，觉得自己事事不如人。自卑是一种缺乏自信心的表现，是一种消极的失去心理平衡的心理状态，常和怯懦、依赖等心理交织在一起。它不仅使一些学生悲观失望、忧郁孤僻、不思进取，而且有碍于聪明才智的正常发挥。过度自卑，还会产生精神不振、心灵扭曲、沮丧、失望、孤寂、脆弱等心理现象。要克服自卑心理，首先要正确评价自己，纠正过低的自我评价，增强自信；其次要经常对自己进行积极的心理暗示；再次要克服惧怕心理。

3. 孤傲　是指孤僻高傲、超然，对他人标准要求高，对他人的情感、意见或利益的冷漠。具体表现为一部分学生对自己估价过高，自认为高人一等，非常傲气；或认为自己学习了很多的知识，各方面条件也不错，不会没有好的归宿，哪个单位录用自己是其荣幸；或认为现实太落后，英雄无用武之地。在择业中，这些大学生好高骛远，期望值过高，看不上这个单位，瞧不起那种职业，没有自己满意的。孤傲心理是缺乏客观的自我分析和自我评价的表现。一旦有了这种心理，很容易脱离实际，幻想代替现实，使自己的择业目标与现实产生很大的反差。倘若未能如愿，则情绪会一落千丈，从而产生孤独、失落、烦躁、抑郁等心理问题。要克服孤傲的心理，首先需正确地自我认知，冷静地做一些自我分析，清楚自己的优势与特长、劣势与不足，对自己有一个全面、客观、正确的评价；其次，要及时调整自己的就业期望值。调整期望值不是降低职业理想，而是要在迈出第一步时，不要过于追求职业声望，不要对职业条件要求太高，不能过于讲工作条件和物质生活待遇，应在职业理想的引导下，立足现实的社会需要，抵制功利主义、享受主义的影响，充分体现发展事业、服务社会、奉献社会的精神面貌；再次，要保持乐观的择业心态。择业心理是与个人的思想、品质、修养分不开的。大学生应不断加强自我修养，使自己达观大度，宽容悦纳，不尽如人意之事莫耿耿于怀，自己力所不能及之事莫一味强求。

4. 冷漠　一些大学生在择业中受到挫折而感到无能为力、失去信心时，可能会表现出不思进取、情绪低落、情感淡漠、沮丧失落、意志麻木。他们自认为看破了红尘，决计听天由命，任凭发落。冷漠是遇到挫折后的一种心理反应，是逃避现实、缺乏斗志的表现。这种心理是与就业的竞争机制不相适应的。

5. 躯体化症状　躯体化症状是由于心理压力异常和生活方式改变而导致的生理反应。毕业前的大学生，由于心理应激水平高、心理冲突强度大、挫折体验多，加之一部分大学生性格上本来并不十分健全，因此容易导致某些躯体化症状，如头痛、头昏、血压异常、消化紊乱、背痛、肌肉酸痛、口干、心慌、尿频、饮食障碍或睡眠障碍等。这些症状若不及时排除，则会危及学生的身体健康及心理健康。

二、职业生涯中的紧张因素

心理紧张有积极与消极两方面的意义。从积极角度来看，在劳动中适度的紧张可以消除单调的操作引起的厌烦情绪，同时可以提高工作效率。但是，关于心理紧张的研究，大量集中在消极后果方面。心理紧张对健康的影响来自两个方面：第一是心理紧张可以加重已有的疾病，第二是心理因素作为促发因素参与疾病的发生。

人们通常把职业性质和职业环境看作是社会生活中最重要的部分，因为它决定着自己的安宁、幸福和前途。同时，人们也意识到自己从事的工作往往是挫折和困扰的来源，职业特点和工作环境往往产生各种紧张性应激反应。研究表明，有两大类与工作相关的应激因素：一类是职业内在的因素，包括劳动条件、劳动范围、工作负荷等；另一类是职业人际关系及管理因素等，包括组织结构和团体氛围、职业人际关系、个体职业角色、个人职业经历等。

1. 职业内在因素　工作环境和工作安排会直接影响工作人员的身心健康。在工矿企业中，由于工作疲劳和精神紧张往往产生各种心理障碍，工作引起的心理应激和身心功能低下是重要的诱发因素。据调查，大约85%的工伤等灾难性事故是由人为因素造成。人为因素可能来自两个方面：一方面是身体不适、疲劳和疾病致使精神状态和工作效能发生变异；另一方面是不良生活事件导致情绪波动，出现紧张、焦虑、抑郁等现象。这两方面的因素都使员工不能将注意力集中于工作，最终酿成灾祸。

劳动的性质和状态也是影响心理健康的重要因素。有些劳动是简单重复性的操作，很容易引起疲劳和烦躁。如有学者报道，有些职业操作不到1分钟就要重复进行，另有些职业操作3～30分钟才要重复一次。两者比较，前者比后者更易患失眠、胃肠病和抑郁症。海员、飞行员、矿工等特殊职业从业人员都有其独特的心理问题，需要针对性地制定心理卫生措施。另外，变动频繁、无章可循的工作易使生活节律紊乱，引起生理和心理不适。例如，出租车司机这类工作往往破坏饮食起居的规律性，没有好的应对措施就容易出现生理心理障碍。劳动环境污染、过量噪声、粉尘、高温、冷冻、潮湿、振动、拥挤、放射线等不良环境因素都会对职工的身心健康产生损害，引起情绪和行为的变化。如长期在超量噪声环境中工作，会使中枢神经系统受到损害，出现植物性神经功能紊乱，诱发血压升高、心律不齐、消化功能减弱、听力下降，严重的会导致行为异常。

2. 职业人际关系及管理因素　在职业群体中，个体对自己、同事、工作内容是否满意，上下级关系是否融洽，能否与他人协调合作，都会影响个人的心理状态和劳动效率。工作要求高于个人能力、与个人愿望不符，工作性质突然发生变化，责任的突然增加或减少都会使人产生各种心理问题。此外，工作负担过重、领导方式简单粗暴也会成为职业性心理应激的来源，影响职工的心理健康。企事业单位的领导者应当努力提高职业满意度、促进人际关系和谐、实现工作环境优化和劳动管理科学化，从而提高职工的心理健康水平。

三、心理健康教育与职业规划教育的结合

将心理健康教育与职业规划教育结合起来，开拓新型教育模式，有助于解决大学生职业生涯规划中心理问题的解决。

1. 两者的内在联系　职业规划教育和心理健康教育两者在内涵概述、教育内容、教育方法、教育形式等具有内在统一性。在教育手段上，两者具有普遍性又具个性化。职业规划教育是引导学生个体规划未来生涯发展，并为之付诸行动的过程；心理健康教育是帮助学生调节身心健康，更好地适应社会生活。职业规划不清晰，将对学生心理健康方面造成影响；而学生心理健康与否，也影响学生在职业规划过程中的认知，甚至影响学生科学合理的规划和实践行动。学生职业规划清晰，目标明确，学习就有动力，人就会积极向上，有利于减少由于职业迷茫而引发的心理问题。

2. 两者作用的互补性　职业规划教育是心理健康教育的有力补充，解决学生职业困惑，可以避免其产生更多心理问题；同时心理健康教育又是职业规划教育的重要保障，学生在职业规划阶段受到自我认知和情绪方面的困扰时，会严重影响科学的合理规划，只有通过心理咨询帮助学生排除心理困扰，才能更好地做职业规划。所以，心理健康和职业规划是相辅相成、互相促进的。

3. 教育理念的一致性　心理健康和职业规划的基本思路是一样的，就是全人教育。所谓全人教育，是指充分开发个体潜能，培养一个完整的个体的教育理念和模式。两者都是实施全人教育的工具，都强调受教育者具有各种发展潜能，教育目标是使个人充分、完全地发展潜能。在教育原则上，必须充分尊重受教育者的完整人格。在教育内容上，个人学习内容一定要融合，兼顾认知与情感、人文与科技、专业与基础，个人需要知道从生命开始到最后成长阶段的所有教育内容。在教育方法上，教育者必须给学生提供充分发掘身心潜能的机会，

强调思考与操作、观念与实践、分工与合作、欣赏与创造。

四、职业规划对大学生心理健康的影响

职业规划能够为大学生提供明确的职业发展方向，增强他们对未来的掌控感，帮助大学生了解自己的优势和劣势，提高自我认知和自信心，促进心理成长和自我实现，有助于为大学生提供有效的心理健康指导。

1. 职业规划对大学生未来掌控感的影响　职业生涯规划能够为大学生提供明确的职业目标和发展路径，帮助他们更好地规划未来。这种明确性和规划性可以增强大学生对未来的掌控感，从而减少焦虑和压力，降低对未知的恐惧感。通过职业规划，大学生可以清楚地了解自己应该朝着什么方向努力以及需要具备哪些能力和技能。此外，职业规划还可以帮助大学生制定具体的目标和计划，使他们能够有序地迈向职业发展的道路，增强对未来的信心和掌控感。

2. 职业规划对大学生焦虑和压力的影响　大学期间面临着诸多焦虑和压力，如学业压力、就业压力等。职业规划可以帮助大学生明确自己的职业目标和发展路径，从而减少焦虑和压力。具体而言，职业规划提供一个明确的方向，使大学生能够更好地应对学业压力。了解自己为实现职业目标需要具备哪些知识和技能，从而有针对性地进行学习和准备，减少学习压力和焦虑。此外，通过职业规划，大学生可以提前了解就业市场，明确自己的就业方向，减少就业压力和焦虑。他们可以通过职业规划提前了解就业信息和资源，制定相应的就业计划，增加就业成功的机会，减少就业压力。

3. 职业规划对大学生自我认知和自信心的影响　职业规划可以帮助大学生了解自己的兴趣、能力和价值观，提高自我认知。通过职业规划的过程，大学生可以更好地了解自己的优势和劣势，确定适合自己的职业方向。这种自我认知有助于大学生更好地发展自己的优势，提高职业发展的效果。同时，职业规划也可以提升大学生的自信心。当大学生清楚自己的职业目标和发展路径时，他们会更有信心地面对职业发展的挑战。他们会相信自己的能力和价值，从而更有动力去追求职业目标。

4. 职业规划对大学生心理成长和自我实现的影响　职业规划可以促进大学生的心理成长和自我实现。通过职业规划，大学生可以逐渐了解自己的兴趣和价值观，找到与之匹配的职业方向。当他们从事自己感兴趣的工作时，会感到满足并且有成就感，从而促进心理成长和自我实现。此外，职业规划也可以帮助大学生明确自己的长期职业目标，从而为自己的职业发展制定具体的计划和策略。这种计划性和目标导向性可以激发大学生的积极性和动力，促使他们在职业发展中不断成长和进步。

5. 职业规划对大学生就业成功和幸福感的影响　职业规划对大学生的就业成功和幸福感具有积极影响。通过职业规划，大学生可以提前了解就业市场的情况，明确自己的就业方向，制定相应的就业计划。这种有针对性的准备和规划可以增加大学生就业成功的机会。同时，职业规划也可以提供就业信息和资源支持，帮助大学生更好地应对就业挑战，增强就业能力，提高就业成功的可能性。当大学生实现职业目标并获得就业成功时，他们会感到满意和幸福，从而提升整体的生活质量和幸福感。

五、职业生涯中心理健康的维护

古希腊哲学家赫拉克利特曾指出:“如果没有健康,智慧就难以表现,文化无从施展,力量不能战斗,财富变成废物,知识无法利用。”健康的心理也是大学毕业生顺利择业的重要保证,然而各种矛盾汇集的择业过程,每一位大学生都可能会遭遇失败与挫折,其心态也会发生复杂的变化,会产生各种积极或消极的情绪。对于个体来说,改变环境的力量是有限的,主要的任务是提高自己对社会环境的适应能力,个体可以通过以下三种途径改善适应状态:

1. 主动适应环境　主动适应是面对现实环境积极地寻求适应,是充分调动主观能动性努力、克服困难和走向成功的过程。主动适应往往伴有因积极向上获得成功而产生的喜悦和兴奋的心理体验。如下岗职工不安于现状,摆正自己的位置后,努力挖掘潜能,重谋职业,寻求新的发展;在贫困中生活的人自强不息,变压力为动力,集思广益、勤劳致富。主动适应有利于人的才能和潜能的充分发展,是人们心理健康的重要标志。因此,当我们遇到困难和挫折时,要学会在心理和生理上放松,善于积极主动地去适应环境,以维护和增进心理健康水平。

心理训练营 11-1　放松的小妙招

(1) 随时放松你自己,使你的身体软得像一只旧袜子。

(2) 学习和工作时采用舒服的姿势。要记住,身体的紧张会产生肩膀的疼痛和精神上的疲劳。

(3) 每天自我检讨 5 次,问问你自己:“我有没有使我的学习变得比实际上更复杂了,更困难了?”“我有没有用一些和我的学习毫无关系的肌肉?”

(4) 每天晚上再检讨 1 次,问问你自己:“我有多疲倦?如果我感到疲倦,这不是我过分劳心的缘故,而是因为我做事的方法不对。”

(5) 当你神经紧张时,你可以默念,也可以用平静的声音说道:“我要放松,我要放松。放松,放松,再放松!”

(6) 把心事说出来:

① 准备一本“供给动力”的剪贴簿,贴上自己喜欢的诗、格言,从中找到信心。

② 给朋友、亲人写信,以倾诉烦恼,或写给自己也可以达到放松的目的。

(7) 感悟。闭起你的眼睛对自己说:“太阳在头上照着,天空蓝得发亮,大自然非常沉静,控制着整个世界——而我,是大自然的孩子,也能和整个宇宙和谐一致。”

(8) 现在,你慢慢地把你的 10 只脚指头卷曲起来——然后让它们放松;收紧你的腿部肌肉——然后让它们放松;慢慢地朝上,运动各部分肌肉,最后一直到你的颈部。然后让你自己的头向四周转动,好像你的头是一个足球,要不断地对你的肌肉说:“放松……放松……”

2. 适当回避挫折　在实际生活中,有些环境我们难以适应,同时也有回避的可能。在这种情况下,我们可以采用回避的方法来减少或消除环境对个体的不良刺激,如心理承受能力低的人就不宜炒股票、做期货生意。下岗再就业职工就不宜从事投资过大的工作，避免造成新的严重的挫折，应当循序渐进、从小到大地逐步发展。回避法虽然缺乏积极意义，但是在一定情况下运用得当也可以减轻心理困扰，但不能过度使用。

3. *寻求社会支持*　社会支持是指个体在遭受挫折时所得到的他人关心、帮助。医学心理学研究表明，社会支持可以起到降低生活事件造成的紧张性、促进适应社会环境的作用。朋友、家庭、群众团体、党团组织、行政机构都能够为个体提供社会支持。社会支持不仅是物质上、经济上的有形支持，更重要的是心理支持，如有的生活困难者获取社会经济资助，当然这会缓解他们生活中的困难，但是难以消除其自卑心理。社会的心理支持可以帮助他们树立自强向上的精神，使其消除自卑感，挖掘潜力、发展能力，赢得人生的成功。

专栏 11-4　正确的择业心态

1. 正视现实　正视现实，才能保持清醒的头脑，审时度势，将主观愿望与客观实际结合起来，在择业中确定恰当的就业目标。只有确定了恰当的目标，毕业生才能在求职过程中保持平和的心态，正确地面对可能的失败和挫折，并及时调整自己的就业期望和方向。

2. 敢于竞争　"双向选择"的大学生就业制度，充分体现了竞争机制，使大学生能够根据国家赋予自己的权利，结合自己的专业、爱好、性格、特长、愿望等挑选工作岗位，可以通过适当的途径和方式展示自己、推荐自己，取得用人单位的青睐。毕业生在择业过程中，要认清形势，敢于竞争。

3. 不怕挫折　在毕业生求职择业的过程中，挫折在所难免。挫折有时是一种资源，是一种宝贵的经验，对于初涉职场的毕业生来说，最缺乏的就是经验。遇到挫折后，毕业生要认真反思失败的原因，做到心中有数，这样才能更好地调节心理，以利再战。真正的强者，应该是愈挫愈勇，不达目的决不罢休。一个人战胜挫折的能力绝不是一时的努力所能奏效的，它还有赖于平日间不断增强自身修养，学会科学地认识分析事物，特别是主动经受一些磨难，增加一些挫折经历。

4. 坦然自信　在求职中，毕业生一定要意识到求职择业也是一门必修课，只有坦然面对，才能战而胜之。这种坦然应体现在两个方面，一方面相信"天生我材必有用"，十几年的寒窗苦读，只要不好高骛远，生存不成问题；另一方面要明白该来的考验总是会来的，躲避不是明智的办法，心态坦然，反而能增加获胜的概率。

5. 放眼未来　有些毕业生由于最后签约的单位在基层或者在边远地区，总感到自己怀才不遇，心情郁闷，对前途失去信心。其实我们要认识到基层是锻炼人的最好地方。我国的现状是大城市、大机关、科研单位、高校人才济济，基层却人才匮乏。大学生要想成才，没有什么捷径可走，只有立足基层，逐步成长，才能有所作为。同时，毕业生要看到边远地区与发达地区的差距正在缩小，边远地区采取了很多吸引人才和有利于人才成长的措施。有理想、有抱负的青年大学生，应该怀着满腔热血，到祖国最需要的地方去建功立业、奉献青春，全身心地投入其中，才能使自己成长、发展、充实、满足，从而实现人生的目标，实现服务于社会的目的。首次择业未成功或未能如愿，还可以有第二次、第三次甚至更多的择业机会，只要在实践中不断积累经验，提高能力，毕业生的择业前景将十分广阔。

思考题

（1）尝试对自己的职业价值观、性格、兴趣和能力进行探索。

（2）你有朋友在职业生涯中遇到过心理问题吗？他们是如何克服的？

（许亚军）

本章习题　　本章课件

第十二章
生命教育与心理健康

案例 12-1　影片《送你一朵小红花》

影片讲述了一个温情的现实故事，思考并直面每一个普通人都会面临的终极问题——想象死亡随时可能到来，我们唯一要做的就是爱和珍惜。男主角韦一航是一个患有脑瘤的年轻人，经过开颅手术后，他的生命如同广阔水面上漂浮着的一叶芦苇，单薄且脆弱。长期的病痛和治疗使他变得悲观孤僻，对未来充满了迷惑和恐惧。他出生在一个普通家庭，父母为了给他治病，付出了巨大的努力和牺牲。女主角马小远同样是一位脑瘤患者，但她与韦一航的性格截然不同。她乐观开朗，热爱生活，总是以积极的态度面对疾病和生活中的困难。尽管她的生命也面临着巨大的挑战，但她从未放弃过对美好生活的向往和追求。

影片用“小红花”将命运如此相似的两个年轻人紧紧地串联在了一起。在片中“小红花”出现了三次，第一次是马小远将希望和勇气传递给韦一航。第二次是韦一航在马小远手上画了一朵小红花，这意味着他完成了自我救赎，真正能够坚强勇敢地面对死亡这件事，同时两人在某种程度上做了对调，韦一航成为了那个传递希望和勇气的人。而第三次是通过呈现身上画着小红花的羊群，暗含导演希望将这份希望和勇气传递给了大众。

每一个心怀希望的人，都值得拥有一朵小红花；而每一个身处困境的人，都需要一朵小红花。影片中的小红花代表了希望、勇气，更是一种对生命的认可和赞美，它告诉我们，无论生活多么艰难，只要我们能够勇敢面对，积极生活，就能够绽放出属于自己的生命之花。这种积极向上的精神，无疑是对我们最好的鼓舞和启示。生命之所以美丽，正是因为那些敢于绽放、不畏风雨的花朵，而你我，正是其中最耀眼的一朵。

思考题

(1) 当个体遭遇不可逆的生命困境时，是否必须保持乐观？若无法做到，是否意味着生命的“失败”？

(2) 若你或亲友面临重大疾病，会选择何种方式记录与表达？为什么？

时代寄语：人的生命是最宝贵的，生命只有一次，失去不会再来。

——习近平

第一节　生命教育的意义与概念

一个人的生命始于受精卵，终于生物学意义上的死亡。大约有4亿个精子从父亲的体内射出，但只有约100个精子能够穿越重重障碍，到达母亲体内的卵子附近，而这100个强大的精子中，通常只有一个精子能够幸运地刺破卵子的外膜，与卵子结合，形成受精卵，受精卵在母亲的子宫中经过280天的孕育，形成一个全新的生命。由此可见，每一个生命本身就是一个奇迹，每个生命个体的产生是一个极小概率的事件，生命的产生也是一个非常奇妙的过程。生物学中所讲的生命泛指由有机物和水构成的、一个或多个细胞组成的一类具有稳定的物质和能量代谢现象（能够稳定地从外界获取物质和能量，并将体内产生的废物和多余的热量排放到外界）、能回应刺激、能进行自我复制（繁殖）的半开放物质系统。生命个体通常都要经历出生、成长、衰老和死亡。

心理学中所讲的生命，其内涵比生物学的要丰富得多。在心理学中，人不是植物，也不是动物，而是一个复杂的生命体。动物的生存是为了繁衍，而人的生存意义比繁衍后代要丰富得多，人有更多的心理需求。人的生命全过程就是由一次次的生命活动所组成的。一次次生命活动的质量决定了生命全过程的质量，个人重视每一次生命活动的质量就是重视生命全过程的质量。

罗曼·罗兰说："生命是这世界上最崇高的礼赞。"关于生命，古往今来的中西方哲学家、思想家都做了不同的解读。那么生命到底是什么？

一、关于生命

生命如同宇宙间最精妙的独幕剧，每个个体都是不可复制的孤本。当晨曦穿透云层唤醒大地，人类对存在本质的叩问便与呼吸同频共振：我们为何以血肉之躯行走于天地？如何在有限时空中酿造永恒的幸福？又该以何种姿态与万千生命共舞？希望找寻到这些问题的答案，发现生命的意义。不同的人对于生命的意义都有着独一无二的理解，即使是同一个人在自己生命的各个不同阶段也可能会对生命的意义有着不一样的解答。但可以肯定的是，那些明白自己要什么、知道自己为什么活着的人，会拥有更加强大的力量去直面生活的打击与痛苦，也会更加用心经营生命，追求不断地自我发展与成长。

（一）生命的概念

生命是大自然不断演变进化的结果，人们对生命的认识经历了漫长的历史过程，古今中外不同学科对它的解释不尽相同。

从生物学的角度看，生命由细胞组成，是细胞通过代谢作用获取能量，维持生命活动的过程。生命的特征包括生长与繁殖、感知与适应、遗传与变异等。从出生到死亡，是生命活动的全过程。由于世界上的生物都具有生命，"生命蕴含于生物之中，生物是生命的表现形式”，所以对于生命的定义较为广泛认同的是从生物学角度进行界定。

从生命哲学的角度看，生命既是本体论追问，也是存在论实践，更是自然演化进程。东方哲学的生成论与西方存在主义的自由观共同揭示：生命既是宇宙演化的必然产物，也是主体建构的意义网络。正如老子所言“道法自然”，生命的奥秘既在基因的双螺旋中编码，也在人类对存在本质的永恒叩问里展开。此外从生死角度对生命进行了哲学的界定。生命过程是生长、发育、衰老与死亡的过程。所以生与死都是生命中的一部分，当死亡来临时，生命将不复存在。

无论从生命哲学角度还是从生物学角度，生命的定义都在认同一点：“自我更新与发展”是生命的本质含义，任何生命在其存在的每一瞬间，都在不断地调节自身内部的各种机能状况，调整自身与外在环境的关系，以求得进步与发展。所以对于生命的理解可从广义的角度进行理解，即万物的生命；狭义的角度是指在某些情境中特指人的生命。生命的本质在于其动态性和不确定性。它既包括生理机能的运作，也包含心理活动和社会交往；既有对抗也有和谐；既有开始也有结束。最重要的是，每一个生命都是独特的旅程，在有限的时间里创造无限的可能性。这不仅是对生命的尊重，更是对生活的热爱。让我们拥抱这份独特，勇敢地面对未知，用心去感受每一刻的美好。生命的真谛，或许就在于此：在有限中追求无限，于平凡中见非凡。

（二）生命的维度

生命，特别是人的生命，应当由三个因素构成，即生理（自然属性）、心理（社会属性）和灵性（精神属性）。人的生命在自然环境、自我世界和社会环境的共同作用下交织成为一种特殊的存在，对应这些作用因子可以把生命分为自然生命、社会生命和精神生命这三个维度。

1. 自然生命　人的生命的属性之一就是自然属性，即指人的生命是一种自然生命，是一个自然的存在物，是经过漫长的动物演化过程才成为人，是“人在自然界生存进化过程中形成的固有的本质属性”，正是这种自然属性决定生命的长度。

人类生命的自然属性是人生存进化的基础，体现着人的天性及人对于自然演化法则的遵从。天性是生命的自然属性中最为基础的部分，荀子曰：“饥而欲食，寒而欲暖，劳而欲息”。这反映着人的生理与心理需求，这正是美国心理学家马斯洛所提出的需求层次理论中的生理需求与安全需求。这两种需求是人作为高级动物意图生存下去的基本需求。例如，食欲是动物生存的一种基本需要，人是从动物进化而来，必然也将食欲作为一种最基本需求。它能够满足人类生命在生长发育过程中新陈代谢所需要的能量，满足这种生理需求，才能使得人类生存下去。但人的食欲不只是单纯地消除饥饿感，生物进化使得人的味觉、嗅觉、视觉等引起了对于食欲好坏的判断，也就是人类“有意”地想要食物丰富、美味等，在生物本能的基础上融入了人类的“意识”，与动物本能相区别。人类的生物本能是受高级意识与意志支配的生物本能，人们受自然属性支配的生命运动是本能与意识相融合的运动。

2. 社会生命　生命的社会属性也即社会生命，决定着人的生命宽度。人的存在不是孤立的，而是在一定社会关系中的，所以人是一个社会的存在。人的本质不是单个人所固有的抽象物，而在其现实性上，它是一切社会关系的总和。社会性是生物作为集体活动的个体，或作为社会的一员在活动时所表现出的有利于集体和社会发展的特性,是人不能脱离社会而孤立生存的属性。人是社会动物,任何人都不能脱离社会而存在。一个人是什么样的,具有什么样的本质,不取决于他的生理机体的特性,而取决于他的社会关系,是各种社会关系的总和构成了一个人特定的本质。生命的社会性具体表现在以下几点:

第一,作为生活在一定社会之中的人,必定会受到社会制度、伦理规范、价值取向、文化传统等因素的影响与制约。人在与他人相互交往以及和社会发生关系的过程中,就应该考虑一定的社会制度规范和价值取向,并依照一定的社会规范行事,只有这样,个体才能得到社会的认同,社会也才会具有相对安定和谐的秩序。

第二,人不能脱离社会共同体而孤立、单独地存在。正如人一出生就具有生物组织和自然属性一样,人一出生也一定处于特定的人群团体和社会中,并与其建立这样或那样的联系。人如果脱离了社会,脱离了社会化的存在,他就无法成为一个真正意义上的人。例如,"狼孩"彼得就是一个很好的例子,说明社会生命的重要性。现代心理学、社会学和人类学都认识到,群体生活或社会生活对个体来说是一种内在需要,如果人的社会生活权利被剥夺,他的心理状态就很容易发生扭曲,他的才能与智慧也很容易消逝。所以,人的生存和发展离不开社会。

第三,作为一个社会生命,人与人之间的相互交往是个体发展和社会发展的必要条件。交往的存在既是社会关系的实现,也是人际关系的实现。人类是群居的社会动物,人类活动的显著特征就是交往性。人与人之间的交往,贯穿社会生活的各个领域,纵观人类历史的全部过程,它渗透在人类的一切社会关系之中。人一生的成长过程就是与他人不断交往的过程,人一生的很多种情绪情感都是在跟人打交道的时候产生的。

3. 精神生命　人还具有精神性生命。正是因为人具有意识,使得人能够超越动物的生理本能,成为一种精神性生命。不同于生物性生命、社会性生命,精神性生命的核心在于人能够运用精神、意识、思维等,对客观事物进行价值判断,从而做出选择。这是一种在人脑中进行的分析、思考与反省的智慧,是一种情感、心理的综合体,也可以看成是人类文明与文化的承载体。在精神世界中,人思考着"何以为生""为何而生"等,在思考中可以追溯历史,可以畅想未来,也可以创造出自然没有的事物,这正是人的生命最大的特征,即其"超越性",只要人的生命存在,思考就不会停止,那么便会进行创造与超越,就要更好地认识世界、改造世界。

人在满足自己的物质生命的基础上,还有超越于物质生命的精神追求。也就是说人除了吃穿住行用之外,还需要与其他人建立情感的联系或关系,希望受到别人的尊重,追求实现自己的能力或潜能,并使之完善化等一系列心理上的需要。人的这些心理上的需要就是精神需要。人之所以要追求精神生命,主要在于精神生命对人的肉体生命的指导和提升。正是在人的精神生命的指导下,人的自然生命才摆脱了动物性;正是人的精神生命才使人的自然生命提升至理性、无限和永恒的高度。可以说人的精神需要使人超越了人的物质生命,精神生命让人超越动物也是人之所以为"人"的关键所在。

生物性生命、社会性生命和精神性生命是人类生命整体的三个维度,生物性生命与社会性生命通过精神性生命紧密地联系在一起,体现着生命的各种形态。它们互为前提,互相影响，共同构成人的完满生命。从生命的三维角度出发去实践人生，能够引申出正确的生命意识，拥有正确的生活态度，才能实现人生的价值，获得人生的幸福感。

（三）生命的意义

毛泽东在《为人民服务》的文章中引用司马迁所作《报任安书》中的“人固有一死，或重于泰山，或轻于鸿毛”这句话来赞扬张思德是为人民服务而牺牲的精神，称赞其死重于泰山，进而教育广大党员干部及战士要向张思德学习其为人民服务的精神。这对于人们深刻理解生命的意义有着重要作用。

人类对生命意义的叩问，本质上是存在主义的核心命题。心理学研究发现，生命意义感由三重要素构成：存在性价值锚点（如个体独特的人生目标）、持续性成长动力（马斯洛需求层次顶端的自我实现驱动力）以及行动导向的意义生成系统。这种建构过程具有显著的阶段性特征——青春期可能将意义定位于社会认同，中年期转向家庭责任与事业成就，晚年则更关注精神传承与存在价值的终极确认。

临床心理学实验表明，明确自我实现目标的个体，其前额叶皮层与边缘系统的神经联结更为活跃，这种神经可塑性使其在面对创伤时，能快速激活背外侧前额叶的认知重评功能，将痛苦转化为成长资源。正如弗兰克尔在奥斯威辛集中营的观察：“当一个人知道自己为何而活，就能承受任何生存方式。”

大学阶段正是人对生命充满迷茫、好奇并进行探索的阶段，大学生有疑惑甚至对自己的生命意义充满怀疑都是非常正常的现象。大学生探索自己生命的意义，可以使自己的生活变得更为充实和丰盈，也可以促进自身的身心健康发展。

1. *生命意义的来源*　生命意义来源是指人们在人生历程中借以获得意义的具体事件。研究发现，我国民众的生命意义来源包含5个维度：社会关注、自我成长、关系和谐、生活享受及身心健康。而对大学生来说，最主要的生命意义来源可能是自我成长。有的大学生会将生命意义的来源锚定在一个方面，比如成绩好的生命就是有意义的、有人爱的生命就是有意义的。人的生命本该是多元和丰富的，不要只通过一个方面或者一个点来界定自己生命的价值和意义。在生命意义的来源上，建议大学生要探索和拓展多元和丰富的生命意义，除了成绩和人际关系，成长、理想信念、服务他人、贡献社会、身心健康等，都可以是生命意义的来源。

中国生命意义源问卷

2. *发现生命意义的途径*　在急速变化的现代社会中，许多大学生常常感到迷茫困惑，不知生命的意义何在。著名心理学家维克多·弗兰克尔在其经典著作《活出生命的意义》中指出，探索生命意义的方式可主要归结为3种：通过工作、通过人际体验，以及通过面对苦难时的态度。这一观点不仅为我们提供了人生导航的坐标，更引发我们深入思考究竟什么才是我们存在的价值。

首先，工作的意义不仅仅在于经济收益，更在于它给予了我们成就感和自我实现的机会。对于许多人来说，工作是人生的一部分，是通往自我价值的道路。当我们全身心投入一项事业时，可能会体验到一种深刻的满足感。这种满足感源于对目标的追求、对成果的期待，以及在过程中建立的价值观与人际关系。

其次,体验与关系是我们生命中不可或缺的元素。人与人之间的互动,如深厚的友谊、爱的亲密,甚至是不期而遇的美好瞬间,都能瞬间改变我们的情感状态与生命体验。在我们的生活中,面对他人不仅是享受他们陪伴的快乐,更是通过彼此的传递,珍惜共同成长的机会。想象一下,一个孤独的人在繁华的街道上行走,意外遇到了一个志同道合的朋友。那一刻,生命充满了新的意义。这样的体验让我们领悟到,生命的价值往往在于人与人之间的交往。

最后,面对苦难的态度需要我们格外重视。弗兰克尔以自己在纳粹集中营的经历为素材,强调了即使在极端苦难中,个体仍然能够通过选择积极的态度来找到生命的意义。面对苦难,我们可能会不知所措,但正是这种挑战促使我们进行内心的深刻反省。我们应该学会在困境中寻找希望,而不是屈服于绝望。苦难的意义往往在于它促使我们思考生命的脆弱与美好,激励我们追求更深层次的存在感。

人们从工作的成就、与他人的美好体验以及抗击苦难的勇气中积极寻找生命的意义。正因如此,或许我们不仅要在这三者之间寻找平衡,更要在每个瞬间中感悟生命的深度。生命的意义并不是一个固定的答案,而是每个人在生活的不同阶段所领悟的旋律,或许我们就能在平凡的生活中发现那份属于自己生命的意义。

专栏 12-1　心理学家维克多・弗兰克尔

维克多・弗兰克尔,1905 年 3 月 26 日,他出生于奥地利维也纳一个贫穷的犹太家庭,是维也纳第三心理治疗学派——意义治疗与存在主义分析的创办人。

弗兰克尔从小对心理学感兴趣,上中学后,他被弗洛伊德的学说所吸引,同时他还读阿德勒的著作,且尤其赞赏阿德勒的理论。15 岁的他,成为阿德勒学派的热烈拥护者,尤其对精神分析论中的哲学观点感兴趣,开始思考人生观的问题;他 16 岁时,就给弗洛伊德写信,他将自己写的一篇关于叔本华的心理分析的文章寄给弗洛伊德,得到后者的赏识,并在 3 年后发表在《国际精神分析期刊》;25 岁,拿到医学博士学位,之后一直从事神经病症和精神病的治疗工作;34 岁,担任维也纳罗斯柴尔德医院神经症科主任。

这些成就在二战期间的维也纳变得毫无价值,犹太人的身份已注定他将进入集中营。他被关入奥斯威辛集中营达 3 年之久,并成为少数活下来的人(存活概率不足二十八分之一)。从死人堆里活着出来的弗兰克尔,面对怀孕的妻子、父亲、母亲、哥哥都死在集中营的现实,仅用了 9 天时间写完了《活出生命的意义》,也让弗兰克尔恢复了对生命意义的信念。

维克多・弗兰克尔于 1997 年去世,享年 92 岁。他一生对生命充满热情,67 岁拿到了飞行驾照,80 岁登上了阿尔卑斯山。他的意义疗法认为人生在于追求意义,不同于弗洛伊德的"追求快乐",也不同于阿德勒的"追求权力(优越)"。

维克多・弗兰克尔人生的意义在于他让更多人找到了人生的意义。他说,生命的意义是无条件的,如果痛苦无法避免,那么,也要在其中找到意义。正如陀思妥耶夫斯基所说:我只害怕一件事,那就是我配不上我受的痛苦。

3. 生命意义的作用　生命意义在人生发展历程中扮演着至关重要的角色,大致体现在以下3个方面:

第一,体会生活的意义。一个人如果能够理解并承担生活中的责任,才会感到满足和充实,才能真正体会到生活的乐趣和意义。

第二,确立生活的目标。对生命意义的探求使人在不同的人生阶段确立自己的生活目标,并在实现目标的过程中感到充实、丰富、精彩。

第三,加强心理韧性,即加强对压力的承受能力和对挫折的耐受力。长久以来我们习惯于被动学习,遇到挫折和困难时,往往对生命缺乏足够的反省,反而轻易放弃培养自己应对困难、面对挫折的能力,这种现象的确值得重视。当个人在追求生活目标的道路上遭遇阻碍时,能够保持坚定的信念与沉着的态度,不轻言退缩,而是坚持不懈地寻求解决问题的途径。唯有如此,我们才能在压力与挫折的洪流中屹立不倒,避免陷入无力感的泥潭。

4. 缺乏生命意义的后果　个人对生命意义和生活目标的认识对心理健康的影响非常大。一个人在生活中如果没有找到自己生命的意义,会产生如下严重的后果:

第一,当你在探索生命意义的过程中遭受挫折时,就可能被生存的空虚感所笼罩,便会转而寻求享乐和金钱作为补偿。

第二,生存意义的挫折感和价值观的矛盾会导致心理疾病。

第三,缺乏对生命意义的认识是大学生自杀的主要原因。研究发现自杀的人缺乏对生存的重要信仰和价值的认识,当遇到较大的压力时,往往会放弃解决问题的努力和尝试,而选择轻生。弗兰克曾提出过“星期天精神病”的概念,他说很多人在忙碌了一周以后突然间变得无所事事,于是感到内心的惆怅和空虚。许多人自杀是因为生存的空虚感造成的,许多人的忧郁情绪、攻击性和沉溺于药物等也是他们心灵深处的空虚感造成的。很显然,人们需要意义和精神,绝不仅仅在严重压力之下,而在他们的日常生活中。

课堂活动 12-1　人生倒计时

“人生倒计时”是一个想象的活动,同学们通过这个活动可以更好地体会自己生命的意义,了解自己生命的真谛。

(1) 假如现在你得了一种疾病,没有药能够医好你的病,你的生命只剩下一个月,你会在这一个月的时间里做些什么?请将你要做的事情写下来。

(2) 5分钟后:假如医生告诉你一个好消息,目前新研制出来一种药可以延长你的生命时间,医生说你还可以活半年。如果你的生命只剩下半年时间,你会做些什么?请将你要做的事情写下来 。

(3) 5分钟后:假如医生又告诉你一个好消息,新研制出来的药效果很好,可以将你的生命延长到两年,你会在这剩下的两年时间里做些什么?请写下来。

(4) 5分钟后,以5～6人为一组,分享当生命剩下一个月、半年和两年的时候,自己的想法和感受。

活动总结:人在觉得自己有很多时间的时候,通常不懂得珍惜时间,也经常会为一些不重要的事情而烦恼,而在有限的生命时间里更能够了解自己生命的价值和意义。

二、生命教育

“生命教育”最早是由美国人杰·唐纳·华特士提出的。事实上,生命教育贯穿于人类发展历史中。伟大的教育家孔子曾说:“未知生,焉知死?”实际上,当今的大学生,考虑更多的是“何以为生”,而对“为何而生”思考较少。那么,什么是生命教育呢?

(一)生命教育的科学内涵

生命教育是指通过教育与引导,帮助个体积极思考生与死的生命课题,以积极的态度面对生命与死亡,热爱生命,认识生命的意义,创造生命的价值。

(二)生命教育的内容

大学生生命教育内容在选择上主要针对当代大学生个体发展的实际需求,在遵循身心发展规律的基础上贴合学生的实际需要,以敬畏生命教育、生命挫折教育、生命死亡教育、理想信念教育为主要内容,引导大学生树立正确的生命观念,培养新时代大学生的生命价值观。

1. 敬畏生命教育 敬畏生命教育从敬畏自然生命、敬畏自我生命、敬畏他人生命这三个维度把握,既要深刻理解生命存在的本质,还要明确生命是独一无二的,培养珍惜生命、敬畏生命、尊重生命是生命教育的前提。生命伦理学家阿尔贝特·施韦泽指出:“只有人能够认识到‘敬畏生命’,能够认识到休戚与共,能够摆脱其余生物苦陷其中的无知。”生命敬畏的特性使得人性超越了动物性,成为丰富且整合的人,一方面,人因敬畏的情感区别于其他生物体,不断自我实践并升华自己的生命价值;另一方面,人是自然界的一部分,认识到宇宙的庞大与个体的渺小、个体与自然的依存关系是敬畏生命不可或缺的客观条件。因此,人对生命有所敬畏,才能追求个体生命最高良善的自由。

2. 生命挫折教育 生命挫折教育包括挫折认知教育、挫折预防教育、挫折应对教育,大学生既要勇敢正视和应对挫折,适应社会,还要明白每个个体都在面临着不同程度的竞争,要理性平和地对待各种困难。习近平总书记在同各界优秀青年代表座谈时就提出了“青年时期多经历一点摔打、挫折、考验,有利于走好一生的路”的重要论断,青年的发展对国家前途命运有着重要的影响。当前社会竞争日益加剧,“内卷”“躺平”“卷又卷不动,躺又躺不平”等现象和学业、就业、情感等压力严重影响着当代大学生的身心。社会经历匮乏的大学生抗挫折能力一般比较差,而学习和生活中的挫折是他们成长中必不可少的难关,大学生要实现全面的发展就必须关注自身发展的实际,增强应对和抵抗挫折的能力,让自我内心更加强大。

3. 生命死亡教育 在传统的中国文化的深刻影响下,中国人重生恶死,厚葬隆丧,忌讳言死,就如人类学家克利福德·格尔兹所言:“马克斯·韦伯提出,人是悬在由他自己所编织的意义之网中的动物,我本人也持相同的观点。于是,我以为所谓文化就是这样一些由人自己编织的意义之网。”在这张网中,死亡始终闭口不谈,但是如果我们能够在日常生活中认识死亡、端正对死亡的态度、思考死亡的价值等或许我们可以更好地避免和减少死亡带来的遗憾、理解死者的境遇。人生就是一场有限的死亡过程,我们每个个体必然会独自离开这个世界,无限接近死亡时,才能真切地感受到生命消亡的意义。生命死亡教育包括对死亡的认识与接纳、对死亡的态度与情感以及对死亡的意义与价值，大学生应当明白死亡是必然存在的，接纳死亡是个体生命发展过程中的必修课，理性探讨死亡问题，感悟珍惜当下的生命价值，减少现有遗憾，探索人生意义。

4. 理想信念教育　理想信念是生命教育的指南针，是人们心灵世界的核心。“理想指引人生方向，信念决定事业成败，没有理想信念，就会导致精神‘缺钙’”。新时代赋予理想信念新的内涵，习近平总书记指出，要加强对广大青年的理想信念教育，引导广大青年树立共产主义远大理想，坚定中国特色社会主义共同理想，坚定听党话、跟党走的政治信念，在强国建设、民族复兴的历史潮流中确立正确的人生目标，为一生的奋斗奠定基石。新时代的青年大学生必须在思想上认知和理解理想信念，在实践过程中不断地践行自我理想，自觉担负理想信念的使命，提升对马克思主义的理性认识、胸怀共产主义的远大理想、满怀实现中华民族伟大复兴中国梦的信心。

第二节　心理危机与成因

近年来，时有发生的校园自杀、伤害及精神疾病等心理危机事件引起了学校、社会的高度关注。了解大学生心理危机的特点，及早识别大学生早期心理危机征兆，以便及时进行心理危机干预，把问题消除在萌芽状态，显得尤为重要。

案例 12-2　被压垮的优等生

李雨(化名)是某高校四年级学生，从小成绩优异的她，却在毕业季突然割腕自杀。这个曾获国家奖学金的女孩，背后隐藏着多重原因：

李雨生长在重男轻女的家庭，父亲长期酗酒、家暴，母亲为维持生计打三份工。作为长姐，她需要照顾年幼的弟弟妹妹，初中时就因父亲吸毒欠债导致的心理压力发生过自残行为，用刀片划伤手臂缓解压力。疫情期间父亲患癌去世，家庭经济陷入绝境，母亲却要求她放弃考研尽快工作养家。本计划保研的她，因特殊原因导致竞赛取消，失去加分资格，在备战考研时，又因家庭变故不得不兼职三份家教，最终以 2 分之差落榜。求职过程中屡遭挫折，用人单位因她“非应届毕业生”身份拒绝录用。长期独来独往的她，在宿舍烧纸引发火灾预警，被同学私下称为“怪人”。事发前两个月她出现严重失眠、心悸和幻听，常感觉“有人在我脑子里说话”，却因害怕被歧视不敢就医。

某日凌晨，李雨在实验室留下遗书后割腕，幸而被巡逻保安及时发现。

思考题

(1) 当我们遇到身边的同学有自伤或自杀意念后，我们是否应该保密？

(2) 当身边的同学或朋友和你表达自杀想法后，我们又该如何去帮助他们？

一、心理危机概述

（一）心理危机的概念

日常生活中，我们经常听到“经济危机”“政治危机”这样的概念，对于“心理危机”很多人感到还很陌生。什么是心理危机呢？

心理危机这一概念是美国心理学家卡普兰首次提出的。他认为，心理危机是当个体面临突然或重大生活事件（如亲人死亡、婚姻破裂或天灾人祸）时所出现的心理失衡状态。他认为，每个人都在努力保持一种内心的稳定状态，使自身与环境稳定协调，当重大问题和剧烈变化使个体感到问题难以解决，平衡就会打破，正常的生活受到干扰，内心的紧张不断积累，继而出现无所适从甚至思维和行为的紊乱，进入一种失衡状态，这就是心理危机。可见，危机是个体无法用现有的资源和惯常应对机制加以处理的事件和遭遇。危机有两层含义：一是指突发事件，出乎人们意料发生的，如地震、水灾、空难、疾病暴发、亲人丧失、恐怖袭击、战争等；二是指人所处的紧急状态。

心理危机发生后，如果得不到及时有效的帮助和支持，通过调动其自身的潜能重新建立和恢复其危机水平前的心理水平，则可导致精神崩溃，产生自杀或攻击他人的不良后果。

当一个人出现心理危机时，当事人可能及时察觉，也有可能“未知未觉”。无论何种情形，当个体面对危机时会产生一系列身心反应，一般危机反应会维持6～8周。

在这里主要是指当事学生主观上认识的失衡，即当事学生认为自己所经历的某一事件或境遇是其个人资源和原有的应付能力所无法解决的困难，这种困难引发了无助感和困扰冲突，当得不到及时缓解或帮助时，导致当事学生情感、认知和行为等方面的功能失调，甚至冲动地自毁或伤及他人，其后果是令人心痛和震惊的。

（二）大学生心理危机的特点

现实生活中的危机涉及面很广泛，既有不同群体的各种不同危机，也有同一群体不同时期的同一危机。不同的心理学家对危机具有什么特征持不同的观点，归纳起来，主要有以下特征：

1. 普遍性　心理危机的产生、发展及激化经历着复杂而微妙的心理过程。几乎每个成长中的个体都不同程度地经历过心理危机，但心理危机并非必然导致极端行为。事实上，心理危机并不像我们想象得那样神秘，它就在大学生的身边，甚至正存在于某些大学生的心里。心理危机从一定意义上讲是每个人成长过程中都会遇到的事，没有人能够幸免。虽然在人生中危机是不可避免的，但是只要我们把握机会、设定目标、形成计划、妥善处理，是可以渡过危机的。

2. 机遇性　危机意味着风险，又蕴藏着机遇。一方面危机是危险的，因为它可能导致个体严重的病态，包括对他人和对自我的攻击；另一方面危机也是一种机会，因为它带来的痛苦会驱动当事人寻求帮助，解决问题，从而使自己得到成长。在危机状态下，如果大学生成功地把握了危机或及时得到了适当、有效的心理危机干预或帮助，个体可能就学会了新的应对技能，不但重新得到了心理平衡，还获得了心理上的进一步成熟和发展。危机的成功解决能使个体从危机中得到对现状的真实把握、对过去冲突的重新认识，以及学到更好地处理将来危机的应对策略和手段，这就是机会。没有危机，就没有成长，如果我们能够有效地利用这一机会，就会在危机中逐步成长并达到自我完善。

3. 复杂性　心理危机是复杂的，可以是生物性、环境性和社会性危机，也可以是情境性、过渡性和社会文化结构性危机。而造成危机的原因可能是生理的，也可能是心理的和社会性的。另外，由于个性不同，个体面临危机也会采取不同的反应形式，例如，有的当事人能够自己有效地应对危机，并从中获得经验，使自己变得成熟；有的当事人虽然能够渡过危机，但并没有真正地解决问题，在以后的生活中，危机的不良后果还会不时地表现出来；而有的当事人在危机开始时心理就崩溃了，如果不提供及时、有效的帮助，就可能产生有害的、难以预料的后果。一旦危机出现，便会有很多复杂的问题卷入其中。

4. 动力性　伴随着危机，焦虑和冲突总是存在的，这种情绪导致的紧张为变化提供了动力。也有人把危机看作成长的机会或催化剂，它可以打破个体原有的定势或习惯，唤起新的反应，寻求新的解决问题的方法，增强挫折的忍耐性，提高适应环境的能力。例如，对药物成瘾、网络成瘾的治疗，他们将问题拖延到较为严重的程度，以至治疗者不得不将问题分步处理。个体在成长和追求的同时，也意味着带动一个可能受挫的机制，如能及时调整，适应变化，则能形成动力，促进心理健康发展。

5. 困难性　当个体处于危机中时，其可供利用的心理能量降到最低点，有些深陷危机的个体拒绝成长，危机干预者需要帮助处于危机中的个体重建平衡。这就需要运用专业的心理学知识，常用的方法有“支持治疗”“合理情绪疗法”“认知领悟疗法”“家庭治疗”等。但无论哪种方法，都有其独特的适用范围，没有治疗心理危机的通用方法。另外，还有些危机愈后容易反复，治疗起来有一定困难。

二、大学生心理危机的成因

（一）认知偏差是大学生自杀意念出现的关键

认知偏差是指歪曲形态的认知，是对其他事物和现象具有偏执于某一端的、不合于客观实际的认识。认知之所以对大学生思想、行为的出现起关键性的作用，就是因为外部应激因素对大学生的影响主要是通过他们对这种刺激的解释和态度间接发生作用。

1. 认知上的自我中心主义　自我中心是指“主体在思考问题或进行判断时受自己需要和情感强烈影响的倾向”。在个体发展过程中会出现两次自我中心时期：第一次在婴儿期，第二次在青少年时期，即“主观的自我中心”阶段，成人感日趋增强，对各项事物有自己独立的见解，希望别人尊重自己的意见，并处处表现出与众不同。他们虽然能分清现实与想象的区别，了解和考虑别人的思想，却不能明确区分自己关心的焦点与他人关心的焦点的不同，并非常重视别人对自己的看法、评论和建议，认为别人也像自己一样非常关心和关注他们。对于大学生而言更是如此，他们是同龄人中的佼佼者，因此，往往有旺盛的表现欲，有强烈的维护尊严的愿望，一旦遇到考试失利、恋爱失败、人际交往受阻等挫折时，这种自我中心感往往会受到打击，从而产生消极的情绪体验。由此不难理解，为什么有些大学生选择自杀作为彻底解脱的方式，却丝毫没有考虑这种方式给社会和亲人带来的痛苦。

2. 思维中的完美主义　大学生思维活跃、想象力丰富、充满激情，在做事之前心中往往已经设定了某种理想的状态和目标，对未来的生活和工作充满美好的憧憬，力图塑造完美的自我。年轻人追求上进、崇尚美好本无可非议，但若将这种追求绝对化，则易陷入完美主义的误区。

某些大学生潜意识中往往会有这样一些非理性的想法："我必须表现良好，这样才能引起注意，得到赞同，否则，我会被人遗忘，变得没有价值"；"我必须尽自己最大的努力，在学校和其他地方的表现都必须显示自己的能力，如果我的表现差，证明我没有能力"……诸如此类的想法，往往会使他们陷入过分追求完美的误区，产生强迫倾向，即使偶尔的失败也会使其对自我能力表示怀疑，自我贬低，产生自卑、焦虑的情绪。

3. *绝对化的思维模式* 由于生活经验贫乏，思维水平较低，这种僵化的思维方式在年轻人中较为常见。绝对化的思维模式是指青少年学生在思考问题时常以某种绝对的"必须"和"应该"取代理性的思维，从个人的主观愿望出发，对自己、他人或这个世界抱有某种一厢情愿的想法。如"我必须成功""她应该尊重我""事情应该按我的愿望发生"。当他们感到这个世界没有按照他们的要求来运转时，就会导致情绪的失衡。一旦遇到挫折或不如意的事，很难调整自己的期待或设想，对问题、对人、对事易产生偏激，并由此导致情绪上的偏执，使自己完全被某种负面的情绪所淹没。

4. *片面化的认知模式* 大学生正处于人生观、世界观形成时期，没有形成完整的思维体系，在认识事物的时候往往容易犯片面化的错误。认知模式的片面化是指某些大学生在对事物的认知方面，往往不能进行全面的观察和分析，而只从某一角度出发，只注意某一方面的信息，从而产生某种片面化的认知结果。这种以一两件事来评价自身价值的认知方法，其结果往往会引起强烈的挫折反应，自暴自弃。许多自杀轻生的年轻人在对事物的认知方面常常犯片面化的错误，常把目光聚焦于问题上，只注意负面信息，把问题夸大，一叶障目，从而忽略了生活的其他方面。结果，问题成了他们生活的全部，使自己的生活观念发生扭曲。

5. *夸张化的消极评价和想法* 思维体系的不健全和处事经验的缺乏，往往造成大学生对于诸如升学和就业等对自身关系重大的事件的过分关注，加之对自身能力不能正确认识，就造成了认知方式上的又一错误倾向——夸张化。表现为对自己、他人和世界的消极评价和想法夸大，甚至灾难化。例如，有人可能会说，"如果我得不到周围人的赞扬就太可怕了""如果我考不上重点大学将来肯定没有出息了"等。事实上，他们对事情的后果是不确定的，但会把它们想象成令人畏惧、非常糟糕，甚至是灾难性的结果。这种信念会导致个体陷入严重不良的情绪体验，如耻辱、悲观、抑郁等。没有事实依据的夸大化的自我否定是导致悲剧酿成的主要原因。

（二）情感障碍是大学生极端意念强化的基础

情感变量与大学生的心理健康水平有密切的关系。正向情感越多，快乐感越多，心理健康水平就越高。日常生活中过多的负向情感得不到及时疏导和调节，很容易发展成情感障碍，对心理健康产生不良影响。

青年大学生正处于个体身心发展的疾风暴雨、变化剧烈时期，心理发展尚未成熟，面临诸多人生选择、各种矛盾和诸多欲求。他们感情丰富，但情绪不稳定，经常体验到失望、痛苦、悲伤、悔恨、激愤等负性情绪和严重的挫折感、不满足感，而其心理又不成熟、情绪波动大、缺乏应对挫折的能力和技巧，对即时产生的心理问题和负性情绪往往不能排解，以至积淀下来形成各种情感失衡的情形。极端企图（如自杀）即是情感心理危机的一种突出表现。情绪化问题或情感障碍已经成为困扰大学生心灵，阻碍其身心健康发展，甚至导致极端意念进一步强化的重要因素，必须对其进行深入剖析。

1. 抑郁　抑郁指一种持久的情绪低落状态，是大学生常见的情感障碍问题。大学生由于学业问题、恋爱交友问题、家庭出现意外事件等刺激后，导致其心理负担过重，无力承受由此带来的压力而出现负性情绪反应。

抑郁情绪一般表现为闷闷不乐、愁眉苦脸、沉默寡言等现象，对学习、工作及生活失去兴趣和动力、丧失主动性、反应迟钝、无精打采、拒绝交际、回避朋友，深感所处环境的压力，经常心烦意乱，郁郁寡欢，并伴有食欲减退、失眠等不良反应。如长期处于抑郁状态，就会促使其意志衰退、情感冷漠，甚至导致抑郁性精神病的出现，严重者会产生轻生念头，采取过激行为。有学者研究表明，自杀未遂的大学生中，有35%～79%被诊断为有抑郁性心理问题，可见，抑郁是导致青少年自杀的重要原因。

2. 自卑　自卑是一种消极的自我评价或自我意识，是人格的一种不平衡状态。一般说来，个体或多或少有过这种消极情绪。有些大学生对自身能力或价值估计过低，看不到自己的长处和优势，在学习、生活中总把自己看得低人一等，抬不起头来，并且认为自己得不到别人的尊重，终日忧虑不安，抑郁沮丧甚至自暴自弃。如果长期沉浸于强烈的自卑感之中，心理就容易失衡，在外界某种刺激下，极易产生极端意念。

3. 空虚　空虚是反映一种消极无聊的情绪体验，反映一种消极的生活态度。生活态度对人的健康成长有着至关重要的影响。积极的生活态度，能引人振奋、乐观、积极向上、豁达宽容、富于爱心等美好品质。相反，消极的生活态度会使人变得沉闷、丧失意志、孤僻、冷漠，严重者将可能采取各种极端的行为。

4. 悲观　悲观表现为个体带着消极的心理观察社会和对待人生。年轻人总是对自己的学习、工作和生活充满各种各样的希望，但理想和现实的差距又不得不令他们时常处于各种各样的失望之中。关键是能否以积极的态度对待差距，走出失望。有些大学生由于性格上的原因，例如，忧郁、沉闷的性格特质，使得他们在陷入某种失望之中时，往往未能及时地宣泄和释放消极情绪，从而使自己时常处于一种延长了的消极情感体验之中，久而久之容易形成待人处事上的悲观心态。有些人无法走出不良情绪的恶性循环，失去信心以至产生绝望，选择极端的道路。

美国临床心理学家贝克（A. T. Beck）认为自杀者的期望是消极的，常常歪曲本身的体验，只预期最黯淡、最悲观的后果。这种悲观的态度往往带来失望感，最后发展成绝望。

（三）意志薄弱是大学生极端行为出现的催化剂

意志是自觉地确定目的，并根据目的来调节自己的行为，克服各种困难，从而实现预定目的的心理过程。在人们的认识和行为过程中，意志品质起着重要的作用，它实际上体现了认识参与到行为之中的一种能动作用。在具备了良好的动机、目的的前提下，行为的产生、执行，需要意志品质的作用，从良好的行为的准备阶段到执行阶段，从行为方式的训练到行为习惯的养成，都离不开意志的持续作用。

大学生是一个承载社会和家长高期望值的特殊群体，在实现目标的过程中，必然会遇到这样那样的困难，如生活的压力、竞争的压力、学习的压力、就业的压力、情感的压力等，而人的意志品质正是在克服困难的过程中体现出来的，一个人有了坚强的意志力就会克服困难，健康成长。

大学生在意志品质方面还存在许多缺陷。一方面是大学生自身原因造成的，大学生正处于生理和心理发育的高峰期，世界观、价值观正在形成阶段，自我意识和社会化程度有待进一步提高，另外大学生生活经历单一，缺少艰苦生活环境的考验和磨炼，这就使得他们在面临各种现实问题时，显得无所适从，缺乏必要的心理准备和应对技巧。另一方面，长期以来，我们忽视意志品质的培养，也是造成大学生意志薄弱的重要原因之一。大学生意志品质方面的缺陷所带来的种种问题，已经不可否认地摆在我们面前。相当部分学生缺少战胜困难和刻苦磨炼的勇气，缺少坚韧的毅力，一旦遇到困难和挫折，就束手无策，往往以逃避、抱怨的态度去对待，有的甚至产生轻生的念头。

（四）行为偏向是大学生极端行为实施的决定性因素

大学生具有独立性强、人生观和价值观多样化、心理素质不稳定等心理特点，在行为上往往表现为一些非理性的行为倾向，行为情绪化。例如，过激的攻击性行为、消极行为反应、非理性的发泄方式等。大学生在形态、机能、身体素质、内分泌等方面发育基本完成，正在逐步成熟。由于这些因素，“大学生的活动能量加大，新陈代谢特别旺盛，喜欢从事激烈甚至刺激的活动。而性激素分泌旺盛，又会通过反馈增强或减弱下丘脑（情绪的定位部分）的兴奋性，大脑皮层的调节作用一时还不能适应这种情况，因此出现了不平衡状态，影响了青年的情绪”，使得大学生情绪比较冲动，在行为上表现为非理性倾向，时常超出自控能力的控制范围。

正是由于行为上的非理性倾向和情绪上的冲动性特质，使得大学生在遇到问题、挫折时，往往不能冷静思考，而采取冲动的行为。一项调查表明，年轻人的自杀未遂行为中，绝大部分是冲动性自杀。自杀是大学生非理性行为倾向的表现形式之一，其中，“37%的自杀未遂者自杀前考虑的时间未超过五分钟，考虑自杀的时间不超过两小时的达 60%。”生命是宝贵的，生命是美丽的，生命是值得赞颂和尊重的，“维持并珍惜生命是善，而破坏或阻止生命是恶”。

第三节　心理危机识别与应对

一、大学生心理危机的识别与评估

（一）大学生心理危机的规律

大量研究表明，大学生的心理危机有其发生发展的特定规律。

第一，从季节上，每年春季和岁末年初是抑郁症、精神疾病的高发期，导致极端行为发生率上升。

第二，从学年阶段看，第一年，由入学适应不良、专业学习困惑、人际交往引发的心理问题较为常见；第二年至第三年，因学业压力、情感与恋爱、人际关系、自我发展引发的心理问题为多数;第四年,因就业压力、择业困扰、遭遇挫折引发的心理问题较多。

第三,从人群、地域分布角度而言,与城镇大学生相比,农村大学生的心理问题要更多一些;与男性大学生相比,女性大学生的心理问题要更多一些;与家境较好的大学生相比,贫困大学生的心理问题要更多一些。

(二) 大学生心理危机的识别

认识掌握心理危机的发生规律、早期征兆,细致观察言语、身体、性格、行为等反常表现,能对心理危机的爆发作出预判。

1. 宏观上要特别关注特殊群体的心理状况

(1) 单亲家庭、孤儿、特困家庭学生,如遇患病、失恋、竞争挫折、失误不及格、家庭重大变故时,情绪行为有无反常等。

(2) 有着抑郁心理、孤僻性格、缺陷人格、暴躁性格、自卑心理、抑郁症、精神分裂等精神疾病的学生。抑郁心理与孤僻性格往往与人格发展、早期经历不良等因素有关;自卑心理往往与自身缺陷、自我期望过高过低等因素有关;人格缺陷、性格暴躁的这类学生自我中心感强烈、极端自私、偏执敌对,常常夜不归宿、沉迷某样事物等;而抑郁症和精神分裂症是心理问题已经危机化了,并且随时随地都有可能做出极端行为。

(3) 心理普查筛查出的高危对象。

(4) 有生理疾患、有学习和就业压力、情感挫折、自我期望值过高的学生等。

2. 微观上识别大学生个体心理危机的判断标准

(1) 情绪是判断心理是否健康的重要标准之一。当大学生的情绪突然改变、明显不同于往常,出现不良情绪反应,如情绪低落、悲观失望、焦虑不安,无故哭泣、意识范围变窄、忧郁苦闷、烦恼或喜怒无常、自我评价丧失、自制力减弱等消极情绪时,就有发生心理危机的可能。

(2) 正常的行为活动是一个人心理健康的重要表现之一。当大学生出现行为异常,如饮食、睡眠出现反常、个人卫生习惯变坏、不讲究修饰、自制力丧失不能调控自我、孤僻独行等非常态行为时,就要注意是否有心理危机问题了。

(3) 正常、有效、良好的学习能力是个体心理健康的前提和标准。当大学生在智力正常的情况下突然出现学习兴趣下降、丧失了学习功能时,如上课无故缺席,常迟到早退,成绩陡然下降,根本无法进行正常的学习和听课等情况时,就说明是心理状态发生了问题。

(4) 丢弃或损坏个人平时十分喜爱的物品也是十分典型的识别依据。如果个体大学生不能正常有序地学习和生活,把自己平时很喜欢的东西随意丢弃或毁坏等,这意味着不正常的心理行为发生了,而且是心理障碍达到危机的程度时,才会出现的情况。

(5) 极端行为意图的流露。如谈论自己的死或与死有关的问题,或写下遗嘱之类的东西,有的甚至已经试图采取过某些极端选择等。

二、大学生心理危机的应对

(一) 他人心理危机

心理危机的发生就像堵塞的下水道,一味地只堵不疏,等到爆发的时刻就很难处理。1976年,两位美国临床心理学家布彻和曼达针对如何有效消除危机进行了深入的研究。在科学实验的基础上提出“疏而非堵”的干预策略：

1. 紧急情绪制动（黄金1小时） 旨在在危机爆发后1小时内防止伤害个体行为，降低负性情绪强度。方法有如下几种：

（1）物理安全优先：移除场景内危险物品（如刀具、药物等），并将危机状态个体带离高压环境（如争吵现场）。

（2）非语言安抚：用平静语调、开放身体姿态（如张开手臂）、递送温水或毛毯，减少感官刺激（如关掉嘈杂电视、疏散围观人群等）。

（3）引导情绪命名：用短句对个体进行提问：“你现在是愤怒，还是害怕?”帮助其将混沌情绪转化为可描述的词汇，帮助个体恢复部分理性与掌控感。

（4）转移注意力：启动简单任务训练（如折叠衣服、数房间里的彩色物品），阻断情绪反刍循环。

2. 危机风险评估（3维度核查） 旨在10分钟内判断是否需要医疗介入或24小时监护，核查项目如下：

（1）语言信号：是否直接表达“不想活了”或委婉表达“一切都该结束了”。

（2）行为信号：近期是否有自伤史、搜索自杀方法、突然分发贵重物品。

（3）社会支持情况：是否独居、有无亲友支持、接受帮助意愿程度等。

若存在两项以上高风险信号，立即联系精神科急诊或拨打110。若风险可控，进入下一步干预。

3. 问题外化技术（打破绝望叙事） 旨在将人与问题分离，重建个体掌控感。方法有如下几种：

（1）隐喻重构：将危机具象化为“黑狗”（丘吉尔比喻抑郁）或“暴风雨”，可进行提问：“黑狗第一次出现是什么时候？它变强时你使用过什么方法削弱过它?”

（2）时间线标记：绘制情绪波动曲线，标出过去24小时相对平静的时段，根据曲线追问：“昨晚7点你感觉好些，当时做了什么？谁能帮你重现那个状态?”

4. 资源激活清单（1页纸工具） 旨在将抽象支持系统转化为具体行动选项。方法如下：

（1）人际资源：列出3个可拨打的联系人（含1个专业人士），写明对方何时方便接听电话。

（2）环境资源：标记安全空间（如常去的咖啡馆、学校心理咨询室地址）。

（3）技能资源：写下过去应对压力的有效方法（如跑步5千米）。

（4）执行：当场协助其将清单存入手机备忘录，设置桌面快捷方式。

（二）自我心理危机：危机自救策略

1. 生理反制（5分钟快速镇定） 旨在通过身体调节阻断情绪恶化。方法如下：

（1）温度刺激：将脸浸入10℃以下冷水（激活哺乳动物潜水反射，降低心率）。

（2）肌肉交替：用力握拳5秒→放松10秒（循环3次），转移注意力至躯体感受。

（3）定向呼吸：用单鼻孔吸气（按住右鼻）→双鼻孔屏息3秒→用嘴缓慢呼气，重复5轮。

2. 认知隔离（防止灾难化蔓延） 旨在限制负面思维在具体事件，不泛化至全盘否定自我。方法如下：

（1）写“问题边界”声明：在纸上画圈，圈内写当前直接压力源（如“考试挂科”），圈外写自我价值（如“我仍是个好子女/学生/朋友”），拍照设为手机壁纸。

（2）设定“焦虑时间”：每天仅允许自己在 15 分钟内思考最坏情况（如 20:00 到 20:15），其余时间出现焦虑念头时默念“存档，等晚上 8 点时再处理”。

3. 微行动重建（24 小时生存计划）　旨在通过最小可执行行动找回生活锚点。方法如下：

（1）基础生存：列出 3 件必做事项（如喝水 500 毫升、吃 1 片面包、换掉脏衣服）。

（2）情绪缓冲：插入 2 项低耗能愉悦活动（如摸宠物 10 分钟、听白噪声）。

（3）社会连接：发送 1 条非危机类信息（如给好友转发搞笑视频，不提及自身状态）。

（三）注意事项

（1）干预他人时：不说“我理解你”（因此种说法可能会引发抵触），改用“我在这里陪你梳理问题”。不强迫回忆创伤细节，聚焦“现在什么方法能让你感觉安全些”。

（2）自我干预时：提前制作“危机锦囊”，内含亲友信件、成就照片、舒缓音乐 U 盘，置于床头柜。

（3）核心理念：危机干预不是消除问题，而是提高个体的“情绪承载力”，使其在心理风暴中稳住船舵，直至抵达安全港。

专栏 12-2　心理危机干预六步法

心理学家提出的三种危机的干预模式：即平衡模式、认知模式、心理社会转变模式，为危机干预方法和策略提供了理论模型。在此基础上提出了危机干预六步法：

1. 确定问题　从求助者的角度确定和理解问题，使用核心的倾听技术，同情、理解、真诚、接纳与尊重。

2. 保证安全　危机干预的主要目标，将危险降低到最小，包括生理安全和心理安全。

3. 给予支持　强调与求助者沟通与交流，积极、无条件地接纳当事人，使其感受到被关心和支持。

4. 提出应对方式　侧重于求助者与工作人员常会忽略的一面——有许多适当的方法或途径可供求助者选择，帮助求助者找到可行的解决方案。

5. 制定计划　在验证了应对方式后，与求助者共同制定具体的行动计划，明确下一步的应对措施。

6. 获得承诺　确保求助者理解并承诺遵循制定的计划，同时明确在实施过程中双方的责任和期望。

（钱海鹏）

本章习题　　本章课件

第十三章 积极心理与心理健康

案例 13-1　赵乐乐的新成长

当赵乐乐第一次在大学课堂里感到“普通”时，这个曾经的“学霸”经历了短暂的迷茫。但她很快意识到，与其盯着成绩单上的排名，不如换个角度看待成长——她开始每天睡前记录“三件小成就”：比如主动向同学请教了一次问题、整理出更清晰的课堂笔记，甚至在食堂帮迷路的家长指了路。这些看似微小的正向反馈，逐渐编织成一张自我肯定的网，托住了她下坠的信心。

面对专业课的挑战，她不再将自己锁在宿舍“硬啃”书本，而是敲开老师办公室的门：“老师，我需要一些学习方法上的建议。”这次坦诚的求助成为转折点。在教授的指导下，她将“单打独斗”变为“团队学习”，组织起跨专业的学习小组。当法学专业的同学用案例分析法解读经济学原理时，她突然发现：“原来我的价值不在于重复别人的优秀，而是成为连接不同思维的桥梁。”

期中考试后，赵乐乐做了一件特别的事——她给每位组员写了“优势观察卡”：给编程高手贴上“逻辑拆解大师”标签，给总爱提问的室友标注“思维探照灯”……这个举动意外激活了整个小组的能量场，大家开始自发地互补短板。而她在支教活动中，把这种“优势发现法”用在留守儿童身上：引导沉默寡言的孩子用画画解数学题，让坐不住的学生担任体育课助教。当看到孩子们眼里的光时，她终于懂得：真正的成长不是超越所有人，而是帮助彼此找到发光的支点。

思考题

面对大学生活的新情况，赵乐乐是如何做出转变的？这对你有哪些启发？

时代寄语：奋斗本身就是一种幸福。只有奋斗的人生才称得上幸福的人生。

——习近平

第一节　积极心理概述

一、什么是积极心理

在大学生活中，可能每个人都经历过这样的时刻：考试没考好，心情跌到谷底；社团活动中表现不如人意，开始怀疑自己的能力；忙了一整天，躺在床上却突然感觉生活缺了点什么。面对这些负面情绪，我们常常试图“硬扛”，告诉自己“忍一忍就过去了”。但你是否想过，其实有一种方式，能让我们跳出这些负面情绪，重新发现生活的美好，并在压力和挑战中活得更加自信而从容。这就是积极心理的意义所在。

积极心理是一种关注生活中美好事物和内在力量的心理方法。它不是让你假装开心，忽视问题，而是教你如何换个角度看待自己和生活，找到内心的动力和成长的机会。可以把它比作一副心理的“放大镜”，让你看见那些常常被忽略的优势、积极情绪和生活的意义。它帮助我们从“我不够好”转向“我拥有什么”“我还能做什么”，从而更好地面对生活中的起伏和挑战。

积极心理的核心目标，是帮助我们发现内心的力量，提升幸福感，找到生活的意义。与其纠结于“怎么摆脱痛苦”，不如去思考“怎么让自己过得更好”。这不仅仅是一种理论，更是一种可以融入日常生活的心态与方法。其实，我们的幸福感和生活满意度并不仅仅取决于外部环境，比如家庭条件、成绩或者人际关系，而更多地与我们的思维方式息息相关。积极心理并不是否认生活中的困难和挫折，而是教我们如何在面对这些挑战时，依然能够感受到满足和希望，并找到属于自己的光亮。

在大学校园里，很多人对“心理健康”的理解还停留在“我没有生病”这个层面。但事实上，心理健康不仅仅是“没有问题”，更在于“活得有意义、有满足感”。这正是积极心理的关注重点。它并不是单纯让你避免焦虑和消极情绪，而是教会你如何在日常生活中找到幸福，并在面对压力时寻得力量。例如，考试没考好时，我们可能会忍不住自责：“我怎么这么笨？是不是不适合这门课？”但积极心理会告诉你，这次失利或许是提醒你重新审视自己的学习方法，并把它看作一次改进的机会。同样，当你忍不住和同学比较而觉得自己不够优秀时，积极心理会引导你关注自己的长处，而不是一直盯着别人的光环不放。

幸福感是积极心理的核心内容之一，但幸福感并不是“时刻开心”。很多人以为，拿到好成绩、交到更多朋友或者找到对象就会感到幸福。然而，这些目标实现后，你可能会发现，那种开心的感觉往往很短暂。真正的幸福感来自那些让生活有意义的事情。比如，当你为了一个目标而努力奋斗、为团队付出自己的力量，或者通过行动帮助他人时，那种从内心升起的满足感，才是积极心理中真正的“幸福”。

除此之外，积极心理还强调引导我们关注自己的长处。每个人身上都有独特的优势，只是很多时候我们习惯了放大自己的缺点，忘记了自己也有擅长的地方。比如，你可能不是成绩最好的那一个，但你在组织活动时总能调动大家的热情，或者你在人群中话不多，但你的倾听能力却让朋友们觉得特别安心。这些都是你的优势。如果你能够发现并发挥这些长处，就会慢慢找回自信，并在生活中感受到更多的意义和满足感。

专栏 13-1　一个温暖的提醒

有一天，心理学家马丁·塞利格曼(Martin Seligman)在花园修剪玫瑰，他的小女儿妮基在旁边玩耍。妮基开心地蹦来跳去，吵得塞利格曼有点烦。他皱着眉头冲她吼了几句，想让她安静一点。谁知，五岁的小妮基停下来，用一本正经的语气对他说："爸爸，我告诉你一件事。我以前很爱发脾气，但在我五岁生日的时候，我决定不再做个爱发脾气的小姑娘。现在，我做到了。所以，爸爸，你是不是也该改改你的坏脾气了？"

塞利格曼瞬间愣住了。这小姑娘不仅改掉了坏习惯，还反过来"教育"他了！这一刻，他突然意识到，心理学不该总是盯着人们的毛病，像拔杂草一样修修补补。为什么不能像种玫瑰一样，帮助人们发掘自己的优势和潜力，让生活开出更美的花？这一天，妮基的话提醒了他，让他意识到，心理学不仅仅可以是"治愈"，也可以是"助人幸福"。基于这样的理念，马丁·塞利格曼开创了积极心理学领域的研究。

二、关注成长与提升

专栏 13-2　成长型思维

成长型思维(growth mindset)模式这一概念最早由美国心理学家卡罗尔·德韦克(Carol Dweck)提出。她在其2006年出版的著作*Mindset*：*The New Psychology of Success*中详细阐述了这一理论，认为人们的思维模式对其成功和成长具有深远影响。德韦克通过大量的实验和研究，发现人们对自己能力的看法可以分为两种类型：固定型思维(fixed mindset)和成长型思维。

固定型思维认为人的能力是天生的且无法改变的。持有这种思维模式的人，通常在面对挑战时容易退缩，害怕失败，并且倾向于避免困难任务，以免暴露自己的不足。他们相信成功是天赋的结果，失败则意味着自己能力的极限。

与之相对的成长型思维则强调能力是可以通过努力、学习和实践不断提升的。持有成长型思维的人，认为挑战是学习的机会，失败是进步的必经之路。面对困难时，他们更愿意坚持不懈，迎难而上，并从失败中汲取经验教训，不断改进自己。因此，成长型思维的人通常更加积极、主动，并且能够更好地应对压力和挑战。

德韦克的研究表明，成长型思维不仅能提升个人的学术表现，还能帮助个体在职业和生活中取得更大的成功。她指出，教育和训练可以帮助人们转变思维模式，从固定型思维转向成长型思维，从而增强其在面对挑战时的韧性和创造力。通过培养成长型思维，人们能够更好地应对逆境，增强解决问题的能力，并提升自身的潜力。

当我们说到心理健康时，很多人可能会直接联想到"治病救人"——焦虑、抑郁、压力大的时候找心理学家"修复"自己。但积极心理是另一个同样重要的部分，它不是为了解决"出问题的地方"，而是帮我们在没有问题时走得更远。它关注的不是"你哪里不好"，而是"你已经有什么”以及“你还能变得多好”。换句话说，积极心理并不是为修复痛苦而存在，而是为追求卓越和幸福而存在。

1. 关注内在的变化　我们往往习惯于用结果来评价自己：考试分数高不高、社交圈够不够大、简历上有没有足够亮眼的经历。然而，积极心理的一个重要理念是，成长不只是外在的“成果”，更是内在的变化。它强调过程的价值：你今天比昨天有没有进步？你有没有从失败中学到东西？你是否在生活中找到能让自己热情投入的方向？这些问题，才是成长的真正标志。

2. 找到成长的节奏　成长不是一蹴而就的，而是一个持续累积的过程。在这个过程中，你可能会遇到挫折，也可能会有迷茫的时候，但这些并不妨碍你一点点向前走。比如，你可能发现，学业中你并不是最拔尖的那个人，但你通过不断努力，让自己的成绩逐步提高；你可能觉得自己在人际交往中有些拘谨，但一次次真诚的沟通会让你慢慢变得自信。成长的意义就在于，你可以用自己的步伐，找到最适合自己的节奏，而不是一味和别人比较。

3. 发现自我的优势　关注提升与成长，还意味着学会发现自己的优势，而不是总是盯着自己的短板。我们每个人都有独特的长处，可能是善于观察细节、擅长解决问题，或者拥有良好的组织能力。积极心理提醒我们，与其纠结于“我哪里不够好”，不如问问自己：“我擅长什么？我能在哪些方面做得更好？”当你开始关注自己的长处，并将它们运用到生活中，你会发现，这种提升带来的成就感比单纯追求结果更持久、更有意义。

4. 大学阶段的自我成长　大学阶段，是提升自我、寻找方向和追求成长的重要时期。在这个阶段，你会逐渐发现，真正的成长不仅仅是克服困难，更是主动探索自己的潜力，让生活变得更加有意义。大学阶段的意义从来不只是“完成任务”或者“避免失败”，它更像是一段不断发现自己、提升自己、让自己成长的过程。通过学会关注生活中的积极面、培养幸福感以及发现和发挥自己的优势，我们会发现，很多看似难以跨越的坎，其实都藏着成长的机会。而当你学会用积极的态度看待生活，你不仅会在挑战中找到力量，还会让每一天都变得更加充实和有意义。

三、大学生活中的积极心理

大学生活是一段充满新鲜感的旅程，但同时也会伴随着不小的压力。就像突然踏入一片未知的森林，有人兴奋地探险，也有人迷路时满头大汗。无论是哪一种心情，大学的生活都需要我们调整步伐，找到属于自己的节奏。

大学阶段是我们从青涩走向成熟、从依赖走向独立的重要时期。在这个阶段，你会发现很多事情都需要自己去承担：学业上，你需要主动去学习和探索，而不是像高中时期那样被老师“安排得明明白白”；生活上，你要学会独立处理各种琐碎的事情，比如理财、照顾自己的生活；未来规划上，你可能需要思考毕业后是继续深造、找工作还是创业。这些变化让大学阶段看起来“压力满满”，但积极心理提醒我们，正是这些挑战让我们的成长真正有意义。

1. 学习中的积极心理　大学课程的难度和节奏可能是很多人最先感受到的压力来源。

在高中，我们熟悉的是老师的精讲精练和满满的学习任务，但到了大学，一切突然变得“自由”起来：课程不再有固定的“标准答案”，老师的指导也没那么具体，一切似乎都需要靠自己。这种转变让不少同学倍感吃力，尤其是第一次面对高难度的学术任务时，很容易陷入“我是不是不够聪明”的自我怀疑中。积极心理可以帮助我们用另一种方式来看待这些挑战。比如，与其纠结于“为什么这门课这么难”，不如换个角度想：“虽然这门课挑战很大，但这也是一次提升能力的机会。”把每一次失败看成是成长的一部分，而不是能力的否定。毕竟，大学是一个学习的过程，而不是一个自己“永远正确”的地方。允许自己试错，才能真正找到适合自己的学习方式。

2. *人际关系中的积极心理* 除了学业，大学的人际关系也让不少人感到头疼。初入校园，你需要和完全陌生的舍友住在一起，结识来自不同背景的同学，融入全新的社交圈子。有人可能会觉得这是一次交朋友的好机会，但也有人会因为性格内向或文化差异而感到难以融入。你是否曾因为一句话说得不够“得体”而懊恼？是否曾因为没有找到固定的朋友圈而觉得自己被孤立？在这样的情况下，积极心理可以让你以更开放的心态去看待人际关系。比如，如果第一次和舍友聊天觉得没聊得很愉快，不要急于给自己贴上“不会沟通”的标签。想想看，陌生人之间本来就需要一点时间去建立信任。与其强迫自己快速融入，不如尝试在日常小事中找到与他人互动的契机，比如一起讨论课程、参与宿舍活动或主动帮助别人。当你专注于建立真诚的关系，而不是害怕被拒绝时，你会发现自己慢慢融入其中。

3. *展望未来的积极心理* 毕业后路要怎么走，相信也是很多同学为之烦恼的问题。面对未来的不确定性，有些人会因此感到焦虑，甚至会陷入“我是不是已经落后了”的比较中。尤其是当你看到身边的同学有人已经拿到了实习资格，有人已经清楚自己要考研还是就业，而自己还毫无方向时，这种焦虑会变得更加强烈。积极心理提醒我们，焦虑并不可怕，重要的是如何应对它。未来确实充满未知，但这也正是大学生活的意义——它是一段探索和试验的过程，而不是一开始就要有明确答案的阶段。如果你不知道未来要做什么，可以从小目标开始，比如在课程中找到自己感兴趣的方向，尝试不同的活动来发现自己的热情。积极心理强调，关注过程而不是结果，当你专注于做好当下的每一件事时，答案会在探索中逐渐浮现。

4. *其他方面的积极心理* 除了这些问题，大学生活中还有许许多多可能遇见的心理挑战，例如焦虑、自我怀疑和对失败的过度担忧等等。一次失利的考试可能让你觉得自己“不行了”，一次社团竞选的落选可能让你怀疑自己“不够优秀”。很多人都会在这些时刻陷入情绪的低谷，甚至开始否定自己。积极心理的作用在于帮助我们以更积极的视角看待这些经历。失败并不是“能力的终点”，而是“学习的起点”。比如，考试没考好，不妨冷静下来分析原因，是不是复习方法需要调整？社团竞选落选，也许说明自己还需要更多准备，而不是因为“我天生不行”。积极心理鼓励我们把这些挑战当作成长的机会，而不是打击自己的理由。

积极心理还能够提升我们的心理韧性，帮助我们更从容地面对生活中的多重压力。心理韧性就像弹簧，你被压力压下去时，它能让你迅速恢复原状甚至弹得更高。如何培养这种韧性？首先是学会接纳自己的情绪，无论是焦虑还是迷茫，都不要过于苛责自己；其次是专注于能够掌控的事情，比如制定一个可行的学习计划或与朋友聊聊你的感受。

大学生活并不是一帆风顺的旅程，但积极心理能够让我们在这段旅程中找到更多的乐趣和意义。当你用积极的态度去看待生活中的问题时，困难不再只是障碍，而是一次次成长的机会。通过调整心态、学会接纳自己并关注过程，你会发现，生活虽然不完美，但总有可以让自己变得更好的地方。而这，正是积极心理的魅力所在。

第二节　幸福感与积极心理

专栏 13-3　心理自评

主观幸福感量表（SWBS）　　生活满意度量表（SWLS）　　积极与消极情感量表（PANAS）

可以尝试通过上面这些量表对自己的幸福水平进行测量，我们将在本节中对这些量表进行介绍。

一、幸福是什么

幸福是我们对生活最简单的向往，是我们最熟悉的美好愿望。这个词我们总挂在嘴边，却很难用一句话去定义。有时候，幸福是吃上一顿喜欢的食物，有时候也是和朋友聊到深夜的温暖时光，但更多时候，它是一种整体的满足感，一种对生活的热爱。幸福感不只是短暂的快乐，而是你对生活的一种持续体验。

很多人认为幸福来自生活中某些具体的指标，成绩好一点、朋友多一点、未来规划更清晰一点，就会感到幸福。但实际上，幸福更多地来源于我们自己内心的感受。比如，你是不是会因为一场秋天的日落而觉得一切都很美好？是不是完成了一份作业后，尽管辛苦，但内心却有一种说不出的满足？这些都是幸福的一部分，它们并不需要外界的条件多么完美，而是和我们如何看待生活息息相关。

1. 幸福感的来源　幸福感有两个重要的来源：一种是来自我们的日常情绪体验，另一种是对生活整体的满意程度。情绪体验可以说是幸福感的基础。当你和朋友一起吃饭、参加社团活动或者运动时，那种开心、放松的感觉，就是一种幸福。不同的人对这种情绪体验的感受是不同的。比如，有些同学可能会觉得完成一项学习任务带来的成就感是幸福，而另一些人则认为打游戏、放松一下才是他们的快乐来源。这种体验没有对错，关键在于你是否能够捕捉到这些瞬间，并珍惜它们。幸福感的积累，其实就是从这些生活的小瞬间开始的。

另外，对生活的满意感也是幸福的关键。生活满意感不是说你必须拥有完美的生活，而是你对自己目前的状态是否认可。比如，你可能觉得课程压力大，偶尔也会感到迷茫，但如果你从中找到努力的方向，比如完成目标、获得一些进步，你就会对自己的生活感到更加满意。大学生活中，不少人可能会因为成绩排名、实习机会或者社交圈而焦虑，但从长远看，这些并不是决定幸福感的唯一因素。幸福感更多的是来源于你对生活意义的理解，是否觉得自己的努力是值得的，生活是有价值的。

2. 因人而异的幸福感　当然，幸福对每个人来说是不同的。在大学校园里，有的同学觉得优异的成绩和出色的表现是幸福，有的同学觉得能够有闲暇时间在操场散步、听喜欢的音乐是幸福。有些人需要明确的目标和成就来获得快乐，而另一些人则更享受平静的生活。这种幸福的多样性，正是幸福的魅力所在。即便是同样的事情，比如一个学期的成绩单，有人会因为分数不够高而自责，但也有人会因为比上次进步了一点点而感到满足。幸福其实更多在于我们怎么看待生活，而不是生活给了我们什么。

幸福往往不会是一蹴而就的，它更像是一种我们对生活的长期积累。大学的时光中，或许会有迷茫、有压力，但这并不妨碍我们去发现生活中的小确幸，去感受每一次进步的意义。幸福是什么？它是一次自习后的清晨阳光，是和朋友畅谈时的欢笑，是对生活有期待的感觉。幸福，更多时候并不在远处，而是在我们每一天都能触碰到的小细节里。

二、幸福可以被测量

在日常生活中，幸福通常是一种主观体验，似乎难以用量化的方式来把握。然而，心理学研究发现，幸福感的测量可以帮助我们更清晰地了解自身的生活状态和心理需求。通过系统的测量，人们不仅可以判断出自己的幸福水平，还可以识别出哪些因素影响着幸福感，从而找到提升幸福感的路径。对于研究者而言，幸福感的测量更是深入理解人类行为和心理健康的重要工具。幸福感的测量还应用在教育、工作、心理健康干预等多个领域中，以期帮助人们在不同的生活场景中提高生活质量。

为了科学地测量幸福感，心理学家们设计了许多量表，其中应用广泛的有主观幸福感量表(subjective well-being scale, SWBS)、生活满意度量表(satisfaction with life scale, SWLS)和积极与消极情感量表(positive and negative affect schedule, PANAS)，它们从不同的角度出发，帮助个体和研究者更全面地理解幸福。

1. 主观幸福感量表(SWBS)　Diener 于 1984 年提出的主观幸福感量表是心理学领域评估个体对生活质量整体感知的核心工具，基于“个体依据内在标准对生活质量的综合评价”这一理论框架，涵盖情感体验与认知判断两大维度。该量表通过 20 个条目(中文修订版)采用 6 点李克特量表进行测量，既包含对正向情感(如快乐、满足)和负向情感(如焦虑、抑郁)的平衡评估，也涉及生活满意度、目标意义感等认知层面的判断，其中部分反向计分条目需在统计时进行转换以确保数据准确性。

相较于相似领域的心理幸福感量表(PWBS)对长期心理发展的关注，SWBS 更聚焦于即时主观感受的捕捉，其简洁高效的设计使其广泛应用于教育评估、心理健康研究及临床干预，例如在跨代际幸福感比较中发现当代青年群体在“生活掌控感”维度得分显著降低。尽管该量表具有多维覆盖和文化适应性优势(如邢占军 2002 年验证中文版信效度)，但仍存在主观报告偏差、社会期望效应等局限，需结合客观指标共同解释研究结果。其理论价值在于将幸福操作化为可量化的情感-认知复合结构，为后续心理资本研究提供了重要的方法论基础。

2. *生活满意度量表(SWLS)*　这是一种简洁、有效的工具，用来衡量一个人对其整体生活的满意度的工具，由心理学家埃德·迪纳（Ed Diener）及其同事于1985年开发。这个量表包含五个核心问题，聚焦于个体对生活的总体评价，而不是关注具体的事件或情绪。

SWLS的题目包括一些高度概括性的问题，例如："我对自己目前的生活感到满意""我的生活接近我理想中的状态""如果可以重新生活一次，我几乎不会改变任何事情"。受试者需要在1～7分的评分尺度上作出选择，"1"表示"非常不同意"，"7"表示"非常同意"。通过5个题目的累计得分，SWLS可以反映出个体对其生活的整体满意度。得分越高，通常代表生活满意度越高，表明个体的主观幸福感较高。

SWLS的设计重点在于生活的总体评价，而不是关注具体的日常情绪或生活事件，因此它更适合用于衡量个体对生活的总体幸福感。研究发现，SWLS在不同的文化和年龄群体中都有较好的适用性，能够可靠地反映个体的主观幸福感。这使得SWLS成为心理学中广泛应用的幸福感量表之一。

3. *积极与消极情感量表(PANAS)*　幸福感不仅仅是对生活的总体评价，还包含人们在日常生活中所经历的各种情绪。积极与消极情感量表主要用来评估个体在日常生活中的情绪体验，由心理学家沃特森（David Watson）和克拉克（Auke Tellegen）于1988年设计。PANAS包含20个情绪词汇，其中10个代表积极情绪(如"愉快""自信""激动")，另10个代表消极情绪(如"紧张""愤怒""沮丧")。受试者根据自己在特定时间内(如过去一周、过去一个月等)的体验，对每个情绪词汇进行1～5的评分，"1"表示"几乎没有"，"5"表示"非常强烈"。

例如，PANAS中可能会包含这样的问题："在过去一周内，我有多么频繁地感到'兴奋'?"或"过去一周，我有多么频繁地感到'生气'?"通过对积极情绪和消极情绪的独立评分，PANAS能够反映出个体情绪状态的正负平衡，这种情绪平衡直接影响着幸福感的高低。研究表明，体验的积极情绪越多，消极情绪越少，个体的主观幸福感通常会更高。

通过这种积极与消极情绪的分开测量，PANAS可以帮助我们了解个体在日常生活中的情绪体验。情绪在幸福感中的影响很大，一个人在日常生活中体验的正面情绪越多，负面情绪越少，通常他的主观幸福感越高。PANAS的优点是它可以灵活地用于不同的时间段，例如特定的一天、一周甚至更长时间，因此它在研究个体情绪波动和幸福感变化时特别有效。

4. *其他幸福感测量工具*　除了SWLS和PANAS，心理学中还有其他多种测量幸福感的工具，从不同角度完善幸福感的评估：

生活质量指数（quality of life scale，QOLS）：主要关注个体的生活质量，覆盖健康、社会关系、工作和家庭生活等多个维度，为理解幸福感的整体状况提供了丰富的背景信息。

心境量表(profile of mood states，POMS)：通过评估个体不同情绪状态的频率，帮助我们分析幸福感和日常情绪的关联。

这些量表工具在幸福感研究中各有所长，为心理学家提供了更加全面的幸福感评估视角。通过结合使用这些量表，不仅能够有效跟踪幸福感的变化，还能帮助个体深入了解自己，找到切实可行的提升幸福感策略。

三、解码幸福的 PERMA 模型

当我们谈论幸福时，可能每个人的理解都有所不同。有的人觉得幸福是拥有一份满意的工作，有的人认为幸福是家庭的温暖，还有的人觉得幸福是不断追求自我成长。那么，幸福到底是什么呢？积极心理为我们提供了一个有趣的答案——PERMA 模型（图 13-1）。别担心，这并不是一堆复杂的术语，PERMA 其实是一个简单易懂的框架，帮助我们更好地理解和提升自己的幸福感。

PERMA 模型是由著名心理学家马丁·塞利格曼提出的，用来描述构成幸福的五大要素。PERMA 这 5 个字母分别代表："positive emotions"（积极情绪）、"engagement"（投入）、"relationships"（人际关系）、"meaning"（意义）、"accomplishment"（成就）。

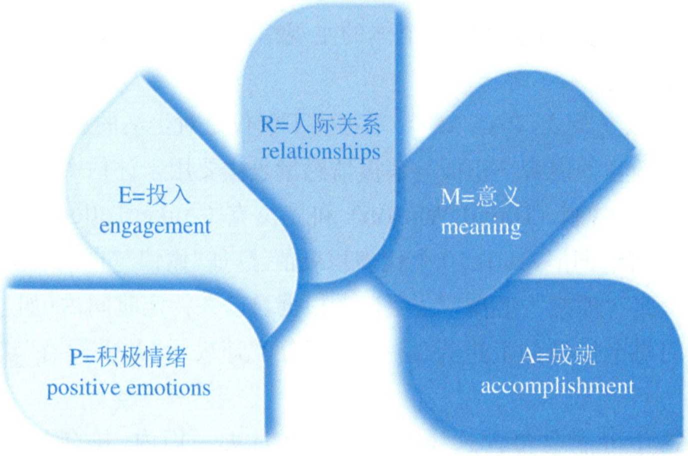

图 13-1 PERMA 模式

1. *积极情绪* 简单来说，就是那些让我们感到快乐、满足、兴奋的情绪。每天都有很多小事情可以带给我们快乐，比如一杯热腾腾的牛奶、朋友的一句问候，或者是看到美丽的日出。塞利格曼认为，培养正向情感不仅让我们感觉更好，还能帮助我们更好地应对生活中的挑战。举个例子，试着每天记下一件让你感到快乐的事情。这不仅能帮助你回忆起美好的时刻，还能让你更容易在日常生活中发现快乐的源泉。

2. *投入* 这指的是当我们全神贯注地做一件事情时的那种"忘我"状态。你有没有过这样的时候？当你在做一件你热爱的事情时，时间仿佛都静止了，你完全沉浸其中。这就是投入。无论是绘画、写作、运动还是玩游戏，找到让你全情投入的活动，可以极大地提升你的幸福感。投入不仅让你在做事情时感到满足，还能增强你的技能和自信心。

3. *人际关系* 人是社会性动物，我们的幸福感很大程度上来自与他人的连接。无论是家人、朋友还是同事，积极的人际关系能为我们提供支持、理解和爱。想想那些让你感到温暖的人，他们可能在你困难时给予帮助，或是在你开心时与你分享快乐。培养和维护良好的人际关系，是提升幸福感的重要途径。你可以通过定期与朋友聚会、关心家人，或者在工作中建立良好的合作关系来增强自己的社会网络。

4. 意义　这不仅仅是指人生的目标，更是指我们感到自己所做的事情有价值、有意义。当我们觉得自己的生活有目的时，幸福感也会随之增加。意义感可以来自多种途径，比如志愿服务、家庭责任，或者是在工作中追求更高的目标。找到让你觉得有意义的事情，并为之努力，可以让你的生活变得更加充实和满足。举个例子，如果你热爱环保，参与环保志愿活动不仅能让你为环境贡献力量，还能让你感到自己在做有意义的事情，从而提升幸福感。

5. 成就　成就感来自我们设定并实现目标，无论这些目标有多大或多小。完成一项任务、达到一个里程碑，都会带来一种满足感和自豪感。成就不仅仅是指职业上的成功，还包括个人生活中的小目标。比如，完成一本书的阅读、学会一项新技能，甚至是每天按时起床，都能带来成就感。这种感觉不仅能提升自信心，还能激励我们不断追求更高的目标。

幸福是由生活中的点滴积累而成。PERMA 模型为我们提供了一个清晰的路径，帮助我们在追求幸福的过程中更加有条不紊。模型中的五个要素相互关联，互相支持，共同构建出一个有关幸福的全面的框架，

案例 13-2　李晓的 PERMA 计划

李晓是一名大学二年级的学生，最近她感到学习压力越来越大，常常感到焦虑和无助。面对繁重的课业和未来的就业压力，她变得越来越消极，甚至开始怀疑自己的能力。一次，李晓在图书馆里偶然看到一本关于如何提升幸福感的书，她决定尝试一些书中的建议。她首先开始制定每天的小目标，比如读完书的一个章节或者完成一份作业。为了更好地管理时间，她还尝试应用日历来安排学习和休息时间。这样一来，她的学习效率明显提高，内心的焦虑感也逐渐减轻。

李晓还意识到社交的重要性，决定主动参加校园活动。她报名加入了学校的志愿者协会，参与社区服务和校园活动。在志愿服务中，她遇到了许多热情的同学，大家一起工作，分享经验，这让她获得归属感。通过与新朋友的互动，她逐渐找到了自信，性格开朗了许多。

此外，李晓开始每天花几分钟时间记录自己的感受和收获。无论是课程中的小成功，还是志愿活动中遇到的有趣事情，这些记录让她学会了关注生活中的积极面。随着时间的推移，李晓发现自己的心态有了很大改变，焦虑感减少了，生活也变得更加充实。如今，她不仅在学业上取得了进步，社交圈也扩大了，整个人都焕发出了积极的能量。

四、神奇的心流体验

幸福感不仅仅是来自外界的条件，同时也与我们的内心体验息息相关。“心流”体验就是这样一种高度专注的心理状态，它让我们从当下的活动中感受到愉悦和满足。你是否曾有过这样的体验？在学习、运动或做某件喜欢的事情时，感觉时间飞快流逝，完全忘记了周围的环境，甚至连疲惫都不曾察觉。比如，深夜赶一份作业时，思路畅通无阻，连外界的声音都仿佛消失；又或者在篮球场上，动作和思维完美配合，身体几乎是下意识地完成每一步。这种高度专注且充满满足感的状态，就是心理学家米哈里・契克森米哈伊所提出的“心流”。

1. *心流是一种积极心态* 心流是人们在全情投入某件事时达到的一种最佳状态。在这种状态下，人们会感到注意力被完全吸引，专注于当下，甚至忘记了时间的存在。这种沉浸式的体验不仅让人感受到愉悦，还会带来极大的内在满足。与其说心流是一种心理现象，不如说它是一种心态，是人们与任务、环境甚至自身各方面达成的一种和谐。

尤其是对于大学生来说，心流体验是一种让繁忙生活变得有意义的重要方式。在高强度的学业、社交和未来规划的压力下，心流可以让你在面对任务时找到一种愉悦感，而不是将它们视为沉重的负担。试想一下，当你沉浸在一场小组讨论中，为了解决一个复杂的问题而忘记了时间的流逝，这种专注所带来的成就感，能让你在挑战中感受到自我提升的快乐。这种快乐并不是外部奖励，而是你对自我能力的一种认可，这种内在的幸福感会比短暂的娱乐更加深刻和持久。

2. *心流提升幸福体验* 心流体验还可以帮助我们更好地应对负面情绪。当我们被生活的压力困住时，适度的挑战和高度的专注能够引导我们从负面情绪中解脱出来，专注于眼前的任务。通过一次次的小成功，心流不仅让我们能更高效地完成任务，还会让我们在过程中发现自己对生活的热情和掌控感。这种主动参与和投入的过程，能够缓解焦虑和无助感，让幸福感自然地流淌。

心流的神奇之处在于它不仅让人愉悦，还能带来持久的满足感。研究发现，心流体验对幸福感有着显著的提升作用。原因很简单，当我们进入心流状态时，会感觉到生活更有意义，感受到自己在创造或完成一些独特的东西。这种投入和专注能让我们感到充实和满足，而这正是幸福的基础。

3. *寻找心流体验* 心流往往发生在那些既有挑战性又能激发我们技能的活动中，比如学习新技能、创作艺术作品，甚至是进行复杂的解题。并不一定是多么惊天动地的事情，关键是我们觉得这个活动既有趣又让我们有所成长。举个例子，假如你喜欢绘画，那么画一幅充满挑战的画作就可能让你体验到心流。同样，如果你喜欢运动，那么打篮球或跑步时，完全沉浸在其中，也会感受到心流。

学会寻找心流，让它成为你大学生活的一部分。心流体验不仅让我们感受到专注带来的成就感，还让我们在学习和工作中更加高效和快乐。对于大学生来说，心流是一种让繁忙生活变得有意义的体验。它提醒我们，学习不只是为了应付考试，生活也不仅仅是为了完成任务，而是可以在每个专注的时刻中找到快乐和满足。

无论是面对学业压力还是探索兴趣爱好，学会进入心流状态，都能让你的大学生活更加充实而有意义。尝试找到那些让你能够全情投入的事情，并为之努力，你会发现，这种沉浸的感觉不仅提升了效率，也让你的生活充满了热情和动力。

专栏 13-4 观棋烂柯

古书《述异记》中记载了一个有趣的故事：晋朝时有一位叫王质的人，有一天他到信安郡的石室山去打柴。看到一童一叟在溪边大石上正在下围棋，于是把砍柴用的斧子放在溪边地上，驻足观看。看了多时，童子说“你该回家了”，王质起身去拿斧子时，一看斧柄(柯)已经腐朽了,磨得锋利的斧头也锈得凸凹不平了。王质非常奇怪。回到家里后,发现家乡已经大变样。无人认得他,提起此事,有几位老者,都说是几百年前的事了。原来王质在石室山打柴误入仙境,遇到了神仙,仙界一日,人间百年。虽然这个故事是民间传说,但它也可以看作是一种心流体验的隐喻。当一个人全身心地投入到某件事情中时,他会沉浸于其中,完全忘记时间的流逝。

第三节　个人优势与积极心理

一、发现你的个人优势

从积极心理的角度来看,个人优势是我们每个人与生俱来的宝藏。对于大学生来说,发现这些优势不仅能让你在学业和生活中游刃有余,更能在面临挑战时给予你源源不断的动力。想象一下,当你真正了解并运用自己的优势时,那种自信和满足感是多么美好。那么我们如何发现自己的个人优势呢?

首先,自我反思是识别个人优势的第一步。找一个寂静的地方,放松心情,开始思考你最喜欢做的事情。也许你热爱与人交谈,或者在团队项目中总能找到最合适的解决方案。再问问自己,在什么情况下你会感到特别自信?这些瞬间往往能揭示你独特的优势。

其次,借助一些优势评估工具也是个不错的选择。像克利夫顿优势评估这样的在线测试,通过一系列有趣的问题,能帮助你发现潜在的优势。当你看到评估结果时,恍然大悟,让你对自己有了新的认识,仿佛打开了一扇新的窗户,让阳光洒进来。

当然,别人眼中的你也同样重要。向周围的人询问他们对你的看法,这个过程可能会让你感到有些紧张,但它却是寻找个人优势的宝贵机会。问问你的朋友、家人或老师,他们认为你的优点是什么。他们的反馈往往能让你看到不一样的自己,激发出你的潜能。

记录日常的点滴也是一个极好的习惯。你可以保持一个个人日志,随时记录那些让你感到骄傲的瞬间和获得的积极反馈。每当你完成一项任务、取得一个小成就时,把它写下来。随着时间的推移,翻看这些记录,你会发现自己的成长轨迹和不断积累的优势,这是一种极大的鼓舞。

一旦识别了自己的优势,接下来就可以大胆地去实践。生活中有无数的机会可以让你发挥这些优势。如果你发现自己在沟通方面特别出色,那就勇敢地参与课堂讨论,或者加入社团,担任组织者的角色。发现个人优势是一个令人兴奋的旅程。在这个过程中,你会遇到自我探索的乐趣和对未来的无限可能。在发现自身优势的过程中,你会逐渐发掘出自己的光芒,帮助你在学习和生活中更加自信、积极地前行。

专栏 13-5 你是六边形战士吗

我们总结了一些常见的个人优势特质，制作了下面这张个人优势特质表，你可以根据这些特质为自己打分。如果你有一些独特的优势没有被列在表里，也可以填写在表格的最后几行。根据每个类别的总分为自己绘制一幅个人优势雷达图，看看自己在哪个方面最具优势，也许你就是真正的六边形战士！

个人优势特质表

个人优势分类	具体项目	评分
人际交往能力	沟通技巧	☆☆☆☆☆
	合作能力	☆☆☆☆☆
	冲突解决能力	☆☆☆☆☆
	领导能力	☆☆☆☆☆
	情绪智力	☆☆☆☆☆
创造力	创意产生能力	☆☆☆☆☆
	问题解决能力	☆☆☆☆☆
	变化适应能力	☆☆☆☆☆
	思维灵活性	☆☆☆☆☆
	跨界联想能力	☆☆☆☆☆
组织能力	时间管理能力	☆☆☆☆☆
	任务统筹能力	☆☆☆☆☆
	计划落实能力	☆☆☆☆☆
	资源管理能力	☆☆☆☆☆
	系统思维能力	☆☆☆☆☆
学习能力	自主学习能力	☆☆☆☆☆
	信息加工能力	☆☆☆☆☆
	反思能力	☆☆☆☆☆
	知识应用能力	☆☆☆☆☆
	批判性思维能力	☆☆☆☆☆
道德品质	诚信	☆☆☆☆☆
	同情心	☆☆☆☆☆
	责任感	☆☆☆☆☆
	公正感	☆☆☆☆☆
	助人精神	☆☆☆☆☆

续表

个人优势分类	具　体　项　目	评　　分
外表特质	吸引力	☆☆☆☆☆
	气质	☆☆☆☆☆
	形象塑造能力	☆☆☆☆☆
	着装风格	☆☆☆☆☆
	体态语言	☆☆☆☆☆
你的独特优势		☆☆☆☆☆
		☆☆☆☆☆
		☆☆☆☆☆

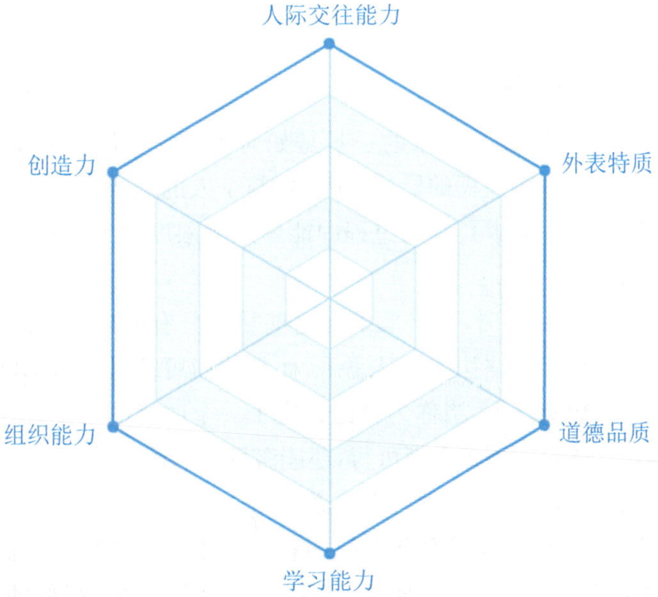

个人优势雷达图

专栏 13-6　更专业的个人优势评估

克利夫顿优势评估(Clifton strengths assessment)是一种广泛应用的心理评估工具,旨在帮助个体识别和理解自己的优势。由唐纳德·克利夫顿(Donald Clifton)及其团队开发,这项评估基于积极心理的理论,能够清晰地反映出你的独特优势。进行这个评估测试时,你需要根据自己真实的感受进行评分。完成后,你会得到一份个人优势清单,通常列出你最显著的前五个优势。这些优势涵盖沟通、适应、分析、战略思维等多个方面。每个优势都有生动的描述,帮助你理解如何在学习和工作中发挥这些闪光点。

你可以通过 https://www.strengthsfinder.com/来访问克利夫顿优势评估系统，但需要注意的是，这是一个付费评估系统，并且采用英文。如果你不太习惯英文阅读，或者希望寻找免费的评估，VIA 优势量表（VIA institute on character）可能更适合你的选择。

VIA 优势量表是另一种基于积极心理的自我评估工具，旨在帮助个体识别和理解自己的核心品质和优势。由心理学家马丁·塞利格曼和他的团队开发，这个量表已被广泛应用于心理学研究和个人发展领域。测试中，参与者根据自己的行为和感受进行评分，评估范围涵盖 24 种性格优势，如勇气、仁爱、社交智慧、创造力和自我调节等。完成后，参与者将获得一份个性化报告，列出自己的优势排名，帮助他们了解哪些品质在生活中发挥了重要作用。VIA 优势量表是一个部分免费的评估工具，且支持包括中文在内的多种语言，方便不同文化背景的用户进行自我探索。该量表可以通过 https://www.via-character.org/进行访问。

二、运用个人优势制定目标

认识到自己的个人优势后，接下来的一步是如何利用这些优势来设定可实现的目标。目标的设定不仅仅是写下一些模糊的愿望，而是要与个人的优势紧密相关。一个与个人优势相关联的目标可以确保在追求目标的过程中能够最大限度地发挥自己的能力，让整个实现过程既愉快又充满激情。

1. 明确的标准　设定目标时，务必要确保这些目标具有明确的标准，以便能够衡量进程并保持动力。模糊的目标往往让人无从下手，而具体而可衡量的目标则能让你清晰地看到自己的进步和成就。想象一下，当你为自己设定了一个明确的目标，比如“在本月完成某一个章节的学习”，这样的目标不仅清晰可行，还能激发你的内在动力。随着每一步的成功，你的自信心也在逐渐增强，形成了一种积极的循环。

2. 可行的计划　目标的实现并不意味着一味地冲刺，而是需要一个清晰且切实可行的计划。将大目标拆分成多个小步骤，犹如把一座高山分成多个易于攀登的小丘陵，这样的方式不仅让整个过程变得更加清晰可控，还能让你在每个阶段都感受到前进的喜悦。你可以为每一个小步骤设定一个具体的完成日期。这样，当你完成每个小目标时，都能获得成就感，仿佛在为自己戴上一个小小的胜利勋章。这种正向反馈让你在过程中保持动力，而不是因为目标的庞大而感到气馁。

3. 及时的反思　在实现目标的过程中，自我反思也是一个不可或缺的环节。在达成一个目标后，花些时间评估整个过程是极为重要的。问问自己：哪些方法奏效了？哪些策略可能需要调整？这种深入的思考不仅能帮助你进一步理解自己的优势，还能培养你在面对未来挑战时的灵活性和自信心。你会发现，这种反思过程就像是给自己上了一堂宝贵的课，让你在下一次设定目标时更加胸有成竹。

通过这样的方式，利用个人优势设定目标不仅能让我们在追求过程中体验到满足感，还能为我们的成长提供源源不断的动力。每一个目标的达成都在为未来铺路，随着你不断前行，未来的可能性也将变得更加广阔。因此，抓住自己的优势，开始制定并实现目标的旅程吧！在这条路上，会有许多值得期待的风景，等待着你去探索。

三、个人优势助力成长

个人优势就像是我们人生旅程中的秘密武器，不仅是你的天赋与才能，更是你在成长道路上不可或缺的力量源泉。当我们能够识别并运用自己的优势时，生活似乎变得更加丰富多彩，挑战也会变得更容易应对。

1. 发现个人优势的意义　当你发现自己的优势后，首先会感受到自信心的提升。在某个领域的出色表现会大大增强你的成就感。比如，如果你擅长沟通，能够在小组讨论中清晰地表达想法，那么这种自信将促使你在未来的交流中更加主动。每一次积极的反馈都会让你变得更加从容，进一步巩固你的自信心，推动你勇敢面对新的挑战。

这种增强的自信心，也会直接影响你的学习效率。当你专注于自己擅长的领域，学习的过程会变得轻松而愉快。如果你的优势在于创造力，那么在项目设计中，你会灵活运用各种独特的想法，这不仅能提升学习成果，还能让你体验到创造的乐趣。你会发现，找到自己的优势领域并投入更多的精力去学习，不仅能更快掌握知识，还能激发出更多的热情与动力，让学习成为一种享受而非负担。

不仅如此，充分利用个人优势还能帮助你更好地应对压力与挑战。当困难来袭时，认识到自己的优势会让你更加自信地面对问题。例如，如果你擅长分析和逻辑思维，面对复杂的挑战时，你会以冷静的态度去拆解问题。这种能力让你能在逆境中保持镇定，寻找突破的机会，使压力成为推动你成长的动力。这种积极的心态不仅让你在面对挫折时不轻易放弃，也帮助你在解决问题时更加游刃有余。

个人优势在职业发展中同样具有重要意义。了解自己的优势能帮助你做出更明智的职业选择，找到适合自己的发展道路。当你知道自己在某种技术能力上有特长，你可以有针对性地选择相关的课程和实习，提升自己的专业能力。在职业发展中，发挥自己的优势意味着你能在工作中表现突出，获得更多的认可和机会。这不仅提升了你的职业满意度，还能促进你在职场上的快速成长。

2. 利用个人优势　在探索个人优势的过程中，我们不仅要学会如何认识自己，更要学会如何将这些优势转化为成长的动力。每个人的优势都是独一无二的，它们是我们与众不同的标志，也是我们在面对生活挑战时的支撑。

通过识别和利用自己的优势，我们可以在学习、工作和人际关系中取得更大的成就。当我们在生活的不同方面充分发挥这些优势时，积极的心态会逐渐取代消极的情绪，让我们在挑战中找到乐趣，迎接每一个新机会。

成长从来不是一蹴而就的，而是一个不断探索和实践的过程。拥抱自己的个人优势，勇敢地面对挑战，不断地反思和调整，我们就能在这条成长的道路上越走越远。最终，我们会发现，个人优势不仅为我们指引了方向，更为我们的未来铺就了无限可能。

专栏 13-7 积极心理的美好旅程

在生活的舞台上,我们每个人都是自己的主角。积极心理就像是一扇窗,让我们看到更多的可能性和积极的面向。想象一下,当你在拥挤的城市中行走,突然被一缕阳光洒在脸上的温暖感动,这一瞬间就是积极心理所提倡的“活在当下”。这种对小事的敏感和感激,能够让我们在繁忙的生活中找到片刻的宁静。

积极心理告诉我们,幸福并非遥不可及,它往往藏在我们日常生活中的每一个细节。你或许会发现,和朋友共享一杯咖啡的快乐,或是在忙碌中抽出时间去阅读一本书,这些瞬间都是我们幸福的源泉。培养感恩的心态,可以让我们更加关注这些美好的体验,帮助我们在生活中建立积极的反馈循环。

此外,我们也不要忘记心流体验的力量。当你沉浸在某项活动中时,完全投入、全心享受,这就是心流状态。在这一刻,时间仿佛停止了,所有的烦恼都烟消云散。寻找这样的体验,可以让我们在生活中获取到真正的满足感和成就感。无论是画画、运动还是编程,这些都是让我们体验生活深度的方式。

积极心理也鼓励我们去探寻自我潜力。我们每个人都有无限的可能性,只需勇敢地迈出那一步。无论是学习新技能、追求梦想还是克服恐惧,积极的心态都是我们最强大的支持。在这个过程中,尝试去接受失败,把它视为成长的一部分。正是这些经历塑造了我们的个性,使我们变得更加坚韧和成熟。

当然,生活并不总是一帆风顺,消极情绪同样是我们的一部分。积极心理并不是要我们忽视这些情绪,而是教会我们如何与之共存。接受自己的脆弱,理解这些感受背后的意义,可以让我们在痛苦中成长。正如一位心理学家所说:“痛苦是生活的必然,而成长则是我们选择的方向。”

希望你能将积极心理的理念融入日常生活中。试着在每一天中找到一丝阳光,去感受、去体验、去分享。无论是一次简单的散步,还是和朋友的一次畅谈,这些都可能成为你生活中闪亮的瞬间。未来的路上,愿你能携带积极的心态,迎接每一个新的挑战。因为,幸福其实就藏在每一个我们用心去生活的日子里。

(周　晶)

本章习题　　本章课件

第十四章
心理障碍及其防治

案例 14-1　心理医生手记

已经是晚上10点多，我正在电脑边工作。手机突然响起。

“喂，你好！”我非常亲切地说。

电话那头传来的是一阵压抑的抽泣声，听得出是一位年轻的男性正处于情绪崩溃的边缘。

“你不要着急，慢慢跟我说。”我立刻意识到情况的严重性，于是以更加温和的语气安抚。

那边仍然是抽泣与沉默交织，片刻之后，他哽咽着吐露出内心的绝望：“我不想活了，我想死……”

面对这突如其来的求助，我迅速调整心态：“请告诉我你的问题，我会尽我所能来帮助你。”然而，对方并未立即回应。

为了打破僵局，我尝试性地询问：“你知道我的电话号码，你是本校的学生吗？”

“嗯……”

在得到对方肯定的答复后，我进一步表明身份：“既然你选择给我打电话，那就说明你信任我。我既是心理医生，也是一名教师，我相信任何问题都有解决的办法。你不妨敞开心扉，和我聊聊你的困扰，我会尽力帮助你。”

在我的耐心劝慰下，对方逐渐平静下来，开始向我倾诉他的悲伤与痛苦。他描述了自己心情的低落与无助，仿佛被无尽的黑暗所笼罩。

我认真倾听，并适时地给予回应：“你正在经历的情绪障碍并不复杂，它是可以治愈的。”

对方虽然不语，但我能感受到他内心的波动。于是，我进一步鼓励道：“你要知道，所有的疾病都有治愈的可能。你的问题我也有能力帮你解决。你周六下午可以直接来我的门诊找我。我会在那里等你。”

对方终于给出了肯定的答复：“嗯……”

"你能告诉我你的主要个人信息吗?"

他告诉我自己的年级和专业信息,并表示愿意前往我的门诊接受治疗。

我继续予以安慰,巩固关系,并告诉他去门诊的地址及注意事项。

思考题

(1) 你能看出这位大学生的心理问题吗?

(2) 他的心理痛苦有可能是哪种心理障碍?

时代寄语:人生旅途并非一帆风顺,真正的心理健康也不是没有阴霾的晴空,要学会在浪潮中翩然起舞,在不确定中寻找确定,在解构中重建意义。希望大学生们在这个充满无限可能和变幻的时代能永远保持好奇与敬畏之心,坚定人生方向。

第一节 心理障碍概述

一、什么是心理障碍

人的心理活动宛如江河之水川流不息,时而风平浪静,时而汹涌澎湃;既有碧波荡漾,也有暗礁浊流。这意味着我们每一个人,无论是凡人、伟人还是明星等,在享受着阳光灿烂感觉的同时,也体验过刻骨铭心的痛苦,而这些痛苦可能达到严重影响生活、学习和工作的地步。我们将这些表现各异且程度不等的非正常的心理活动统称为心理障碍(mental disorder),也称之为精神障碍、异常心理、变态行为和行为障碍等。狭义的心理障碍是指达到"病"的程度并符合症状或综合征诊断的类别。而我们日常生活中的心理问题一般属于正常心理活动的波动范畴,是由现实因素导致的心理不健康状态,表现为暂时性的情绪困扰、适应性困难或发展性挑战,通常持续时间不超过3个月。个体的正常生活、学习及社会交往虽然受到部分影响导致效率下降,但仍能基本维持,可以通过自我调节、社会支持或短期心理咨询得到有效缓解。只有当个体长期处于压力状态且缺乏有效干预时,才可能发展为临床意义上的心理障碍。

其实,人的正常心理和异常心理是相对的。人的心理状态几乎在每时每刻都随着外界环境的改变而不断地变化,并且也随着某些内在的生理心理环境的改变而变化。无论从人类生命发展历程的纵向观察,还是从心理现象展开的横断面考察,都不存在心理上始终处于一成不变、完美无缺状态的人。同样,在心理活动的所有方面完全变态的人也基本上不存在。正常心理和异常心理是一种相互交叉、相互移行、相互转化和不断演变的动态过程,人的心理健康状态也只能是不断变化和相对稳定的连续体。如果把这一连续体的一端假设为最佳的心理健康状态,另一端假设为最严重的变态,中间则是一个渐变的序列。我们每一个人在其生命过程中,在心理现象的各个方面,都可能在这条轴线上的一定范围内不停地移动着,直至死亡。心理的正常及其偏移状态是生命的组成部分,正常心理与异常心理是相对过程。

当一个人出现心理异常时，有时非常明显而强烈，让人一目了然，有时却十分复杂，特别是对于那些尚处于潜伏期或早期的、症状轻微到难以觉察到的异常，判别其心理活动的正常与否有时是非常困难的。而目前医学和心理学尚未找到区别两者的生物学指标和绝对的社会学标准。这就使得我们对异常心理要保持必要的警惕性。

二、心理障碍的特征

心理障碍是许多不同种类的心理、情绪和行为失常的统称。了解心理障碍的特点有利于我们对异常心理的识别，也有利于心理健康的维护。

1. *心理障碍是统计学的偏移*　判断一个人的心理是否正常，一个常用的方法是将他的行为与社会上的大多数人进行量化比较，看是否一致，如果不一致就有可能是不正常。这种数量化研究和描述的方法称之为统计学标准。此观点认为，人的行为是呈正态分布的，大多数人的行为处于中间状态，变态是少见的行为，即统计学的偏移。按此观点，极端的内向或外向、极度的兴奋或抑郁都不正常。智力低下（mental retardation）主要是以此作为诊断标准的。当一个人的智商小于70时，我们将考虑他的智力不正常。但是，人们的大多数行为是不能定量的，即使是智力，我们只能确定智商低者为异常，而不能认为高于常态分布是异常。

2. *心理障碍是社会规范的偏离*　心理障碍偏离或违反社会规范是显而易见的，例如，反社会人格障碍、某些性变态、精神病人急性期的攻击行为等，他们的行为往往与社会标准相抵触，因此可以用此标准来衡量。但此标准的缺陷不是太宽就是太窄。例如，犯罪分子的行为是违反社会规范的，但目前还不是变态心理诊断系统的内容；而严重焦虑或抑郁通常不违背社会规范，却是明显的异常。此外，文化的多样性显著地影响着社会规范标准。同样的行为，在不同的文化环境中或在不同的历史阶段中都有不同的标准。

3. *心理障碍是个人痛苦的体验*　一个人对自己心理或行为痛苦的主观体验是衡量是否存在心理障碍的重要特征。焦虑、抑郁、恐惧和强迫行为等，是人们经常感觉到的异常心理，也往往是患者求治的主要原因。无论是心理医生还是其他人群，均能意识到有明显内心痛苦体验的人，都存在着不同程度的异常。这是我们在判断心理和行为的正常和异常时使用最多的主观体验标准。但是，此标准不能排除所有的异常，即没有主观痛苦体验的人不一定没有心理障碍。例如，大多数反社会型人格障碍和严重的分裂症患者可能自我感觉良好，而实际上已经有严重的障碍。另一方面，具有主观痛苦的感觉也不一定是变态，例如饥饿或分娩时的体验就不被认为异常，而属于其他情况。

4. *心理障碍是行为功能的异常*　变态行为的重要特征是异常行为导致个人生活领域的心理功能低下（hypofunction）或功能障碍（dysfunction），包括个人社会功能或职业功能、生活能力和人际关系能力等。此特征在变态心理中十分普遍，如智力低下、分裂症、抑郁症等，都有不同程度的功能障碍或低下。行为功能障碍在很多情况下被作为评价心理障碍严重程度的必要条件或标准。当一个人的心理或行为异常尚不足以影响他的职业功能和日常生活时，如果不存在个人痛苦，在大多数情况下，我们不认为该现象具有诊断学意义。但是，对功能低下也存在着如何确定标准和定义问题。例如,对于钢琴演奏这类职业,一般人不能做好也不属于功能低下。因此,这里讲的功能低下,是指那些不能执行或那些按常理应该可以完成的功能障碍,或者是他本来已经具有的功能表现,在非生理变化情况下的明显削弱或丧失。

5. 对上述特征的综合考虑　我们通过上述心理障碍特征的讨论可以发现,每一种标准对异常心理都有相当高的判断价值,但又不能适用于全部情况,没有哪一种标准可以作为判断所有异常心理的必要条件。这说明心理障碍的特点具有多样性和多变性。大量的研究似乎表明,目前专业领域对于"障碍"的定义始终难以达到普遍满意的程度。因此,在鉴别心理活动是否正常时,还要综合考虑、全面衡量,不能仅凭某一标准就断言某种心理活动存在障碍。

思考题

想想除了这些标准,心理障碍可能还有其他哪些特点吗?

三、心理障碍的分类

关于心理障碍的命名、分类和诊断标准等一直是个棘手的问题,迄今为止还没有一种非常完整、科学的体系。目前对心理障碍的描述通常在"症状学"和"疾病学"两个层面上考虑。

(一)心理障碍的"症状学"表现

人的心理活动既是大脑的机能,又是客观现实在人脑的反映。大脑对现实世界的主观反映是通过心理活动的形式表现出来的,谓之心理现象。心理现象又包括心理过程和个性心理两个方面,心理过程是心理现象的动态表现形式,是人的心理活动的发生、发展过程;个性心理是心理现象的静态表现形式,是在心理过程中所表现出来的具有个人特色的、稳定的心理特点。心理障碍实际上是指异常的心理现象,它包括了心理过程障碍和个性心理障碍。心理与精神在心理学中属于同一层含义,心理障碍就是精神障碍,在不同的心理学科中有习惯上称谓的不同。

在这一层面上,是按照心理现象的展开,从心理过程和个性心理两个方面描述心理障碍的基本症状(图14-1)。

(二)心理障碍的"疾病学"表现

在现实生活中,人们出现心理障碍并不仅表现为一个症状,而往往如同躯体疾病一样同时或先后出现多个症状,这些症状有一定的内在联系。即以"综合征"(为多种症状的集合)的形式表现,我们比照疾病对待,意味着有不同类别的"心理疾病"。

对此类心理障碍较为完善的分类系统有两种:一是世界卫生组织(WHO)的《国际疾病和相关健康问题分类》第十一版(ICD-11);二是美国制订的《精神障碍诊断和统计手册》第六版(DSM-6)。我国参照上述分类系统制订了《中国精神障碍分类与诊断标准》第四版(CCMD-4)。目前在精神病学和临床心理学专业领域,广泛采用这些分类系统,使心理障碍的诊断取得较为一致的意见,从而有助于相互间的学术交流和提高治疗水平。

- 心理现象
  - 心理过程
    - 认识过程(知)：感觉减退、感觉过敏、错觉、幻觉、思维障碍
    - 情感过程(情)：焦虑、抑郁、强迫、恐怖、情绪高涨、情感淡漠
    - 意志过程(意)：意志减退、意志增强、精神运动性兴奋或抑制
  - 个性心理(人格)
    - 一般障碍：极端内向、敏感、孤癖、多疑、偏执、自我中心、追求完美、心胸狭窄、嫉妒、自我封闭
    - 人格障碍：偏执型、分裂型、反社会型、冲动型、表演型、强迫型、焦虑型、依赖型

图 14-1　心理障碍的基本症状

第二节　常见心理障碍

一、神经症

神经症是一种主要表现为焦虑、抑郁、恐惧、强迫、疑病、人格解体或神经衰弱症状的心理障碍。以往还包括癔症(歇斯底里)。此类障碍有一定人格基础,起病常受心理和社会因素的影响。临床表现与患者的现实处境并不相称,但患者感到痛苦和无能为力,自知力完整或基本完整,病程多迁延,没有可证实的器质性病变作基础。类似症状可见于感染、中毒、内脏、内分泌或代谢功能障碍和脑器质性疾病,称神经症样综合征。

(一) 焦虑症

焦虑症是以焦虑为主要临床特征的神经症,发作性或持续性地出现焦虑、紧张、恐惧,伴有头晕、心悸、胸闷、呼吸急促、出汗、口干等自主神经系统症状、肌肉紧张和运动性不安。其焦虑情绪并非由具体的或实际的威胁引起,而是一种没有明确客观对象和具体观念内容的恐惧不安的心境。焦虑症者往往体验到一种莫名其妙的恐惧和烦躁不安,对未来有不祥预感,同时伴有一些躯体不适。焦虑症有惊恐障碍和广泛性焦虑两种最主要的临床表现形式。

案例 14-2　焦虑的小萱

小萱,一位正值青春年华的二十岁女大学生,近半年来,她的生活被一种难以名状的阴霾所笼罩。她常常陷入一种突如其来的紧张与恐惧之中,这种情绪如同潮水般汹涌而来,让人措手不及。而这样的发作几乎每天都会上演一至两次,每次持续的时间为5～10分钟,这段时间对她而言,是漫长的煎熬。

每当莫名其妙的紧张、恐惧笼罩心头,小萱的心脏便开始剧烈跳动,仿佛要跳出胸膛一般,同时伴随着呼吸急促和胸闷的感觉,让她感到窒息般的难受。她的思绪如同乱麻,心神不定,焦躁不安的情绪如同野火燎原,难以遏制。更让她痛苦的是,那种仿佛大祸即将临头的预感,让她感到无比的绝望和无助。

诊断:惊恐障碍。

1. 表现　主要表现有如下两个方面：

（1）惊恐障碍：惊恐障碍（panic disorder，PD）又称“急性焦虑”，是一种以反复的惊恐发作（panic attacks）为主要原发症状的神经症。这种发作并不局限于特定的情境，因此具有不可预测性。其典型表现是发作常突然产生，患者处于一种无原因的极度恐怖状态：呼吸困难、心悸、喉部梗塞、震颤、头晕、无力、恶心、胸闷、四肢发麻，有“大祸临头”或濒死感。此时，患者面色苍白或潮红、呼吸急促、多汗、运动性不安，甚至会做出一些不可理解的冲动性行为。病情较轻者可能只有短暂的心慌、气闷，往往试图离开自己所处的环境以寻求帮助。

急性焦虑发作历时很短，持续时间为数分钟至数十分钟，很少超过 1 小时，然后自行缓解。在发作间歇期，患者常因担心再次发作而惴惴不安，产生期待性焦虑，同时主动回避某些活动，如不愿独自外出，对日常生活造成了干扰。在躯体方面，患者往往害怕自己因为心脏或呼吸系统疾病导致死亡。不少人认为心悸以及心前区疼痛是心绞痛发作，约 20%发作时有晕厥表现。由于发作时过度换气，有可能引起呼吸性碱中毒，从而出现其他与之相关的症状。

（2）广泛性焦虑障碍：广泛性焦虑障碍（generalized anxiety disorder，GAD）又称“慢性焦虑”，是指一种以缺乏明确对象和具体内容的提心吊胆和紧张不安为主的焦虑症，是焦虑障碍最常见的表现形式。患者长期过度担心各种日常生活事件，但这种担心与现实不符，难以忍受又无法摆脱，为不存在的危险担惊受怕、坐立不安、心烦意乱，因而感到痛苦。

典型表现为表情紧张，双眉紧锁，姿势僵硬而不自然，常伴有震颤，皮肤苍白多汗。同时有程度不等的运动性不安，包括无效小动作增多、不能静坐等。由于高度紧张与不安，患者的警觉性显著增强，对外部环境中的刺激表现出强烈的惊跳反应，注意力难以集中，进而使得记忆力和思维能力下降。因交感神经功能亢进，患者出现呼吸急促，胸闷、口干、上腹不适、心动过速、胀气、尿频和尿急等躯体性焦虑症状，常伴有睡眠障碍，如入睡困难。也可因肌肉紧张而出现紧张性头痛、肌肉紧张痛（如腰背痛等）、双手轻微震颤等。

2. 治疗　焦虑障碍的患者常有一定的人格基础，多表现有追求完美、爱面子、对现实期望值过高等特征，有的对躯体健康过分关注，遇事总爱往坏处想，担心结局，长期处于高度警觉中，因此对真实的环境和事实产生歪曲的认知，成为疾病迁延不愈的原因。所以认知心理治疗对于焦虑障碍治疗是必要的。此外，行为治疗对惊恐障碍患者的回避性行为和预期焦虑有明显的疗效。抗焦虑药物、抗抑郁药也有较好的疗效，但要在医师指导下应用。

（二）强迫症

强迫性障碍（obsessive compulsive disorder，OCD）或强迫症的特点是有意识的自我强迫与反强迫同时存在，二者的尖锐冲突使患者焦虑和痛苦。患者体验到冲动或观念系来自自我，大部分患者意识到强迫症状是异常的，但无法摆脱，少部分强迫症个体可能有时对所持有的观念坚信不疑，达到妄想程度。强迫症的部分患者病情能在一年内缓解，超过一年者通常是持续波动的病程，可达数年甚至更长。强迫症状严重或伴有强迫人格特征及持续遭遇较多生活事件的患者预后较差。

案例 14-3　阿弦的担心

阿弦 24 岁，大三学生。患者生性细致胆小、做事谨小慎微、力求完美，遇到不如意的时候又容易急躁。半年前某日，患者听说校园里某人骑自行车从山坡上往下冲的时候，不小心撞上行人致行人死亡，此后患者骑车便愈加小心翼翼，总担心万一撞伤人怎么办？渐渐患者不自觉地减少了骑车的频率，最后甚至不敢骑车了。于是将自行车卖给一位同学，回头一想又甚觉不妥，万一此同学骑车撞了人，由于自行车是自己卖的，终不能脱干系，于是又将自行车索回，趁月黑风高夜晚将车弃于垃圾场。回寝室后，仍于心不安，万一被人捡回去骑上它撞了人怎么办？于是又起床赶往垃圾场，幸亏车子还在，患者暗自庆幸。于是花钱请人将车子折成小块分别抛弃，尽管如此，患者仍心有余悸，万一有人将零部件捡回又装配成车，骑上它撞了人怎么办？现在已无法回收了，于是患者上街或在校园里总是关注周围有没有人骑着自己曾经拥有的那种车子。患者也深知此举多余，担心的过分和不必要，但又苦于无法克服，为此非常痛苦。现在阿弦又开始担忧电饭锅的事情。前些日子，阿弦买了一只电饭锅，尽管没出现任何故障，患者还是担心万一漏电怎么办？于是收起来，又担心同室的同学拿出来用被电了怎么办？于是送回家，同样担心家里人被电了怎么办？要求家人送回学校再毁掉，家人觉得甚是可惜，借口已扔掉不肯送回。于是患者再一次陷入轮回的痛苦中。在医院的各项检查中，患者并无其他疾病，精神状态除强迫观念和强迫行为外，无其他精神病症状，自知力完整。

诊断：强迫症。

1. *表现*　强迫症状主要有两类表现方式：强迫观念和强迫行为，有的则两者同时存在。

(1) 强迫观念：强迫观念或强迫思维是本症的核心症状，最为常见。主要表现是患者反复而持久地思考某些并无实际意义的问题，既可以是持久的观念、思想和印象，也可以是冲动念头，通常与焦虑有关。这些体验虽不是自愿产生，但仍属于患者自己的意识。患者力图摆脱，却摆脱不了，并因此十分紧张苦恼、心烦意乱、焦虑不安，还可出现一些躯体症状。

(2) 强迫行为：强迫行为是反复出现的行为或仪式，个体往往感到自己是被迫执行这些重复行为或精神活动，以此来应对强迫思维，满足必须严格遵守的规则，或追求一种所谓的“完整”感。外显的强迫行为如清洗、检查和摆放物品等。而内隐的强迫行为则可能包括为避免不良后果而在心中反复默念特定短语，反复回忆以确保自己没有伤害他人以及进行无意义的内心计数。值得注意的是，这些强迫行为与实际的恐惧事件并无直接关联（例如，对称摆放物品以防止伤害爱人这一想法并无现实依据），或者这些行为的表现程度明显超出了正常范围（如每天花费数小时洗澡以预防疾病，这显然是不合理的）。

2. *治疗*　主要有心理治疗和药物治疗两种方法。高度结构化的心理治疗效果要优于药物治疗，例如暴露反应预防（exposure and response prevention，ERP）。研究表明，无论是否合并药物疗法，ERP 都比单纯的药物治疗有效。药物治疗对 OCD 的有效率为 50%～80%，目前使用最多的是新型抗抑郁药。

新近的研究表明，心理治疗与药物治疗的结合治疗效果较好，能明显地提高其对治疗的依从性，有利于树立患者对治疗疾病的信心和耐心。

（三）恐惧症

恐惧症（phobia）是指患者对某种客观事物或情境产生异乎寻常的恐惧紧张，并常伴有明显的自主神经症状。患者所表现出的恐惧强度与他所面临的实际威胁极不相称，患者明知这种恐惧反应是过分的或不合理的，但在相同场合下仍反复出现，难以控制。由于不能自我控制，因而极为回避所害怕的事物或情境，影响正常的社会活动。

案例 14-4 裴非的心病

裴非 19 岁，大学二年级，在家系独生子，父母均为教师，家教严格。患者从小听话，胆小而羞怯，自律而严谨，上大学后与同寝室的一位同学交情深厚，两人无话不谈。某一次，同学告诉患者，可以通过手淫的方法缓解性欲，并且自己就有手淫的习惯。患者感到非常惊奇和刺激，手淫的冲动挥之不去，不久后的一天，患者独自一人在寝室，终于有了第一次手淫，感到无比的快慰和刺激。此后患者便日益频繁起来，但又觉得手淫于身体有害，而且有悖自己一贯的信念和主张，为此感到焦虑和不安，可又欲罢不能，内心无比的挣扎；上课注意力无法集中，想到自己手淫之事便心发慌，脸发红，呼吸急促，手足出汗；生怕被班上同学窥出自己内心的阴暗，渐渐不敢到公共场所、课堂、饭厅、图书馆以及人多的场合，主动地与同学疏远，连自己最要好的同寝室朋友也不再来往；迫不得已要在班上发言或出席公共场合也会紧张许久，临场还吞吞吐吐、语无伦次、手足无措；害怕与人目光对接、怕被人注视。担心手淫会影响生育，极度地自卑和抑郁，想告诉父母又怕遭到严厉的批评，有时也觉得这样的恐惧毫无道理，但就是无法摆脱。经过检查患者并无其他躯体疾病，对症状也有充分的认识。

诊断：社交恐惧症。

1．表现 恐惧症的表现形式多种多样，按患者所恐惧的对象可分为：物体恐惧症、场所恐惧症和社交恐惧症等。

（1）场所恐惧症：又称广场恐惧症，恐惧的对象为某些特定的场所或环境。如商店、剧院、车站、机场、广场、闭室、拥挤场所和黑暗场所等。患者对公共场所产生恐惧，不敢到这些地方去。因为患者在看到周围都是人时，会产生极度恐惧，担心自己昏倒而无亲友救助，或失去自控又无法迅速离开或出现濒死感等。

（2）社交恐惧症：恐惧的对象主要为社交场合和人际接触，大学生中此种类型较多。患者的核心症状是对人际交往感到紧张和害怕，因而避免和其他人打交道。患者在大庭广众面前怕被人注视，担心出丑，故产生害羞、胆怯、局促不安、尴尬和笨拙。严重者表现面红耳赤、出汗、心慌、震颤、呕吐和眩晕等。病情较轻者害怕见生人，较重者可能因恐怖而回避朋友，与社会隔绝。少数与家人接触也很害羞。因此，患者无法坚持正常上学、工作和社会活动。有的患者害怕与别人对视，怕看别人的眼睛，或担心自己的目光伤人，称为视线恐怖；有的患者害怕与人相处时会脸红或坚信自己见人就脸红，称为赤面恐怖。

（3）特定恐惧症：又称单纯恐惧症。患者所恐惧的对象主要为以上两种以外的特定物体或情境，如动物、鲜血、尖锐锋利的物体或高空、雷电等。最常见的是动物恐惧，害怕猫、老鼠、狗、鸟、蛇或小昆虫等。

2. 心理治疗　包括认知行为治疗和分析性心理治疗等，在各种恐惧障碍特别是社交恐惧中的应用较多，研究证明认知行为治疗对单纯恐惧和非广泛性社交恐惧的疗效较好，分析性心理治疗可帮助患者理解恐惧症状的来源、性质和继发获益的现象，了解其回避性行为产生机制和作用，使患者寻求对付恐惧性对象或情境的健康行为模式。药物治疗主要使用抗抑郁药。

(四) 神经衰弱

神经衰弱的出现常与心理冲突有关，大多起病缓慢，症状呈慢性波动性。因此对于具有易感素质的个体，如果生活中应激事件较多，疾病往往波动且病程迁延。

案例 14-5　难以入睡的女大学生

某女，21 岁，大二学生，一年多时间中因头痛、头昏、失眠、记忆力下降、注意力集中困难、易疲劳和易发火等而入医院检查。患者自高中时起，每晚面壁苦读，但成绩一直不如意。高三时一次“感冒”，使患者有几天不能上学，患者特别焦急，等到上学时，奋起直追，每晚加班加点，心急如焚，最终导致失眠，辗转反侧、夜不能寐，即便入眠也是多梦且易被惊醒；白天精神萎靡，上课注意力难以集中，哈欠连天，浑身酸软乏力，后来服安眠药、健脑药等好转。患者考上大学后，开始阶段还没有出现上述症状，大一的下学期，功课日渐紧张，偏偏又一次“感冒”，患者担心会出现高中时的情形，开始失眠、睡眠浅表、多梦，继而白天困倦、易疲劳。晚上精神反而出奇得好，因此患者为每晚的睡眠而紧张、烦恼、焦虑，感觉自己没有精神，脑子迟钝、记忆力下降、注意力不集中、做事的持久性差，思考问题的效率下降，易出汗，但又无法休息，即便休息了，也不能恢复正常的精神状态；大脑不停地运转，脾气日益变坏，缺乏耐心；有时还头痛、头晕、浑身肌肉酸胀，还有诸如耳鸣眼花、心慌心悸、胸闷腹胀、消化不良、多汗尿频、月经紊乱等，不一而足。这种现象时好时坏、反反复复、此消彼长，挥之不去、招之即来。患者到过多家医院，做过无数检查，结果是检查愈做愈正常，各种不适却愈演愈烈，安眠药、止痛片、健脑丸已是毫无作用了。患者的躯体检查无特殊异常发现；精神检查：神志清楚，充分合作，自知力完整，求治欲强烈。主诉上床久久难以入眠，稍有声响便自惊醒，一夜过来，晚间发生的一切似乎全都知道。上课不能聚精会神听讲，思想容易开小差，老师所讲的内容转瞬即忘。脾气急躁，易发火，为鸡毛蒜皮小事而争吵，事后无比后悔。未发现记忆障碍和精神病性症状。给予常规化验亦均正常。

诊断：神经衰弱。

1. 表现

(1) 脑功能衰竭症状：表现在两个方面：一是精神容易兴奋、易激惹，如联想和回忆增多，难以自制，注意力涣散，感觉过敏；二是精神易疲劳、脑力下降，用脑稍久便感到十分疲惫，记忆力差，注意力不集中，整天昏头昏脑，严重者只要用脑就觉得头疼脑胀，致使学习和工作效率明显下降。

(2) 情绪症状：主要有易激惹、烦恼、情绪紧张和控制力低，可导致人际关系失调，常伴有继发性焦虑。一旦精神兴奋与情绪症状结合,则回忆和联想的内容几乎都是不愉快的事,连绵不绝。

(3) 心理生理症状:主要表现为睡眠障碍和自主神经功能紊乱。白天无精打采,昏昏沉沉,全身酸痛或头痛等,夜间则兴奋不眠。自主神经功能紊乱表现为头痛、心悸、多汗、胸闷、气短,食欲不振,消化不良,便秘或腹泻,尿频,月经不调等。

2. *治疗* 对神经衰弱的治疗多采用综合性措施,其中心理治疗是最主要的。支持性心理治疗和认知疗法等,帮助患者端正对疾病的认识,树立信心,缓解过分焦虑,认识致病原因和机理以及治疗的知识是非常重要和有效的。如果有失眠、焦虑和抑郁,也可配合使用小剂量药物。

思考题

上述几种神经症有哪些相同和不同点?

二、创伤与应激障碍

(一) 急性应激障碍

急性应激障碍(acute stress disorder,ASD)又称急性应激反应(acute stress reaction),是由于突然发生强烈的创伤性生活事件所引起的一过性精神障碍。ASD 可发生于任何年龄,但多见于青年人。本病病程短暂,一般在几小时至一周内症状消失,最长不超过一个月,恢复后病情可有部分或大部分好转,预后良好。

1. *表现* ASD 是遭遇创伤性事件后的一过性状况,一般在应激性事件后几分钟至几小时后出现症状,临床表现有较大的变异性。主要表现为强烈恐惧体验的精神运动性兴奋或精神运动性抑制,行为有一定的盲目性。ASD 的表现具有多样性,按照临床优势症状的表现可划分为以下几种:

(1) 反应性朦胧状态(reaction twilight state):主要表现为定向障碍,对周围环境不能清楚感知,注意力狭窄。患者处于精神刺激的体验中,表现紧张、恐怖,难以交流;有自发言语,缺乏条理,语句凌乱;行为混乱,无目的性,偶有冲动。可出现片段的心因性幻觉。约数小时后意识恢复,事后有部分或全部遗忘。

(2) 反应性木僵状态(reactive stupor state):以精神运动性抑制为主要表现。目光呆滞,表情茫然,情感迟钝,呆若木鸡,不言不语,呼之不应;对外界刺激无反应,呈木僵状态或亚木僵状态。此型历时短暂,多数持续几分钟或数小时,不超过 1 周;多有不同程度的意识障碍,有的可转入兴奋状态。

(3) 反应性兴奋状态(reactive excitement state):以精神运动性兴奋为主,有强烈情感反应。情绪激越,情感爆发,可有冲动伤人、毁物行为。一般在 1 周内缓解。

(4) 急性应激性精神病(acute stress psychosis):也称急性反应性精神病(acute reactive psychosis)。是强烈并持续一定时间的精神创伤事件直接引起的精神病性障碍。临床以妄想或严重情感障碍为主,反应内容与应激源密切相关,易于理解。呈急性或亚急性起病,历时短暂,一般在 1 个月内恢复,经治疗预后良好。

2. *治疗*　治疗干预的策略因病人和创伤性事件的特点有所不同，其基本原则是及时、就近、简洁和紧扣问题。

首先要使病人尽快脱离创伤情境，以最大限度地避免进一步的刺激。接着与患者适当地讨论问题，以减少可能存在的消极评价。教给患者的应对知识，鼓励他们勇敢面对，并给予保证。还要尽可能动员社会支持系统，提供更多的帮助。必要时可以采用药物对症治疗作为辅助手段，在改善症状的同时为心理治疗作准备。一旦情况有所好转，应鼓励病人逐渐面对与创伤性事件有关的情景并恢复工作。

（二）创伤后应激障碍

案例 14-6　他陷入传销不能自拔

小浩，30 岁，销售人员，因紧张、担心、警觉性增高、失眠、噩梦，易受惊吓一年余来到心理咨询门诊。

小浩 3 年前误入某传销组织，并逐渐成为级别较高的骨干，一年前慑于公安机关对传销的打击，欲脱离“组织”。就在计划逃离的当天夜晚受到传销组织上级“领导”的恐吓，又听说民警已经进入小区，即将行动，他当时非常害怕，认为不管被警察还是“组织”抓去，都会受到严厉的惩罚。好不容易在朋友的帮助下逃脱，小浩辗转到北京某企业工作，半年后逐渐出现心理异常，紧张、害怕、“全身发紧”，失眠，主要为入睡困难，经常做噩梦，几乎都是与传销有关；不愿看到与传销有关的电视节目、书报等，也不能提及传销有关的事；常在大街上把陌生人当作自己的上线，非常恐惧，但仔细一看又不是；有时在家感到窗帘在动，也很害怕；十分担心同事知道自己以前的事，

目前，小浩尽量回避与他们的交往。工作效率明显下降，对生活和未来失去信心，但无自杀意念；极力想改变处境，却无能为力。

诊断：创伤后应激障碍。

创伤后应激障碍（post-traumatic stress disorder，PTSD）是一种与遭遇威胁性或灾难性心理创伤有关，并延迟出现和（或）长期持续的精神障碍。患者常出现反复的创伤性体验、持续的警觉性增高、持续地回避等。

1. *表现*　PTSD 主要表现为在重大创伤性事件后出现闯入性症状、持续性回避和警觉性增高等三大核心症状。患者以各种形式重新体验创伤性事件，有驱之不去的闯入性回忆，频频出现的痛苦梦境。有时可见病人仿佛又完全身临创伤性事件发生时的情境，重新表现出事件发生时所伴发的各种情感，持续时间可从数秒钟到几天不等，称为闪回（flash back）。病人面临、接触与创伤性事件相关联或类似的事件、情景或其他线索时，通常出现强烈的心理痛苦和生理反应。事件发生的周年纪念日、相近的天气及各种场景因素都可能促发病人的心理与生理反应。患者对创伤相关的刺激存在持续的回避。同时，还有被称为“心理麻木”或“情感麻痹”的表现。另外一组症状是持续性的焦虑和警觉水平增高，如难以入睡或不能安眠。警觉性过高，容易受惊吓等。

2. *治疗*　对于急性 PTSD 主要采用危机干预的原则与技术，侧重于提供支持，帮助病人接受所面临的不幸与自身的反应，鼓励病人面对事件，表达、宣泄与创伤性事件相伴随的

情感。治疗者要帮助病人认识其所具有的应对资源,并同时学习新的应对方式。治疗中不仅要注意症状,还要识别与处理好其他并存的症状。各种形式的心理治疗在PTSD治疗中都有报告,比较公认的效果有焦虑处理、认知疗法和暴露治疗等。此外,还需要注意患者的社会支持情况,必要时对症使用小剂量药物。

(三) 适应障碍

适应障碍(adjustment disorder)是指在紧张性生活事件的影响下,由于个体素质及个性的缺陷而导致对这些刺激因素不能适当地调适,从而产生较明显的情绪障碍、适应不良的行为障碍或生理功能障碍,并可使社会功能(正常工作及人际关系)受损。适应障碍一般在紧张性刺激因素的作用下3个月内发生,持续的时间较长,但一般不超过半年。随着刺激因素的缓解以及个体的不断调试,适应障碍也会逐渐缓解。

案例14-7 大学生活为何这样难过

小岑,女,19岁,大学一年级新生,近两个月来出现上课注意力不能集中、学习效率及学习成绩下降、失眠、心情烦躁、情绪低落,不愿与人交往,因此寻求心理医生的帮助。

小岑是独生子女,家庭条件优越,父母视其为掌上明珠、倍加宠爱,但管教很严,父母包办了她的生活,但要求她学习成绩要好。小岑自幼聪明,学习成绩优良,但性格内向、胆小,不与人交往,上大学以前从未洗过衣物,甚至连去邮局寄包裹、取汇款这样的事也没有做过。高考录取后的各种手续都由父母办理。到大学后,小岑十分不适应,连最简单的生活小事如取款、洗衣等都不会做,经常出差错。因此她十分沮丧,不知哭了多少次。她十分想家、思念父母,有时一天打几次电话;因不善交往,在同学中也没有朋友。临近阶段考试,小岑感到压力越来越大,整日手忙脚乱,有时找不到干净的衣服可换,甚至不会梳头,也来不及洗脸,考试结果非常不理想。

小岑的情绪非常低落,常独自哭泣,有时连上课也不愿去。经常失眠,白天打不起精神,头昏脑胀,学习效率很低;食欲也变得很差,饭量很小,与入学时相比体重减轻了8公斤。近来小岑打电话给父母说她觉得自己的能力很差,再读下去考试也不会及格,要求退学。

诊断:适应障碍。

1. 表现　适应障碍的主要临床表现为情绪障碍,如焦虑、抑郁,也可表现为适应不良行为(包括品行问题和行为问题)及生理功能障碍如失眠、食欲不振等。以焦虑情绪为主要表现者可出现紧张不安、神经过敏、担心害怕,同时可伴有心慌气短、消化不良、尿频等躯体症状,社会适应能力也可受到不同程度影响,如注意力不能集中、学习成绩或工作效率下降等;以抑郁情绪为主症者可表现为整日愁眉苦脸、情绪不高甚至对生活失去兴趣,自卑自责,产生无望及无助感,也常伴有食欲减退、睡眠障碍、体重减轻等躯体症状和社会适应能力降低、退缩等表现。根据抑郁情绪持续时间的长短适应障碍可分为短期抑郁反应(发生不足1个月)、中期抑郁反应(1个月至半年)和长期抑郁反应(半年至2年)。

2. 治疗　适应障碍治疗的根本目的要放在帮助病人提高处理应激境遇的能力,早日恢复到病前的功能水平,防止病程恶化或病情慢性化。

首先要评定患者症状的性质与严重程度，了解其诱因、人格特点、应对方式等因素在发病中的相对作用，注意应激源对患者的作用。病前的功能水平和既往处理应激性境遇的经历，也是评定的重要内容，尤其要考虑是否存在不利于预后的危险因素，如是否同时面临多重问题或应激事件持续存在、缺乏支持性的人际关系、存在躯体健康问题、病前功能欠佳等。

对于适应障碍的患者来说，如条件允许可以设法改变当事人所处环境，如转学或休学、暂时回避不良环境等，但根本的考虑是提高当事人的适应能力和耐受性。

心理治疗是适应障碍的主要治疗手段，要根据病人和病情的特点，在指导性咨询、支持性心理疗法、短程动力疗法、认知行为疗法等方法中酌情选用。无论采用哪种心理治疗方法，治疗中都要抓住三个环节：消除或减少应激源，包括改变对应激事件的态度和认识；提高病人的应对能力；消除或缓解症状。抑郁、焦虑较为严重时可以将药物治疗作为辅助手段。

思考题

你适应大学生活花了多长时间？遇到过哪些心理问题？你是如何解决的？

三、人格障碍

人格障碍是指人格特征明显偏离正常，导致患者形成了一贯的、反映其独特生活风貌和人际关系处理的异常行为模式，具体表现为认知内容、情绪发放、冲动行为控制和人际关系等方面的异常。这些异常显著偏离特定的文化背景和一般的认知方式，在患者独自一人或参与社交活动等场合时均是恒定的，明显影响其社会功能与职业功能，造成对社会环境的适应不良，部分病人为此感到痛苦。病人虽然没有智能障碍，但适应不良的行为模式难以矫正，这种行为通常开始于童年期或青少年期，并长期持续发展至成年或终身，仅少数病人在成年后有所改善。人格障碍有多种类型，包括偏执型、分裂型、反社会型、冲动型、表演型、强迫型、焦虑型和依赖型等。

案例 14-8　冲动的他

小雷是一名大一学生，近日与室友因琐事发生口角，冲动之下企图动手伤害对方，最后在家人的陪伴下来到心理门诊就诊。

小雷的父母对他管教严格，常以批评和否定来对待他的行为。尽管如此，小雷在小学时期仍然成绩优秀，还参加各类活动。进入初中后，小雷考入市区一所重点寄宿学校，但发现自己与同学格格不入，常常被室友孤立，因而性格变得孤僻。在此期间，他还患上了咽炎，睡眠质量差，并觉得记忆力受损，于是长期服用中药治疗。这一状况导致他初三时学习成绩显著下滑，高中只得回到老家念书。首次高考，他被一所大专院校录取，却因自认为的记忆力问题而选择放弃入学，决定复读一年。在这一年中，他主要在家休息，通过网络搜索与治疗记忆力相关的资料，自行购买药物服用。直到过完春节，他才开始正式复习，并最终考入现在的学校。

然而，进入大学后，小雷感到自己与老师、同学的关系并不融洽，常常因此感到愤怒，甚至与他人发生冲突。他的学习成绩也不理想，第一个学期便有多门课程不及格。此外小雷的生活独立性较差，初入大学时父母还特地陪伴他几天，并请求同宿舍的同学多加关照。但就在事发当天，因室友提醒他洗漱，小雷竟心生不满，与室友发生口角，并冲动之下企图伤害对方，所幸并未造成严重后果。

诊断：偏执型人格障碍。

（一）反社会型人格障碍

反社会型人格障碍（antisocial personality disorder）亦称“悖德型”“违纪型”和“无情型人格障碍，是目前研究最多的人格障碍类型，也是对社会影响最为严重的类型，多为男性。

反社会型人格障碍的基本特征是高度的攻击性，缺乏羞愧感，不能从经验中汲取教训，行为受偶然动机驱使，社会适应不良等。自幼存在品行问题，如说谎、逃学、吸烟、酗酒、宿夜不归、欺侮弱小；偷窃、斗殴、赌博、破坏财物，无视家教、违反校规、社会道德败坏，或被学校除名、公安机关管教。成年后情感冷漠，甚至冷酷无情，脾气暴躁，自我情绪控制不好，对人不坦率，缺乏责任感，与他人格格不入；法纪观念较差，行为受本能欲望、偶然动机和情绪冲动所驱使，具有高度的冲动性和攻击性；自私自利，自我评价过高，狂热但不动人的行为；对挫折的耐受力差，遇有失利则推诿于客观或者提出一些似是而非的理由为自己开脱，或引起反应状态；缺乏计划性和目的性，经常更换职务；缺乏良知，对自己的人格缺陷缺乏觉知；缺乏悔恨感与羞惭，不能吸取经验教训；多种形式的犯罪倾向。

（二）偏执型人格障碍

偏执型人格障碍（paranoid personality disorder）表现为广泛的猜疑，不信任他人，嫉妒心强，主观偏执，始于成年早期，男性多于女性。患者童年可能遭遇过某种挫折，逐渐出现孤僻、敏感、社交焦虑或恐惧。成年早期可出现多疑，常因受点小批评而产生别人要害自己、要整自己的幻觉。患者常常诉说自己在成长过程中受到过亲人的伤害，在自己的心中为伤害自己的亲人刻画一个丑陋的客体形象，并将这些客体投射出去以作为自我防御。内心的仇恨会使这类人格障碍把别人描述成十分危险的敌人。他们心胸狭隘，言语刻薄，好嫉妒，不信任他人，做事主观，好胜心强，自尊心也强，对别人的成绩易产生嫉妒，对自己的过错很难让其承认，对批评易记仇，看问题主观片面，易产生某些超价观念，容易发生病理性嫉妒。在遇到生活事件后人格障碍会更加严重。

偏执型人格障碍的经过是漫长的，有的终生如此，有的可能是偏执型分裂症的前奏。随着年龄增长，人格趋向成熟或应激减少，偏执型特征大多缓和。这类患者不同于分裂型人格障碍病人或分裂症患者，因为他们能够从自我的幻想中很快地进入现实，从而避免了过激的行为。

（三）表演型人格障碍

表演型人格障碍（histrionic personality disorder）又称癔症型人格障碍或寻求注意性人格障碍，这是以过分情感用事，或以夸张的言行和自我表演来吸引他人的注意以及暗示性增高为特点的人格障碍。女性多见，男性年龄多在25岁以下，并且往往伴有酒精中毒、药物依赖和职业不稳定等。患者常以自我为中心，自我放纵，情绪不稳。他们常常利用夸张的情绪释放模式，以取得周围人尤其是异性对自己的注意。他们的自我表演性大大超过了生活的特征，似乎在扮演生活的一部分，而不是自己本身。当他们不被别人注意时，会表现出不快，甚至抑郁。他们好炫耀自己，不断渴望受人称赞，喜欢追求刺激，有的甚至通过卖弄或调情来吸引异性，但性生活被动，常常是伴随性挑逗和性冷淡；他们对别人则不关心，但又易过分轻信，易受别人暗示，依赖性强，富于幻想。有的在不如意时可表现为各种躯体不适和病症，但又与生理规律不符，其目的是引起别人的注意，关心和同情。他们的病态中心思维认为自己不能被别人忽视，在公众场合更是如此。他们在公众聚集中(如开会时)言辞富有情绪和感染力，也会用言语打击对手和同伴。这些与强迫型人格障碍的刻板和逻辑性表达正好相反。

此类人格障碍与癔症有一定的关系。癔症的病前人格为表演型者约20%，但非常严重的表演型人格障碍却可终生不发生癔症。表演型人格亦可为抑郁症和焦虑症等病前特征。表演型人格障碍常常合并有双相情感障碍、恐惧症、性心理疾病(如施虐)和分裂症等。

(四) 强迫型人格障碍

强迫型人格障碍(compulsive personality disorder)患者过分寻求完美，做事循规蹈矩，刻板固执，缺少灵活性、创新性和效率。他们对人对己都过于严格，做事谨小慎微，要求十全十美，但又优柔寡断，缺乏自信。因过度注意细节或反复核对而忽视全局，延误时间，降低工作效率，影响人际关系，使他们经常处在紧张和焦虑之中。他们的婚恋也由于自己过分挑剔而延误。有的进一步发展成强迫症。

强迫型人格障碍与强迫症不同，并不是所有强迫症中都合并有强迫型人格障碍。强迫症患者因强迫意念(obsession)或行为(compulsion)而表现出的焦虑恐惧等，在强迫型人格障碍患者的身上表现得较弱；然而强迫型人格障碍患者所强迫的意念或行为对象常常不断变更、此起彼伏。在多数情况下，强迫症患者试图控制住单一的意念或行为，而强迫型人格障碍患者则试图控制自己、别人或人际关系的系统。在强迫型人格障碍患者中，他的超我极为发达，在一定场合内，会压抑住自己因其他刺激引起的愤怒或敌对情绪等，并迫使自己重新回到强迫状态中。

(五) 人格障碍的矫治

俗话说"江山易改，本性难移"，说明人要改变其本性是非常困难的。但是，人能做到改变自己的处境，并可以通过改变处境逐步改变其本性。目前，影响和改变人格障碍的办法主要还是帮助病人发现那些与其性格冲突较小的生活方式。

首先要做好人格障碍的评价。在评价某人的人格障碍时，单纯地贴一种诊断标签没有多大益处，重要的是描述其主要性格特征，这种描述应该包括其优点和癖好，因为治疗就是要帮助病人建立良好的特征和缓解不良习性。

对于大多数人格障碍患者而言，提供恰当的指导和支持往往能够产生积极的效果。针对反社会型人格障碍，可能需要数年的持续指导来逐步改善；而对于其他类型的人格障碍，则可能在数月内通过有效的调整措施实现进步。有些反社会人格的人违法后予以缓刑，这样做有时候在他们丧失治疗愿望的时候可以提供一些有用的监督。

无论是对于人格障碍者还是正常人，不断健全自己的人格，提高心理健康水平是最重要、最根本的。

四、情感障碍

情感障碍或心境障碍是以明显而持久的心境高涨或低落为主的一种精神障碍，其主要表现有两种极端的情绪异常：躁狂或抑郁。两者可单独发生，也可交替出现，甚至同时存在。

（一）躁狂症

案例 14-9　不知疲倦的丈夫

小林，男，33岁，起病前和妻子过着平静的生活。近几个月来逐渐出现异常，不断对妻子说自己浑身充满了精力和新颖的想法，自己干邮差的工作简直是浪费才华，晚上睡得很少，大部分时间全神贯注地“写作”。有一天，很早就出去了，不久又回来了，他告诉妻子，他已辞职，并决定炒股，并要将所有积蓄取出去买股票，认为很快就会成为百万富翁。说完这些，他又出去了，买了许多他认为有用的东西……

在心理门诊里，患者称从来没有如此开心过，简直如同置于天堂中，自己浑身是劲，聪明绝顶，能干许多工作，并想出了很多计划……

诊断：躁狂症。

1. 临床表现　躁狂症(mania episode)又称为躁狂发作，是一种异常夸张的欢欣喜悦或愉快的情感状态，典型表现为心境高涨、思维奔逸和意志行为增强(活动增多)“三高”症状。

(1) 心境高涨：患者主观体验特别愉快，自我感觉良好，整天兴高采烈，得意扬扬，笑逐颜开，不知疲倦，洋溢着欢乐的风采。病人感到天空格外晴朗，周围事物的色彩格外绚丽，自己无比快乐和幸福。患者虽然心境高涨，但情绪不稳，变幻莫测，时而欢愉，时而暴怒，易激动。有的患者以愤怒、易激惹和敌意为特征，可因一点小事暴跳如雷，怒不可遏，甚至有破坏或攻击行为，但瞬间即逝。

(2) 思维奔逸：表现为联想加快，内容丰富多变，自觉思维非常敏捷，思潮犹如大海中的波涛；言语跟不上思维的速度，常表现为言语增多，滔滔不绝，口若悬河，即使口干舌燥，声音嘶哑。但内容肤浅，零乱不切实际，主题易转移，有时出现意念飘忽甚至音联或意联。患者自我评价过高，高傲自大，目空一切，盛气凌人，可出现夸大观念，可以认为自己是最伟大的，能力是最强的，是世界上最富有的。

(3) 意志行为增强：表现为精力旺盛，活动增多，不知疲倦，整天忙忙碌碌，广泛交际。但做事总是虎头蛇尾，有始无终，一事无成；对自己行为缺乏判断力，随心所欲，不计后果，任意挥霍钱财，胡乱送人。如一名患者在一个星期之内花数十万元买了3辆汽车；一位平时节俭的16岁女孩，在一天之内花光了3000多元，其中太阳镜就买了60副，却没意识到这些东西太多，也不能意识到无力偿还债务；一中年女士将一条价值3000余元的金项链送了人，引发了一场官司。患者还注意穿着打扮，喜欢招引别人的注意，举止轻浮，好接近异性，性欲亢进。

(4) 躯体症状：患者很少有躯体不适主诉，食欲增加，睡眠减少。因患者极度兴奋，体力过度消耗,容易引起失水,体重减轻等症状。

躁狂发作可伴有或不伴有精神病性症状,精神病性症状最常见的有夸大妄想、被害妄想等,也可出现与心境一致的幻觉如幻听、幻视。

2. *治疗*　治疗方法主要涉及生物治疗和心理治疗两大类。一般而言,急性期主要以药物治疗为主,可酌情选用抗躁狂药、抗精神药和心境稳定剂。恢复期要加大心理治疗的分量,或将二者结合应用往往能获得更好的疗效。

专栏 14-1　轻躁狂性格

富兰克林·罗斯福,美国历史上唯一连任 4 届的总统。在从 1933 年至 1945 年的长达 12 年的任期中,他把美国从经济大萧条中拯救出来,建立了福利国家模式;在二战中,他把孤立主义的美国变成世界大联盟的领导者,由于他的提倡,世界上才有了联合国。罗斯福在美国国民心目中排在历届总统中的第三位,排在他前面的是美国的国父华盛顿和美国内战中力挽狂澜的林肯。建立下如此功业的杰出政治家在工作上是一位事必躬亲的人,他总有不枯竭的旺盛精力,不断地想出新点子,执行新计划。一本对美国历届总统性格进行分析的书中描写罗斯福生平就喜欢铤而走险,孤注一掷,年轻时他曾因一时冲动就投巨额资金涉足温泉产业。精力旺盛是轻躁素质的最佳"副产品",而冲动、多动则是这位伟大总统轻躁狂性格的典型体现。

性格中的这一点点疯狂的因子,更容易给他们带来现代人所希冀的成功。他们能一无所有还感觉很幸福,他们精力充沛,积极乐观。轻躁状态下人们不但情绪高昂,而且思维敏捷、精力充沛、富有自信、积极乐观、热情开朗、工作效率高的同时睡眠却减少……他们就是人们梦寐以求、想要成为的超人,很多优秀的作家、作曲家和画家,如海明威、伍尔夫、舒曼及梵高等也都是在轻躁期创作下了最多、最优秀的作品。与常人不同,成功人士们会长期处于一种非常轻微的躁狂状态(重躁狂状态下反而一事无成)。

有轻躁素质的人比一般人更容易发展成为躁狂抑郁症患者。

(二) 抑郁症

抑郁症(depressive disorder)又称之为抑郁障碍,是以抑郁心境或快感缺失为特征的一种心境障碍,抑郁症患者常有兴趣丧失、自罪感、注意困难、食欲丧失和有死亡或自杀观念,其他症状包括认知功能、语言、行为、睡眠等异常表现。据 WHO 统计,全球有超过 3.5 亿人受抑郁症困扰,抑郁症已成为世界第四大疾病。2023 年,全球精神障碍疾病负担更加沉重,重度抑郁症的病例增加了 27.6%,抑郁症患者激增 5300 万。

案例 14-10　自责的黛玉

黛玉(化名),23 岁,大专学生。出现自责、失眠、自我评价低和自杀念头等一月有余。患者临近毕业,参加几处人才招聘会。感到就业压力大,后悔当初只考取大专,学习又没有刻苦努力,致使自己面临窘境。毕业后自己与男友将各奔东西,自己把握不了自己的前途与命运,为此沮丧、失望。渐致失眠、纳差、无端自责、遇事犹豫不决,不如过去的果断和从容。自我评价低,觉得自己没用,一切都不如别人,记东西记不住,头脑反应慢,仿佛粘滞住了；身体也变得非常虚弱，动不动就出虚汗。吃东西不消化，阻塞在胃内饱胀难受；睡眠浅，恶梦连连，早醒，每天清晨是一天最难熬的时光，痛苦不堪，恨不能找一处地方大哭一场；白天精神萎靡不振，整天都疲惫，对任何事情都不感兴趣，过去最喜欢与男朋友一道上街，如今整天躺在床上；言语明显减少，不爱与人谈心，当别人主动关心自己时，自己也是非常冷淡。近日来屡屡想到自杀，甚至想到如何悄悄地死，不致让男友或家人受人非议。想到具体的自杀细节，如服毒、溺水、触电等，她悄悄写下遗书，幸亏被男友及时发现，陪同就医。检查并未能发现躯体疾患，精神状态：意识清楚，交流非常被动，话少，愁眉苦脸；接触中未发现幻觉，患者思维迟缓，言语量少，强调自己没用，活得太累，对不起父母的养育，对不起男友，对不起学校的培养等等；自诉睡不着，浑身没力气，一切如行尸走肉；已经没有思想，没有感情；记不住今天几号，大脑已经没用了，想一死了之；认为只有这样才能彻底解脱。情感低落，认为自己是没有感情的木偶，麻木不仁了；行为迟滞，动作缓慢和被动；内省缺乏，不能认识到这是一种疾病，无求治欲望。

诊断：抑郁症。

思考题

你或你的同学情绪有过抑郁吗？是否能达到抑郁症的标准呢？

1. *表现* 抑郁症的表现按心理过程内容概括为“三低症状”，即情绪低落、思维迟缓和意志减退。目前对抑郁症归纳为核心症状、心理症状群与躯体症状群三个方面。

(1) 核心症状：抑郁的核心症状包括情绪低落、兴趣缺乏，精力减退。① 情绪低落。可以从闷闷不乐到悲痛欲绝，生活充满了失败，一无是处，对前途失望甚至绝望，存在已毫无价值(无望和无用感)，对自己缺乏信心和决心(无助感)，十分消极；② 兴趣缺乏。对以前喜爱的活动缺乏兴趣，丧失享乐能力；③ 精力不足，过度疲乏。感到疲乏无力，打不起精神，行动费劲，语调低沉，语速缓慢，行动迟缓，严重者可终日卧床不起。

(2) 心理症状群：主要有：① 焦虑，常与抑郁伴发，可伴发躯体症状，如胸闷、心跳加快和尿频等；② 自罪自责，病人对自己既往的一些轻微过失或错误痛加责备，认为自己给社会或家庭带来了损失，使别人遭受了痛苦，自己是有罪的，应当接受惩罚，甚至主动去“自首”；③ 精神病性症状，主要是妄想或幻觉；④ 认知症状。有注意力和记忆力等认知能力下降，认知扭曲也是其主要特征；⑤ 自杀，有自杀观念和行为的占50%以上，有10%～15%的病人最终会死于自杀，偶尔出现扩大性自杀和曲线自杀；⑥ 精神运动性迟滞或激越；⑦ 自知力受损。

(3) 躯体症状群：表现为：① 睡眠紊乱，多为失眠(少数嗜睡)，包括不易入睡、睡眠浅及早醒等，早醒为特征性症状；② 食欲紊乱，表现为食欲下降和体重减轻；③ 性功能减退；④ 慢性疼痛，为不明原因的头痛或全身疼痛；⑤ 晨重夜轻，患者不适以早晨最重，在下午和晚间有不同程度的减轻；⑥ 非特异性躯体症状，如头昏脑胀、周身不适、心慌气短，胃肠功能紊乱等，无特异性且多变化。

2. *治疗* 药物治疗主要有三环类抗抑郁药物和新型抗抑郁药物，其治疗药物的选择和治疗方法需要精心设计，应由专业人员决定。

心理治疗在抑郁症的治疗中占有较重要的地位，治疗方法有心理动力学治疗、人际心理治疗、行为治疗、认知疗法、婚姻和家庭治疗等。

五、精神分裂症

精神分裂症是一组病因未明的精神疾病。它具有思维、情感和行为等多方面的障碍，以精神活动和环境不协调为特征。通常意识清晰，智商尚好，部分病人可出现认知功能损害。多起病于青壮年，常缓慢起病，病程迁延，有慢性化倾向和衰退的可能，部分病人可达到痊愈或基本痊愈状态。

案例 14-11　神奇怪异的阿韦

阿韦，18 岁，大一学生。在复习迎高考期间，休息少，精神过于紧张和精力集中。渐渐感觉思维停不下来而且不受自己控制，整天毫无睡意，觉得不用睡觉了，注意力受到思维失控的影响，感觉奇怪。

某一天阿韦感觉班上同学表情不对，仿佛知道自己内心秘密，因而认为是同学通过某种设备在控制自己的思想并探测到自己的所思所想。为此惶恐，寻找对策。这时大脑中出现一位陌生的女性声音，称"不用担心，这是在培养你的多重思维能力。"于是稍微安心，进而症状有所减轻，直到高考结束，阿韦都没出现反常迹象。

大学开学仅几个月，上述症状复现。而这时大脑中变成了两个人的争论，其中一方说："这是将阿韦操纵成为机器人，为他们从事恐怖活动。"阿韦感觉到中学的同学、老师跟着自己进入大学活动，自己处在包围圈中无处可逃。为了对抗控制，阿韦整天泡在图书室看机械制造方面的书籍，他听到有声音告诉他"可设计出一个屏蔽帽"。阿韦离群索居，特立独行，生活不讲究，卫生状况差，吃得简单，寡言少语。他将这一切归咎于一股黑暗势力，过去的老师、同学尽在其中，现在这股势力已渗透到了大学，自己处于黑暗势力的包围之中，但自己绝不屈服。检查时，阿韦能够合作，意识清楚，侃侃而谈，可见其思维连贯，但存在明显的争论性幻听，同时还存在思维被控制感、内心被洞悉感，有物理影响妄想和被迫害妄想。阿韦对上述妄想坚信不疑，无法动摇。其情感表现为愤怒和焦虑不安，病理性意志增强而正常的意志活动减退，行为受病理意志支配，潜心研究"屏蔽帽"；对自身的精神障碍无自知力，社会功能受严重影响。

诊断：分裂症（偏执型）。

1. 表现　精神分裂症的表现主要有以下 4 种类型：

（1）偏执型：是最常见的类型。病人开始表现敏感多疑，逐渐发展为妄想。妄想内容荒谬离奇，脱离现实，以关系、被害、嫉妒、钟情、夸大、自罪、非血统及物理影响妄想较多见。这些妄想常与各种类型的幻觉合并存在，如伴有与妄想内容相关的评论性、命令性或威胁性幻听。患者的情感和行为受幻觉妄想的支配，可出现恐惧、冲动、自伤、伤人等表现。

（2）青春型：多在青春期急性或亚急性起病，以思维破裂、情感和行为极不协调为主要临床表现，临床表现有较明显的思维联想障碍，思维零乱、散漫破裂，有生动幻觉，阵发而不固定的妄想，内容荒诞离奇。情感肤浅、倒错、作态、喜怒无常，时而痴笑，时而发怒，变化莫测。行为荒唐幼稚，本能欲望亢进，性色彩浓厚，可有不拘场合的猥亵行为，也可出现意向倒错，吃脏东西，甚至吃大小便。

(3) 紧张型：有紧张性兴奋和紧张性木僵两种基本表现形式，可单独发生，也可交替出现。紧张性兴奋为不协调的精神运动性兴奋，患者行为明显增多而杂乱，不可理解，突然发生，常无目的性，可出现冲动伤人、自伤或毁物行为，骂人、喊叫；紧张性肢体僵硬表现为精神运动性抑制，患者缄默不语、不吃不喝、静卧不动，或有肌张力增高，出现蜡样屈曲、空气枕头等症状，身体长时间固定在一个姿势上，对周围环境刺激缺乏反应，但这时患者的意识是清楚的，当木僵解除时患者能回忆整个经过。

(4) 单纯型：表现为日益加重的思维贫乏、情感淡漠和意志减退。开始表现话少，不愿与人接触，逐渐变得孤僻、被动、活动减少、生活懒散、不求上进、常无故旷课或旷工。对亲人疏远、冷淡，对任何事情都不感兴趣，行为古怪、退缩，脱离现实，无法适应社会生活。

2. 治疗　以抗精神病药物治疗并结合支持性心理治疗及社会心理康复治疗等。针对疾病发展的不同阶段，治疗的侧重点有所不同。在急性期以药物治疗为主，在症状得到基本控制以后，进行心理治疗，以恢复病人的自知力，促进其社会功能的恢复。

专栏 14-2　什么是精神病？

精神病(psychosis)是指具有精神病性症状的一组严重的心理障碍，包括器质性和功能性两大类，后者指精神分裂症(分裂症)、情感性精神病(现归类于情感障碍)、偏执性精神病等严重的精神疾病。精神病一般具有以下3个显著特征：

(1) 认知功能障碍。即对客观现实有严重歪曲的认知，如出现幻觉、妄想等精神病性症状。

(2) 社会功能受损。病人患病后不能从事正常的工作或学习，妨碍正常的社会交往。

(3) 自知力丧失。病人不知道或根本不承认自己患有精神疾病，因而不主动求医，甚至抗拒治疗，这种表现又叫内省缺乏。

第三节　大学生常见心理障碍的应对

在当今这个快节奏、高压力的社会环境中，大学生作为社会的未来栋梁，面临着学业、就业、人际关系等多重压力。这些压力若得不到有效释放和缓解，便可能引发一系列的心理问题，如果任其发展，就可能导致心理障碍。因此，学会识别大学生心理障碍、理解其成因，并积极应对，成为了我们不可忽视的重要课题。

一、大学生心理障碍问题的识别

(一) 自我识别

1. 情绪波动　大学生情绪波动，尤其是长期感到焦虑、抑郁、易怒等情绪状态，不仅仅是青春期的正常反应，更可能是深层次心理问题的外在表现。

面对未来的不确定性，如就业前景的迷茫、学业成绩的担忧等，许多学生长期处于紧张不安之中。他们可能表现出过度担心、失眠、注意力不集中等症状。这种焦虑情绪如果得不到及时疏导，可能会逐渐演变为焦虑症，严重影响学生的学习和生活质量。此外，抑郁也是另一种需要高度警惕的心理问题。大学生中的抑郁情绪往往源于多方面的压力累积，如家庭矛盾、人际关系紧张、自我价值感缺失等。抑郁的学生可能变得沉默寡言、失去兴趣，甚至产生极端自伤念头。据世界卫生组织统计，全球约有 3.5 亿人患有抑郁症，其中大学生群体占据一定比例。这一数据令人触目惊心，也强调了早期干预和治疗抑郁症的重要性。

2. *行为改变*　大学生行为上的微妙变化，如社交障碍、自我封闭以及过度依赖网络等现象，往往不仅仅是个人习惯或生活方式的简单体现，它们可能深藏着复杂的心理问题。社交障碍作为在大学生中较为常见的行为改变之一，其背后往往隐藏着对人际交往的恐惧与不安。这种恐惧可能源于多方面的原因，如自我认知的偏差、过往社交经历的挫折、或是家庭环境的影响等。社交障碍不仅会导致大学生在人际交往中感到不自在、紧张甚至逃避，还可能进一步影响他们的自信心和自尊心，形成恶性循环。

3. *身体健康状况*　大学生心理健康问题常常以多种非典型形式展现出来，其中之一便是身体的不适。这些身体症状，诸如失眠、食欲不振等，不仅是生理层面的问题，更是心理压力在身体上的投射，是心理健康状态的晴雨表。

失眠往往被简单地归咎于生活习惯不良或学业压力。然而，其背后深藏着复杂的心理机制，与焦虑、抑郁等负面情绪紧密相连。失眠不仅影响学生的睡眠质量，更会导致白天精神萎靡、注意力不集中，进而影响学习效率和生活质量。食欲不振常反映心理状态。当学生们被学业负担重或人际关系困扰时，他们可能食欲减退甚至厌食。这种身体变化是心理疲惫的体现，可能导致营养不良、体质下降，并增加心理负担，形成恶性循环。

（二）他人识别

1. *及时关注*　学生的异常行为或情绪并非孤立的现象，它们往往是内心深处困扰的外在表现。这些困扰可能源于学习上的挫败感、人际关系的紧张、自我认知的迷茫，甚至是心理健康问题的初现端倪。因此，无论是老师还是家长，应当敏锐地察觉到这些细微的变化，时刻留意学生的情绪波动与行为改变。

当发现学生出现异常行为或情绪时，家长或老师的首要任务是给予他们足够的关注与理解。以平等、尊重的态度与其进行沟通，倾听他们内心的声音。在倾听的过程中，要保持耐心与专注，不要轻易打断或评判学生的言语。同时要通过肢体语言、面部表情等方式向学生传达出关心与支持，让他们感受到来自外界的温暖与力量。

2. *专业识别*　当学生的心理问题超出自我解决能力范围时，可以寻求专业帮助。高校内部普遍设立了心理咨询中心，提供专业的心理咨询服务。学校心理咨询师通过耐心的倾听、专业的分析和科学的引导，可以帮助学生识别并正视自己的心理问题。在发现学生存在较为严重的心理问题或需要专业治疗时，他们还会及时将学生转介给专业的心理医生进行进一步的诊断和治疗。此外可以通过专业的心理测评工具更全面、客观地评估学生的心理健康状况，帮助学生更加清晰地认识自己，及时发现潜在的心理问题，从而采取更加有效的干预措施。

二、大学生心理障碍问题的干预与教育

(一) 增强心理素质

1. 提高自我认知　提升大学生在心理状态、情绪波动及个性特质等方面的自我认知能力,有助于其更有效地面对并解决心理困扰。心理认知能力是大学生自我认知与自我管理的核心。这不仅仅局限于简单的情绪识别,更包括对自我价值观、兴趣偏好、能力边界等深层次的理解。通过心理学课程、心理咨询、自我反思等多种途径,大学生可以逐渐建立起一个清晰、全面的自我画像,从而更好地认识自己、接纳自己。这种自我认知的提升,能够帮助他们在面对心理困扰时,迅速定位问题所在,并找到合适的解决方案。

2. 学会情绪调节　掌握情绪调节技巧,保持积极乐观心态,是预防心理问题的有效途径。情绪调节的成效,直接关系到心理健康的稳固。在大学生活中,挫折与失败如影随形,它们可能诱发焦虑、抑郁、愤怒等负面情绪。若大学生能熟练运用情绪调节策略,比如深呼吸、冥想、正面心理暗示等,将负面情绪转化为成长的动力,则能更有效地保持积极心态,降低心理问题的风险。同时,积极投身于体育锻炼、文艺活动、志愿服务等活动中,也是调节情绪的有效方式,它们有助于大学生释放压力、提升情操、增强自信。

3. 提升挫折承受力　培养大学生积极面对挫折与失败的态度,增强其应对压力的能力。在大学生活中,竞争与挑战如影随形,失败与挫折更是难以避免。然而,正是这些宝贵的经历,铸就了自我的坚韧与毅力。当大学生能以乐观的心态去拥抱挫折时,他们便能在失败中汲取营养,积累经验,为未来的成功奠定坚实基石。此外,这种积极向上的态度还能激发他们的创新思维与冒险精神,激励他们在未知领域中勇往直前,不断探索。

(二) 强化心理健康培育与引导

1. 增强心理健康专业教育　通过开设心理健康教育课程,提供专业的心理咨询和心理辅导,帮助大学生解决心理问题,提升大学生心理素质。此课程不应仅停留于理论层面的传授,而应是一个融合知识传授、技能训练与情感体验的综合体系。采用案例分析、角色扮演等互动教学方法,帮助学生理解心理健康的重要性,并学会自我调节。例如,通过"情绪日记"练习,学生能提高自我觉察和情绪管理能力。高校还应定期举办心理健康讲座、工作坊等活动,邀请心理学专家、学者分享最新的研究成果与实用的心理调适技巧,拓宽学生的视野,增强其对心理健康问题的认识与应对能力。

2. 营造和谐的校园环境　校园文化对大学生的成长至关重要,它能提供良好的学习环境,减少不良影响。学校应加强利用校园媒体宣传渠道,开展各类心理健康教育活动,帮助学生建立正确的三观,增强应对压力的能力。同时加强监管引导,处理不良信息,降低互联网的一些消极、负面内容带来的不良影响,避免干扰大学生的身心健康、学习和生活,营造清朗网络空间与健康文化环境。此外,举办多样化的校园活动,如学术、文艺、体育和志愿服务等,有助于学生拓宽视野、增长知识、提升组织、沟通和团队协作能力,促进大学生全面发展。

(三) 构建稳固的心理支持系统

1. 家庭支持　家庭作为心理支持系统的首要环节,其重要性不言而喻。一个充满爱、

理解和支持的家庭环境，能够有效缓解个体的心理压力，增强应对挑战的能力。有研究显示，家庭支持与个体的心理健康状况呈显著正相关。例如，在面对失业、疾病等重大生活事件时，家庭的支持能够显著降低个体的抑郁和焦虑水平。沟通是家庭支持系统的基石。加强与家长的沟通，定期谈论自己的学习、生活、情感状况及未来规划，勇于表达自己的想法和感受，无论是喜悦还是困惑。通过有效的沟通，家长可以更好地理解孩子的需求，提供有针对性的帮助和支持。例如，当自己感到迷茫时，家长可以分享自己的人生经验，为他们指明方向。

2. *朋辈支持*　朋辈支持是同龄人基于共同经历或兴趣建立的支持网络，与家庭或专业支持不同，它更具有共鸣、即时和非正式特点。对大学生而言，朋辈支持有助于缓解压力、促进成长和提高社会适应能力。大学生应首先认识到朋辈支持的重要性，并主动寻求建立和维护良好的人际关系。通过参与集体活动扩大社交圈，结识志同道合的朋友。在朋辈支持中，同理心和倾听能力至关重要，需要学会理解他人、尊重感受并提供积极反馈。学校和社会应共同营造支持和包容的环境，通过心理健康活动提高意识，并鼓励积极互动，形成良好校园氛围。

3. *合理利用资源*　了解并合理利用各类心理支持资源，如心理咨询热线、心理健康讲座等。当个体面临严重的心理问题时，专业心理咨询成为不可或缺的支持力量。心理咨询师运用心理学理论和技术，帮助个体识别问题根源、调整认知偏差、学习应对技巧。据统计，全球范围内接受心理咨询的人数逐年上升，显示出人们对心理健康问题的重视。专业心理咨询的介入，往往能够帮助个体走出困境，重获生活的希望与动力。

（李　秀　盛　鑫）

本章习题　　本章课件

第十五章
自我心理测评

案例 15-1　感觉好累好烦，你该去心理体检了

小王，某大学三年级学生，21 岁，班长，校学生会副主席，学习成绩优秀，年年被评为“三好学生”，因工作能力比较强，经常要参加学生会、班会各项组织工作，还要挤出时间看书，这让他觉得“好累好烦”，不想再参加学生会和班级工作，甚至也不想去上课。在同学的劝说下小王来到校大学生心理咨询中心，向咨询老师寻求帮助，并进行心理体检。测试了 90 项症状自评量表，测试结果显示，他的“敌对”因子评分明显偏高，可能具有“敌对”情绪心理问题。咨询老师根据心理体检结果分析指出，小王的情绪可能是面对与自己不同的观点或不符合自己愿望的人和事，产生反感不快，有时会表露内心情绪体验，流露出不悦或愤怒，会因他人觉察而影响与人相处共事。因此建议：小王目前的心理状态不能很好适应工作与学习环境，近期压力比较大，属于心理亚健康状态，需要及时进行心理促进、心理干预，恢复健康心理。

思考题

(1) 小王同学的状况，你认为是什么原因引起的？

(2) 如果遇到类似的生活、学习状况，你会找咨询老师进行心理体检，了解自己的心理状况吗？

(3) 你认为有哪些方法和措施帮助小王同学进行心理调整呢？

“心理健康蓝皮书”《中国国民心理健康发展报告(2023—2024)》显示：18～24 岁的青年人抑郁风险水平达到峰值，高于 24 岁以上的其他年龄组，而女性焦虑风险水平高于男性。这足以说明当前年轻人当中存在较为严重的心理问题，需要及时掌握了解，只有通过客观的心理体检，及早发现问题，及时寻求帮助，尽快化解心理困惑，恢复良好的心理状态。

时代寄语：青年在成长和奋斗中，会收获成功和喜悦，也会面临困难和压力。要正确对待一时的成败得失，处优而不养尊，受挫而不短志，使顺境逆境都成为人生的财富而不是人生的包袱。

——习近平

第一节　心理测评概述

一、什么是心理测评

专栏 15-1　什么情况下需要心理体检

心理体检和常规身体检查一样，并不是生活中的奢侈品，是日常可以进行的基础服务。“心理体检”应该根据个人情况定期或者不定期地进行，具体如下：

(1) 当你想要了解自己的心理健康状况的时候，心理体检是最方便快捷准确的方法。

(2) 当你在某些时候觉得孤独或者想找人说说话，就应该心理体检了。

(3) 当你发现工作、生活、情感压力过大，例如，失恋、工作挑战太大、同学相处不良、亲朋好友失信等，使你觉得有点胸闷难受、心前区疼痛(但到医院检查又查不出身体问题)、焦虑不安、容易发火、心情烦躁以及失眠等，需要心理体检。

(4) 当你面对复杂人际关系出现困惑或无力解决的时候，如与同学、朋友相处出现交流困难、紧张等情形，这时候你也需要心理体检。

(5) 不管什么原因，如果你觉得自己被某种负性情绪压抑超过两周时间，并且这一情况不断在持续，这时候你需要心理体检。

(6) 当你面临升学就业，想要了解自己的个性、能力倾向，确定适合的专业、职业，心理健康检查可以为你决策提供参考。

心理测评(psychological evaluation)，是依据一定的心理学理论，使用一定的操作程序，给人的能力、人格及心理健康等心理特性和行为确定出一种数量化的价值。广义的心理测评不仅包括以心理测试为工具的测量，也包括用观察法、访谈法、问卷法、实验法和心理物理法等方法进行的测量。心理测评是通过科学、客观、标准的测量手段对人的特定的心理素质进行测量、分析、评价。人的心理现象和特征经过测量以后，在数字上就会显示出差异，人们把握了它们的个别差异，就有可能更好地、有针对性指导我们解决现在生活中遇到的问题。

日常生活中，人的身高、体重、体温都是可以测量，对于我们的能力、行为和个性心理特征能测量吗？答案是肯定的。在我国古代，心理测量的思想和实践就已经存在，并被广泛应用。早在 2500 年前，孔子就提出了“性相近，习相远”的观点。孟子说，“权，然后知轻重；度，然后知长短。物皆然，心为甚”。在孟子看来心与物二者都具有可以测量的特性。我国古代对心理实践活动的研究始于汉代，兴盛于隋唐，并延续到清末的科举取士制度时期，它在很多方面已经接近近代的心理测量的基本模式了。在西方，20 世纪初，心理学家和心理测量学者，已经对心理属性的测量的可能性，在理论上做出了明确的阐述。美国心理学家桑代克(Thorndike)说过："任何现象，只要是存在的，总有一种数量。"美国测量专家麦柯尔说过："凡是有数量的事物，一定可以测量。"这两个命题被公认为是心理测量理论的理论基础。

在实际生活中，人的智力可能有高低之分，学生的成绩或许有优劣之别。这种高低和优劣之间就体现了程度的不同。程度之差也就是数量的不同。不仅仅是智力，我们的心理健康状况也是存在差异的，这种差异就意味着数量的存在，而数量就可以根据某种工具进行测量和评估的。

2022 年 WHO 发布的《世界精神卫生报告》显示，全世界有近 10 亿人患有精神疾病，相当于世界上每 8 个人中就有 1 个人正在经历精神健康的挑战。在我国，各类精神病患者的人数已经超过了 1 亿。因此，精神卫生的问题显得越发突出，它就在我们的身边，影响着我们每个人的生活。当代年轻人，面对不断"内卷"的形式下，不知如何去评估自己的社会抗压性，看清内在真实的自我，很多人在成长过程中，内心力量还不够强大，易受环境和社会文化等外界因素的影响，容易导致心理失去平衡，不足以应对现实世界。通过心理测评，了解自己，为自己的心灵成长助力。

二、心理测试的种类

心理测试是根据心理学原理，设计程序，对心理因素进行测量。心理测试是心理测量的工具，通过心理科学方法和手段，测查人的行为活动中的心理特征，依据确定的原则进行推论和量化分析，并给予相应的科学指导。

(一) 按照心理测试的功能分类

1. 智力测试　主要是用来测量人的一般智力水平，比如斯坦福-比内测试、韦氏智力量表等，都是现代常用的著名智力测量工具。

2. 特殊能力测试　主要用来测量个人的特殊潜在能力，常用的如音乐、绘画、机械技巧、文书才能测试。

3. 人格测试　主要用来测量兴趣、态度、品德、情绪、动机、信念等方面的个性心理特征。一般有两类：一类是问卷法，比如明尼苏达多相个性调查表、卡特尔 16 种个性因素问卷、艾森克个性问卷；另一类是投射法，比如洛夏测试、主题统觉测试。

(二) 按照心理测试材料的性质分类

1. 文字测试　所用的是文字材料，以言语来提出刺激，被试者用言语做出反应，比如卡特尔 16 种个性因素问卷、艾森克个性问卷及韦氏儿童和成人智力量表中的言语量表部分。

2. 操作测试　测试题目多属于对图形、实物、工具、模型的辨认和操作，比如洛夏测试、主题统觉测试、瑞文测试及韦氏智力量表中的操作量表部分，也称为非文字测试。

(三) 按照心理测试的方式分类

1. 个别测试　每次测试过程都是以一对一形式来进行的，比如斯坦福-比内测试、韦氏智力量表。

2. 团体测试　每次测试过程均由一个或几个主试者对较多的被试者同时实施测试，比如明尼苏达多项个性调查表、卡特尔16种个性因素问卷和艾森克个性问卷等。

第二节　心理健康自评

一、什么是心理健康

心理健康的标准是一种理想尺度，它一方面为人们提供了衡量心理是否健康的标准，同时也为人们指出了提高心理健康水平的努力方向。如果每个人在自己现有基础上能够做不同程度的努力，都可追求自身心理发展的更高层次，从而不断发挥自身的潜能。具体内容详见第一章。

专栏15-2　心理健康素养十条

第一条　心理健康是健康的重要组成部分，身心健康密切关联、相互影响。
第二条　适量运动有益于情绪健康，可预防、缓解焦虑抑郁。
第三条　出现心理问题积极求助，是负责任、有智慧的表现。
第四条　睡不好，别忽视，可能是身心健康问题。
第五条　抑郁焦虑可有效防治，需及早评估、积极治疗。
第六条　服用精神类药物需遵医嘱，不滥用、不自行减停。
第七条　儿童心理发展有规律，要多了解、多尊重，科学引导。
第八条　预防老年痴呆症，要多运动、多用脑、多接触社会。
第九条　要理解和关怀心理疾病患者，不歧视、不排斥。
第十条　用科学方法缓解压力，不逃避、不消极。

二、心理健康的自我评估

心理健康的自我评估是指通过标准化的测评工具或自我观察等方法获取信息，对自己的情绪、压力、人际关系、适应能力等方面进行初步判断，以了解当前心理状态。自我评估的内容主要包括情绪状态、压力水平、人际关系、自我认知和行为习惯等方面。常用的自我评估方法包括：标准化的心理测评工具如90项症状自评量表（SCL-90）、情绪日记法（记录每天情绪变化、触发事件及应对方式）、自我反思与观察（通过正念冥想或自我提问进行觉察）等。

三、如何看待心理健康测评结果

心理测试是根据标准化的程序来测量个体的某种心理或行为的工具，其结果可以用来甄别个体之间的差异。在面对各种心理测试的时候，我们容易被各种测试结果所迷惑，从而采取不正确的态度，以至于我们没有能够真正地认清心理测试的价值所在。那我们应该如何看待心理测试的结果呢？

1. 心理测量的作用　通过测量可以把我们自己的心理特性量化,在日常生活中有着重要的作用。

(1) 描述:可以从个体的智力、人格、心理健康等各方面对个体进行全面描述,说明个体的心理特性和行为。

(2) 诊断:可以对同一个人的不同心理特征间的差异进行比较,从而确定其相对优势和不足,发现行为变化的原因,为决策提供信息。

(3) 预测:可以确定个体间的差异,并由此来预测不同的个体在将来的活动中可能出现的差别,或推测个体在某个领域未来成功的可能性。

(4) 评价:可以评价个体在学习或能力上的差异,人格的特点以及相对长处和弱点。

(5) 选拔:心理测量的结果可以为客观、全面、科学、定量化地选拔人才提供依据。如美国自从1942年制定了飞行学员的选拔量表以后,使飞行学员的淘汰率由65%下降到36%。

(6) 安置:心理测量可以了解个体的能力、人格和心理健康等心理特征,从而为因材施教或人尽其才提供依据。如学校可以依据学生的能力水平分班分组,部队可以依据每个人的特长分配兵种,企业可以将职员安置到与其能力、人格相匹配的部门等。

(7) 咨询:心理测量可以为学校的升学就业咨询提供参考,帮助学生了解自己的能力倾向和人格特征,确定最有可能成功的专业或职业,进而做出最佳选择。心理测量可以为心理咨询或治疗提供参考,帮助人们查明心理问题、障碍或疾病的表现及其原因,进而有针对性地给予心理辅导、咨询或治疗。

2. 心理测量分数的意义　心理测试的结果分数,正如考试结果分数一样,需要有针对性的解释和分析,才有意义。分数并不代表一切,还需要结合自己的具体实际进行观察。我们现在往往将心理测试称作心理测评,意思是不仅要测量出一个结果,更要对结果进行有效的评价。对于不同的人而言,得到一个相同的测试结果分数,意义其实并不一样。如果单纯获得自己的测试结果,而没有进一步的分析解释,那就不会有太多的意义。其实,更应该明白,心理测试的结果分数并不是一个数值点,而是一个分布范围。在看自己的测试结果分数的时候,如果只拿到一个具体的数字,那么我们就需要进一步了解分数的波动范围以及详细的结果说明。

3. 心理测试分数的变化　心理测试的结果分数可能会发生变化,人的心境、心理素质等等都会随着时间发生改变,人们会变得成熟或者因为经历不同的事情而有发展。即使是对于内外向这类基本的性格特征,也有可能发生改变。因此,不要认为自己的能力和性格是一成不变的,否则就会将自己束缚住。

心理测试本身也有一定的局限性,如测试不能测量独特的特点,只能测量许多人共有的特质;测试几乎不提供关于发展或动力学方面的资料;测试不提供背景或情境资料;智力、人格、能力和兴趣是不稳定的,测试不提供关于它们随时间变化以及如何变化的信息。因此我们看待心理测试结果不应该绝对化,也不能过度依赖它,更不能滥用心理测试结果,同时我们需要提供自己多方面的信息,请专业人员给予解释。

4. 防止过于依赖和完全否定　应当认识到心理测试结果反映的是被测者在测试的特定环境下某一次操作的情况,因受诸多方面的影响,往往不能完全准确地反映其一贯心理特征，所以一般要结合被测者背景资料和对被测者观察、晤谈的信息，与测试结果相互印证，以便作出准确、全面的判断评估。另外，人的心理特征具有相对稳定性，但仍会随时间和社会文化背景的变化而变化。许多著名的心理测试每隔 10～20 年要重新修订或标准化一次。

思考题

（1）你参加过网络测试吗？你相信测试结果吗？

（2）你参加过学校心理健康教育中心组织的心理测试吗？你如何看待测试结果呢？

专栏 15-3　网络心理测试准确吗？

目前，网上流传着名目繁多的心理测试，例如“你以后会发财吗？”“你是花心的人吗？”虽然，这些测试起到了让参与者开怀一笑的效果，但也引发了人们的认识误区，一部分人将测试结果信以为真，尤其是在出现对自己不利的结果时，备感沮丧；还有一部分人由此萌生了质疑，觉得心理测试原来是这么糊弄人的东西，连带产生了对心理咨询的误解。

网络心理测试，我们可以理解为趣味心理测试，它与正规心理测试究竟有什么区别？正规心理测试源于较成熟的心理理论，在编制过程中，从确定题项、选取样本、反复试测、统计方法、常模制定、结果解释到手册制定都有一套严格的程序，是需要耗费大量时间精力完成的工程，而趣味心理测试更多是凭空想象，且在短期内可大量产出。正规专业的心理测试具备严谨的科学性，使得其在教育教学、人事选拔和心理卫生等领域得到了广泛的应用，这是趣味心理测试无法达到的。

当自己觉得需要借助于正规心理测试时，我们该如何选择呢？现在网络上的确能找到不少正规心理测试。但其内容不能保证准确性。心理测试结果解释的准确性受到被测者对指导语的理解程度、作答时间和测试过程中反应的影响，所以需要由受过训练的专业人士来完成。因此，到专门机构接受专业心理测试服务无疑是最好的选择，如医院的心理科、学校的大学生心理健康教育中心。

第三节　心理健康相关测评量表

一、心理健康综合筛查量表

心理健康综合筛查是通过系统化工具快速识别个体心理状态的过程，旨在早期发现潜在心理问题并提供干预支持。90 项症状自评量表（SCL-90）是世界上广泛使用的心理健康测试工具之一，该量表为我们提供了涵盖躯体化、强迫症状、人际关系敏感、抑郁、焦虑、敌对、恐怖、偏执、精神病性以及精神症状等十个维度，全面评估一个人的心理健康状况。在测试前，受检者需充分了解评分方法和要求，并独自在安静环境中进行自我评定，记录分数。

评定时间通常为一周，以捕捉受检者在这一时间内的心理状态。大学生心理健康调查表(UPI)、一般健康问卷(GHQ-12)也可以用作心理健康水平检测。

专栏 15-4 90 项症状自评量表(SCL-90 表)

指导语：您好，请您根据最近一周以来自己的实际情况，选择以下 SCL-90 表中最符合您的一项，并在每题后的 5 个方格中选择一格，并标记。然后将每题得分填在测试后相应题号的评分栏中，其中"无"记 1 分，"轻度"记 2 分，"中度"记 3 分，"偏重"记 4 分，"严重"记 5 分。

SCL-90 表

条　　目	无	轻度	中度	偏重	严重
(1) 头痛					
(2) 神经过敏，心中不踏实					
(3) 头脑中有不必要的想法或字句盘旋					
(4) 头晕或晕倒					
(5) 对异性的兴趣减退					
(6) 对旁人求全责备					
(7) 感到别人能控制您的思想					
(8) 责怪别人制造麻烦					
(9) 忘性大					
(10) 担心自己的衣饰整齐及仪态的端正					
(11) 容易烦恼和激动					
(12) 胸痛					
(13) 害怕空旷的场所或街道					
(14) 感到自己的精力下降，活动减慢					
(15) 想结束自己的生命					
(16) 听到旁人听不到的声音					
(17) 发抖					
(18) 感到大多数人都不可信任					
(19) 胃口不好					
(20) 容易哭泣					
(21) 同异性相处时感到害羞不自在					
(22) 感到受骗，中了圈套或有人想抓住您					
(23) 无缘无故地突然感到害怕					
(24) 自己不能控制地大发脾气					

续表

条　　目	无	轻度	中度	偏重	严重
(25) 怕单独出门					
(26) 经常责怪自己					
(27) 腰痛					
(28) 感到难以完成任务					
(29) 感到孤独					
(30) 感到苦闷					
(31) 过分担忧					
(32) 对事物不感兴趣					
(33) 感到害怕					
(34) 您的感情容易受到伤害					
(35) 旁人能知道您的私下想法					
(36) 感到别人不理解您、不同情您					
(37) 感到人们对您不友好,不喜欢您					
(38) 做事必须做得很慢以保证做得正确					
(39) 心跳得很厉害					
(40) 恶心或胃部不舒服					
(41) 感到比不上他人					
(42) 肌肉酸痛					
(43) 感到有人在监视您、谈论您					
(44) 难以入睡					
(45) 做事必须反复检查					
(46) 难以做出决定					
(47) 怕乘电车、公共汽车、地铁或火车					
(48) 呼吸有困难					
(49) 一阵阵发冷或发热					
(50) 因为感到害怕而避开某些东西、场合或活动					
(51) 脑子变空了					
(52) 身体发麻或刺痛					
(53) 喉咙有梗塞感					
(54) 感到前途没有希望					

续表

条　　目	无	轻度	中度	偏重	严重
(55) 不能集中注意力					
(56) 感到身体的某一部分软弱无力					
(57) 感到紧张或容易紧张					
(58) 感到手或脚发重					
(59) 想到死亡的事					
(60) 吃得太多					
(61) 当别人看着您或谈论您时感到不自在					
(62) 有一些不属于您自己的想法					
(63) 有想打人或伤害他人的冲动					
(64) 醒得太早					
(65) 必须反复洗手、点数					
(66) 睡得不稳不深					
(67) 有想摔坏或破坏东西的想法					
(68) 有一些别人没有的想法					
(69) 感到对别人神经过敏					
(70) 在商店或电影院等人多的地方感到不自在					
(71) 感到任何事情都很困难					
(72) 一阵阵恐惧或惊恐					
(73) 感到公共场合吃东西很不舒服					
(74) 经常与人争论					
(75) 单独一人时神经很紧张					
(76) 别人对您的成绩没有做出恰当的评价					
(77) 即使和别人在一起也感到孤单					
(78) 感到坐立不安心神不定					
(79) 感到自己没有什么价值					
(80) 感到熟悉的东西变成陌生或不像是真的					
(81) 大叫或摔东西					

续表

条　　目	无	轻度	中度	偏重	严重
(82) 害怕会在公共场合晕倒					
(83) 感到别人想占您的便宜					
(84) 为一些有关性的想法而苦恼					
(85) 您认为应该因为自己的过错而受到惩罚					
(86) 感到要很快把事情做完					
(87) 感到自己的身体有严重问题					
(88) 从未感到和其他人很亲近					
(89) 感到自己有罪					
(90) 感到自己的脑子有毛病					

SCL-90 表解释：

(1) 躯体化：包括(1)、(4)、(12)、(27)、(40)、(42)、(48)、(49)、(52)、(53)、(56)、(58)，共 12 项。

(2) 强迫症状：包括(3)、(9)、(10)、(28)、(38)、(45)、(46)、(51)、(55)、(65)，共 10 项。

(3) 人际关系敏感：包括(6)、(21)、(34)、(36)、(37)、(41)、(61)、(69)、(73)，共 9 项。

(4) 抑郁：包括(5)、(14)、(15)、(20)、(22)、(26)、(29)、(30)、(31)、(32)、(54)、(71)、(79)，共 13 项。

(5) 焦虑：包括(2)、(17)、(23)、(33)、(39)、(57)、(72)、(78)、(80)、(86)，共 10 项。

(6) 敌对：包括(11)、(24)、(63)、(67)、(74)、(81)，共 6 项。

(7) 恐怖：包括(13)、(25)、(47)、(50)、(70)、(75)、(82)，共 7 项。

(8) 偏执：包括(8)、(18)、(43)、(68)、(76)、(83)，共 6 项。

(9) 精神病性：包括(7)、(16)、(35)、(62)、(77)、(84)、(85)、(87)、(88)、(90)，共 10 项。

(10) 其他：包括(19)、(44)、(59)、(60)、(64)、(66)、(89)，共 7 项。

SCL-90 表评分标准：

(1) 总分超过 160 的，提示阳性症状。

(2) 阳性项目数超过 43 的(43 项 2 分原始分以上)，提示有问题。

(3) 因子分≥2 的，2～2.9 为轻度，3～3.8 为中度，3.9 及以上为重度。

二、自我情绪评估

是对个人内在情绪状态的深入观察、客观分析和科学判断的过程。主要包括：一是做好情绪的识别，即准确判断自己当前所体验的情绪类别，如喜悦、愤怒、悲伤、恐惧或焦虑等；二是情绪强度的评估，主要涉及对情绪激烈程度的衡量，如轻微、中等或强烈；三是情绪的持续时间，是偶发还是已持续了一段时间；四是情绪触发因素，需要思考究竟是何种事件、情境或内在想法激发了这些情绪的产生。自我情绪评估可以通过情绪日记，每天将自己在不同情境下的情绪感受详细记录下来，包括情绪的具体类型、强度、触发这些情绪的事件，以及它们持续的时间。通过定期回顾这些日记，我们能更清晰地发现自身情绪的规律和模式。除此之外，可以利用情绪量表进行评估，比如焦虑自评量表(SAS)和抑郁自评量表(SDS)等。

专栏 15-5 焦虑自评量表(SAS 量表)

下面的 SAS 量表中有 20 条文字，请仔细阅读每一条，把意思弄明白。然后根据您最近一星期的实际感觉，在适当的方格里画一个钩，每一条文字后有 4 个格，“1”表示很少有；“2”表示有时有；“3”表示大部分时间有；“4”表示绝大多数时间有。

SAS 量表

评定项目	1	2	3	4
(1) 我感到比往常更加神经过敏和焦虑				
(2) 我无缘无故感到担心				
(3) 我容易心烦意乱或感到恐慌				
(4) 我感到我的身体好像被分成几块，支离破碎				
(5) 我感到事事都很顺利，不会有倒霉的事情发生				
(6) 我的四肢抖动和震颤				
(7) 我因头痛、颈痛和背痛而烦恼				
(8) 我感到无力而且容易疲劳				
(9) 我感到很平静，能安静坐下来				
(10) 我感到我的心跳较快				
(11) 我因阵阵的眩晕而不舒服				
(12) 我有阵阵要昏倒的感觉				
(13) 我呼吸时进气和出气都不费力				
(14) 我的手指和脚趾感到麻木和刺痛				
(15) 我因胃痛和消化不良而苦恼				
(16) 我必须时常排尿				
(17) 我的手总是温暖而干燥				

续表

评　定　项　目	1	2	3	4
(18) 我觉得脸发烧发红				
(19) 我容易入睡,晚上休息很好				
(20) 我做恶梦				

评分标准：

正向计分题:(1)、(2)、(3)、(4)、(6)、(7)、(8)、(10)、(11)、(12)、(14)、(15)、(16)、(18)、(20)共15题,“1”表示很少有;“2”表示有时有;“3”表示大部分时间有;“4”表示绝大多数时间有,分别按1、2、3、4分计;反向计分题(5)、(9)、(13)、(17)、(19),按4、3、2、1计分。总分乘以1.25取整数,即得标准分。低于50分者为正常;50～60分者为轻度焦虑;61～70分者为中度焦虑,70分以上者为重度焦虑。

专栏15-6　抑郁自评量表(SDS量表)

下面的SDS量表中有20条文字,请仔细阅读每一条,把意思弄明白。然后根据您最近一星期的实际感觉,在适当的方格里画一个钩,每一条文字后有4个格,“1”表示很少有;“2”表示有时有;“3”表示大部分时间有;“4”表示绝大多数时间有。

SDS量表

评　定　项　目	很少有	有时有	大部分时间有	绝大多数时间有
(1) 我感到情绪沮丧				
(2) 我感到早晨心情最好*				
(3) 我要哭或想哭				
(4) 我夜间睡眠不好				
(5) 我吃饭像平时一样好*				
(6) 我的性功能正常*				
(7) 我感到体重减轻				
(8) 我为便秘感到烦恼				
(9) 我的心跳比平时快				
(10) 我无故感到疲劳				
(11) 我的头脑像往常一样清楚*				
(12) 我做事情像平时一样不感到困难*				
(13) 我坐立不安,难以保持平衡				

续表

评　定　项　目	很少有	有时有	大部分时间有	绝大多数时间有
(14) 我对未来感到有希望*				
(15) 我比平时更容易激怒				
(16) 我觉得决定什么事很容易*				
(17) 我感到自己是有用的和不可缺少的人*				
(18) 我的生活很有意义*				
(19) 假若我死了别人会过得更好				
(20) 我仍旧喜爱自己平时喜爱的东西*				

评分标准：

正向计分题(1)、(3)、(4)、(7)、(8)、(9)、(10)、(13)、(15)、(19)共 10 题，“1”表示很少有；“2”表示有时有；“3”表示大部分时间有；“4”表示绝大多数时间有，分别按 1、2、3、4 分计；反向计分题以 * 号标记，(2)、(5)、(6)、(11)、(12)、(14)、(16)、(17)、(18)、(20)，按 4、3、2、1 计分。总分乘以 1.25 取整数，即得标准分。低于 50 分者为正常；50～60 分者为轻度抑郁；61～70 分者为中度抑郁，70 分以上者为重度抑郁。

抑郁严重度指数＝各条目累计分/80。指数范围为 0.25～1.0，指数越高，抑郁程度越重。抑郁严重度指数在 0.5 以下者为无抑郁；0.50～0.59 为轻微至轻度抑郁；0.60～0.69 为中至重度抑郁；0.70 以上为重度抑郁。

专栏 15-7　白岩松是如何控制自己压力的

2009 年 11 月的第四届中国健康传播大会上，作为健康知识传播激励计划宣传员的白岩松在会上坦承，这个社会，压力无处不在，每一个人都会有顺和不顺的时候，而且“顺”和“不顺”是生活的常态，但是不管怎么样，每个人都应更积极地去面对，热爱生命应成为健康传播最重要的基石。有人问他，你是如何面对压力的？他说：“我认为，在人的一生中，快乐与痛苦只占 5%，其余的便是平淡的生活。当我状态特好的时候，我告诉自己，要有危机感，状态不好或者特差的时候，我告诉自己，要能够平静想想，这种经历可以帮助自己成长，前面还有好事等着呢。”

看到事情的另一面，把经历坏事看成促使自己成长的必要经历，这种境界要求比较高。但如果你真的能看到事情的另一面，你一定是个情绪高手，比如，当被小偷偷了钱包时，仍庆幸损失不多，同时采取措施避免将来再次遇到此类事情；当遭遇小病如感冒时，能把它当作一个预警信号，从而多运动，健康自然离你不远。

三、个性评估

由于个性的复杂性，我国心理学界对个性的概念和定义尚未有一致的看法。我国第一部大型心理学词典——《心理学大词典》中的个性定义反映了多数学者的看法，即"个性，也可称人格。指一个人的整个精神面貌，即具有一定倾向性的心理特征的总和。个性结构是多层次、多侧面的，由复杂的心理特征的独特结合构成的整体。这些层次有：第一，完成某种活动的潜在可能性的特征，即能力；第二，心理活动的动力特征，即气质；第三，完成活动任务的态度和行为方式的特征，即性格；第四，活动倾向方面的特征，如动机、兴趣、理想、信念等。这些特征不是孤立的存在的，是有机结合的一个整体，可以对人的行为进行调节和控制。"现代心理学一般认为，个性就是个体在物质活动和交往活动中形成的具有社会意义的稳定的心理特征系统。

个性测试，又称人格测试，可以测量个体行为独特性和倾向性等特征，常用人格测试有艾森克人格问卷(EPQ)、明尼苏达多项人格测试（MMPI)、卡特尔 16 因素人格测试(16PF)、大五人格测试以及菲尔人格测试等。

专栏 15-8　菲尔人格测试

这个测试是美国的菲尔博士在著名主持人奥普拉的节目里做的，国际上称为"菲尔人格测试"，经常被很多大公司的人事部门用来调查员工的性格。

(1) 你何时感觉最好？

A. 早晨　B. 下午和傍晚　C. 夜里

(2) 你走路时是：

A. 大步快走　B. 小步快走　C. 纳闷，仰着头面对着世界

D. 纳闷，低着头　E. 很慢

3. 和人说话时，你：

A. 手臂交叠地站着　B. 双手紧握着　C. 一只手或两手放在臀部

D. 碰着或推着与你说话的人

E. 玩着你的耳朵、摸着你的下巴或用手拾掇头发

4. 坐着停顿时，你的：

A. 两膝盖并拢　B. 两腿交错　C. 两腿蜷缩

D. 一腿蜷在身下

5. 碰到令人发笑的事时，你的反响是：

A. 一个人大笑　B. 笑着，但不大声　C. 轻声的"咯咯"笑

D. 羞怯地浅笑

6. 当去一个派对或社交场地时，你：

A. 很大声地入场以引起注意

B. 安静地入场，找认识的人

C. 特别安静地入场，尽量避免被注意

7. 当你特别专心地做事时，被人打断，你会：

A. 原谅他　　B. 感到特别愤怒　　C. 在以上两极端之间

8. 下列颜色中，你最喜欢哪一种？

A. 红色或橘色　　B. 黑色　　C. 黄色或浅蓝色

D. 绿色　　E. 深蓝色或紫色　　F. 红色

G. 棕色或灰色

9. 临入睡的前几分钟，你在床上的姿势是：

A. 仰躺，伸直　　B. 俯躺，伸直　　C. 侧躺，微蜷

D. 头睡在一手臂上　　E. 被子盖过头

10. 你时常梦到在：

A. 落下　　B. 打架或挣扎　　C. 找东西或人

D. 飞或飘移　　E. 你平日不做梦　　F. 你的梦都是愉快的

计分方法：

(1) A2；B4；C6

(2) A6；B4；C7；D2；E1

(3) A4；B2；C5；D7；E6

(4) A4；B6；C2；D1

(5) A6；B4；C3；D5

(6) A6；B4；C2

(7) A6；B2；C4

(8) A6；B7；C5；D4；E3；F2；G1

(9) A7；B6；C4；D2；E1

(10) A4；B2；C3；D5；E6；F1

结果解释：

将上述10项测试分数相加。

低于21分：内向的悲观者。你是一个害羞的、神经质的、优柔寡断的人，永远要别人为你做决定。你是一个杞人忧天者，有些人认为你令人乏味，只有那些深知你的人知道你不是这样。

21～30分：缺乏信心的挑剔者。你勤勉、刻苦、挑剔，是一个谨慎小心的人。如果你做任何冲动的事或无准备的事，朋友们都会大吃一惊。

31～40分：以牙还牙的自我保护者。你是一个明智、谨慎、注重实效的人，也是一个伶俐、有天赋、有才干且谦虚的人。你不容易很快和人成为朋友，却是一个对朋友非常忠诚的人，同时也要求朋友忠诚。要动摇你对朋友的信任很难，同样，一旦这种信任被破坏，也就很难恢复。

41～50分：平衡的中道者。你是一个有活力、有魅力、讲究实际，而且永远有趣的人。你经常是群众注意力的焦点，但你是一个足够平衡的人，不至于因此而昏了头。你亲

切、和蔼、体贴、宽容，是一个永远会使人高兴、乐于助人的人。

51～60分：吸引人的冒险家。你是一个令人兴奋、活泼、易冲动的人，是一个天生的领袖，能够迅速做出决定，虽然你的决定不总是对的。你是一个愿意尝试机会，欣赏冒险的人，周围人喜欢跟你在一起。

60分以上：傲慢的孤独者。你是自负的自我中心主义者，是个有极端支配欲、统治欲的人。别人可能钦佩你，但不会永远相信你。

思考题

你的性格属于内向还是外向？你如何看待自己的性格呢？

专栏15-9　内向、外向性格并无好坏之分

中国儒家文化崇尚的“仁、义、礼、智、信”决定了中国人中庸内敛、不喜张扬的性格特点，也使得国人被贴上“内向”的标签。相比崇尚自由的美国，他们热情奔放、思想活跃，和国人形成鲜明对比，美国人成为公认的外向型性格的典型代表。

从小学到常春藤名校，从华尔街到世界500强，似乎在美国都是外向型人格的人在主导。同时美国又是超级大国，经济、科技、军事、教育各个领域都处于世界领先位置。因此我们主动或潜移默化地接受了这个国家的价值观，认为优秀的人的标准就是善于交际、谈笑风生，因此向往成为美国人那样有活力的外向型人。当今社会，“内向”俨然已经成了一个贬义词，内向仿佛成了性格缺陷，内向、外向成为了界定好坏的标准。可是性格真的有好坏之分吗？

从心理学的角度来说，内向和外向只是人性格中的一种倾向，无分好坏。外向的人向外获得心理能量，所以善于与外界事物打交道；内向的人心理能量来自内心，所以喜欢独处和思考。与外向的人相比，内向的人不急于做决定、下结论，而是冷静分析、理性思考后才有所行动。优秀的内向者很注重对事物和人的深度了解和挖掘，他们通常很专注，擅长钻研，所以科学家、哲学家、艺术家多是内向者。

中国诺贝尔奖获得者屠呦呦就是为人低调、性格偏内向的人，但凭借在自己领域的卓越成绩成为享誉国际的耀眼巨星。Facebook的创始人扎克伯格既害羞又内向，就是这么一个腼腆之人，创造了市值超过3000亿美元的社交网站。所以内向的人找到自己擅长的领域一样可以大放异彩。

《安静：内向性格的竞争力》的作者Susan Cain在她的TED演讲中说道，内向者“在较为安静的、低调的环境里感觉最有活力、最能够马力全开，同时这也是他们最能展现自己能力的时候。”

四、压力与适应能力评估

心理适应能力评估是指通过一系列心理测试和评估工具，对个体在面对生活变化、压力情

境时的心理调适能力进行评估。其目的是了解个体在压力或变化环境中的心理应对策略,预测其心理健康状况,为心理干预提供依据。常用的压力与适应能力评估问卷有生活事件量表(LES)、青少年生活事件量表(ASLEC)、大学生适应量表(CSAI)和心理弹性量表(CD-RISC)等。

专栏 15-10 青少年生活事件量表(ASLEC 量表)

过去 12 个月内,你和你的家庭是否发生过下列事件? 请仔细阅读下面的 ASLEC 量表中的每一个项目,如果发生过,根据事件给你造成的苦恼程度选择"没有、轻度、中度、重度、极重度"。

ASLEC 量表

	没有	轻度	中度	重度	极重度
(1) 被人误会或错怪	1	2	3	4	5
(2) 受人歧视冷遇	1	2	3	4	5
(3) 考试失败或不理想	1	2	3	4	5
(4) 与同学或好友发生纠纷	1	2	3	4	5
(5) 生活习惯(饮食、休息等)明显变化	1	2	3	4	5
(6) 不喜欢上学	1	2	3	4	5
(7) 恋爱不顺利或失恋	1	2	3	4	5
(8) 长期远离家人不能团聚	1	2	3	4	5
(9) 学习负担重	1	2	3	4	5
(10) 与老师关系紧张	1	2	3	4	5
(11) 本人患急重病	1	2	3	4	5
(12) 亲友患急重病	1	2	3	4	5
(13) 亲友死亡	1	2	3	4	5
(14) 被盗或丢失东西	1	2	3	4	5
(15) 当众丢面子	1	2	3	4	5
(16) 家庭经济困难	1	2	3	4	5
(17) 家庭内部有矛盾	1	2	3	4	5
(18) 预期的评选(如三好学生)落空	1	2	3	4	5
(19) 受批评或处分	1	2	3	4	5
(20) 转学或休学	1	2	3	4	5
(21) 被罚款	1	2	3	4	5
(22) 升学压力	1	2	3	4	5
(23) 与人打架	1	2	3	4	5
(24) 遭父母打骂	1	2	3	4	5

续表

	没有	轻度	中度	重度	极重度
(25) 家庭给你施加学习压力	1	2	3	4	5
(26) 意外惊吓,事故	1	2	3	4	5
(27) 如有其他事件请说明					

评分标准:

该量表包含6个因子:

人际关系因子:包括条目(1)、(2)、(4)、(15)、(25);

学习压力因子:包括条目(3)、(9)、(16)、(18)、(22);

受惩罚因子:包括条目(17)、(18)、(19)、(20)、(21)、(23)、(24);

丧失因子:包括条目(12)、(13)、(14);

健康适应因子:包括条目(5)、(8)、(11)、(26);

其他:包括条目(6)、(7)、(23)、(24)。

青少年生活事件量表由27项可能给青少年带来心理反应的负性生活事件构成。评定期限依据研究目的而定,可为最近3个月、6个月、9个月或12个月。对每个事件的回答方式应先确定该事件在限定时间内发生与否,若未发生过仅在未发生栏目内划"√",若发生过则根据事件发生时的心理感受分为五级评定,即无影响为"1"、轻度为"2"、中度为"3"、重度为"4"、极重度为"5"。完成该量表约需5分钟。

统计指标包括事件发生的频度和应激量两部分,事件未发生按无影响记,累计各事件的评分为总应激量。即无影响计1分、轻度计2分、中度3分、重度4分.极重度5分。发生次数为每次1分,记录发生次数;发生频率,不到半年记为1分,超过半年记为2分。

正常人一年内的量表总分一般不超过20分,99%的人不超过32分。负性事件的分值越高,对身心健康的影响越大;正性事件分值的意义尚待进一步的研究。

备注:本量表采用刘贤臣等的评分标准,条目(18)、(23)、(24)跨维度计分,条目(10)不纳入计分。

五、人际关系评估

人际关系是人和人之间由于沟通而产生的一种心理关系,良好的心理关系表现为认知上相互肯定价值,情感上相互喜欢接纳,行为上相互沟通交往。当人际关系和谐、融洽时,它会给我们带来成功和幸福,并能充分调动起我们的积极性;当人际关系紧张、失调时,它会给我们带来失败和痛苦。一般我们从以下几个方面理解大学生人际关系的作用:一是人际关系是大学生的基本社会需求,有助于促进大学生的社会化进程;二是人际关系可以帮助大学生自我认识;三是人际关系可以促进大学生个性的发展和完善;四是人际交往是大学生获得知识的重要手段;五是人际关系可以用于大学生的自我心理健康的鉴定。

人际关系评估量表旨在为个体提供一个评估自己在人际关系中的表现和满意度的工具。通过对各个方面的评估，个体可以了解自己在人际关系中的优势和改进的空间，从而提升人际交往的质量和满意度。常用的人际关系评估量表有社交焦虑量表(LSAS)、人际关系综合诊断量表。

思考题

大学里，你的人际关系如何？你遇到过有关人际交往的困扰吗？你又是如何处理的呢？

专栏 15-11 人际关系综合诊断量表

指导语：本量表共 28 个问题，每个问题回答“是”或“否”。请你认真完成，然后参看后面的记分方法，对测试结果做出解释。

(1) 对自己的烦恼有苦难言。 ○是 ○否
(2) 和生人见面时感觉不自在。 ○是 ○否
(3) 过分羡慕或妒忌别人。 ○是 ○否
(4) 与异性交往太少。 ○是 ○否
(5) 对连续不断的谈话感到困难。 ○是 ○否
(6) 在社交场合感到紧张。 ○是 ○否
(7) 时常言语不当伤害别人。 ○是 ○否
(8) 与异性来往感觉不自在。 ○是 ○否
(9) 与一大群朋友在一起时，常感到孤寂或失落。 ○是 ○否
(10) 极易受窘。 ○是 ○否
(11) 与别人不能和睦相处。 ○是 ○否
(12) 不知道与异性相处如何适可而止。 ○是 ○否
(13) 当不熟悉的人对自己倾诉不幸以求同情时，常感到不自在。 ○是 ○否
(14) 担心别人对自己有什么坏印象。 ○是 ○否
(15) 总是尽力使别人欣赏自己。 ○是 ○否
(16) 暗自思慕异性。 ○是 ○否
(17) 时常避免表达自己的感受。 ○是 ○否
(18) 对自己的仪表(容貌)缺乏信心。 ○是 ○否
(19) 讨厌某人或被某人所讨厌。 ○是 ○否
(20) 瞧不起异性。 ○是 ○否
(21) 不能专注地倾听。 ○是 ○否
(22) 自己的烦恼无人可倾诉。 ○是 ○否
(23) 受别人排斥与冷漠对待。 ○是 ○否
(24) 被异性瞧不起。 ○是 ○否
(25) 不能广泛地听取各种意见、看法。 ○是 ○否

(26) 常因受伤害而暗自伤心。　○是　○否

(27) 常被别人谈论、嘲弄。　○是　○否

(28) 不知如何更好地与异性交往相处。　○是　○否

评分与解释：

选“是”计 1 分，选“否”计 0 分。

0～8 分：说明受测者善于交谈，性格开朗，主动，关心别人，对周围朋友很好，愿意与他们在一起，相处得不错。

9～14 分：说明受测者与朋友相处有一定的困扰，人缘一般，与朋友的关系时好时坏，经常处于变动之中。

15～28 分：说明受测者在与朋友相处时存在严重困扰。分数超过 20 分，则表明人际关系行为困扰程度很严重，而且在心理上有较为明显的障碍，受测者可能不善于交谈，也可能是个性格孤僻的人，不开朗或者有明显的自高自大、讨人嫌的行为。

六、气质类型评估

气质是人的个性心理特征之一，它是指在人的认识、情感、言语、行动中，心理活动发生时力量的强弱、变化的快慢和均衡程度等稳定的动力特征。主要表现在情绪体验的快慢、强弱、表现的隐显以及动作的灵敏或迟钝方面，因而它为人的全部心理活动表现染上了一层浓厚的色彩。它与日常生活中人们所说的“脾气”“性格”“性情”等含义相近。常用的气质类型测试量表有气质类型测试等。

专栏 15-12　气质类型测试

气质是天然的，它取决于人的生理因素。目前最常用的气质分类方法源自古希腊医生希波克拉底的“气质说”，他将人的气质分为黏液质、多血质、胆汁质和抑郁质四种。每个人都不单纯地属于某个气质类型，而是多种气质类型的混合。明白了你的主要气质，一般气质和次要气质分别是什么，就可以更好地了解自己，判断他人。

你在回答本“量表”时，认为很符合自己情况的计 2 分；比较符合的计 1 分；介于符合与不符合之间计 0 分；比较不符合的计 −1 分；完全不符合的计 −2 分。

(1) 做事力求稳妥，不做无把握的事。

(2) 遇到可气的事就怒不可遏，只有把心里话全说出来才痛快。

(3) 宁可一个人干事情，不愿很多人在一起。

(4) 到一个新环境很快就能适应。

(5) 厌恶那些强烈的刺激，如尖叫、噪声、危险镜头等。

(6) 和人争吵时，总是先发制人，喜欢挑衅。

(7) 喜欢安静的环境。

(8) 善于和人交往。

(9) 羡慕那种能自我克制的人。

(10) 生活有规律,很少违反作息制度。
(11) 在多数情况下情绪是乐观的。
(12) 碰到陌生人觉得很拘束。
(13) 遇到令人气愤的事,能很好地自我控制。
(14) 做事总是有旺盛的精力。
(15) 遇到问题常常举棋不定,优柔寡断。
(16) 在人群中从不觉得拘束。
(17) 情绪高昂时,觉得干什么都有趣,情绪低落时,又觉得干什么都没意思。
(18) 当注意力集中于一件事时,别的事很难使你分心。
(19) 理解问题总比别人快。
(20) 碰到危险情境,常有一种极度的恐怖感。
(21) 对学习、工作、事业怀有很高的热情。
(22) 能够长时间做枯燥、单调的工作。
(23) 符合兴趣的事情,干起来劲头十足,否则就不想干。
(24) 一点小事就能引起情绪的波动。
(25) 讨厌做那种需要耐心的细致工作。
(26) 与人交往不卑不亢。
(27) 喜欢参加激烈的活动。
(28) 爱看感情细腻、描写人物内心活动的文艺作品。
(29) 工作学习时间长了,常会感到厌倦。
(30) 不喜欢长时间谈论一个问题,愿意实际动手干。
(31) 宁愿侃侃而谈,不愿窃窃私语。
(32) 别人说你总是闷闷不乐。
(33) 理解问题总是比别人慢些。
(34) 疲倦时只要短暂地休息就能精神抖擞,重新投入工作。
(35) 心里有话宁愿自己想,不愿说出来。
(36) 认准一个目标就希望尽快实现,不达目的誓不罢休。
(37) 学习、工作同样一段时间后,常会比别人更感疲倦。
(38) 做事有些莽撞,常常不考虑后果。
(39) 老师或老师傅讲授新知识、技术时,总希望他讲得慢些,多重复几遍。
(40) 能够很快忘记那些不愉快的事情。
(41) 做作业或完成一件工作总比别人花更多时间。
(42) 喜欢剧烈、运动量大的体育活动,或喜欢参加各种文娱活动。
(43) 不能很快地把注意力从一件事转移到另一件事上去。
(44) 接受一个任务后,希望把它迅速完成。
(45) 认为墨守成规比冒风险强些。

(46) 能够同时注意几件事物。

(47) 你烦闷的时候,别人很难使你高兴起来。

(48) 爱看情节跌宕起伏、激动人心的小说。

(49) 对工作抱认真严谨、始终一贯的态度。

(50) 和周围人们的关系总是处不好。

(51) 喜欢复习学过的知识,重复做已经掌握的工作。

(52) 希望做变化大,花样多的工作。

(53) 小时候背诗歌,你似乎比别人记得清楚。

(54) 别人说你"出语伤人",可你却不觉得。

(55) 在体育活动中,常因反应慢而落后。

(56) 反应敏捷,头脑机智。

(57) 喜欢有条理而不甚麻烦的工作。

(58) 兴奋的事情常使你失眠。

(59) 老师讲新概念,常常听不懂,但是弄懂了以后就难以忘记。

(60) 假如工作枯燥无味、马上就会情绪低落。

记分方法:

按题号将各题分为 4 类,计算每类题的得分总和。

胆汁质:(2)、(6)、(9)、(14)、(17)、(21)、(27)、(31)、(36)、(38)、(42)、(48)、(50)、(54)、(58)。

多血质:(4)、(8)、(11)、(16)、(19)、(23)、(25)、(29)、(34)、(40)、(44)、(46)、(52)、(56)、(60)。

黏液质:(1)、(7)、(10)、(13)、(18)、(22)、(26)、(30)、(33)、(39)、(43)、(45)、(49)、(55)、(57)。

抑郁质:(3)、(5)、(12)、(15)、(20)、(24)、(28)、(32)、(35)、(37)、(41)、(47)、(51)、(53)、(59)。

评价方法:

如果某气质类型得分明显高于其他三种 4 分以上,则可定为该气质类型。如果该气质类型得分超过 20 分,则为典型型;如果该气质类型得分为 10～20 分,则为一般型。

两种气质类型得分接近,其差异低于 3 分,而且又都明显高于其他两种 4 分以上,则可定为两种气质类型的混合型。

三种气质类型得分相接近而且均高于第四种,则为三种气质类型的混合型,如多血-胆汁-黏液质混合型或黏液-多血-抑郁质混合型。

气质分析:

首先我们要明确气质本身没有好坏之分,也不能决定一个人的社会价值和贡献的大小,像普希金是典型的胆汁质特征,而果戈理又有着抑郁质的特征,但他们在文学上都取得了非凡的成就。不过,不同的气质类型确实会影响到人对工作和对他人的态度及方法。

如果你是胆汁质型，那么说你的精力充沛，生气勃勃，是一个积极向上的人，但情绪暴躁，易于激动，容易感情用事。在人际交往时应沉着冷静，善于控制自己的情绪，做到果敢，率直但不急躁。

如果你是多血质型，那么说明你表情丰富，动作敏捷，是个活泼爱动的人，但情绪多变，做事相对轻率。在人际交往时应努力表现灵活、亲切、机敏的一面，避免浮躁。

如果你是黏液质型，那么说明你有沉着、坚毅、冷静的优点，但也有着缺乏活力，冷淡等缺点。在人际交往中尽量将自己的情绪调动起来，让他人更多地了解你的内心感受，以便相互交流，达成共识。

如果你是抑郁质型，那么说明你柔弱易倦，情绪发生慢而强，敏感而富于自我体验，感情深刻稳定，易孤僻。在人际交往时要突破闭锁心理，把自己的深刻体验表述出去，你会发现那又是一片天。

七、智力评估

智力(intelligence)是“个人行动有目的、思维合理、应付环境有效的一种聚集的或全面的才能。之所以说全面，是因为人的行为是以整体为特征；之所以说聚集，是因为由诸多要素或诸多能力所构成。这些要素或能力虽非完全独立，但彼此之间有质的区别”。

关于智力的本质，研究者们一直未有完全相同的见解，但在以下方面得到了共识：① 抽象思考和推理能力；② 学习能力；③ 适应环境的能力；④ 解决问题的能力。

智力测试是对智力水平进行量化的一种心理测量工具，有的智力测试测查的智力功能比较全面，能够计算出智力商数(intelligence quotient，IQ)(表 15-1)。

表 15-1 IQ 的意义及其在全人口中的分布

IQ	类 型	所占百分比
139 以上	极优秀	1%
120～139	优秀	11%
110～119	中上	18%
90～109	中等	46%
80～89	中下	15%
70～79	临界	6%
70 以下	智力落后	3%

IQ 是智力数量化单位，最初由刘易斯·特曼在 1916 年修订 Stanford Binet(S-B)量表时提出。当时，IQ 被定义为智龄(MA)与实足年龄(CA)之比，再将商数乘以 100(为了避免小数)，即 IQ=100×(MA/CA)，所得结果称为比例 IQ。美国著名心理学家韦克斯勒于 1939 年编制韦氏智力量表时，用离差 IQ 概念代替比例 IQ。所谓离差 IQ 是将被试的测试分数与同龄组的人比较所得到的标准分数。常用的智力测试工具包括韦氏智力测试、瑞文智力测试和比奈-西蒙智力量表等。如需专业智力评估，建议通过医院心理科或有关认证机构进行标准化测试(表 15-1)。

专栏 15-13　门萨测试

门萨俱乐部的英文名称是"MENSA"，于 1946 年成立于英国牛津，创始人是律师罗兰德·贝里尔和科学家兼律师兰斯·韦林。门萨测试是全球规模最大及历史最久的智商测试，由门萨国际(MENSA International)在世界范围内组织开展。现如今，门萨俱乐部拥有 10 万多名会员，遍及世界 100 多个国家和地区。2011 年，门萨进入中国，中国会员超过四百人。

门萨测试试卷(标准情况下)有 30 题，答对 23 题换算成智商是 148，这也是加入门萨俱乐部的门槛。门萨测试一般从注意力、观察力、逻辑思维、想象力和记忆力这几个方面出题！这 30 道题中分布比例大致相当，你会发现这些题目中有你擅长的，也就是这一方面较为突出！

门萨智商测试只能帮助个人对自己的智商水平做粗略评估，因为影响得分的偶然因素很多。门萨智商测试只有利于那些兴趣偏重自然科学的人，而不利于那些偏重语言文字方面的人，也不利于具有较强记忆能力的人。门萨智商测试适合青少年和成年人自测，对于小学生，可以适当加分[参照智商换算表：智商(IQ)＝心理年龄(MA)/实际年龄(CA)×100]。限定时间回答问题，图形部分为 40 分钟，知识部分为 60 分钟。必须回答所有的问题不要留空，如果不知道答案可以猜测，测试的影响在评分中加以考虑；如果觉得某题没有正确答案，就挑选你认为最合适的。来自布莱克本的男孩阿希尔·卡利格在门萨测试中获得 162 分的最高分，创造了该项测试的世界纪录。

八、其他相关量表

(一) 手机成瘾指数量表

手机成瘾指数量表 MPAI(mobile phone addiction index)，是中国学者梁永炽编制的手机依赖指数量表，主要用来调查青少年和大学生的手机成瘾情况。该量表采用 5 点评分，"1"表示从不，"5"表示总是，共 17 题，包括 4 个维度，分别为失控性、戒断性、逃避性和低效性。失控性指个体无法控制在手机上花费的大量时间；戒断性是指个体不能正常使用手机时出现的不良的情绪等反应；逃避性指利用手机逃避现实时间，使用者沉浸在手机网络世界中；低效性指过度使用手机导致较低的学习或者工作效率。

专栏 15-14　手机成瘾指数量表(MPAI 量表)

指导语：下面的 MPAI 量表所示的是关于你使用手机的一些陈述，总共有 17 个项目，一个项目对应一个答案，请注意填写，请勿漏答或多选，选项之间并无对错及好坏之分，请根据过去一年的自身实际情况给予作答，并在相应的等级所代表的数字处打上"√"。

MPAI 量表

1	你曾被告知在使用手机上花费太多时间	① 一点也不② 很少③ 偶尔④ 经常⑤ 总是
2	你的朋友和家人抱怨你总使用手机	① 一点也不② 很少③ 偶尔④ 经常⑤ 总是

续表

3	你曾试图向别人隐瞒你使用手机的时间	① 一点也不② 很少③ 偶尔④ 经常⑤ 总是
4	你发现你使用手机的时间比预期时间长	① 一点也不② 很少③ 偶尔④ 经常⑤ 总是
5	你总觉得使用手机的时间不够	① 一点也不② 很少③ 偶尔④ 经常⑤ 总是
6	你试图少花时间在手机上却失败了	① 一点也不② 很少③ 偶尔④ 经常⑤ 总是
7	你因为使用手机而占用睡眠时间	① 一点也不② 很少③ 偶尔④ 经常⑤ 总是
8	超出一定时间范围不看手机,你开始焦虑自己会错过来电或朋友传来的在线信息	① 一点也不② 很少③ 偶尔④ 经常⑤ 总是
9	如果你一段时间没有检查短信、上网或开机就会感到焦虑	① 一点也不② 很少③ 偶尔④ 经常⑤ 总是
10	你觉得让你关机很困难	① 一点也不② 很少③ 偶尔④ 经常⑤ 总是
11	没有手机就感到迷茫	① 一点也不② 很少③ 偶尔④ 经常⑤ 总是
12	当你感到被孤立时你用手机与人交流	① 一点也不② 很少③ 偶尔④ 经常⑤ 总是
13	当你感到孤独时你曾用手机与人交流	① 一点也不② 很少③ 偶尔④ 经常⑤ 总是
14	当你感到失落时你曾用手机来缓解失落的情绪	① 一点也不② 很少③ 偶尔④ 经常⑤ 总是
15	你因为忙于使用手机而耽误其他事情,并且因此造成了麻烦	① 一点也不② 很少③ 偶尔④ 经常⑤ 总是
16	你在手机上花费时间是导致行动力下降的直接原因	① 一点也不② 很少③ 偶尔④ 经常⑤ 总是
17	有时你宁愿使用手机也不愿处理其他更紧急的问题	① 一点也不② 很少③ 偶尔④ 经常⑤ 总是

评分标准:

本量表共有 4 个维度,即戒断性、失控性、低效性和逃避性。

(1) 戒断性包括项目 8、9、10、11:是指个体无法适应不能正常使用手机时出现的不良的情绪等;

(2) 失控性包括了项目 1、2、3、4、5、6、7:指个体没有办法控制自己在手机上花费的大量时间;

(3) 低效性包括项目 15、16、17:指过度使用手机导致较低的学习或者工作效率;

(4) 逃避性包括项目 12、13、14:指利用手机逃避现实世界,使用者沉浸在手机网络世界中;

如果被试 17 道题中有 8 题是肯定回答,可以被界定为手机成瘾。

(二) 匹兹堡睡眠质量指数

匹兹堡睡眠质量指数(Pittsburgh sleep quality index, PSQI)是一种广泛应用的自评量表，用于评估个体在过去一个月中的睡眠质量。PSQI 通过多个维度评估睡眠质量，包括睡眠时长、睡眠效率、入睡时间、睡眠障碍、日间功能障碍、主观睡眠质量和辅助睡眠药物使用情况。PSQI 适用于普通人群和患有睡眠障碍者，如失眠、抑郁症、焦虑症患者等。它的中文版(C-PSQI)也经过了多次验证，具有良好的信效度，在国内的睡眠评估中被广泛应用。

专栏 15-15　匹兹堡睡眠质量指数(C-PSQI 量表)

指导语：下面的 C-PSQI 量表中的一些问题是关于您最近 1 个月的睡眠情况，请选择或填写最符合您近 1 个月实际情况的答案。

请回答下列问题：

C-PSQI 量表

条目	项　　目	评　分			
		0 分	1 分	2 分	3 分
1	近 1 个月，晚上上床睡觉通常在(　　)点钟				
2	近 1 个月，从上床到入睡通常需要(　　)分钟	□≤15 分钟	□16～30 分钟	□31～60 分钟	□≥60 分钟
3	近 1 个月，通常早上(　　)点起床				
4	近 1 个月，每夜通常实际睡眠(　　)小时(不等于卧床时间)				
5	近 1 个月，因下列情况影响睡眠而烦恼				
	a. 入睡困难(30 分钟内不能入睡)	□无	□<1 次/周	□1～2 次/周	□≥3 次/周
	b. 夜间易醒或早醒	□无	□<1 次/周	□1～2 次/周	□≥3 次/周
	c. 夜间去厕所	□无	□<1 次/周	□1～2 次/周	□≥3 次/周
	d. 呼吸不畅	□无	□<1 次/周	□1～2 次/周	□≥3 次/周
	e. 咳嗽或鼾声高	□无	□<1 次/周	□1～2 次/周	□≥3 次/周
	f. 感觉冷	□无	□<1 次/周	□1～2 次/周	□≥3 次/周
	g. 感觉热	□无	□<1 次/周	□1～2 次/周	□≥3 次/周
	h. 做噩梦	□无	□<1 次/周	□1～2 次/周	□≥3 次/周
	i. 疼痛不适	□无	□<1 次/周	□1～2 次/周	□≥3 次/周
	j. 其他影响睡眠的事情	□无	□<1 次/周	□1～2 次/周	□≥3 次/周
	k. 如有，请说明：				
6	近 1 个月，总的来说，您认为您的睡眠质量：	□很好	□较好	□较差	□很差
7	近 1 个月，您用药物催眠的情况：	□无	□<1 次/周	□1～2 次/周	□≥3 次/周
8	近 1 个月，您常感到困倦吗	□无	□<1 次/周	□1～2 次/周	□≥3 次/周
9	近 1 个月您做事情的精力不足吗	□没有	□偶尔有	□有时有	□经常有

评分方法：

C-PSQI 用于评定被试者最近 1 个月的睡眠质量。18 个条目组成 7 个成分，每个成分按 0～3 等级计分，累积各成分得分为 PSQI 总分，总分范围为 0～21，得分越高，表示睡眠质量越差。0～4 分：睡眠质量很好；5～7 分：睡眠质量较好；8～10 分：睡眠质量一般；11～21 分：睡眠质量较差。被试者完成试卷需要 5～10 分钟。

附睡眠成分统计方法。

睡眠成分统计方法

睡眠成分	内容	评分			
		0 分	1 分	2 分	3 分
睡眠质量	条目 6 计分	□很好	□较好	□较差	□很差
入睡时间	条目 2 和 5a 计分累计	□0 分	□1～2 分	□3～4 分	□5～6 分
睡眠时间	条目 4 计分	□>7 小时	□6～7 小时（不含 6 小时）	□5～6 小时（含 6 小时）	□<5 小时
睡眠效率	以条目 1、3、4 的应答计算睡眠效率	□>85%	□75%～85%（不含 75%）	□65%～75%（含 75%）	□<65%
睡眠障碍	条目 5b～5j 计分累计	□0 分	□1～9 分	□10～18 分	□19～27 分
催眠药物	条目 7 计分	□无	□<1 次/周	□1～2 次/周	□≥3 次/周
日间功能障碍	条目 8 和 9 的计分累计	□0 分	□1～2 分	□3～4 分	□5～6 分

睡眠效率计算方法为

睡眠效率＝(条目 4/条目 3－条目 1)×100%

（凤林谱）

本章习题

本章课件

第十六章
自我心理治疗

案例 16-1　初踏校园的一声叹息

来自北方的女孩小程如愿以偿地考入了南方的一所大学。起初，她觉得到了大学，除了饮食可能会不习惯，其余应该能很快适应。她对未来充满期待，希望在大学好好奋斗，好好学习、好好生活，可不久就觉得有些吃力了，眼前的现实似乎离她想象中的大学生活越来越远……学习上，小程发现即便抓紧一切时间来学习，可还是跟不上老师的进度——“老师一次课就讲了几十页，照我的阅读速度远远跟不上啊！我高中的生物基础本来就不算好，现在老师一节课讲一章内容，真的是很难消化，上课竖起耳朵听生怕有一点听不懂就跟不上老师的节奏！”生活上，小程刚入校时，常与舍友“卧谈”到深夜，感到十分兴奋。但随着时间的推移，她就很不习惯了。她在中学时就养成了晚上 10:30 熄灯睡觉的习惯，而大学的宿舍晚上不熄灯，由学生自己控制作息时间。习惯早睡的她想早点入睡，却不知道如何让舍友们早点安静，感觉特别累，十分苦恼！工作上也是烦恼不断，在中学阶段，小程一直是老师的得力助手，同学们的好班干。可进入大学后，她却没有进入班干部名单，去各个社团应聘也屡受挫折，自认为组织能力特别突出的她感到特委屈、特受挫，自己也不知道从什么时候开始经常变得满腹牢骚，常生闷气，别人似乎都不愿意接近自己了，这也让她特别怀念中学时光，想念中学好友……

案例 16-2　挥之不去的思绪

大二男生小欢总是被一些奇怪的想法困扰，就像脑子里住了个好奇宝宝，不停地冒出各种问题：“思考时要不要对自己说话?”“人是通过语言还是图像思考的?”“看书默读时用方言还是普通话?”这些问题就像挥之不去的幽灵，在他脑海里盘旋。

其实，早在初中的时候，小欢就出现过类似的情况。那时，他总是忍不住思考一些哲学问题，比如“学习是利用一些已有的结论去解决现在的问题，不必去对已有的结论联想或扩散”。高中的时候，他觉得自己把这些问题想明白了，情况就好转了。可是，进入大学后，这些奇怪的想法又卷土重来。

大一下学期快期末的时候，小欢开始反复思考，从“人们为什么会思考”到“人们怎么去思考”再到“自己该如何思考”。他越想越深入，越想越具体，仿佛陷入了一个无底洞。

他不知道该如何思考，也不知道如何摆脱这些思绪。比如，当他试图描述录音笔的属性时，他会纠结于自己是在心里对自己说话，还是在心里想象一些图片。他试图控制自己不去想这些问题，但结果却适得其反，头脑一片空白，让他感到非常痛苦和惶恐。

一开始，他以为是考试临近压力太大导致的，但后来发现，即使放寒假在家，还是无法控制自己不去想这些问题。到了本学期，这些想法仍然挥之不去，他觉得想这些问题毫无意义，可是当他试图控制自己不去想的时候，大脑又会一片空白，让他更加痛苦。他不知道该如何解决自己的问题，感觉自己快要崩溃了……

思考题

(1) 上述两个案例中小程和小欢各有哪些心理问题？

(2) 上述两个案例中他们心理问题的程度如何，应该怎样解决？

时代寄语：青年的人生之路很长，前进途中，有平川也有高山，有缓流也有险滩，有丽日也有风雨，有喜悦也有哀伤。心中有阳光，脚下有力量，为了理想能坚持、不懈怠，才能创造无愧于时代的人生。

——习近平

第一节　心理问题的自我识别与求助

在我们大学生中，常常会有同学抱怨自己的情绪不好、睡眠不好、和同学关系出现矛盾、学习压力大、不知道怎样集中注意力学习、未来的发展看不到方向等等。每一个大学生或多或少都有过上述困扰，甚至有更加严重的心理问题或心理障碍。当存在这些问题的时候，我们能够及时发现吗？能够正确地认识到吗？是选择自行解决还是寻求帮助呢？

一、大学生心理问题的自我识别

在现实的学习和生活中，如果出现以下几个方面的问题，可以提示有可能已经出现心理问题了：

1. 生理方面　食欲不振或食欲过剩、心率过高(超过 100 次/分)、头痛或颈背部肌肉紧张、入睡困难或早醒、睡眠不深或噩梦连连。

2. 心理方面　个性发生明显改变，性格上原有的缺点更加突出，如自卑胆小、孤僻多疑、暴躁激动、多愁善感等；注意力难以集中，经常为一些小事与人发生争执；一些原本良好的性格也有所改变，如原来活泼开朗现在变得沉默寡言，原先有礼貌现在变得很粗暴等。

3. 社会功能方面　学习或工作效率降低，学习成绩下降，学习兴趣减退；做事情一贯认真的人现在变得不能完成日常一般的任务，对工作或学习无缘无故地产生抵触情绪或厌恶感；出现不合逻辑的错误言语或行为，短时间内常说错话，或做出毫无道理、毫无益处的错事。

如果一个人多次出现上述情况，将提示要提高警惕，自己是否存在心理问题，进而需要得到及时有效地解决。

二、大学生心理问题的求助

1. *求助朋友、同学*　当我们遇到困难、处于困扰中的时候，可以向身边值得信赖的朋友或同学倾诉，以便获得最及时的帮助。当我们离开父母，告别父母的庇护时，在大学生活中，我们会结交一些好朋友。好朋友不仅能够在平时的学习生活中相互帮助、照顾和支持，也可以相互谈心、交流思想。当我们感觉心里烦闷的时候，可以在第一时间向朋友打开心扉来排解心中的困扰。

2. *求助学校辅导员*　大学老师尤其是辅导员是大学生离开父母的搀扶而不断成长成熟独立过程中的拐杖。无论是学习或生活上的困难、情感上的困扰、个人发展中的问题都可以在辅导员那里寻求到帮助。辅导员是我们大学生健康成长的指导者、引路人和知心朋友。他们在思想上引导我们，在学业上辅导我们，在生活上帮助我们，在行为上教导我们，在心理上疏导我们，在就业上指导我们。所以我们在有心理问题的时候可以找辅导员，辅导员可以根据学生的具体情况提出解决困扰的最佳建议。

3. *求助学校心理咨询中心*　学校的心理咨询老师都会具备一定的心理学专业知识和技术，能对大学生的心理问题进行一定的测评，且处理大学生常见的心理问题有较为丰富的经验。当我们存在一定的心理问题时，如情绪问题、恋爱问题、人际关系问题、学习问题、压力问题、职业规划问题等，都可以与学校的大学生心理咨询中心联系，老师可以凭借专业技术给予指导。一般来说，绝大多数的大学生的心理问题都可以通过心理咨询中心得到解决。

4. *求助专业的心理咨询师或心理医生*　当我们的心理问题在上述的求助过程中仍得不到解决时，我们可以寻求专业的心理咨询师或心理医师的帮助。合格的心理咨询师或心理医生应受过严格的专业训练，具有专业知识、能力和经验，有完善的心理评估和诊断学方法，有专门的心理咨询和治疗的技能。他们能遵循职业道德和行业规范，尊重服务对象并严格保守秘密。一般来说，解决心理问题或心理障碍求助于专业的心理咨询师或心理医生是最有效、最可靠的方法。当然，不同程度的心理问题寻求不同的专业工作者会更加有效。一般而言，不同的专家会在不同的方向承担不同的任务（见表 16-1）。

表 16-1　各种心理专业工作者的工作任务的区别

	心理咨询师	心理治疗师	精神科医师
主要任务	提供更高水平咨询、倾听及解决问题的技术服务	提供较专业的治疗，如认知行为治疗、精神分析治疗	作为临床医生，主要负责严重精神疾病的诊断与治疗
服务对象	一般心理困扰人群	各类心理障碍人群	精神疾病人群

《中国大学生心理健康状况调查报告(2024年)》显示,我国大学生心理健康状况总体良好,但仍面临诸多挑战,本科生和重点院校学生仍然是需要特别关注的群体,他们面临较高的抑郁风险。调查发现,男生抑郁风险略高于女生,女生焦虑风险略高于男生,城镇户口大学生在抑郁和焦虑方面都比农村户口大学生面临更大的风险。此外,学业负担重、想念家人、不知道自己适合什么工作仍然是大学生主要的压力来源,这些压力与心理健康问题密切相关。与此同时,睡眠质量、无聊感和恋爱状态也是影响大学生心理健康的重要因素。为了更好地应对心理问题,建议大学生培养良好生活方式、完善生涯规划和提升恋爱心理健康意识,同时学校应加强心理健康教育,建立健全心理健康监测和干预机制,提升学生的心理危机应对能力。尽管心理咨询在国外较为普遍,但国内大学生求助心理咨询的意识仍需加强,应鼓励学生积极寻求专业帮助,以促进心理健康发展。

心理健康测试——你需要心理咨询的帮助吗?

第二节 心理师常用的心理治疗方法

当我们有了心理问题时需要寻求专家的帮助,通过心理咨询或心理治疗解除心理问题,更好地应对以后的发展。那么什么是心理治疗呢?心理治疗是指治疗者通过与来访者(寻求帮助的人)系统的互动,运用心理学的原理影响来访者的观念、情感和行为,来帮助来访者克服心理障碍,适应生活中的各种问题,促进个体发展的过程。广义的心理治疗泛指一切影响人的心理状态及行为的方式和方法。父母与子女之间、夫妻之间、同学同事之间、邻里之间、亲朋好友之间的解释、说明、指导等趋势的交往与沟通,都具有一定的心理影响和心理治疗作用。而狭义的心理治疗,则是在确立了良好的心理治疗关系的基础上,由经过专门训练的心理治疗师运用心理治疗的有关理论和技术,对来访者进行帮助,以消除或缓解来访者的心理问题或人格障碍,以促进人格向健康、协调方向发展的过程。

由于不同的心理学派对心理异常的病因和机制的解释是不同的,所以不同学派往往采用的心理治疗方法也有所不同。目前精神分析疗法、认知疗法、行为疗法、人本主义疗法是最具代表性的心理治疗方法,还有一些其他的疗法如:暗示催眠疗法、存在疗法、意义疗法等。下面将简单地介绍几种心理咨询师常用的心理治疗方法的基本特点,这些方法不仅仅只限于心理咨询师使用,我们也可以掌握其中的某些技巧进行自我心理调节和治疗。

一、精神分析疗法

案例16-3 羽化成蝶的大男孩

大一男孩阿华,高高瘦瘦,总是郁郁寡欢,与人相处也显得别扭。他常纳闷"同学们怎么懂得那么多?我怎么像傻子一样?"同学们觉得他有心理问题,阿华自己也这么认为。

阿华的父亲常骂他是"窝囊废",认为他没用,只能靠读书找个轻松的出路。阿华也觉得自己一无是处。阿华在取款被吞卡后,直奔咨询室。

阿华是家庭暴力的受害者。父亲不仅谩骂，还经常打他。父亲稍不如意就打骂阿华，还经常抱怨社会险恶、人生艰辛。阿华从小被父亲管教很严，除了课本什么都不让看，也没有任何业余生活。他拼命读书考上大学，却什么都不会，也觉得自己除了读书一无是处。

虽然自卑、口拙，但阿华有种亲和力和求知欲。咨询师决定采用精神分析疗法。

咨询过程中，咨询师着重倾听阿华对童年经历的回忆，特别是与父亲互动的细节。通过自由联想，阿华逐渐意识到，父亲的严厉并非完全是厌恶，而是包含着恨铁不成钢的复杂情感。咨询师引导阿华理解，父亲的“窝囊废”评价，其实是父亲对自己未能实现的人生理想的投射。阿华开始明白，父亲的暴力和否定，虽然给他带来了伤害，但也隐藏着一种期望，期望他能过得更好，实现父亲未能实现的梦想。通过对与父亲关系的重新审视，阿华开始逐渐摆脱“窝囊废”的自我认知，并重新评估自己从小到大坚韧不拔的求学经历，从中发现了自己的坚强和能力。

抓住求助的契机，阿华在咨询室内羽化成蝶！他开始参与班级活动，学习新事物，发展兴趣爱好。他不再是那个自卑的“窝囊废”，而是一个自信阳光的大男孩。

精神分析是奥地利心理学家弗洛伊德创建的第一个系统解释心理病理学的理论。精神分析疗法又叫心理分析疗法或分析性心理治疗，是心理治疗中最主要的一种治疗方法。精神分析认为，早期的创伤经历有碍人格的发展。从狭义上理解，创伤经历指负性生活事件所造成的缺失和损害。创伤经历分为两种，一种是微小生活事件引起的精神创伤，是由那种单个看都不大，但日积月累却会腐蚀人的生活与心灵的小事件，如父母/抚养人对孩子的苛求或父母/抚养人对孩子的冷淡与疏远；另一种是重大生活事件引起的创伤，如幼年时经历的虐待事件、天灾人祸、目睹生老病死等惨烈场面经受刺激等。

从广义上看，个体早年发展经历中与负性生活事件相关的爱的缺失以及溺爱、纵容、保护过度等造成的“过犹不及”的成长环境都是创伤形成的温床。精神分析的技术，例如梦和移情的分析，目的就是解释无意识的冲突或追溯回到它的初始情形。许多情绪问题的最初情形是早期生活的被压抑的冲动现在又要回来，或者威胁要回到意识中来。个体运用各种防御机制对这些威胁进行反应，分析师则解释这些反应帮助来访者弄清防御后面的感觉是什么。

该理论基础为潜意识论、心理结构论和性心理发展论。核心是人的心理活动可以分为潜意识、前意识和意识三部分。潜意识是深藏在意识之后的，是我们所有行为的内驱力。精神分析疗法的原理是：发掘来访者潜意识内的矛盾冲突或致病的情结，把它们带到意识领域，使来访者对其有所领悟，在现实原则的指导下得到纠正或消除，并建立正确与健康的心理结构，从而使病情获得痊愈。精神分析的目的和价值在于它能够挖掘出深藏在潜意识中的各种关系，尤其是童年的精神创伤和痛苦经历，使之被召回到意识中来。来访者借助治疗师的分析、解释，理解这些关系，彻底顿悟和认识自己，使来访者宣泄并消除深藏在潜意识中童年的精神创伤、心理矛盾和痛苦体验，最后矫治不良行为，达到治疗的目的。

案例中的阿华，经过治疗师对他的分析，坦诚地回忆和处理童年岁月的经历，把屈辱在咨询室内象征性地“还给父亲”。慢慢地，内心脆弱的阿华渐渐明白父亲的大棒后面掩藏着复杂的含义：其一，父亲对自己人生的不满，希望自己的生命活力在儿子身上延续并取得辉煌；其二，父亲粗暴的训斥和谴责以及棒喝中饱含深深的爱意——你要过得比我好。妈妈给予的无条件的爱使阿华最终相信自己的存在是有价值的。回顾从小到大坚韧不拔的求学经历中，阿华发现了自己的坚强和能力。然后，如饥似渴地学习新的知识、新的技能，缩小与同学之间存在的差距。自信被一点点找回来、培植起来，阿华不断地发生变化，变化使他从大学的老师和同学眼中读到赞许的目光。

思考题

(1) 从普通在校大学生阿华的自我成长的经历中，我们能读取到什么？

(2) 抛开可能存在的既往的障碍，现在妨碍我们成长的是什么？

专栏 16-1　精神分析学派创始人——弗洛伊德

弗洛伊德(1856—1939)，奥地利维也纳的精神科和神经科医生、精神分析学派的创始人。出生于摩拉维亚一个犹太商人家庭，4 岁时举家迁居维也纳。他在中学时代就显示出非凡的智力，成绩一直名列前茅，精通多国语言；17 岁考入维也纳大学医学院，1881 年 3 月他以优异成绩通过了医学院的毕业考试担任了临床神经专科医生；1895 年他与精神病学家 Josef Breuer 合作发表《歇斯底里研究》，开始使用“精神分析”的概念，1900 年发表了《梦的解析》，该著作在西方被列为世界 16 大名著之一，这是对弗洛伊德一生思考奋斗的最高评价。1905 年弗洛伊德出版《性学三论》一书，探讨了性心理的发展与精神变态机制的联系，真正开始为世人所重视。1923 年在《自我与本我》一书中，他详细阐述了人格结构理论。弗洛伊德一生育有 3 男 3 女，其中女儿安娜·弗洛伊德后来也成为著名的心理学家。1938 年 3 月，德国纳粹入侵奥地利后，弗洛伊德在朋友的帮助下，离开了故乡维也纳而飞抵伦敦，1939 年 9 月 23 日因口腔癌在伦敦逝世。

弗洛伊德提出：年幼儿童存在性欲；令人费解的生理障碍背后有无意识的原因；心理疾病的治疗可以通过一种昂贵、耗时的程序进行——病人躺在沙发上，医生听他诉说着看似无关的话题。他不断开创、发展、维护自己的思想，尽管遭到尖锐的批评。弗洛伊德一生撰写了大量著作，他被认为是一场重大精神运动的领袖，他的思想改变了心理学家、作家、父母及普通百姓多年来的想法。

精神分析疗法主要的技术有自由联想、释梦、移情、阻抗分析、宣泄、阐释等。

专栏 16-2　精神分析的几种技术

1. 自由联想(free association)　自由联想是精神分析的基本技术。该方法是让来访者舒适地躺着或坐着，把想到的一切都毫无保留地讲出来，不论其如何微不足道或荒诞不经，都要如实地叙述。治疗师对来访者所报告的材料加以分析和解释，直到从中找出其无意识之中的矛盾冲突，即病的起因为止。目的是把来访者无意识的思想情感，召唤到言语表达出来。自由联想的最终目的是挖掘来访者压抑到潜意识的情结或矛盾冲突，把它带到意识领域，使来访者对此有所领悟，从而重建现实的、健康的心理。

2. **释梦**(dream analysis)　释梦是分析者对梦的内容加以分析，并期望发现这些象征的真谛。弗洛伊德认为，梦的内容是做梦者无意识冲突或欲望的象征。人在睡眠的时候，自我的控制力减弱，无意识中的欲望趁机向外表现。但是此时精神中的自我防御状态并没有完全解除，所以这些欲望必须通过化妆变形才可以进入意识层次，这就成了梦。精神分析理论认为，有关梦的分析结果较接近来访者的真正动机和欲望。但是，梦境仅仅是潜意识心理冲突与自我监察力量的一种妥协，并不直接反映现实情况。这就需要治疗者对梦境做特殊的解释，以便发掘梦境的真正意义。

3. **移情**(transference)　移情是在治疗的过程中，来访者对治疗师产生一种反应，即把治疗师看成是早年与其心理冲突有关的某一个重要人物，将自己对某人的体验、态度、情感活动或行为方式等不自觉地转移到治疗师身上，从而有机会重新“经历”往日的情感。移情是理解和治疗来访者的重要手段，面对来访者的移情，治疗师应把握好恰当的关系，采取友善、克制、认真的态度对待来访者，抓住来访者心理上的本质问题，因势利导，从而对来访者进行有效地治疗。

4. **阻抗**(resistance)　阻抗是指来访者潜意识中对治疗过程的抗拒力，以防止治疗将痛苦在意识中重现。精神分析要揭示来访者内心深处的创伤和冲突，必然会使来访者感到恐惧和痛苦，所以来访者会从本能上加以抵抗。来访者的症状是其人格防御的一部分，并且症状也使来访者从中获益，因此阻抗的发生往往正是来访者问题之所在。治疗师必须在治疗过程中不断辨认并帮助来访者克服各种形式的阻抗。一旦潜意识的所有阻抗被逐一战胜，来访者在意识水平上重新认识了自己，分析治疗也已接近成功。

5. **阐释**(interpretation)　阐释就是揭示来访者症状背后的潜意识动机，克服阻抗和移情的干扰，让被压抑的心理活动不断地通过自由联想和梦的分析暴露出来，使来访者对其症状的本质达到领悟。其目的是让来访者正视他所回避的问题或尚未意识到的问题，将潜意识的内容变为意识的内容。阐释是一个缓慢而又复杂的过程，要循序渐进，逐步深入，最终揭示其症状背后潜藏着的本质问题。

二、认知疗法

案例 16-4　紧锁心门的春天

春风拂面的季节，校园里充满了生机。然而，对于刚入学的大一女生小文来说，春天似乎并没有带来温暖。她文静娟秀，戴着眼镜，总是怯生生的，仿佛对一切都充满了不安。

入学时的心理健康普查显示，小文有轻生念头。这让咨询师对她格外关注。

“我也不知道为什么，总是想哭。”小文的声音很轻，带着一丝不易察觉的颤抖。“别人说说笑笑，我总笑不起来，话也不愿说。除了同寝室的人，我不想跟别人说话，也懒得说。

其实，高中二年级的时候，我就这样了。"她很担心自己"脑子出了毛病"，总觉得自己"跟别人不一样"。

高二时，妈妈生病住院、文理科分班、转学……一连串的变故，让小文的心情跌到了谷底，也让她开始头痛、休学。更早的时候，母亲就长期生病，小文与姥爷和小姨生活的时间更多。高二时，她长期被自杀念头困扰，害怕自己控制不住，经常反锁门窗。

作为家中最小的孩子，小文与家人的关系很亲密。她不喜欢人多吵闹，在寝室还好，但特别不喜欢教室里的气氛，反感被别人当笑料。类似情况出现时，她会出现无法自控的情绪。

咨询师决定采用认知疗法来帮助小文。通过8次访谈，咨询师帮助小文识别和挑战那些消极的、不合理的想法。例如，小文总是觉得自己"跟别人不一样"，咨询师引导她去思考，这种想法是否真的有证据支持？别人真的都比她优秀吗？即使有差异，是否就意味着自己不好？

渐渐地，小文开始意识到，很多时候，是她自己的想法在困扰自己。她开始尝试用更积极、更理性的角度去看待问题。她也逐渐走出了高中以来一直担心自己"脑子会坏""跟别人不一样"的误区。

认知疗法于20世纪60年代在美国产生，是根据人的认知过程影响其情绪和行为的理论假设，通过认知和行为技术来改变来访者的不良认知，从而矫正并适应不良行为的心理治疗方法。主要代表人物有贝克、艾利斯(A. Ellis)等。认知疗法主要关注来访者非功能性的认知问题，试图通过改变来访者对己、对人或对事的看法与态度来改变所呈现的心理问题。

认知疗法强调常见的心理障碍的中心问题是由某些歪曲的思维产生的，认知疗法就是通过改变这些歪曲的思维、观念来纠正其适应不良的情绪或行为。认知疗法的目标不仅仅是针对外在表现出来的问题，如行为和情绪问题，更重要的是分析来访者的思维活动和应对现实的策略，找出错误的认知并加以纠正。

认知疗法主要的技术有苏格拉底式的谈话、重构主题、角色扮演、停止思考、进行关于自信或社会技能的训练、布置家庭作业等。

专栏16-3　错误的认知模式

认知治疗师们在治疗实践中提炼出各种典型的贝克称为自动或功能障碍性思维、艾利斯称为非理性信念以及另外有些学者称为热认知、自我谈话或内部对话的错误认知模式。

1. **非此即彼**　又称黑白分明，极端化或对立分割性思维，极端化看待事物，而不是全面分析、把事物看成一个连续体。

2. **灾难化**　消极地预测未来而不考虑其他的可能结局。

3. **打折扣**　毫无理由地否认自己的积极经历、成绩。

4. **情绪推理**　因为自己感觉很强烈(实际上是相信)就认为某件事合乎现实,无视或轻视反面的证据。

5. **贴标签**　给自己或别人贴上固定的大标签,不顾实际情况下结论。

6. **最大化/最小化**　在评价自身、他人或某件事时不合理地夸大消极面和/或缩小积极面。

7. **精神过滤**　或称选择性注意,不看整体,仅将注意力集中于消极的细节上。

8. **度人之心**　又称算命术,坚信自己懂得别人的心思,而不考虑其他可能性。

9. **以偏概全**　仅凭有限的现象得出一个更大范围的消极结论。

10. **个性化**　又称个人化、中心化,相信不好的事都与自己有关,而不考虑其他更有可能的解释。

三、行为疗法

案例 16-5　摆脱不了的担心

大一男生小张,心里总像压着一块石头,沉甸甸的,放不下。一切的源头,是一则关于玻璃碎裂伤人的新闻报道。从那以后,一种莫名的恐惧便缠上了他,挥之不去。他害怕自己也会遭遇同样的飞来横祸。

每当他看到玻璃,那种不安感便会涌上心头,让他难以控制地想象玻璃突然碎裂的可怕景象。理智告诉他,这种可能性微乎其微,但他就是无法摆脱这种担忧。

其实,小张的这种"担心"并非偶然。他回忆起高中时,自己就常常反复检查门锁是否锁好。学习时,他会一遍又一遍地重复阅读题目,一道题审了一半,又会不自觉地回头重新审视,做一题检查一题,成了他的习惯。这种习惯虽然保证了他的正确率,但也导致他常常答不完题。

这种挥之不去的担心和重复行为严重影响了小张的生活。咨询师决定用行为疗法来帮助他。

咨询师向小张解释了他的情况,这属于强迫思维,并告诉他可以通过行为疗法来改善。

首先,咨询师教小张学习放松技巧,比如深呼吸,冥想等,以便在感到焦虑时能够自我调节。接着,咨询师和小张一起制定了一个"恐惧等级表",将小张对玻璃的恐惧程度从低到高进行排序,例如:想象远处有一块玻璃、看到近处的玻璃、触摸玻璃等等。

然后,咨询师引导小张从恐惧等级最低的项目开始,一边放松,一边想象或面对那个情境。如果小张感到焦虑,就暂停,继续进行放松练习,直到焦虑感降低。接着,再逐步挑战更高等级的项目。

通过这种循序渐进的方式,小张逐渐适应了对玻璃的恐惧,并学会了控制自己的焦虑情绪。同时,咨询师还帮助小张识别和纠正那些不合理的想法,让他明白玻璃碎裂的可能性很小,即使碎裂,也不一定会伤到自己。

经过一段时间的咨询,小张的症状得到了明显改善。

在我们身边的有些人，甚至我们自己可能会出现不同形式的心理问题和行为异常，如不由自主地去回忆以前对于自己没有意义的事情、不断地反复检查东西、过分地害怕某些小动物、与人交往脸红紧张等，像案例16-5中的小张一样，是需要治疗的。而解决这些问题，其中一种重要的治疗方法就是行为疗法。行为疗法就是通过个体不断地训练，最终纠正我们的这种不良行为。

行为疗法最初产生于20世纪20年代，是基于现代行为科学的一种非常通用的心理治疗方法，是根据学习心理学的理论和心理学实验方法确立的原则，对个体反复训练，以达到矫正适应不良行为的目的。行为疗法是在桑代克的古典学习理论、华生的行为主义心理学、巴甫洛夫的经典条件反射学说、斯金纳(Skinner)的操作性条件反射理论和一系列现代学习理论的基础之上发展起来的。这些理论源于动物实验和对人类行为的观察。行为理论主要通过强化来塑造来访者新的行为，以克服原来不适应的行为。行为疗法旨在通过学习和训练，矫正各种病态行为，使个体能良好地适应其社会环境。

行为疗法的主要技术有放松疗法、系统脱敏疗法、厌恶疗法、模仿疗法、满灌疗法等(具体技术详见本章第三节)。

四、以人为中心疗法

以人为中心疗法是由美国心理学家罗杰斯(C. Rogers)于20世纪40年代创立的，是人本主义心理治疗中最有影响的一种心理治疗方法，是治疗师以平等伙伴的身份去理解来访者的问题与情绪，为其提供一种无所顾忌地自由表达和宣泄的机会，并帮助其体验自我价值，实现其人格成长。以人为中心疗法认为人在本质上是可信赖的；人具有不需要咨询师的直接干预就能了解及解决自己困扰的极大潜能；只要能投入咨询关系中，人们就能朝向自我引导的方向成长。以人为中心疗法的治疗目的就是让来访者进行自我探索，了解与自我相一致的、恰当的情感，并用此感情体验来指导行动，也就是靠自己本身的力量来治疗自己存在的问题。

专栏16-4 后现代心理治疗

后现代主义心理治疗是在后现代主义心理学思潮影响下迅速发展起来的心理治疗实践活动。1988年美国著名社会心理学家格根在澳大利亚悉尼举行的国际心理学会议上，应邀作了《走向后现代心理学》的专题报告，这是心理学界就后现代心理学问题所作的最早、最有影响的系统研究。报告指出心理学正面临深刻的变革，以及建构后现代心理学的具体设想。后现代主义的心理治疗中，最重要的是焦点解决短期心理咨询和叙事治疗。

焦点解决短期心理咨询与治疗是20世纪80年代初沙泽和他的妻子伯格基姆共同创立并发展起来的一种正向目标解决导向的心理咨询与治疗模式，强调的是建构咨询的历程而不是单纯地解决问题和探索问题的原因，认为来访者个人是建构解决历程的最大资源。其特点有：

(1) 以解决问题为导向。放弃了传统治疗中明确当事人的问题或“病症”，而是搁置问题或病症，不去对问题刨根问底。并不是什么问题都能找得到确切的原因，让当事人反复地谈论他的问题，以及详尽地表达他们对于问题的感受，会让问题进一步客观化，变得越来越“真实”，结果对当事人有害无益。

(2) 心理治疗师与当事人之间由主客关系转变为合作关系。治疗师是心理学知识方面的专家，而当事人则是自身问题方面的专家，治疗应从当事人的问题出发而不是从心理学理论出发。当事人自己拥有解决问题的能力，只是暂时为某些问题困扰需要帮助。问题的解决需要治疗师与当事人两方面的共同合作，特别是激发当事人自身解决问题的能力，从内而外地解决问题。

(3) 努力促成各种朝向问题解决的可能改变，而不纠缠于对失常与失调的心理结构、状态的矫正、维修或弥补。通过寻找“例外”的存在，使他关注自己成功的例外，更多地看到问题没有发生时的光明面，通过积累小的改变解决问题。

叙事治疗是由澳大利亚心理学家麦克·怀特夫妇以及新西兰的大卫·爱普斯顿于20世纪80年代提出的。叙事治疗是治疗师通过倾听来访者讲述自己的生命故事，帮助来访者澄清他是如何使用故事组织经验、赋予意义的，并通过发现其生活故事中遗漏的部分，引导来访者重建具有正向意义的生命故事，唤起来访者内在力量的方法。它摆脱了传统上将人看作为问题的治疗观，透过“故事叙说”“问题外化”“由薄变厚”等方法，使人变得更自主、更有动力。其基本观点有：

(1) 现实是由语言构成的。社会是在语言中建构着现实，治疗将焦点放在语言是如何组成我们的世界和信念的。

(2) 人不等于问题，问题才是问题。问题是独立于人和家庭的，人如果能够和问题故事分开，就会开始感觉个人的自主，感觉自己有能力介入自己的生活和各种关系中。

(3) 每个人都是自己问题的专家。当事人才是自己生命故事的作者，来访者与治疗师拥有平等的话语权，治疗师是陪伴者，而不是权威和指导者。

(4) 生命的力量比问题本身更重要。来访者的生命故事，反映的是来访者的生命态度、生命要求和生命抉择。叙事心理治疗的目的就是帮助来访者解构主流故事控制的旧故事重新建构一个来访者真正期盼的、具有个人力量的新故事。

第三节　自我心理调节与治疗

从理论上讲，一般的心理问题都是可以通过自我调节解决的，每个人都可以用多种形式来自我放松，缓解自身的心理压力，排解内心的苦闷。在我们面对“问题”时，关键是我们怎样去认识它，并以正确的心态去对待它。因此，我们应该随时随地加强自我心理的调节，促使我们身心的全面健康发展，不妨试试下面介绍的一些方法吧。

一、合理宣泄

我们生活中难免会遇到一些问题而使我们产生不良情绪，有的情绪可以升华，有的则不一定要升华。合理宣泄，同样可以起到心理调节的作用。情绪发作时，体内潜藏的一股能量须加以释放，我们可以通过一些合理的方式表达出来、发泄出来，这样就轻松了。根据我们自身的特点不同，我们可以选择不同的方式，比如谈一谈、写一写、喊一喊、唱一唱、哭一哭、笑一笑、走一走、跳一跳，只要适合自己，都可以去尝试。

但要注意情感宣泄的对象、地点、场合、方式等，切不可任意宣泄，无端迁怒于他人或他物，造成不良后果。

心理训练营 16-1　情绪释放角

每个人都有自己宣泄情绪的方式，我们可以试试在识别情绪之后，选择你喜欢或适合的方式，并记录下你的感受！

(1) 情绪识别：花几分钟时间，静静地坐下来，探索并识别自己当前的情绪状态。

(2) 情绪涂鸦：拿出纸张和绘画工具，或者使用数字绘图软件，将你的情绪通过颜色和形状表达出来。

(3) 情绪日记：用 10～20 分钟时间，在日记本或电子设备上写下你的情绪体验，包括情绪的来源、持续时间和个人感受。

(4) 情绪运动：选择一项你喜欢的运动，如散步、跑步、瑜伽或舞蹈，至少进行 15 分钟，让身心在运动中得到释放。

二、认知调节

前面在认知疗法中介绍过，认知理论认为我们很多的心理问题源自我们对所遇事件的不合理的认知。你的想法是一副眼镜，它决定了你看到的世界的样子，通过改变认知结构，进行认知重建，达到心理平衡。

我们可能听过这样的故事：两个鞋子推销员到一个荒岛上，发现荒岛上的人都不穿鞋。一个感到非常失望，因为他认为这个岛上的人都不需要穿鞋，要成功推销是没有希望的；另一个感到非常兴奋，因为他认为这个岛上的人还没有鞋子穿，成功推销的希望极大。

其实，生活原本没有我们想象的那么复杂和艰难，很多事情都具有两面性，我们是乐观地应对生活还是悲观地被生活奴役，很多时候是看我们自己是否愿意戴上乐观积极的“眼镜”来看待生活！

三、转移法

转移是有意识地转移话题或做点别的事情来分散注意力。当我们遇到一些问题一时没法解决的时候，我们不妨暂时地转移我们对这件事情的注意力，常用的转移法有：

(1) 做事转移法：你可以选择看喜欢的书、和朋友玩、做手工、听音乐或看电影等；

(2) 运动转移法：你可以选择你喜欢的运动，运动可以加速身体的新陈代谢，促进快乐放松的激素分泌；

(3) 环境转移法：离开你遇到问题的环境，选择让你舒适放松的环境，如去海边散步、郊外骑车、登山、去差异特别大的地方旅游；

(4) 暂时搁置法：特别是在处理人际之间强烈的矛盾冲突时，我们暂时离开，冷静下来再处理。

四、放松法

在我们的大学生中常常会遇到某些事件而紧张不安，如突发事件、考试、与人交往等，学会放松可以有效地帮助我们控制自己的身体和情绪。

放松技术是按一定的练习程序，学习有意识地控制或调节自身的心理生理活动，以达到降低机体唤醒水平，调整那些因紧张刺激而紊乱了的功能。通过暗示或改变肌肉的紧张度，从而导致肌肉放松、心理平衡并使自主神经系统功能得到调节。

一个人的心情反应包含“情绪”与“躯体”两部分。假如能改变“躯体”的反应，“情绪”也会随之改变。经由人的意识可以把“随意肌肉”控制下来，再间接地把“情绪”松弛下来，建立轻松的心情状态。基于这一原理，放松技术就是通过意识控制使肌肉放松，同时间接地松弛紧张情绪，从而达到心理轻松的状态。具体的训练方法有：① 深呼吸；② 咬紧牙关片刻，然后放松；③ 握紧双拳 30 秒后，然后放松；④ 收腹；⑤ 提肋等。放松疗法常与系统脱敏疗法结合使用，同时也可单独使用，可用于治疗各种焦虑性神经症、恐怖症，且对各个系统的身心疾病都有较好的疗效。

课堂活动 16-1　日常自我疗愈小技巧

1. 冥想(meditation)　这是一种训练大脑集中注意力和意识的方法，有助于减轻压力和焦虑，提升情绪和自我意识。

操作步骤：

(1) 找一个寂静的地方坐下或躺下，闭上眼睛；

(2) 深呼吸，集中注意力于你的呼吸，感受腹部的起伏；

(3) 如果你的思绪开始游离，温柔地将注意力带回到呼吸上；

(4) 从每天几分钟开始，逐渐增加到 10 分钟或更长时间。

2. 正念练习(mindfulness practice)　强调在当下有意识地、不予评判地关注和体验。

操作步骤：

(1) 选择一个活动，如散步、洗碗或喝茶，进行正念练习；

(2) 专注于活动本身，注意所有的感觉和体验，如触觉、声音、气味等；

(3) 当发现自己走神时，承认这个事实，然后温和地将注意力重新引导回当前的活动。

以上两种方法都有助于提高应对压力和情绪困扰的能力。重要的是持之以恒地练习，以获得最佳效果。

五、系统脱敏法

系统脱敏法是最早的行为矫正技术，让我们在放松状态下接触恐惧对象(包括实际的或想象的)来克服焦虑和恐惧情绪。一般具体包括 4 个程序：

(1) 找到并确定与焦虑恐惧情绪有关的各种刺激、事件或情境。

(2) 建立恐怖或焦虑事件的等级层次,如考前焦虑可以分上几个焦虑等级,考前一周、考前一晚、进考场前半小时、发试卷时、看到试卷时。

(3) 进行放松训练,常采用渐进式放松训练,是一种逐渐的、有序的、使肌肉先紧张后放松的训练方法。在放松前先使肌肉收缩,继而进行放松。通过比较从而细心体验所产生的那种放松感。

(4) 实施脱敏治疗,在完成上述三项之后进行,具体如下:焦虑低→焦虑高→适应(以"抓小鼠"为例)。例如,(小鼠)图片→模型→玩具→真小鼠→用手去摸。

系统脱敏主要有两种方法:

(1) 想象脱敏:按照焦虑等级中最轻的一级事件或情境,想象导致焦虑的情境并体验焦虑和恐惧,30 秒左右的时间后停止想象,并报告自己的焦虑或恐怖感受度,并进行全身放松训练。平静后,重复上述过程,直到想象时不再感到紧张焦虑时为止。这是第一级脱敏,接着再按照上述的方法进行高一级的脱敏。

(2) 现实脱敏:直接进入或接触导致焦虑的现实刺激或情境,来体验焦虑和恐惧,反复多次以后可以适应环境,不再焦虑恐惧。再进入更高一级的现实情境。如此逐级反复进行,直到每一层级焦虑反应均被消除为止。一般每周 1～2 次,每次 30 分钟左右。

六、厌恶疗法

当我们的某些不适行为即将出现或正在出现时,我们给予一个让自己极其不快的刺激,使我们产生厌恶其不适行为的主观体验。经过反复实施,之前具有的不适行为和厌恶体验之间就建立了条件联系,然后当我们再次出现这种不良行为时,在给予其不快刺激的情况下便会产生厌恶体验,从而达到消除不良行为的目标。

厌恶疗法在行为治疗中常用于戒烟、戒酒或药瘾以及矫正性变态、强迫症和某些其他不良行为。如案例 16-5 中的小张就可以以厌恶疗法为主要的治疗方法。当每次出现不必要的异常行为时,我们可以结合一些厌恶刺激产生让我们厌恶的体验,不断反复进行之后,异常行为将退化直至消失。

厌恶刺激可以采用疼痛刺激(如电刺激和橡皮圈弹痛刺激)、催吐剂(如阿朴吗啡)和令人难以忍受的气味或声响刺激等,也可以采取事物剥夺或社会交往剥夺措施,还可以通过想象使人在头脑中出现极端憎恶或无法接受的想象场面,从而达到厌恶刺激强化的目的。

七、满灌疗法

这是一种主要用于治疗恐怖症的行为治疗技术。当我们对某些对象或是某些场景非常恐惧时,让我们较长时间地想象恐怖的观念或直接面临最恐怖的情境,这种导致其恐怖焦虑的事物或情境会使其产生极度的恐怖焦虑情绪,但是不容许其逃离这样的情境,一直坚持到这些负性情绪消失为止,从而达到快速消退症状的目的。

冲击疗法用时较短,通常可在几天、几周或 2 个月内有满意的效果。但此疗法痛苦大,实施相对困难,一般不能自行进行,要在治疗师的指导下配合完成,需要慎用。

八、模仿学习法

模仿学习法又称示范性疗法，是通过社会学习理论建立起来的。班杜拉指出，一个人仅仅通过观察其他人的行为就可以达到模仿学习的目的。“近朱者赤、近墨者黑”就是这个道理。因此可以通过示范、模仿的方式来培养和塑造正常的行为。

另外，我们还可以采用听录音、看电视、看电影等方式，形成社会所需要的行为。如一位不善于与异性交往而焦虑的同学，在观看了男女同学自然、得体交往的录像后，通过有意识地模仿学习，获得了与异性交往的能力。

九、自我暗示

自我暗示指通过主观想象某种特殊的人与事物的存在来进行自我刺激，达到改变行为和主观经验的目的。其实质是自觉地诱发积极、良好的心理状态，主动地将消极、不良的心理状态转变为积极的、良好的心理状态，并保持下来，以促进身心康复。

消极的自我暗示会误导我们的判断和自信，使我们生活在想象中，做出脱离实际的事情。而积极的自我暗示则相反，它是一种使我们正在想象的事物坚定和持久的表达方式。通过不断地进行肯定的练习，可以用更积极的思想和概念来替代我们过去陈旧的、否定性的思维模式，从而在短时间内改变我们对生活的态度和期望。

我们在生活中对待相同事件常常会有不同的暗示，如“半杯水”效应。不同的自我暗示会导致不同的结果。选择积极、扩张的语言和概念，我们就越能够容易地创造出一个积极的现实。如“我是一个聪明漂亮的人”“我是最棒的”“我具有强大的意志和行动力”“在我所从事的专业领域，我是出类拔萃的”“我能实现自己的美好愿望”等。

自我暗示的形式是多样的，具体来说，自我暗示法一般可以分为语言性自我暗示、动作性自我暗示、情景性自我暗示和睡眠性自我暗示：

(1) 语言性自我暗示：利用内部的语言，即用内心独白对自己进行暗示，例如，恐怖症患者可以进行这样的自我暗示：“我是男子汉，男子汉应该是无所畏惧的！”

(2) 动作性自我暗示：通过意愿性动作，即自认为有助于疾病康复的动作对自己进行暗示，例如，散步、练气功可以使身体康复，于是就抱着极大的希望去从事这些活动。

(3) 情景性自我暗示：创造足以引起我们积极情绪的情景对自己进行暗示，例如，认为清新的空气、优美的风景能陶冶自己的心情，有利于疾病的康复，于是就设法去旅游。

(4) 睡眠性自我暗示：相信睡眠能使人消除疲劳、改善心境、恢复精神和体力，从而利用睡眠休息对自己进行暗示，例如，“躺一会儿就会好的”“夜里好好睡一觉就能痊愈的”。

专栏 16-5　自我暗示的原则

我们在进行自我暗示时，往往要注意以下几个原则：

1. 始终要用现在时态而不是将来时态进行暗示　我们对于自己的暗示是针对现在的，是此时此刻此地的暗示。如我们应该说“我现在已经取得了某些成功”而不说“我将来会取得成功的”，这并非自欺欺人，而是基于这样的事实，我们在现在的状况下，可以自然地去想到，然后才能在客观现实中显现。

2. **要在最积极的方式中进行** 暗示的事情应该是积极的，肯定我们所需要的，而不是不需要的。如说“我越来越勤奋，越来越能干”，而不说“我再也不偷懒了”。

3. **通常语句越简短效果越显著** 往往越是简单的话语越能给我们清晰的认识和情感的传达，其冲击力更大。

4. **始终选择那些对自己感到完全合适的肯定** 我们选择暗示我们的应该是适合自己的，可以给自己积极的、自在的感觉，同时会有良好的效果。有些暗示适合别人，但用到自己身上就完全无效，这样，我们就要找到适合自己的肯定。

5. **进行肯定时，始终要告诉我们自己是在创造新的事物** 我们从事的事情往往是接受和处理那些已经存在的事物，我们不是试图去改变或是取消这些事物，而是抱着我们每时每刻都在创造自己确定的有希望的新的事物。

6. **肯定并不意味着要抵触或努力改变自己的感受或情绪** 接受并体验自己所有的情感是很重要的，这种情感不仅仅是积极的，也包括所谓的否定性情感。我们并不必须试图改变这些否定性的情感，肯定可以帮助我们创造出一个对于生活的新的观念，这将会使我们从此可以获得越来越多的快乐体验。

7. **在进行肯定时，尽可能创造出一种相信的感觉** 如果肯定过分，自己都没法认定是一种真实的感觉，自然没有效果。

十、自我催眠

自我催眠法，不仅仅是自己在心中反复暗示的意志强化法，如反复在自己内心进行的“一定能把烟戒掉”“一定能与异性自然地交谈”等，更为重要的是一种自我训练、自我改造和自我完善的方法。它是一种“对自己进行暗示而产生的催眠状态”的心理治疗技术。

自我催眠是一种开发自身潜能进而自我消除疾病的保健方法。不仅能够帮助我们从紧张不安的精神状态中释放出来，从而预防疾患、增强体质，更能够随着我们自我催眠水平地不断提高，而不断提高我们的心理素质、完善我们的人格、挖掘我们的潜能。

心理训练营 16-2 自我催眠的步骤

通常，我们在进行自我催眠的时候有一定的步骤，具体如下：

(1) 找一个舒适的、隐私的地方坐下来或者躺下来，以你认为最舒服的姿势。

(2) 闭上眼睛，试着去排除你心里的焦虑和恐惧。一般来说，当你尝试着开始这样做的时候，你会发现不让自己去想事情往往是很困难的。你越是不让自己去想，就越是不由自主地去想起一些事情。出现这种情况的时候，不要强迫自己不去想。相反，这时候你慢慢地静下心来，它们往往在不经意之间自然消失。

(3) 消除身体的紧张和压力。从你的脚趾开始，想象你的压迫和紧张正在慢慢远离你的身体，从你的身体消失。想象你身体的每一个部分，从你的脚趾向上直到你的整个身体，都从压迫和紧张中释放出来。幻想着你身体的每一部分会随着压力的释放而变得越来越轻。放松你的脚指头，然后是你的脚，继续放松小腿、大腿、臀部、腹部等，直到你放松每一个部分，包括你的脸和头部。

(4) 缓慢地深呼吸。当你呼气的时候，你看到你的压力像乌云一样散去；当你吸气的时候，你看到新鲜的空气像一种光明的力量，充满活力和能量。

(5) 欣赏并体味你现在的放松状态。想象你现在站在12层楼梯上面，把从上到下的每一个画面的细节都仔细想象。告诉自己，你要从上面的楼梯下来了，从12层开始，一边走，一边数一数你走过的每一个台阶。同时想象你走过的台阶数，这些数字越大，你就越接近地面。你觉得你的身体正在越来越放松，你能清晰地感觉到每走一步，踏在台阶上的感觉。一直往下走，一边数数，直到你到达楼梯的底部。一旦你到达底部，想象自己是放松和快乐的。

(6) 把你所关心的问题说出来。用"现在时态"对自己进行心理暗示，对自己的心理暗示是此时此刻此地的。如同前述自我暗示疗法介绍的一样，自我暗示要采用积极的方式，如"我要越来越坚强"，而不是"我不要懦弱了"。

(7) 根据自己的需要，重复第(6)步。

(8) 慢慢恢复正常状态。当你感觉心情舒畅了，就开始从楼梯的底层往12层走。同下楼梯一样，你一边数数，一边想想数字的细节。当你走到12层的时候，你将会慢慢恢复正常的意识，同时保持平静和放松。

(9) 结束自我催眠。当你恢复正常意识后，不要马上睁开眼睛，可以先躺一会儿，然后再起来。

心理训练营16-3　大学生常见心理问题的自我调适

大学生在学习和生活中常常会面临各种各样的心理压力和挑战。以下列举几个常见的心理问题，并提供一些自我调适的建议，希望能帮助大家更好地应对：

1. 考试焦虑

(1) 问题描述：临近考试，感到紧张、焦虑，甚至失眠，影响复习效率。

(2) 自我调适方法：

① 认知调整(认知疗法)：

a. 识别并挑战非理性思维：例如，"我考不好就完蛋了""我肯定会失败"。用更积极、理性的想法代替，如"考试只是检验学习成果的一种方式""我已经尽力了，结果顺其自然"。b. 运用积极自我暗示：考试前告诉自己"我可以的""我能行"，增强自信心。

② 行为管理(行为疗法)：

a. 制定详细的复习计划，将大目标分解为小任务，并按计划执行。b. 运用系统脱敏的原理：模拟考试环境，逐渐适应紧张感，减少焦虑。

③ 放松技巧(放松疗法)：

a. 练习深呼吸、冥想等放松技巧，降低生理唤醒水平，缓解紧张情绪。b. 考前进行渐进式肌肉放松，放松身体，平静心情。

④ 转移注意力(转移法):

在学习间隙,做一些自己喜欢的事情,如听音乐、看电影、运动等,转移注意力,缓解压力。

2. 人际关系困扰

(1) 问题描述:与同学、室友相处不融洽,感到孤独、不被理解。

(2) 自我调适方法:

① 主动沟通(精神分析取向):

a. 尝试理解对方的行为动机,寻找问题的根源(不一定完全是精神分析,但受其影响)。b. 坦诚地表达自己的想法和感受,同时也要倾听对方的意见。

② 积极倾听(以人为中心疗法):

a. 用心倾听对方的诉说,表达理解和支持,建立良好的人际关系。b. 运用同理心,站在对方的角度思考问题,增进彼此的理解和包容。

③ 模仿学习(行为疗法):

a. 观察身边人际关系处理得好的人,学习他们的沟通技巧和相处方式。b. 通过角色扮演等方式,练习人际交往技巧。

④ 情绪管理(合理宣泄与情绪调节):

a. 当感到委屈或愤怒时,可以通过写日记、运动、向朋友倾诉等方式进行宣泄,但要注意方式和对象,避免伤害他人。b. 学习识别和表达情绪,避免压抑或过度反应。

⑤ 叙事疗法视角:

a. 重新叙述关系故事:尝试从不同的角度看待人际冲突,寻找积极的意义和可能性。b. 外化问题:将人际关系问题视为独立于个人的存在,例如"误解"或"沟通障碍",而不是将问题归咎于某个人。

3. 未来发展迷茫

(1) 问题描述:对未来的职业发展感到迷茫,不知道自己喜欢什么、适合做什么。

(2) 自我调适方法:

① 自我探索(精神分析取向):

a. 回顾自己的成长经历,寻找自己感兴趣的领域和擅长的技能(不一定完全是精神分析,但受其影响)。b. 分析自己的价值观和人生目标,明确自己想要什么。

② 职业体验(行为疗法):

a. 积极参加实习、志愿者活动,体验不同的工作内容和环境,了解真实的职业状态。b. 通过行为实验,验证自己的职业选择是否可行。

③ 认知调整(认知疗法):

a. 挑战对未来的消极想法,如"我什么都做不好"、"我肯定找不到好工作"。b. 用更积极、现实的想法代替,如"每个人都有自己的闪光点"、"只要努力,就能找到适合自己的职业"。

④ 自我催眠(自我催眠)：

a. 通过自我催眠，激发内在的潜能，增强自信心和行动力。b. 在催眠状态下，想象自己成功实现职业目标的场景，增强积极性。

⑤ 焦点解决短期疗法视角：

a. 寻找例外：回想过去在职业探索方面做得比较成功的经验，分析成功的因素，并在未来加以应用。b. 设定小目标：将职业规划分解为可实现的小目标，逐步实现，增强成就感。

（王　欣）

本章习题　　本章课件

参 考 文 献

[1] 刘新民,张建英.大学生健康心理学导论[M].上海:第二军医大学出版社,2007.
[2] 刘新民.变态心理学[M].3版.北京:人民卫生出版社,2018.
[3] 方晓义,夏翠翠.大学生心理健康教育[M].北京:人民邮电出版社,2022.
[4] 樊富珉.大学生心理素质教程[M].北京:北京大学出版社,2002.
[5] 樊富珉,王建中.当代大学生心理健康教程[M].2版.武汉:武汉大学出版社,2014.
[6] 陈选华.大学生心理学基础[M].合肥:中国科学技术大学出版社,2004.
[7] 薛德钧,田晓红.大学生心理与心理健康[M].北京:中国林业出版社,2019.
[8] 金宏章,张劲松.大学生心理健康教育(教师用书):理解·规范·提高[M].北京:科学出版社,2010.
[9] 杭荣华.临床心理咨询案例解析[M].芜湖:安徽师范大学出版社,2018.
[10] 赵昱鲲,彭凯平.清华积极心理学十六讲[M].北京:清华大学出版社,2024.
[11] 王新塘,骆新华,李殿录.大学生心理健康教育[M].西安:陕西人民教育出版社,2009.
[12] 陈选华,王军.放飞理想:大学生心理健康教育教程[M].合肥:中国科学技术大学出版社,2008.
[13] 江光荣.选择与成长:大学生心理学[M].上海:华中师范大学出版社,2004.
[14] 叶斌,金颖.躁动的青春情[M].南京:江苏科学技术出版社,2000.
[15] 燕良轼,唐海波.大学生心理健康教程[M].长沙:中南大学出版社,2006.
[16] 朱敬先.健康心理学:心理卫生[M].北京:教育科学出版社,2002.
[17] 张丽宏,赵阿勐,崔光成,等.大学生心理健康教育导论[M].上海:第二军医大学出版社,2008.
[18] 程艺.大学生职业发展与就业指导[M].合肥:安徽大学出版社,2016.
[19] 叶奕乾.现代人格心理学[M].3版.上海:华东师范大学出版社,2021.
[20] 赖斯.压力与健康[M].石林,等译.北京:中国轻工业出版社,2000.
[21] 罗新兰.大学生心理健康教育[M].重庆:重庆大学出版社,2017.
[22] 张将星,曾庆.大学生心理健康教育[M].广州:暨南大学出版社,2018.
[23] 王英杰.大学生心理健康教育[M].北京:北京航空航天大学出版社,2009.
[24] 彭贤,马千珉.人际关系心理学[M].3版.北京:北京交通大学出版社,2019.
[25] 苏毅.我的第一堂人际关系公开课[M].北京:北京时代华文书局,2014.
[26] 莎伦·布雷姆,丹尼尔·珀尔曼,罗兰·米勒,等.亲密关系[M].8版.王伟平,译.北京:人民邮电出版社,2024.
[27] 埃略特·阿伦森,蒂莫西·D.威尔逊.社会心理学[M].10版.侯玉波,译.北京:人民邮电出版社,2023.
[28] 《心理访谈》栏目组.人际关系[M].北京:中国轻工业出版社,2007.
[29] 卢倩倩.超管用的人际关系心理学[M].南昌:江西人民出版社,2013.
[30] 马立骥.大学生心理健康教育与实训[M].杭州:浙江大学出版社,2024.
[31] 阿尔弗雷德·C.金赛.金赛性学报告:男人篇与女人篇[M].北京:中国青年出版社,2013.
[32] 黄顺森,来枭雄,张彩,等.青少年手机压力与心理健康的关系:基于多元宇宙样分析和密集追踪方法[J].心理学报,2024,56(6):745-759.
[33] 周明洁,李府桂,穆蔚琦,等.外圆内方:中国人人际关系性的潜在剖面结构及其适应性[J].心理学报,2023,55(3):390-405.
[34] 辛自强,张梅,何琳.大学生心理健康变迁的横断历史研究[J].心理学报,2012,44(5):664-679.
[35] 李虹.自我超越生命意义对压力和健康关系的调节作用[J].心理学报,2006,(3):422-427.
[36] 刘玲馨,王阳,朱毅.高脂饮食造成认知功能损伤的研究进展[J].中国油脂,2024,49(5):1-15.
[37] 黄希庭.心理学导论[M].北京:人民教育出版社,1991.